Uwe Hartmann / Claus von Rosen (Hrsg.)
Jahrbuch Innere Führung 2017
Die Wiederkehr der Verteidigung in Europa und
die Zukunft der Bundeswehr

Jahrbuch Innere Führung 2017

Die Wiederkehr der Verteidigung in Europa und die Zukunft der Bundeswehr

Uwe Hartmann / Claus von Rosen (Hrsg.)

2017

Carola Hartmann Miles-Verlag

CIP-Kurztitelaufnahme der Deutschen Nationalbibliothek

Uwe Hartmann, Claus von Rosen (Hrsg.): Jahrbuch Innere Führung 2017 – Die Wiederkehr der Verteidigung in Europa und die Zukunft der Bundeswehr, Carola Hartmann Miles-Verlag, Berlin 2017

© Carola Hartmann Miles-Verlag,
George-Caylay-Str. 38, 14089 Berlin
email: miles-verlag@t-online.de
www.miles-verlag.jimdo.com

Titelbild: Bundeswehr.de (Solidarität im Bündnis: Gefechtsfahrzeuge der Enhanced Forward Presence der NATO unweit von Rukla in Litauen)

Herstellung: Books on Demand, Norderstedt

Alle Rechte, insbesondere das Recht der Vervielfältigung und Verbreitung sowie der Übersetzung, vorbehalten. Kein Teil des Werkes darf in irgendeiner Form (durch Fotokopie, Mikrofilm oder ein anderes Verfahren) ohne schriftliche Genehmigung des Verlages reproduziert oder unter Verwendung elektronischer Systeme gespeichert, verarbeitet, vervielfältigt oder verbreitet werden.

Printed in Germany

ISBN 978-3-945861-65-3

Inhaltsverzeichnis

I Einleitung
Uwe Hartmann / Claus von Rosen — 7

II Die Wiederkehr der Verteidigung in Europa

Gerlinde Groitl
Bündnisverteidigung in Europa mit und ohne die USA – Chancen und Risiken — 25

Klaus Wittmann
Russland und der Westen – Aussicht auf kooperative Beziehungen? — 41

Claus von Rosen
Baudissins politisch-militärisches Strategie-Konzept für die Sicherheit für Europa – Ideen für einen Neuansatz — 71

Dirk Freudenberg
Resilienz als Schutzschild und Bindeglied zwischen ziviler und militärischer Verteidigung — 93

Uwe Hartmann
Resilienz als selbstkritische Verteidigungskonzeption von NATO und EU — 109

Angelika Dörfler-Dierken
Bundeswehr, Religion, Reformation. Bericht über eine Tagung am Zentrum für Militärgeschichte und Sozialwissenschaften der Bundeswehr (ZMSBw) — 129

Heiko Biehl/Chariklia Rothbart/Markus Steinbrecher
Cold War Revisited? Die deutsche Bevölkerung und die Renaissance der Bündnisverteidigung — 137

Peter Buchner
Der Beitrag der Politischen Bildung für eine künftige europäische Armee. Wo liegen gemeinsame Werte und Interessen? — 155

Hans-Joachim Reeb
Die Verteidigung Europas in den Medien — 175

III Zur Weiterentwicklung der Inneren Führung

Reinhold Janke
Toxic leaders – auch in der Bundeswehr? — 189

Donald Abenheim
Tradition und Innere Führung — 209

Angelika Dörfler-Dierken
Skandal und Struktur. Erziehung in der Bundeswehr – Erziehung der Bundeswehr — 219

Gerhard Kümmel
Das Kommando Spezialkräfte, eine Reportage und ein Thread. Eine Analyse der Zuschauerreaktionen auf der *Facebook*-Seite von „*Panorama*" — 233

IV Zur Diskussion gestellt

Martin Sebaldt
Nicht verteidigungsfähig! Die Kardinalprobleme der   259
Bundeswehr und ihre militärischen Folgen

Gerhard Brugmann
Innere Führung ist Teil der Führung   273

Gustav Lünenborg
Es ist Zeit. „Innere Führung" und „Staatsbürger in Uniform",   279
vom Schlachten heiliger Kühe

V Rezensionen   285

Autorenverzeichnis   309
Personenregister   311
Sachregister   312

I Einleitung

Uwe Hartmann / Claus von Rosen
Einleitung

Im Jahr 2017 fanden in mehreren europäischen Ländern Wahlen statt, die für die Zukunft Europas richtungsweisend sind. Die Bürgerinnen und Bürger haben dabei mehrheitlich den Weg frei gemacht für neue politische Impulse im europäischen Integrationsprozess, der zuletzt durch zahlreiche Krisen ins Stocken geraten war. Zeitgleich feierten die Protestanten Europas den 500. Jahrestag der Reformation. Sie würdigten damit Martin Luther, der das politische, gesellschaftliche und geistige Leben in Europa durch mutige Thesen radikal verändert hatte.

Europa und Reformation – das sind zwei Begriffe, die auch für die Innere Führung der Bundeswehr vor allem in ihrer Entstehungsphase Anfang der 50er Jahre des letzten Jahrhunderts eine wesentliche Rolle spielten. 2017 war davon allerdings wenig zu spüren. Die Innere Führung stand aufgrund von rechtsextremistischen Vorfällen und öffentlich gemachtem Fehlverhalten von Bundeswehrangehörigen massiv in der Kritik. Die Bundesministerin der Verteidigung, Ursula von der Leyen, sprach sogar von einem Versagen der Inneren Führung. Sie legte ein Programm mit dem Namen „Innere Führung heute" auf, um den dringlichen Reformbedarf zu unterstreichen. Die aktuellen Debatten haben die europäische Dimension von Verteidigung und soldatischem Selbstverständnis bisher genauso wenig reflektiert wie die religiöse Untermauerung der Inneren Führung. Zwei wesentliche Lebensadern, die ihr geistige Kraft und hohen Innovationsgehalt gegeben haben, sind damit gekappt.

Das Jahrbuch Innere Führung 2017 nimmt die neue Priorisierung der Landes- und Bündnisverteidigung in der deutschen sowie der europäischen Sicherheitspolitik auf. Es analysiert die Ursachen für diese Prioritätenverschiebung und stellt wesentliche Folgerungen dar, die sich daraus für Europa und seine Mitgliedsstaaten ergeben. Hinsichtlich Deutschlands und seiner Streitkräfte stellt es die Frage, wie die Wiederkehr der Landes- und Bündnisverteidigung sich in den Überlegungen zur Weiterentwicklung der Streitkräfte sowie in Theorie und Praxis der Inneren Führung widerspiegelt. Darüber hinaus behandelt auch dieses Jahrbuch zahlreiche Einzelthemen aus den Gestaltungsfeldern der Inneren Führung. Das Traditionsverständnis sowie die letzten Skandale der Bundeswehr stehen dabei im Vordergrund.

Gerlinde Groitl stellt in ihrem Beitrag „Bündnisverteidigung mit und ohne die USA – Chancen und Risiken" zunächst die veränderte sicherheitspolitische Lage für Europa dar. Während die erste europäische Strategie aus dem Jahre 2003 noch mit den Worten „Nie zuvor ist Europa so wohlhabend, so sicher und so frei gewesen" einleitete, reflektiert die neue, 13 Jahre später veröffentlichte Strategie den dramatischen Wandel, der sich vor allem seit 2014 vollzogen hat. Darin heißt es nunmehr: „We live in times of existential crisis, within and beyond the European Union. Our Union is under threat". Die existentielle Gefährdung Europas komme dadurch zustande, dass die Bedrohungen von außen auf eine Union treffen, deren Handlungsfähigkeit von innen zerrüttet wird. Gerade jetzt, wo ein handlungsfähiges Europa mit verlässlichen Partnern an seiner Seite dringend erforderlich sei, stünde dies in Frage. Groitl analysiert Entwicklung, Stand und Zukunfsaussichten der EU und konfrontiert diese mit den Erwartungen der USA, deren Interesse an Europa aufgrund schon länger andauernden transatlantischen Entfremdungen, strategischen Neuausrichtungen sowie Asymmetrien bei den militärischen Fähigkeiten abgenommen habe. „Konsequent umgesetzt würde ‚America First' die USA ihres globalen Einflusses berauben, die transatlantische Partnerschaft zerrütten und das Ende der westlich geprägten internationalen Ordnung einläuten." Dass die Vereinigten Staaten in der Nato weiterhin Europas Schwäche kompensieren und seine Sicherheitsinteressen wahren, ist also alles andere als ausgemacht.

Klaus Wittmann beschäftigt sich mit den Beziehungen zwischen der NATO/EU und Russland seit dem Ende des Kalten Krieges und diskutiert mögliche Wege zu deren Verbesserung. Der Titel seines Beitrags „Russland und der Westen – Aussicht auf kooperative Beziehungen?" verrät bereits eine gewisse Skepsis, dass rasche Verbesserungen möglich sind. Seine detaillierte Analyse der Angebote der NATO an Russland und der russischen Außenpolitik zeigt deutlich die derzeit bestehenden Differenzen auf. Das russische Handeln dürfe, so der Autor, allerdings nicht allein als Reaktion auf die Außen- und Sicherheitspolitik des Westens verstanden werden. Die Motive des russischen Präsidenten Wladimir Putin seien vielfältig. Dabei seien interne politische Entwicklungen möglicherweise am wichtigsten. Gleichwohl räumt Wittmann ein, dass der Westen Fehler gemacht habe. Der „imperiale Phantomschmerz" Russlands sei nur mangelhaft verstanden worden; und vor allem sei das ernsthafte Gespräch über Russlands Platz in der europäischen Sicherheitsordnung versäumt worden. Aus solcher Fehleranalyse heraus gelingt es dem Autor, zahlreiche Vorschläge für die verbesserte Zusammenarbeit mit Russland zu erarbeiten. Dabei unterstreicht er mehrfach, dass „vereinbarte völkerrechtliche Normen und Regeln ... nicht aufgegeben werden..." dürfen. Er weist auch darauf hin, dass Putins Außenpolitik durch ein realpolitisches Kalkül mit ‚Nullsummendenken' geleitet ist, das stark mit dem kooperativen Politikansatz des Westens konfligiert. Dennoch müssten „... langfristige Angebote zur Zusammenarbeit einschließlich der ernsthaft erneuerten Ermutigung zu kooperativer statt konfrontativer Sicherheit ausgearbeitet und bereitgehalten werden." Letztendlich bliebe die Hoffnung, dass Putin erkennt, dass ein „... konstruktiv am globalen und regionalen Problemlösen beteiligtes..." Russland als ‚Großmacht' hochwillkommen wäre. Wittmanns Beitrag liefert auch eine Begründung für den Einsatz deutscher Soldatinnen und Soldaten in den Baltischen Staaten. Sie verkörpern den Grundsatz, dass ein militärischer Angriff auf einen NATO-Alliierten einem Angriff auf alle gleichkäme. Aber die andere Seite der „Harmel-Philosophie" von Festigkeit und Dialogbereitschaft sei ebenso wichtig und müsse ausbuchstabiert werden.

Claus von Rosen führt uns in seinem Beitrag „Baudissins politisch-militärisches Strategie-Konzept für die Sicherheit für Europa – Ideen für einen Neuansatz" in das scharfsinnige und weitsichtige strategische Denken des maßgeblichen Begründers der Inneren Führung ein. Dazu greift er auf dessen zwischen 1947 und 1986 verfasste Schriften über Sicherheit in Europa zurück. Die Brillianz der darin enthaltenen strategischen Überlegungen lässt die eingangs vom Autor gestellte Frage, wie weit „...Baudissins Ausführungen tragfähig sind für Ideen zu einem strategischen Neuansatz für Europa...", als überflüssig erscheinen. Baudissins Ideen – sei es die umfassende Analyse des Kriegsbildes als Ausgangspunkt für strategisches Denken, die strikte Orientierung am Frieden als dem zentralen sicherheitspolitischen Grundwert, die friedensethische Begrenzung nationaler Souveränitätsansprüche, die Betonung von kooperativen Elementen in der praktischen Ausgestaltung von Sicherheit auch mit dem Gegner bis hin zur kritischen Analyse, wie Abschreckung funktionieren kann – sind auch heute noch intellektuell anregend und bestens geeignet für anstehende Strategiebildungsprozesse. Dabei können die von Baudissin entwickelten Begriffe als eine kritische Reflexionsinstanz dienen, mit der jede Strategie – seien es europäische oder nationale Strategien von Mitgliedsstaaten – überprüft werden sollte. Auf diese Weise ergeben sich zudem schnell Ansatzpunkte für die Frage, inwieweit die europäische Politik selbst zu den derzeitigen spannungsreichen Beziehungen zu Russland beigetragen hat. Deutlich wird auch, wie sehr der erst kürzlich von der Bundeskanzlerin angeführte Hinweis auf Europa als

Friedensprojekt das damalige strategische Denken geleitet hat. Souveränitätsverzicht und gemeinsame strategische Grundüberzeugungen wären auch heute ein wichtiger Kit für den Zusammenhalt der Europäischen Union, für die zivilmilitärische Handlungsfähigkeit Europas und nicht zuletzt für ein gemeinsames soldatisches Selbstverständnis. Einmal mehr zeigt sich, wie wichtig es ist, dass die Innere Führung mit ihren europäischen Wurzeln und ihrer strategischen Gedankentiefe in der Mitte des Traditionsverständnisses der Bundeswehr steht.

Dirk Freudenberg analysiert in seinem Beitrag „Resilienz als Schutzschild und Bindeglied zwischen ziviler und militärischer Verteidigung" den Begriff der Resilienz. Darunter versteht er „... die Fähigkeit eines Systems, mit Störungen sinnvoll umzugehen; allerdings geht es nicht lediglich um Widerstandsfähigkeit und einfach nur um Robustheit, sondern auch um Anpassungs- und Erholungsfähigkeit sowie um Agilität, was die Fähigkeit inkludiert, gestärkt aus Störungen hervorzugehen". Freudenbergs Analyse zeichnet sich dadurch aus, dass er Resilienz nicht nur vor dem Hintergrund der Hybridisierung des Krieges diskutiert, sondern in den Kontext von Gesamtverteidigung, Zivilschutz, Vernetzter Sicherheit und militärischer Verteidigung einordnet. Dabei gelingt es ihm, Defizite und Schwachstellen der Gesamtverteidigung Deutschlands aufzuzeigen sowie konkrete Hinweise für deren Beseitigung herauszuarbeiten. Er weist darauf hin, dass Resilienz nicht nur die Erhöhung der Schwelle des gesellschaftlichen Zusammenbruchs, sondern auch die Bereitstellung von schnell verfügbaren Fähigkeiten für eine wirkungsvolle Gegenreaktion beinhaltet. Polizeien, Feuerwehren, Hilfsorganisationen und Rettungsdienste als wesentliche Träger der Zivilen Verteidigung müssten sich strukturell und materiell anpassen und auch neue Mentalitäten angesichts der auch gegen sie gerichteten Gewalt entwickeln. Ganz wesentlich sei die Vorbereitung der Bevölkerung. Freudenberg begründet die Notwendigkeit, die Bereitschaft zum Widerstand, die Durchhaltefähigkeit, das Vertrauen in die Staatsorgane sowie eine ‚strategische Gelassenheit' der Bürgerinnen und Bürger zu fordern und zu fördern. Insgesamt sieht er Zivilschutz als unverzichtbaren Teil einer glaubwürdigen Abschreckung, der in seiner Bedeutung gestärkt werden müsse, da es das Ziel hybrider Angriffe sei, die überlegenen militärischen Fähigkeiten eines Bündnisses oder Staates zu unterlaufen. Für eine Abwehr müssten dann vor allem zivile Mittel zur Verfügung stehen. Er schlussfolgert, dass „... zivile Verteidigung, Zivilschutz und dementsprechend auch der umfassende Bevölkerungsschutz im Rahmen einer Gesamtverteidigung neu zu bewerten und anzupassen und mit den Fähigkeiten und Mitteln der militärischen Verteidigung neu zu vermaschen..." ist. Die Neubewertung des Verhältnisses von Resilienz, Abschreckung und Verteidigung gelte sowohl für die Staaten als auch für die EU und die NATO. Dabei sei entscheidend, die Bevölkerung einzubeziehen. Damit wären wir wieder bei der Inneren Führung und ihrem Legitimations- und Integrationsgebot. Dass hier Defizite bestehen, zeigen auch die Beiträge von Biehl/Rothbart/Steinbrecher, Reeb und Hartmann in diesem Jahrbuch auf. Hybride Bedrohungen forderten indessen auch eine effizientere zivilmilitärische Gesamtverteidigung. Deutlich zeigt sich hier, dass Soldatinnen und Soldaten gleich welcher Nation in der Lage sein müssen, mit Kräften des Zivilschutzes zusammen zu arbeiten, und zwar auch in einer unterstützenden Funktion.

Auch *Uwe Hartmann* beschäftigt sich mit dem Thema der Resilienz. In seinem Beitrag mit dem Titel „Resilienz als selbstkritische Verteidigungskonzeption von NATO und EU" begründet er Resilienz als eine selbstkritische Reflexionsinstanz für Organisationen, die ihre Robustheit, Widerstandskraft und Anpassungsfähigkeit angesichts hybrider Bedrohungen durch staatliche und nichtstaatliche Akteure verbessern müssen. Er untermauert dieses erweiterte Verständnis von Resilienz, indem er die hybride Kriegführung als eine Strategie beschreibt, die Wettbewerbsvorteile auf der strategischen Ebene sucht. Die Schwächen von NATO und EU in der Erarbeitung, Umsetzung und Anpassung von Strategien werden besonders dann deutlich, wenn man sie an den kohärenten Strategien Russlands sowie an den in Politik- und Geschichtswissenschaften erarbeiteten Grundsätzen spiegelt. Aus diesem Vergleich kann der Autor zahlreiche Schlussfolgerungen für die Verbesserung von Resilienz ziehen. Deutlich wird dabei, dass die Innere Führung dafür eine bestens geeignete Konzeption darstellt. Sie ist ein strategisches Gedankengebäude, das auf einem umfassenden Kriegsbild beruht. „Daraus leitet sie Folgerungen für die Gestaltung der ‚wunderlichen Dreifaltigkeit' (Clausewitz) von Staat, Gesellschaft und Streitkräften ab, die bis auf die Ebene des Individuums (Bürger/Soldat) herunterreichen. Sie dient gleichzeitig als kritische Prüfinstanz, aber auch als innovativer Ideengeber, um die Resilienz von Bündnissen, Staaten und Institutionen wie beispielsweise den Streitkräften mit ihren Angehörigen zu verbessern. Der Begriff der ‚geistigen Rüstung', der im Mittelpunkt der ursprünglichen Konzeption der Inneren Führung stand, später auf den einzelnen Soldaten eng geführt und ab den 80er Jahren in Vergessenheit geraten ist, legt dafür Zeugnis ab." Es ist also die Hybridisierung des Krieges, die nicht zuletzt durch die militärische Überlegenheit des Westens, vor allem der US-amerikanischen Streitkräfte, von staatlichen und nicht-staatlichen Akteuren vorangetrieben wird, die die Innere Führung heute so wichtig machen – zumindest dann, wenn man Kriege und Konflikte nicht auf die taktische Ebene von Kampf und Gefechten reduziert.

Angelika Doerfler-Dierken vermittelt uns in ihrem Beitrag „Bundeswehr, Religion, Reformation" einen Einblick in die Vorträge und Diskussionen einer Tagung am Zentrum für Militärgeschichte und Sozialwissenschaften der Bundeswehr, die eine wichtige Lücke im Veranstaltungskalender zum 500. Jahrestag der Reformation schloss: „Die Bedeutung der Reformation – für das Militär und Die Bedeutung des Militärs – für die Reformation." Die Reformation benötigte das Militär für die Absicherung ihrer weltgeschichtlich bedeutsamen Errungenschaften, sie bot Antworten auf Fragen nach der Legitimation militärischer Gewaltanwendung und sie erarbeitete Katechismen für die ethische Bildung der Soldaten und damit für die Einhegung von bewaffneter Gewalt. Allerdings hätten Entwicklungen innerhalb der Kirchen mit zur ‚Blutgeschichte' Europas beigetragen. Die Kehrtwendung des Protestantismus nach 1945 mit ihrer im Grundgesetz verankerten friedensorientierten Weichenstellung wurde über die Konzeption des Wolf Graf von Baudissin in der Mitte der Inneren Führung verankert. Hier zeigt sich erneut ein wichtiger Bezugspunkt für die Tradition in der Bundeswehr: der Umgang mit Religionen, auch mit Blick auf fremde Religionen in den Einsatzgebieten, sowie die auch in der Bundeswehr praktizierte Trennung von Staat und Kirche mit der individuellen und kollektiven Religions- und Gewissensfreiheit.

In den folgenden Beiträgen geht es um die Bedeutung der Verteidigung Europas in der sicherheitspolitischen Kommunikation, in der politischen Bildungsarbeit und in den Medien.

Heiko Biehl, Chariklia Rothbart und *Markus Steinbrecher* stellen ihrem Beitrag „Cold War Revisited? Die deutsche Bevölkerung und die Renaissance der Bündnisverteidigung" eine Analyse der veränderten sicherheitspolitischen Lage seit 2014 voran. Wesentliche Neuerung sei die „Parallelität von Verteidigungsaufgaben im Bündnis und internationalen Engagements in Drittstaaten", wobei die Bündnisverteidigung Priorität habe. Diese passe auch besser zur deutschen strategischen Kultur, die mit dem internationalen Krisenmanagement der letzten 25 Jahre fremdelte. Es stelle sich jedoch die kritische Frage, „... ob der gesellschaftliche Zuspruch für die Verteidigungsaufgaben im Bündnis breiter und substanzieller ist als für die Auslandsmissionen". Zu deren Beantwortung werten die Autoren repräsentative Befragungen aus, die seit 1996 im Auftrag des

Zentrums für Militärgeschichte und Sozialwissenschaften durchgeführt werden. Sie kommen zu dem Ergebnis, dass es im Hinblick auf Russlands Vorgehen in der Ukraine und im Nahen Osten keine einheitliche Bedrohungswahrnehmung gibt. Zwar führe die grundsätzlich hohe Akzeptanz von NATO und Bundeswehr zu einer vergleichsweise hohen Zustimmung zur Bündnisverteidigung. Doch wenn es um die konkreten NATO-Maßnahmen der Rückversicherung in Osteuropa geht, sei die Bewertung der Bedrohung durch die russische Außen- und Sicherheitspolitik entscheidend. Dabei diagnostizieren die Autoren ein geteiltes Meinungsbild. Dementsprechend fällt die Zustimmung zur Präsenz von Truppenteilen der Bundeswehr in Osteuropa eher gering aus. Wie bei den Auslandseinsätzen im Rahmen des internationalen Krisenmanagements stünde die Innere Führung erneut vor dem Problem, dass politische Zielvorstellungen, militärisches Agieren und gesellschaftlicher Zuspruch nicht deckungsgleich sind. Auch für die Bündnisverteidigung fehle es (noch) an Rückhalt in der Bevölkerung. Die Autoren fordern daher „Initiative und mobilisierende Maßnahmen" in der sicherheitspolitischen Kommunikation.

Dass eine Europa-Armee möglicherweise noch in sehr weiter Ferne liegt, stellt *Peter Buchner* im Anfang seiner Reflexionen zur Politischen Bildung für derartige Streitkräfte heraus: Grundfragen der Souveränität, der nationalen Identitäten sowie der Traditionen seien damit so verwoben, dass die „Petersberger Aufgaben" von 1992 für die Gemeinsame Sicherheits- und Verteidigungspolitik der EU (GSPV) bis jetzt nur wenig Konkretes gebracht haben. Ist dies nun ein Grund dafür oder aber eine Folge davon, dass nur wenig Vertrauen in die militärische Handlungsfähigkeit Europas besteht, möchte man fragen. Buchner nimmt in seinem Beitrag „Der Beitrag der Politischen Bildung für eine künftige europäische Armee. Wo liegen gemeinsame Werte und Interessen?" den Handschuh zur „vertieften Integration" der Streitkräfte in der EU auf, die politisch jüngst wieder auf die Agenda gesetzt worden ist. Um die deutsche Position für solche Fragen zu entwickeln, bietet er ein Gedankenexperiment an, das die bundesdeutsche militärische Besonderheit der Inneren Führung quasi auf „europäisch" übersetzt für eine ‚Europaarmee'. Dies entwickelt er speziell für das pädagogische Kernelement Innerer Führung, nämlich die Politische Bildung: „Auf diesem Wege verfestigen sich moralische Gefühle zu Werten und werden handlungsleitend, indem sie reflektorisch die eigenen Entscheidungen legitimieren können." Als Basis solle anstelle der für die Bundeswehr konstitutiven „Freiheitlich-demokratischen Grundordnung" das Europäische Kulturerbe dienen. Dies sei verbrieft in der UN-Charta, der Charta von Helsinki und der

Charta von Paris. Buchners Angebot steht. Wird es aufgenommen, damit die Soldaten der Europaarmee künftig nicht als „Fremdkörper in der wertebasierten politischen Unionsunordnung" stehen? Kann dies vielleicht sogar als Katalysator für die Bildung der Europaarmee dienen? Oder bleiben weiter nationale Identitäten, Traditionen und Souveränitätsansprüche bestimmend? Vielleicht muss ganz woanders angesetzt werden. Der Stellenwert der Politischen Bildung war trotz Innerer Führung in 60 Jahren Bundeswehr nicht gerade ermutigend. Aber, und das rechtfertigt Buchners Überlegungen allemal, sollte man seinen Idealismus nicht von vornherein bremsen, nur weil die Ideale in der Vergangenheit häufig bereits national auf der Strecke blieben.

Hans-Joachim Reeb stellt in seinem Beitrag „Die Verteidigung Europas in den Medien" zunächst die sicherheitspolitischen Strukturen, Aufgaben und Missionen der EU dar. Basierend auf seiner Diagnose, dass die sicherheitspolitische Seite der EU in den Medien eine untergeordnete Rolle spielt, fragt er nach den Ursachen dafür. Er findet diese u.a. in den allgemeinen Kennzeichen des heutigen Journalismus. Es fehle eine europäische Medienlandschaft; gleichzeitig nehme nicht nur die Medienvielfalt, sondern auch die Anzahl von Journalisten mit sicherheitspolitischer Expertise ab. Berichte böten weniger Hintergrundwissen und seien oftmals wenig investigativ, dafür zunehmend regierungskonform. Bei Ereignissen mit hoher Öffentlichkeitsaufmerksamkeit wie Kriegen oder Terroranschlägen würde eine nationalen Interessen dienende Medienarbeit erwartet. Neben den Phänomenen des Infotainment mit dem Primat von Bildern gegenüber Texten und der Beschleunigung mit dem Vorrang der Schnelligkeit vor der Korrektheit hätten auch die Sozialen Medien die Verbreitung von Informationen verändert. Hauptauswahlkriterium sei die persönliche Relevanz. Da der traditionelle Journalismus sein Monopol als *gatekeeper* verloren habe, gäbe es vielfältige Möglichkeiten der Manipulation bis hin zu Propaganda und Desinformation. Überhaupt sei die komplizierte Sicherheitsarchitektur der EU sehr sperrig und daher nicht einfach zu vermitteln. Das Thema „Verteidigung Europas" bliebe damit Fachkreisen und Fachzeitschriften vorbehalten. Für die Politik sei dies durchaus vorteilhaft, da die Medien bei diesem Thema nur reaktiv in Erscheinung treten und die Politik nicht vor sich hertreiben könnten. Für die politische Bildung in der Bundeswehr sind dies keine guten Voraussetzungen. Die geringe erzieherische Wirkung öffentlicher sicherheitspolitischer Diskurse und die mediale Vermarktung skandalösen Fehlverhaltens in der Bundeswehr mögen mit dazu beitragen, dass viele Innere Führung vor allem als Menschenführung verstehen.

Das Kapitel „Die Weiterentwicklung der Inneren Führung" behandelt Fragen, die in diesem Jahr im Zusammenhang mit der Tradition in der Bundeswehr sowie Fehlverhalten in der Menschenführung auftauchten.

Reinhold Janke geht dem Phänomen des „toxic leader" nach. Unter dem Titel „Toxic leaders – auch in der Bundeswehr?" liefert er eine philosophisch-psychologische und auch auf persönliche Erfahrungen zurückgreifende Analyse eines Phänomens, das in den USA intensiv diskutiert wird, allerdings in der Bundeswehr bisher auf wenig Resonanz gestoßen ist. Toxic leadership versteht er als ein „…Führungsverhalten, das andere Menschen nach einem erkennbaren Muster erheblich und nachhaltig beeinträchtigt oder beschädigt…". Es sei gekennzeichnet durch Merkmale wie Menschenfeindlichkeit, Zynismus, Verlogenheit, Intrigantentum und Karrieregeilheit. Für den Typus des toxic leaders entwickelt er eine eigene Begriffssystematik. Dazu gehören Begriffe wie der ‚Brecher', der ‚intrigante Spalter', die ‚graue Eminenz' oder auch der ‚Bildungsblender' und der ‚aggressive Narzisst'. Die negativen Wirkungen dieser häufig in Mischformen auftretenden Typen seien vor allem in Krisen- und Kriegszeiten besonders fatal, weil bestehende Kontrollmechanismen noch eher versagten. Janke untermauert die Existenz dieser Typen, vor allem des Bildungsblenders, mit Hilfe von zahlreichen Beispielen aus seinem persönlichen Erleben. Der Bildungsblender habe „… nur in einem Umfeld Erfolg, in dem seine tatsächliche Mediokrität mangels eines besseren Bildungsstandes seitens anderer erst gar nicht bemerkt wird." Wie sehr toxic leader gegen das Leitbild des ‚Staatsbürgers in Uniform' als eines freien Menschen und gleichberechtigten Staatsbürgers verstoßen, verdeutlicht Janke mit einem Vergleich aus der Tierwelt: Toxic leaders „…fordern die Unterordnung ihres Rudels unter ihren Führungsanspruch und im Konfliktfall auch die kompromisslose Unterwerfung." Ganz im Sinne der Inneren Führung appelliert Janke am Schluss seines Beitrags, dass alle Angehörigen der Bundeswehr selbstkritisch prüfen sollten, inwieweit auch ihr Handeln toxische Elemente aufweist. Denn „… die Bundeswehr leidet unter dem Phänomen toxic leadership. Es ist höchste Zeit, dass wir uns ehrlicher und stärker darum kümmern."

Donald Abenheim liefert uns in seinem Beitrag „Tradition und Innere Führung" eine Perspektive von außen auf ein Thema, das ganz oben auf der politischen Agenda steht und für das Selbstverständnis jedes Soldaten wichtig ist. Seine hier abgedruckte Rede, die er während eines Workshops zur Neufassung des Traditionserlasses am Zentrum Innere Führung im September 2017 hielt, ist ein leidenschaftliches Plädoyer für die Innere Führung als Kern der bundeswehreigenen Tradition. Abenheims autobiographische Anmerkungen liefern einen ganz wichtigen Hinweis darauf, wie seine Begeisterung für die Innere Führung entstanden ist: durch persönliche Gespräche mit den Generalen und Admiralen und hohen Offizieren der Aufbaugeneration der Bundeswehr, vor allem mit den Vätern der Inneren Führung, und durch seinen jahrzehntelangen Dienst in US- und alliierten Streitkräften. Hinzu kamen Aufenthalte am Zentrum Innere Führung und am ZMSBw (bzw. MGFA und SOWI), wo er Kerngedanken der Inneren Führung von der Pike auf gelernt habe. Er appelliert an die Soldatinnen und Soldaten sowie die zivilen Mitarbeiterinnen und Mitarbeiter der Bundeswehr, dass sie trotz in Politik und Gesellschaft verbreiteter Skepsis an den Streitkräften keine verfassungsfeindlichen Traditionen entwickeln und jeglichen Missbrauch soldatischer Traditionen als politische Waffe verhindern. Sein Credo lautet: „Die Identität von Streitkräften und soldatischen Werten kann einzig und allein in der Gesellschaft und im politischen System verwurzelt sein, in dem die Wahrung der Menschenwürde und Gewaltenteilung oberste Leitprinzipien sind." Soldaten müssten dies auch nach außen kommunizieren, damit sie nicht zum Spielball von Populisten und Demagogen würden. Er fordert sie auf, schärfer den Unterschied zwischen Tradition und Geschichte zu beachten, den Kontext der beiden Traditionserlasse (1965 und 1982) zu verstehen und die Innere Führung selbst als Teil des gültigen Erbes der Bundeswehr zu betrachten. In seinen programmatischen Entwurf passen auch die Aspekte, die in den vorangegangenen Artikeln dieses Jahrbuchs angeklungen sind: die Rolle der europäischen Geistesgeschichte inklusive seiner Religionen, die nicht hintergehbare politische und strategische Dimension des Soldatseins sowie die herausgehobene Bedeutung des gebildeten und damit immer auch selbstkritischen Soldaten.

Die nächsten beiden Artikel beschäftigen sich mit den jüngsten Skandalen der Bundeswehr.

Angelika Doerfler-Dierken rekonstruiert in ihrem Beitrag „Skandal und Struktur. Erziehung in der Bundeswehr – Erziehung der Bundeswehr" die letzten Vorfälle am Ausbildungszentrum Spezielle Operationen in Pfullendorf. Dabei stellt sie die Frage in den Mittelpunkt, warum gerade Mannschaften und Unteroffiziere an den Verstößen gegen die Menschenwürde und sexuelle Selbstbestimmung beteiligt waren. Neben einem empirisch belegten Befund über die geringe Kenntnis der Grundsätze der Inneren Führung bei diesen Dienstgradgruppen bietet sie zunächst drei unterschiedliche Erklärungsansätze an. Ursachen könnten sein: (1) der Bedeutungsverlust der Unteroffiziere, (2) die geringe Anzahl von Frauen in den Streitkräften mit den daraus resultierenden Integrationsproblemen oder (3) die Suche nach Ersatzhandlungen für unmittelbare sexuelle Aktivitäten, die aus finanziellen oder sozialen Gründen jungen Männern nicht möglich sind. Dörfler-Dierken hält keine dieser Theorien für überzeugend. Sie stellt stattdessen die Bedeutung der Fixierung auf die Idee des Kampfes in den Mittelpunkt ihrer Erklärung. Ihre These lautet: „Die Erfahrungen der Bundeswehr in Afghanistan, die unter Verteidigungsminister Guttenberg als Krieg gedeutet wurden, haben langfristige und noch kaum erforschte Folgen für das soldatische Selbstverständnis, insbesondere bei den Soldaten in sogenannten Kampftruppen." Daher ermuntert sie vor allem die Mannschaften und Unteroffiziere, ihr soldatisches Selbstbild und Berufsethos zu überprüfen. Neben den Vorgesetzten in der Bundeswehr hätte auch die öffentliche Debatte über die Führungskultur in den Streitkräften eine erzieherische Wirkung. Wichtig seien dafür auch Soldatinnen und Soldaten, welche die Rolle eines Querulanten einnehmen. Die Leitsätze für Vorgesetzte in der Vorschrift zur Inneren Führung sollten, so schlägt die Autorin vor, um einen elften Satz ergänzt werden: „Ich ermuntere meine Soldatinnen und Soldaten dazu, kritisch nachzufragen und mir selbst sowie den anderen Gruppenmitgliedern zu widersprechen." Die Rekonstruktion von Dörfler-Dierken bestätigt einmal mehr, wie wichtig die Innere Führung als ‚ethische Bremse' sowohl im Einsatz als auch im Grundbetrieb ist. Vor diesem Hintergrund ist es verwunderlich, dass im Zuge der öffentlichen Debatte über die Vorfälle von einem Versagen der Inneren Führung gesprochen wird. Der Hinweis der Autorin auf die wichtige erzieherische Funktion der öffentlichen Debatten für die Bundeswehr und ihre Angehörigen nimmt ein wesentliches Element im Gedankengebäude der Inneren Führung auf, das zuletzt nicht immer ausreichend gewürdigt wurde. Gleichzeitig wird aber auch deutlich, dass die dem Vorgesetzten vorgegebene wichtigste Rolle, nämlich ‚Erzieher' seiner Soldaten zu sein, heute in Vergessenheit geraten zu sein scheint.

Gerhard Kümmel findet einen sehr kreativen Ansatz für die Analyse der zivilmilitärischen Beziehungen in Deutschland. In seinem Beitrag „Das Kommando Spezialkräfte, eine Reportage und ein Thread. Eine Analyse der Zuschauerreaktionen auf der *Facebook*-Seite von '*Panorama*'" wertet er die Reaktionen auf einen Fernsehbericht über einen von einer Augenzeugin berichteten Vorfall in der Bundeswehr aus. Die zahlreich eingegangenen Kommentare kategorisiert er und vermittelt so einen Überblick nicht nur über die Kommunikationskultur, wenn es um militärische Themen geht, sondern auch über grundsätzliche

Auffassungsunterschiede über die zivil-militärischen Beziehungen. Respekt und Nachsicht gegenüber Verfehlungen der Truppe steht die Sorge vor Fehlentwicklungen und die daraus resultierende Gefahr für die Demokratie gegenüber. Dabei, so stellt der Autor fest, „… gibt es weder Sieger noch Verlierer, d.h. keine Position kann sich als Gewinner der diskursiven Auseinandersetzung mit dem ‚Panorama-Feature' begreifen." Das Ergebnis dieser nicht repräsentativen Analyse einer an der Bundeswehr interessierten Teilöffentlichkeit verdeutlicht indessen, dass „… die Kritik an der Inneren Führung auch in Teilen der Gesellschaft Unterstützung findet." Damit wird auch deutlich, dass Initiativen zur Revitalisierung der Inneren Führung innerhalb der Bundeswehr auch deren Kenntnis und Akzeptanz in Politik und Gesellschaft umfassen müssen.

In die Rubrik „Zur Diskussion gestellt" haben die Herausgeber gleich drei Beiträge eingestellt. *Martin Sebaldts* Beitrag beruht auf seinem Anfang 2017 erschienenen Buch „Nicht abwehrbereit. Die Kardinalprobleme der deutschen Streitkräfte, der Offenbarungseid des Weißbuchs und die Wege aus der Gefahr". Sebaldts Artikel beginnt mit einem Paukenschlag: Die Bundeswehr sei heute nur noch ein „schwächlicher Torso", der weder zur Landesverteidigung tauge noch den Ansprüchen der Alliierten und Partner genüge. Insgesamt zeigt er sechs Defizitbereiche auf, die dringend behoben werden müssten, um den Aufträgen der Bundeswehr gerecht werden zu können. (1) Die Bundeswehr habe keinen Personalersatz, falls es im Kriege zu Verlusten käme. (2) Der Personalbestand sei zu dienstgradlastig; die Wiedereinführung der Wehrpflicht für die Erhöhung der Zahlen für Mannschaften sei derzeit unrealistisch. (3) Die Streitkräfte liefen Gefahr, zwar noch organisatorischer Teil des Gemeinwesens, aber nicht mehr organisch integriertes Element der Gesellschaft zu sein. (4) Die Ausstattung der Bundeswehr litte nicht nur unter gravierenden Mängeln, sondern auch unter einer „technikgläubigen Fehlentwicklung", die das Personal überfordere. Er erinnert daran, „… dass Streitkräfte per definitionem für Ausnahmesituationen geschaffen wurden und deshalb auch in diesen funktionsfähig bleiben müssen." (5) Die Strukturen orientierten sich weiterhin an den Teilstreitkräften. Dabei forderten *joint operations* integrierte Modelle. (6) Strategie und programmatische Grundsatzplanungen seien vernachlässigt worden. Zum Weißbuch schreibt er: „Das Weißbuch unserer Bundesregierung bietet weder eine ehrliche militärpolitische Bestandsaufnahme, in der die Fehlleistungen der letzten Jahrzehnte zum Ausdruck kommen könnten, noch schlüssige Konzepte zu ihrer Bewältigung." Diese scharfsinnige Analyse bietet vielfältige Ansatzpunkte für Diskussionen, die im nächsten Jahrbuch Innere Führung aufgenommen werden könnten. Sie zeigt zudem, dass alle sechs Defizitbereiche die kritische Lage der Inneren Führung heute mitverursacht haben könnten.

Nun folgen zwei Artikel, die besondere Aufmerksamkeit verdienen. Die Herausgeber sind dankbar dafür, dass Angehörige der ersten Soldatengenerationen der Bundeswehr sich kritisch mit der Inneren Führung auseinandersetzen und uns ihren Rat mitteilen.

Gerhard Brugmann, Generalmajor a.D., unterstreicht in seinem Beitrag „Innere Führung ist Teil der Führung", dass Praxisrelevanz für die Menschenführung in der Truppe von Anfang an das Kernproblem der Inneren Führung gewesen sei. „Es ging schlicht darum, das Menschenbild des Grundgesetzes in die Menschenführung der Bundeswehr aufzunehmen und – wenn manchmal auch mit vielleicht ein bisschen zu viel Getöse – sich von den Auswüchsen der Wehrmacht zu distanzieren. Am Anfang der Inneren Führung stand das Ringen um eine gute Menschenführung." Genau hier lägen auch heute noch ihre Defizite. Zwar habe sie manch Gutes bewirkt, aber „… eines ist ihr nicht gelungen: von der Truppe verstanden zu werden." Als Ausweg aus diesem ‚60jährigen Dilemma' sieht Brugman die Unterstellung des Zentrums Innere Führung unter die Führungsakademie sowie die Höherdotierung des Kommandeursdienstpostens dieser Einrichtung.

Gustav Lünenborg, Oberstleutnant a.D., beginnt seinen Beitrag, wie es der Titel „Es ist Zeit. ‚Innere Führung' und ‚Staatsbürger in Uniform', vom Schlachten heiliger Kühe" erwarten lässt, mit einem Paukenschlag: „Der Begriff ‚Innere Führung' ist verschlissen. Er kann verlustlos durch ‚Bundeswehr in Staat und Gesellschaft' ersetzt werden. ‚Staatsbürger in Uniform' ist für eine Berufsarmee unpassend, weil selbstverständlich. Der Begriff kann ersatzlos entfallen." Diese Konsequenz überrascht. Denn Lünenborg hat sich in seinem erst vor zwei Jahren erschienenen Buch „Bürger und Soldat" und in seinen Statements in zahllosen öffentlichen Diskursen als ein engagierter Verfechter und profunder Kenner der Inneren Führung ausgewiesen. Wie begründet er diese überraschende Kehrtwendung? Ursache dafür sind nicht so sehr Ideen und Inhalte der Inneren Führung, sondern ihre aktuelle Wahrnehmung und eine Vielstimmigkeit der Interpretationen, was Innere Führung eigentlich ist. So schreibt Lünenborg: „Die ewige Diskussion um den Inhalt, der Unwille, sich ernsthaft mit dem Thema zu beschäftigen, die Genugtuung, einen Sündenbock für alles zu haben, was in der Bundeswehr nicht funktioniert, erzeugt eine tiefe Abneigung gegen die unverstandene ‚Innere Führung', die für sehr viele Soldaten aller Dienstgrade für eine unsoldatische Armee steht, in der mitunter pazifistische Grundhaltung und Angleichung an Denken und Wünsche der Zivilgesellschaft wichtiger zu sein scheint als Entschlusskraft, Führungswille, Bereitschaft zum Kampf und Wille zum Sieg." Aus seiner Sicht wäre es eine ‚Befreiung', wenn die Innere Führung durch „Die Bundeswehr in Staat und Gesellschaft" ersetzt und das Leitbild des ‚Staatsbürgers in Uniform' abgeschafft würde. Es ist bedrückend und anregend zugleich, dass ein Soldat der ersten Stunde vor allem im intellektuellen Austausch mit jüngeren Soldatinnen und Soldaten sich zu dieser Position durchgerungen hat.

Die Vorschläge von Brugmann und Lünenborg sind aus Sicht der Herausgeber sehr bedenkenswert und sollten auch in den weiteren Jahrbüchern Innere Führung intensiv diskutiert werden. Im Kern läuft der Vorschlag darauf hinaus, die Innere Führung zu teilen: in den strategischen (Die Bundeswehr in Staat und Gesellschaft) und den taktisch-operativen Teil der Menschenführung. Dementsprechend wären die Bildungseinrichtungen und das Vorschriftenwesen der Bundeswehr neu zu strukturieren. Diese Trennung muss nicht notwendigerweise zur Entkopplung des politisch bestimmten Oberbaus und des militärischen Anforderungen genügenden Unterbaus führen. Am Ende des Weges stünde auch nicht zwingenderweise eine ‚heroische Gemeinschaft' in einer ‚unheroischen Gesellschaft'. Würden damit aber die Kernursachen der Misere von Selbstverständnis und Führungskultur der Bundeswehr behoben? Wären die Fragen nach Legitimation und Integration aufgehoben, wenn man die Innere Führung abschaffte? Wer würde sich dann darum kümmern, wenn die Soldatinnen und Soldaten sich auf die Menschenführung im Einsatz und im Grundbetrieb konzentrierten? Sind denn wirklich die Debatten über Innere Führung rein ‚akademisch' und daher ohne Relevanz für die Truppe?

Nach der Lektüre der Beiträge des Jahrbuchs Innere Führung drängt sich den Herausgebern der Eindruck auf, dass die Innere Führung vor einem vielseitigen Kommunikationsdefizit und einem zunehmenden Akzeptanzverlust steht. Auch Gustav Lünenborg weist darauf hin, wenn er einen „Unwillen, sich ernsthaft mit dem Thema zu beschäftigen", diagnostiziert. Könnte die Akzeptanz nicht einfach dadurch gesteigert werden, dass die Lehre über Innere Führung verbessert wird und Vorgesetzte im wahrsten Sinne des Wortes als Vorbilder wirken? Offensichtlich leidet die Innere Führung auch an ihrem eigenen Erfolg. Ihre intellektuelle Brillianz ermöglicht, Herausforderungen für die Sicherheit in Europa und für die Auftragserfüllung der Bundeswehr zu identifizieren. Gleichzeitig verstehen viele diese Diagnose als ein Scheitern der Inneren Führung, weil es ihr nicht gelungen sei, diese Probleme zu vermeiden bzw. zu beheben. Aus Sicht der Herausgeber sollte künftig besser herausgearbeitet werden, dass es nicht die Innere Führung als ein System hinter den Kulissen gibt, sondern dass diese nicht mehr und nicht weniger als das ist, was Bürger mit und ohne Uniform aus ihr machen. Wenn die Autoren dieses Jahrbuchs durch die Brille der Inneren Führung auf aktuell drängende Probleme hinweisen und Lösungsmöglichkeiten aufzeigen, dann ist dies nicht ein Beweis für das Versagen der Inneren Führung, sondern dafür, dass die Innere Führung zu wenig von den Verantwortlichen in Politik, Gesellschaft und Militär beachtet, verstanden, umgesetzt und vorgelebt wird. In diesem Sinne hat die Bundeswehr ein Führungsproblem.

Ein Ausweg ist sicherlich, Alternativmodelle zu entwickeln. Dieser Weg sollte auch beschritten werden, um zu prüfen, ob und wie Innere Führung tatsächlich tragfähig ist für die Zukunft. Ob dabei Führungsprobleme der Truppe im Vordergrund stehen sollten, ist zumindest fraglich. Hat Innere Führung nicht genauso mit Europa und Sicherheitspolitik zu tun wie mit Menschenführung und Vorbildsein? Vielleicht sollten wir uns selbstkritisch fragen, ob wir die Innere Führung vielleicht einfach nur stark vernachlässigt haben und es nun schick finden, sie als Buhmann für unzählige Defizite zu kritisieren, weil es nicht opportun ist, Ross und Reiter zu nennen. Akzeptieren wir diese Verdrehung von Ursache und Wirkung vielleicht deshalb, weil es kaum mehr Menschen gibt, die den ursprünglichen reichen Gehalt der Inneren Führung kennen und weitergeben (wollen)? Wäre es nicht klüger, die Vermittlung der Inneren Führung in der Truppe und den zahlreichen Bildungseinrichtungen einer umfassenden Analyse zu unterziehen statt sie schnell mal wie die Wehrpflicht abzuschaffen?

Die Herausgeber des Jahrbuchs Innere Führung 2017 hoffen, einen Beitrag zu einem besseren Verständnis der Inneren Führung und gleichzeitig auch Wege zu ihrer Weiterentwicklung und für die Suche nach Alternativen aufgezeigt zu haben.

Monterey/Berlin/Hamburg, im Oktober 2017

II Die Wiederkehr der Verteidigung in Europa

Bündnisverteidigung in Europa mit und ohne die USA – Chancen und Risiken
Gerlinde Groitl

Europa in einer Ära der Unberechenbarkeit

„Nie zuvor ist Europa so wohlhabend, so sicher und so frei gewesen," lautete der Einleitungssatz der ersten Sicherheitsstrategie der Europäischen Union vom Dezember 2003.[1] Kaum mehr als ein Jahrzehnt später ist klar: Die Hoffnung, dass die Welt nach dem Kalten Krieg einer friedlichen, liberaldemokratischen Zukunft entgegensehen würde, bewahrheitete sich nicht. „We live in times of existential crisis, within and beyond the European Union. Our Union is under threat", resümiert das Folgedokument, die EU-Globalstrategie (EUGS) von 2016.[2] Die Annexion der Krim, der Krieg in der Ukraine sowie die Drohgebärden gegenüber dem Westen zeigten spätestens ab 2014, dass Russland wieder zu einem Kontrahenten geworden war. Die Flüchtlingskrise von 2015 untermauerte einerseits, dass es keine geeigneten Vorkehrungen für den Schutz der europäischen Außengrenzen gab, und andererseits, dass sich Europa zwangsläufig mit Konflikten in (Nord)Afrika und im Mittleren Osten auseinandersetzen muss. Die lange Reihe islamistischer Terroranschläge, darunter in Paris im November 2015, in Brüssel im März 2016, in Berlin im Dezember 2016, in London im Juni 2017 und in Barcelona im August 2017, veranschaulicht, wie eng verwoben innere und äußere Sicherheit heute sind. Allein dieser kurze Abriss verdeutlicht zweierlei: Die Bündnisverteidigung ist zurück auf der Agenda, doch mit Abschreckung und Territorialverteidigung allein lässt sich Europas Sicherheit nicht mehr gewährleisten.

In solch unruhigen Zeiten bräuchte es ein handlungsfähiges Europa und verlässliche Partner. Ausgerechnet jetzt steht beides in Frage. Schon lange ist sich die EU bewusst, dass sie ihre Schwächen in der Außen-, Sicherheits- und Verteidigungspolitik beheben muss. Doch während nach 2008 zunächst die Folgen der Wirtschafts- und Finanzkrise die Aufmerksamkeit banden, stellen heute (Rechts)Populisten und EU-Skeptiker das europäische Ordnungsmodell an

---
[1] Europäische Union: Ein sicheres Europa in einer besseren Welt. Europäische Sicherheitsstrategie, Brüssel 2003, S. 1.
[2] European Union: Shared Vision, Common Action: A Stronger Europe. A Global Strategy for the European Union's Foreign and Security Policy, Brüssel 2016, S. 7.

sich in Frage. Das Brexit-Votum von 2016 warnt, wie schnell die Zentrifugalkräfte überhandnehmen können. Dass die Vereinigten Staaten in der Nato Europas Schwäche kompensieren und seine Sicherheitsinteressen wahren, ist ebenfalls nicht mehr sicher. Seit den 1990er Jahren schreitet die transatlantische Entfremdung immer schneller voran, und die Präsidentschaft von Donald Trump könnte zu einer echten Zäsur werden: Immerhin hatte er im Wahlkampf die Nato als obsolet bezeichnet, die US-Beistandsgarantie in Frage gestellt und sich von der Politik des liberalen Internationalismus distanziert, auf der die transatlantische Partnerschaft seit 70 Jahren basiert.

Um die Chancen und Risiken der Bündnisverteidigung in Europa mit und ohne die USA auszuloten, analysiert dieser Beitrag zunächst die Entwicklung der europäisch-amerikanischen Partnerschaft und anschließend die Sicherheits- und Verteidigungspolitik der EU. Das Fazit beunruhigt: Dass die Sicherheit Europas auf Dauer eine transatlantische Angelegenheit bleiben wird, ist nicht garantiert. Schon heute haben sich die USA davon verabschiedet, ihren europäischen Partnern die Bewältigung von Krisen in deren Nachbarschaft abzunehmen. An der kollektiven Beistandsgarantie nach Artikel 5 der Nato halten sie fest. Doch weder reicht die Bündnisverteidigung aus, um europäische Sicherheitsinteressen zu wahren, noch besitzt Europa einen plausiblen Weg in ein post-amerikanisches Zeitalter.

Europäische Sicherheit als transatlantische Angelegenheit: Entwicklungslinien und Perspektiven

Seit dem Ende des Zweiten Weltkriegs ist die europäische Sicherheit eine transatlantische Angelegenheit. Nichtsdestotrotz hat sich die Gestalt der europäisch-amerikanischen Partnerschaft verändert. In den Jahrzehnten des Kalten Kriegs schweißte die Bedrohung durch die Sowjetunion die USA und Westeuropa zusammen: Im Rahmen der Nato versprachen sich die anfangs zwölf Staaten 1949 kollektiven Beistand, wonach ein bewaffneter Angriff auf eines oder mehrere Bündnismitglieder ein Angriff auf alle sei. Die USA waren seit jeher das Rückgrat der Allianz, und sie garantierten nicht nur die Abschreckung nach außen: Als Ordnungsmacht linderten sie auch innereuropäische Sicherheitsdilemmata und ermöglichten so die politische und wirtschaftliche Integration Westeuropas. Die Partnerschaft war damit von Anfang an asymmetrisch. Doch angesichts des globalen Systemkonflikts mit der Sowjetunion waren die USA bereit, als westliche Führungsmacht überproportionale Lasten zu tragen.

Schließlich wollten sie die Dominanz einer feindlichen Macht in Europa, Asien und im Mittleren Osten verhindern und eine liberale internationale Ordnung aufbauen. (West)Europa besaß unter diesen Umständen besondere strategische Relevanz.[3]

Das Ende des Ost-West-Konflikts und der Kollaps der Sowjetunion verschob den externen Rahmen gänzlich. Obwohl die kollektive Verteidigung in Europa an Bedeutung verlor, stand die Auflösung der Nato nicht zur Debatte. Schließlich konnte die Allianz helfen, eine gesamteuropäische Friedensordnung zu schaffen. Diese zu gestalten, war im amerikanischen Interesse. Wie wichtig das Bündnis selbst für die europäische Stabilität weiter war, zeigten die französischen und britischen Sorgen vor den Implikationen der deutschen Wiedervereinigung, die nur durch den Verbleib Deutschlands in der Nato ausgeräumt wurden. Im Äußeren forderten die Transformationsprozesse in Mittel- und Osteuropa und der Zerfall Jugoslawiens politische Antworten. Die Atlantische Allianz passte sich unter US-Führung an, nahm neue Mitglieder auf und konzentrierte sich auf die Stabilitätsprojektion und Krisenintervention außerhalb ihrer Grenzen.[4] Dennoch entstanden erste Risse: Während die USA ihre Prioritäten neu justieren und die Europäer als ordnungspolitische Juniorpartner sehen wollten, mussten sie wiederholt deren Schwäche kompensieren. Um den Balkan zu befrieden, organisierten die USA die transatlantische Kooperation, machten ihr Handeln davon abhängig, was die Bündnispartner mittrugen, und schulterten den Löwenanteil der Lasten. Dass sie dazu bereit waren, hatte auch damit zu tun, dass keine klare neue Bedrohung existierte und sie hofften, Europa würde aus der Rolle des Sicherheitsnehmers schlussendlich herauswachsen.[5]

Mit den Anschlägen vom 11. September 2001 (9/11) änderte sich das Bild. Die USA verstanden sich fortan in einem globalen Krieg gegen den Terrorismus, führten Kriege in Afghanistan (ab 2001) und im Irak (2003-2011) und definierten den weiteren Mittleren Osten als strategische Priorität. Von europäischen Befindlichkeiten wollte die George W. Bush-Administration ihr Handeln nicht

---

[3] Vgl. Driver, Darrell: Burden Sharing and the Future of NATO. Wandering between Two Worlds. In: Defense & Security Analysis 32:1 (2016), S. 4-18.
[4] Vgl. NATO: The Alliance's New Strategic Concept, November 1991; NATO: The Alliance's Strategic Concept, April 1999, beide www.nato.int/cps/en/natohq/57772.htm (28.9.2017).
[5] Vgl. Groitl, Gerlinde: Strategischer Wandel und zivil-militärischer Konflikt. Politiker, Generäle und die US-Interventionspolitik von 1989 bis 2013, Wiesbaden 2015, S. 314-63.

abhängig machen. Die Klagen über das Missverhältnis zwischen Entscheidungsmacht und Einsatzkraft in der Nato waren in Washington schon nach dem Kosovo-Krieg virulent geworden. So verzichteten die USA ausgerechnet bei der ersten Aktivierung des Bündnisfalls nach 9/11 auf die Unterstützung der Allianz beim Regimewechsel in Afghanistan und setzten auch beim kontroversen Irakkrieg auf eine „Koalition der Willigen". Die Nato würde aus US-Sicht ihre Nützlichkeit nur behalten, wenn sie sich zu einem flexiblen Sicherheitsdienstleister entwickelte und die Europäer arbeitsteilig mehr Verantwortung bei der Friedenssicherung trügen. Die europäischen Vorbehalte gegen Bushs Kurs kulminierten in der französisch-deutsch-russischen Opposition gegen den Irakkrieg, während Großbritannien und andere an der Seite Washingtons standen. Dieser innereuropäische Bruch stärkte die Erkenntnis, dass Europa lernen musste, seine Interessen eigenständiger zu formulieren. Die Vorlage der ersten europäischen Sicherheitsstrategie 2003 ist in diesem Licht zu sehen. Weil die USA aber weiterhin der unverzichtbare Sicherheitspartner waren, versuchten die Europäer, das Irak-Zerwürfnis auszugleichen durch die Zusammenarbeit in anderen Bereichen. Die Übernahme der ISAF-Mission in Afghanistan 2003 durch die Nato bot eine Gelegenheit dazu. Strategisch durchdacht verlief der Prozess nicht.[6]

Die Amtszeit von Barack Obama bewies, unter welch struktureller Entfremdung die transatlantischen Beziehungen litten: Die Prioritäten der Weltmacht USA und der regional verhafteten EU bzw. der europäischen Nato-Partner drifteten auseinander, während die Fähigkeitsasymmetrie aus US-Sicht den praktischen Wert der Partnerschaft untergrub. Der über Jahre mäandernde Afghanistan-Einsatz der Nato zeigte anschaulich, dass es keinen Ersatz gab für amerikanische strategische Führung.[7] Gleiches galt für ihre Ressourcen. Vor Obamas Amtsantritt im Januar 2009 waren die USA mit rund 22.000 Mann am ISAF-Einsatz beteiligt, die US-Strategierevision von 2009 führte zu einem Aufwuchs auf 90.000 Mann. Die nächstgrößten Truppensteller waren im Sommer 2011, als die maximale Mannstärke erreicht war, Großbritannien mit 9.500 Mann (Januar 2009: 8.910), Deutschland mit 4.812 (Januar 2009: 3.405) und Frankreich mit 3.935 (Januar 2009: 2.890).[8] Dazu kamen nationale Ein-

---

[6] Vgl. Rynning, Sten: NATO in Afghanistan. The Liberal Disconnect, Stanford 2012, S. 71-110.

[7] Der Irakkrieg band ab 2003 die politische und militärische Aufmerksamkeit der USA, erst 2009 rückte Afghanistan zurück in den Fokus.

[8] Angaben nach NATO: ISAF-Placemat, 12.1.2009; NATO: ISAF-Placemat, 6.6.2011, beide

satzvorbehalte sowie Ausrüstungs- und Fähigkeitsunterschiede. Partner auf Augenhöhe besaßen die USA nicht. Mit der politischen, ökonomischen und militärischen Schwerpunktverlagerung der Obama-Administration in den asiatisch-pazifischen Raum ab 2011 verschoben sich die Prioritäten nachhaltig. Dass die Zukunft der internationalen Ordnung weder in Bagdad und Kabul noch in Europa, sondern in Asien entschieden würde, war korrekt. Auf europäischer Seite dominierten dennoch die EU-internen Krisen und die Sorge, von den USA alleingelassen zu werden, das Denken.[9]

Tatsächlich wollte sich Washington aus europäischen Belangen lösen. Die Europäer würden also handlungsfähiger werden und in der Nato und der EU mehr Verantwortung beim Krisenmanagement übernehmen oder mit den Konsequenzen leben müssen. Der von Frankreich und Großbritannien getriebene Libyen-Einsatz der Nato ernüchterte: Obwohl die USA ihre Partner nur unterstützen wollten („leading from behind"), mussten sie Fähigkeits- und Ressourcendefizite wettmachen, um die Allianz nicht scheitern zu lassen.[10] Dass nur wenige Bündnismitglieder – 2016 waren es fünf von 28 – wie vereinbart zwei Prozent des Bruttosozialprodukts in die Verteidigung investierten, wurde auch deshalb zunehmend zum Streitpunkt.[11] Washingtons Frust brachte der damalige Verteidigungsminister Robert Gates 2011 auf den Punkt, als er die Nato als „gespaltene Allianz" („two-tiered alliance") geißelte und vor den Konsequenzen warnte.[12] Einen strategischen Zwang, die europäischen Partner dauerhaft zu alimentieren, gab es für die USA nicht mehr, auch wenn der Erhalt des Bündnisses ihren Interessen diente.[13]

Das änderte sich auch nach 2014 nicht, als die Nato wegen Russlands Aggression in der Ukraine und seiner Drohgebärden gegenüber dem Westen eine Re-

---

www.nato.int/cps/en/natolive/107995.htm (29.9.2017).

[9] Vgl. Gareis, Sven Bernhard, und Reinhard Wolf: Home Alone? The US Pivot to Asia and Its Implications for the EU's Common Security and Defense Policy. In: European Foreign Affairs Review 21 (Special Issue/2016), S. 133–150.

[10] Vgl. Hallams, Ellen, und Benjamin Schreer: Towards a 'Post-American' Alliance? NATO Burden-Sharing after Libya. In: International Affairs 88:2 (2012), S. 313–327.

[11] Zur Veranschaulichung vgl. NATO: Defence Expenditure of NATO Countries (2010-2017), 29.6.2017, www.nato.int/cps/en/natohq/news_145409.htm (29.9.2017).

[12] Vgl. Gates, Robert: The Security and Defense Agenda (Future of NATO), Rede, 11.6.2011, http://archive.defense.gov/Transcripts/Transcript.aspx?TranscriptID=4839 (29.9.2017).

[13] Vgl. Wohlforth, William C.: The Right Choice for NATO. In: Jeremi Suri und Benjamin Valentino (Hrsg.): Sustainable Security: Rethinking American National Security Strategy, Oxford 2016, S. 245-262.

naissance der kollektiven Verteidigung erlebte. Zwar standen die USA ihren Bündnispartnern sofort zur Seite. Im Sommer 2014 kündigte Obama eine „European Reassurance Initiative" an, die die Aufstockung der erst kurz zuvor reduzierten US-Militärpräsenz in Europa, Manöver, den Ausbau von Infrastruktur und ein Ertüchtigungsprogramm beinhaltete.[14] Auf dem Gipfel von Wales 2014 beschloss die Nato Maßnahmen zur Rückversicherung ihrer Mitglieder („reassurance") und zur Anpassung des Bündnisses („adaptation"). Dazu gehörten eine rotierende Präsenz („persistent presence") in Osteuropa, die Aufstockung der Nato Response Force von 13.000 auf 40.000 Mann und die Aufstellung einer „Very High Readiness Joint Task Force" (VJTF) mit 5.000 Mann zur schnellen Krisenreaktion.[15] Beim Warschauer Gipfel 2016 vereinbarte die Allianz eine verstärkte Vornepräsenz („Enhanced Forward Presence") von je einem multinationalen Verband in Bataillonsstärke in Polen, Estland, Lettland und Litauen ab 2017.[16] Washington garantiert nach innen und außen die Glaubwürdigkeit der Maßnahmen, die zuvorderst politischen Symbolcharakter besitzen.

Eine Rückkehr zur alten Rolle der Schutz- und Ordnungsmacht in Europa lässt sich daraus jedoch nicht ableiten. Letztlich galten die Spannungen mit Russland den USA als Ablenkung von ihren strategischen Prioritäten, die die Obama-Administration weiter im asiatisch-pazifischen Raum verortete.[17] Auch deshalb delegierte sie die diplomatische Bearbeitung der Ukraine-Krise an die deutsche Kanzlerin Angela Merkel und forderte substanzielle militärische Beiträge der Partner ein. Ein weiteres Indiz ist die Finanzierung des US-Militärengagements in Europa über den Haushalt für Notfalloperationen („Overseas Contingency Operations"). Verstetigt wird die Planung nicht.[18] Da sie ihren Fußabdruck in Europa und im Mittleren Osten verringern wollten, betrachteten die USA daneben europäische Sicherheitsinteressen jenseits von

---

[14] Vgl. The White House: Fact Sheet. European Reassurance Initiative and Other U.S. Efforts in Support of NATO Allies and Partners, 3.6.2014, https://obamawhitehouse.archives.gov/the-press-office/2014/06/03/fact-sheet-european-reassurance-initiative-and-other-us-efforts-support- (29.9.2017).
[15] Vgl. NATO: Readiness Action Plan, last updated 21.9.2017, www.nato.int/cps/en/natohq/topics_119353.htm (29.9.2017).
[16] Vgl. NATO: NATO's Enhanced Forward Presence, Factsheet, Mai 2017, www.nato.int/cps/en/natohq/topics_136388.htm?selectedLocale=en (29.9.2017).
[17] Vgl. Obama, Barack: National Security Strategy, Washington, DC, 2015.
[18] Vgl. Deni, John: The Flawed U.S. Approach to European Reassurance, Carnegie Europe, 27.5.2016, http://carnegieeurope.eu/strategiceurope/63675 (29.9.2017).

Artikel-5-Angelegenheiten weder als strategische Prioritäten noch die Europäer als unbedingte Partner. Der Eskalation des Syrienkriegs sahen sie zunächst relativ passiv zu. Erst nach den Geländegewinnen des sogenannten Islamischen Staates in Syrien und im Irak organisierten sie 2014 eine multinationale Koalition, doch eine transatlantische Initiative war es nicht.

So bestätigten die vergangenen drei Jahre, was bereits zuvor sichtbar gewesen war: Ihre Beistandsverpflichtung nach Artikel 5 stellten die Vereinigten Staaten nicht in Frage, ihre Rolle als Krisen- und Kooperationsmanager in und für Europa hingegen schon. Schon vor dem Wahlsieg von Donald Trump wurden daher die Perspektiven einer post-amerikanischen Zukunft der Nato und der europäischen Sicherheitspolitik diskutiert, weil für eine Rückkehr zum alten Modell das strategische Rational fehlte. Europa, so die amerikanische Überzeugung, könne und müsse mehr tun, während sich Washington auf die Funktion des Abschreckungsgaranten und „Enablers" zurückziehen würde. Umgekehrt glaubte man diesseits des Atlantiks längst nicht mehr, dass die USA stets die richtigen Antworten für europäische oder globale Sicherheitsprobleme besaßen, ohne jedoch selbst automatisch bessere formulieren zu können.[19]

Der neue US-Präsident Donald Trump potenziert die Entfremdung. Während zuvor ein transatlantischer Grundkonsens existiert hatte, wonach eine liberale internationale Ordnung den eigenen Interessen dient, distanzierte sich Trump vom Bekenntnis zu Demokratie, Institutionen, Allianzen, Freihandel und westlichen Werten. Stattdessen versprach er eine widersprüchliche, an wahltaktischen Kalkülen statt internationalen Gegebenheiten orientierte sowie von Nationalismus, Isolationismus, Militarismus, Protektionismus und Realpolitik geprägte Politik des „America First". Die Europäer bezeichnete er als Rivalen, die den USA ökonomisch schaden und sie in der Nato ausnutzen. Folgt man Trumps Weltbild, wären Debatten über eine adäquate europäisch-amerikanische Lastenteilung hinfällig, weil es keine gemeinsamen Ziele mehr gäbe. Konsequent umgesetzt würde „America First" die USA ihres globalen Einflusses berauben, die transatlantische Partnerschaft zerrütten und das Ende der westlich geprägten internationalen Ordnung einläuten.[20]

---

[19] Vgl. Gareis, Sven Bernhard, und Reinhard Wolf: Home Alone? The US Pivot to Asia and Its Implications for the EU's Common Security and Defense Policy. In: European Foreign Affairs Review 21 (Special Issue/2016), S. 133–150; Driver, Darrell: Burden Sharing and the Future of NATO. Wandering Between Two Worlds. In: Defense & Security Analysis 32:1 (2016), S. 4-18.

[20] Vgl. Groitl, Gerlinde: 'Make America Great Again'? Die strategische Handlungs(un)fähigkeit

Zwar kam es bislang zu keinem nennenswerten Kurswechsel. Ein von Trump im Wahlkampf angedeuteter Interessenausgleich mit Russland auf Kosten der Europäer ist in weite Ferne gerückt. Zur Beistandsgarantie der mittlerweile 29 Mitglieder zählenden Nato bekannte sich der US-Präsident im Sommer 2017, nachdem er beim Gipfel im Mai 2017 nur die unzureichenden Anstrengungen der Partner gerügt hatte. Sogar der Finanzrahmen der „European Reassurance Initiative" soll 2018 um 1,3 Milliarden auf 4,7 Milliarden steigen.[21] Ihre Glaubwürdigkeit haben die USA dennoch verloren. „Die Zeiten, in denen wir uns auf andere völlig verlassen konnten, die sind ein Stück vorbei", fasste es Bundeskanzlerin Angela Merkel zusammen. „Wir Europäer müssen unser Schicksal wirklich in unsere eigene Hand nehmen."[22]

Europa auf dem Weg zur post-amerikanischen Sicherheits- und Verteidigungspolitik?

Um sich sicherheitspolitisch von den USA zu emanzipieren, bräuchte Europa einen strategischen Konsens, politischen Willen sowie substanzielle Reformen und Investitionen im Verteidigungsbereich. Sowohl die Entwicklungslogik der EU als auch die jüngsten Trends sprechen dagegen, dass es bald dazu kommt. Nach dem Scheitern der Europäischen Verteidigungsgemeinschaft (EVG) 1954 klammerte die europäische Integration die Sicherheitspolitik als Handlungsfeld jahrzehntelang aus, während die Westeuropäische Union (WEU), in der sich zehn Staaten militärischen Beistand im Angriffsfall versprochen hatten, neben der Nato praktisch kaum Bedeutung besaß. Erst der Vertrag von Maastricht (1993) begründete die Gemeinsame Außen- und Sicherheitspolitik (GASP) der EU, die Verträge von Amsterdam (1999), Nizza (2003) und Lissabon (2009) bauten sie aus und institutionalisierten eine Gemeinsame Sicherheits- und Verteidigungspolitik (GSVP; bis 2009 Europäische Sicherheits- und Verteidigungspolitik ESVP). Trotz der Fortschritte ist die fehlende Supranationalisierung die größte Hürde für ein kohärentes Auftreten der EU mit ihren mittlerweile 28 Mitgliedern.

---

der USA vom Ende des Kalten Kriegs bis zu Präsident Donald Trump. In: SIRIUS – Zeitschrift für Strategische Analysen 1:3 (2017), S. 221-232.
[21] Vgl. Pellerin, Cheryl: 2018 Budget Request for European Reassurance Initiative Grows to $4.7 Billion, Department of Defense, 1.6.2017, www.defense.gov/News/Article/Article/1199828/2018-budget-request-for-european-reassurance-initiative-grows-to-47-billion/ (29.9.2017)
[22] Zitiert nach Spiegel Online: Merkel nach Gipfel mit Trump: „Die Zeiten, in denen wir uns auf andere völlig verlassen konnten, sind ein Stück vorbei". In: Spiegel Online, 28.5.2017.

Während der Genese der GASP und der ESVP/GSVP nach dem Kalten Krieg galten die Stabilitätsprojektion in die europäische Peripherie und die zivil-militärische Konfliktbewältigung als die wichtigsten Aufgaben. Ob europäische Fähigkeiten als Ergänzung oder als Alternative zur Atlantischen Allianz konzipiert sein sollten, war die erste große Richtungsfrage, die Großbritannien und Frankreich zunächst unterschiedlich beantworteten. Ihre Einigung von St. Malo 1998 ebnete den Weg für eine europäische Sicherheits- und Verteidigungspolitik, die zwar eigenständig zur Umsetzung der Petersberg-Aufgaben (humanitäre Hilfe, Peacekeeping, militärisches Krisenmanagement) fähig sein, aber nicht in Konkurrenz zur Nato treten sollte. Der Europäische Rat von Helsinki beschloss 1999, „[…] die Union in die Lage zu versetzen, autonom Beschlüsse zu fassen und in den Fällen, in denen die NATO als Ganzes nicht einbezogen ist, als Reaktion auf internationale Krisen EU-geführte militärische Operationen einzuleiten und durchzuführen."[23] Dieser komplementäre Ansatz entsprach Washingtons Interessen („no decoupling, no duplication, no discrimination").[24] Dass die EU das gesamte Spektrum sicherheits- und verteidigungspolitischer Aufgaben bewältigen müsse, war nicht angedacht.

Fortan bemühte sich die EU, Fähigkeiten für das zivile und militärische Krisenmanagement aufzubauen, litt aber unter Kooperationsdefiziten. Ihr militärisches Ziel, bis 2003 50.000 bis 60.000 Mann innerhalb von 60 Tagen mobilisieren und ein Jahr lang im Einsatz halten zu können, kann sie bis heute nicht eigenständig umsetzen.[25] 2003 vereinbarte die EU mit der Nato im sogenannten Berlin-Plus-Abkommen, auf Strukturen und Fähigkeiten der Allianz zurückgreifen zu können, was im Dezember 2003 die erste EU-Militärmission in Mazedonien und 2004 den Einsatz in Bosnien und Herzegowina ermöglichte. Praktisch lähmte jedoch nach dem EU-Beitritt Zyperns 2004 dessen Konflikt mit dem Nato-Partner Türkei die Kooperation. Im Jahr 2004 definierte die EU als neue Wegmarke den Aufbau von 13 EU-Battlegroups zur schnellen Krisenreaktion, von denen je zwei auf Abruf bereitstehen sollen. Sie sind angelegt als Verbände mit je 1.500 Mann, die binnen 10 Tagen Einsätze von bis zu 30 Tagen Dauer (mit Rotation 120 Tage) bewältigen sollen. Bis heute kamen sie

---

[23] Europäischer Rat: Schlussfolgerungen des Vorsitzes, Helsinki. 10./11.12.1999, www.europarl.europa.eu/summits/hel1_de.htm (25.9.2017).
[24] Vgl. Howorth, Jolyon: Security and Defence Policy in the European Union, 2. Auflage, Basingstoke 2014, S. 112.
[25] Vgl. Biscop, Sven: All or nothing? The EU Global Strategy and Defence Policy after the Brexit. In: Contemporary Security Policy 37:3 (2016), S. 431–445; 435-436.

noch nie zum Einsatz.[26] Obwohl sich die EU in der zivilen und militärischen Krisenintervention als Akteur etabliert hat, blieben das Ambitionsniveau und der Ressourceneinsatz überschaubar und die Beschlussfassung und Umsetzung von nationalen Interessen abhängig.[27]

In den vergangenen Jahren rückte auch die Bündnisverteidigung auf die Agenda. Schließlich sind heute nur 22 EU-Staaten zugleich Nato-Mitglieder. Der Lissaboner Vertrag ergänzte eine EU-Beistandsklausel: „Im Falle eines bewaffneten Angriffs auf das Hoheitsgebiet eines Mitgliedstaats schulden die anderen Mitgliedstaaten ihm alle in ihrer Macht stehende Hilfe und Unterstützung, im Einklang mit Artikel 51 der Charta der Vereinten Nationen" (Artikel 42.7 EUV).[28] Daneben ruft der Artikel 222 des Vertrags über die Arbeitsweise der Europäischen Union alle Mitglieder zu Solidarität auf im Falle von Terroranschlägen und Naturkatastrophen.[29] Erstmals zur Anwendung kam der Artikel 42.7 EUV nach den Terrorattacken von Paris im November 2015, was als politische Geste zur Aufwertung der EU verstanden wurde.[30] Ob und wie bei Terrorismus, Cyberangriffen und hybriden Interventionen die Mechanismen kollektiven Beistands greifen, sind wichtige Fragen. Der Präzedenzfall deutet auf eine weite Auslegung der EU-Beistandsklausel hin, wenngleich die Operationalisierung unklar bleibt.[31] Ein formelles Verfahren oder konkrete Verpflichtungen gibt es nicht, damit auch neutrale EU-Staaten wie Österreich, Finnland, Schweden und Irland eingebunden werden können.

Was Europa überhaupt leisten könnte, ist eine andere Frage. Das letzte Vierteljahrhundert war geprägt von Reformprozessen, um die Streitkräfte zu Aus-

---

[26] Vgl. European External Action Service: Shaping of a Common Security and Defence Policy, 8.7.2016, https://eeas.europa.eu/headquarters/headquarters-homepage/5388/shaping-common-security-and-defence-policy_en (25.9.2017).

[27] Für eine Missionsübersicht vgl. European External Action Service: Military and Civilian Missions and Operations, 3.5.2016, https://eeas.europa.eu/headquarters/headquarters-homepage/430/military-and-civilian-missions-and-operations_en (25.9.2017).

[28] Europäische Union: Konsolidierte Fassung des Vertrags über die Europäische Union, 2016/C202/01, Amtsblatt der Europäischen Union 7.6.2016, Artikel 42.7.

[29] Vgl. Europäische Union: Vertrag über die Arbeitsweise der Europäischen Union, 2016/C202/01, Amtsblatt der Europäischen Union 7.6.2016, Artikel 222.

[30] Vgl. European Council on Foreign Relations: Article 42.7. An Explainer, 19.11.2015, www.ecfr.eu/article/commentary_article_427_an_explainer5019 (26.9.2017).

[31] Vgl. Biscop, Sven: The European Union and Mutual Assistance: More than Defence. In: The International Spectator 51:2 (2016), S. 119-125.

landseinsätzen zu befähigen, während zugleich eine Friedensdividende eingelöst wurde. Die Verteidigungsausgaben der EU-Staaten sanken anteilig am Bruttosozialprodukt von 2,4 Prozent 1992 auf 1,9 Prozent 2000 auf 1,5 Prozent 2016.[32] Außerdem fordert die Kleinstaaterei Tribut. „Im Verhältnis zu den Ausgaben sind die erzeugten Verteidigungsfähigkeiten recht gering [...]", gesteht Brüssel ein, obwohl die 28 EU-Staaten mit Verteidigungsausgaben von insgesamt 227 Milliarden Euro (Stand 2016) nur den USA nachstehen. Doch die Hälfte entfällt auf den Personalbereich, während in Ausrüstung, Forschung und Entwicklung zu wenig beziehungsweise falsch investiert wird.[33] Im Beschaffungswesen werden rund 80 Prozent der Vorgänge national umgesetzt, im Forschungs- und Technologiebereich sind es über 90 Prozent.[34] Eine gemeinschaftliche oder koordinierte Fähigkeitsentwicklung, um sich für das gesamte militärische Einsatzspektrum zu rüsten, gibt es nicht. Da über 90 Prozent der Verteidigungsausgaben auf zehn EU-Mitglieder entfallen, rund 70 Prozent allein auf Großbritannien, Frankreich, Deutschland und Italien, hängt die weitere Entwicklung stark von wenigen Staaten ab.[35] Auch das birgt Risiken. Selbst wenn die Einzelstaaten mehr investieren und in der Nato und der EU enger kooperieren, wofür es mittlerweile Anzeichen gibt, ist der Weg weit.[36] Wegen des Innovationsrückstands dürfte die Fähigkeitskluft zu den USA weiter wachsen.[37] Ohnehin sind materielle Kapazitäten und Ressourcen nur eine Seite der Medaille, Planungs- und Führungsfertigkeiten sind die andere. Ohne die USA und die Atlantische Allianz kann Europa weder ambitionierte Militäreinsätze

---

[32] Angaben nach World Bank: World Development Indicators, Database, http://databank.worldbank.org/data/home.aspx (28.9.2017).
[33] Vgl. Europäische Kommission: Reflexionspapier über die Zukunft der europäischen Verteidigung, COM(2017) 315 vom 7.6.2017, Brüssel 2017, S. 9; Zitat von S. 8.
[34] Angaben nach Europäische Kommission: Der Europäische Verteidigungsfonds. 5,5 Mrd. EUR pro Jahr, um Europas Verteidigungsfähigkeiten zu stärken, Pressemitteilung, 7.6.2017, http://europa.eu/rapid/press-release_IP-17-1508_de.htm (24.9.2017).
[35] Vgl. Overhage, Thomas: Pool It, Share It, or Lose It: An Economical View on Pooling and Sharing of European Military Capabilities. In: Defense & Security Analysis 29:4 (2013), S. 323-341; S. 331-332.
[36] Vgl. z.B. Glatz, Rainer L., und Martin Zapfe: Ambitionierte Rahmennation. Deutschland in der Nato. Die Fähigkeitsplanung der Bundeswehr und das »Framework Nations Concept«, SWP Aktuell 62, Berlin 2017.
[37] Vgl. Fiott, Daniel: A Revolution Too Far? US Defence Innovation, Europe and NATO's Military-Technological Gap. In: Journal of Strategic Studies 40:3 (2017), S. 417-437.

noch die eigene Verteidigung schultern. Ungewiss ist selbst, ob es der Nato gelänge, einen Angriff auf das Baltikum abzuwehren.[38]

Aufgrund der veränderten Sicherheitslage und des Brexit-Schocks erhielt die Entwicklung der Außen-, Sicherheits- und Verteidigungspolitik der EU neuen Schwung. Die im Juni 2016 vorgelegte EU-Globalstrategie formuliert als Appell und Arbeitsauftrag zugleich: „We must be ready and able to deter, respond to, and protect ourselves against external threats. While NATO exists to defend its members – most of which are European – from external attack, Europeans must be better equipped, trained and organised to contribute decisively to such collective efforts, as well as to act autonomously if and when necessary."[39] Sie nennt „strategische Autonomie" als neues Ambitionslevel, fordert den Aufbau von „[f]ull spectrum defence capabilities" und bekennt sich dazu, global zum Erhalt der internationalen Ordnung beitragen zu wollen.[40] Im November 2016 nahmen die Außen- und Verteidigungsminister einen Implementierungsplan zur EUGS an, die Kommission legte einen Verteidigungsaktionsplan vor, im Dezember 2016 beschloss der Europäische Rat ein Verteidigungspaket, im Juni 2017 rief die Kommission einen Verteidigungsfonds ins Leben zur Förderung der gemeinsamen Forschung, Entwicklung und Beschaffung. Außerdem wird das Thema Sicherheit als neues Integrationsmotiv gehandelt und die Schaffung einer Sicherheits- und Verteidigungs*union* diskutiert. Im November 2017 beschlossen 23 EU-Mitglieder eine ständige strukturierte Zusammenarbeit in der Sicherheitspolitik, die willigen Staaten eine engere Kooperation ermöglicht.[41]

Welche Früchte die Initiativen tragen, hängt davon ab, wie stark der politische Wille für mehr Vergemeinschaftung letztlich sein wird. Da die Briten als Bremser bekannt sind, könnte der Brexit eine Chance darstellen. Doch ob die Reformimpulse den Verlust britischer Fähigkeiten kompensieren, zählt.[42] Als

---

[38] Vgl. Shlapak, David A., und Michael W. Johnson: Reinforcing Deterrence on NATO's Eastern Flank. Wargaming the Defense of the Baltics, Rand Corporation Research Report RR-1253-A, Santa Monica 2016.
[39] European Union: Shared Vision, Common Action: A Stronger Europe. A Global Strategy for the European Union's Foreign and Security Policy, Brüssel 2016, S. 19.
[40] Vgl. European Union: Shared Vision, Common Action: A Stronger Europe. A Global Strategy for the European Union's Foreign and Security Policy, Brüssel 2016, S. 9-11.
[41] Vgl. Bendiek, Annegret: Das neue »Europa der Sicherheit«. Elemente für ein europäisches Weißbuch zur Sicherheit und Verteidigung, SWP Aktuell 37, Berlin 2017.
[42] Vgl. Biscop, Sven: All or nothing? The EU Global Strategy and Defence Policy after the Brexit. In: Contemporary Security Policy 37:3 (2016), S. 431–445.

Hürde dürfte sich die Komplexität des Sicherheitsumfelds erweisen. Europa ist konfrontiert mit starken und schwachen Staaten, staatlichen und nichtstaatlichen Gewaltakteuren, symmetrischen militärischen Bedrohungen, irregulären und hybriden Herausforderungen sowie den Erfordernissen der Friedensschaffung und Stabilisierung in Krisenregionen. Bedrohungen disziplinieren die Zusammenarbeit jedoch nur, wenn sie gemeinsame Antworten erzwingen. Derzeit gibt es viel Interpretationsspielraum: Wie bekämpft man den Terrorismus am besten? Wie soll mit Russland umgegangen werden? Wie ist der Instabilität im Mittleren Osten und Afrika zu begegnen? Wie müssen die Prioritäten gesetzt werden? Ein gesamteuropäischer strategischer Konsens bleibt fraglich. Insofern erscheint eine Flexibilisierung und Fragmentierung der europäischen Sicherheitspolitik plausibel, was Chance und Risiko zugleich ist.

Echte strategische Autonomie und eine post-amerikanische Sicherheitspolitik sind derzeit in keinem Fall in Sicht. Sowohl die EU-Beistandsklausel als auch die EUGS und ihre Folgedokumente erkennen den Vorrang der Nato bei der kollektiven Verteidigung an für die EU-Staaten, die Mitglieder sind.[43] Außerdem priorisiert die EU einerseits die externe Krisenprävention, -bewältigung und -nachsorge. Als Kernaufgaben der GSVP nennt der Plan zur Umsetzung der EU-Globalstrategie in dieser Reihenfolge: 1) die Reaktion auf externe Konflikte und Krisen, 2) die Ertüchtigung von Partnern, und 3) den Schutz der EU und ihrer Bürger.[44] Zur Sicherheitsvorsorge rückt andererseits mit dem Schlagwort „Resilienz" die Stärkung von Widerstandskräften in den Fokus. Den Begriff nennt die EU-Globalstrategie gleich 34 Mal.[45] Zugleich flankiert die EU ihre Selbstverpflichtung, militärische Kapazitäten aufzubauen, mit dem Bekenntnis zur vertieften Kooperation mit den USA und der Nato.[46] Beim Warschauer-Gipfel im Juli 2016 vereinbarten die Nato und die EU, in sieben Bereichen stärker zusammenzuarbeiten. Dazu gehören etwa die Abwehr hybrider Bedrohungen, Cybersicherheit sowie die Fähigkeitsentwicklung und die

---

[43] Vgl. z.B. European Union: Shared Vision, Common Action: A Stronger Europe. A Global Strategy for the European Union's Foreign and Security Policy, Brüssel 2016, S. 20.

[44] Vgl. European Union: Implementation Plan on Security and Defence, Fact Sheet, 18.5.2017, https://eeas.europa.eu/headquarters/headquarters-homepage_en/26406/Implementation%20Plan%20on%20Security%20and%20Defence,%20factsheet (29.9.2017).

[45] Vgl. Bendiek, Annegret: Die Globale Strategie für die Außen- und Sicherheitspolitik der EU, SWP Aktuell 44, Berlin 2016, S. 2.

[46] Vgl. European Union: Shared Vision, Common Action: A Stronger Europe. A Global Strategy for the European Union's Foreign and Security Policy, Brüssel 2016, S. 19-21; 36-37.

Kooperation in Industrie und Forschung. Eine Übereinkunft zu 42 konkreten Maßnahmen folgte im Dezember 2016.[47]

In der Sache ist das schlüssig. Die EU kann die Nato nicht ersetzen bei der Abschreckung militärischer Bedrohungen und der kollektiven Verteidigung. Ihre Mitglieder konzentrieren sich also darauf, die einzelstaatlichen und gemeinschaftlichen Fähigkeiten zu verbessern und damit die EU und zugleich den europäischen Pfeiler der Nato zu stärken. Für Europas Sicherheit besitzt die engere Kooperation beider Organisationen echten Mehrwert, und sie dürfte künftig noch wichtiger werden: So braucht es zum Umgang mit dem russischen Großmachtgebaren das militärische Gewicht der Nato und die ökonomische Macht der EU. Mit der Seeüberwachung in der Ägäis seit Februar 2016 bildet die Allianz eine Brücke zwischen der EU und der Türkei und unterstützt den europäischen Grenzschutz. Nach dem Brexit 2019 wird sie das sicherheitspolitische Bindeglied zwischen London und der EU bleiben. Auch bei der Abwehr hybrider Bedrohungen gibt es unverzichtbare Synergieeffekte, zumal zum Aufbau und zur Projektion von Resilienz die nicht-militärischen Mittel der EU besonderen Wert besitzen.

Der Entwicklungstrend birgt aber Risiken. Europa bleibt auf absehbare Zeit von der Nato und den USA abhängig. „Die gesamteuropäische Außen- und Sicherheitspolitik", so Annegret Bendieks Einschätzung, „wird in Zukunft nicht länger als eine europäische Alternative zur transatlantischen Sicherheitskooperation zu denken sein." Schließlich deuten die jüngsten Weichenstellungen auf eine integrale Verzahnung und eine Arbeitsteilung hin: „Demnach bindet sich Europa sehr viel enger als zuvor an die Nato und konzentriert in der Allianz seine eigentlichen Verteidigungsanstrengungen. Damit stellt die EU die Weichen für die »Sicherheitsgemeinschaft« Europas neu: Für die zivile Resilienz ist sie selbst zuständig, während die Nato den Überbau schafft für die militärische Widerstandskraft der Union."[48] Das setzt voraus, dass der transatlantische politische Grundkonsens hält. Donald Trump zog eben das in Zweifel. Seine populistische „America First"-Rhetorik birgt damit in doppelter Hinsicht Gefahren, weil die Nato heute nicht ohne die USA funktioniert und die EU die Nato braucht.

---

[47] Vgl. European External Action Service: EU-NATO Cooperation, 19.6.2017, https://eeas.europa.eu/headquarters/headquarters-homepage_en/28286/EU-NATO%20cooperation,%20factsheet (29.9.2017).
[48] Bendiek, Annegret: Die Globale Strategie für die Außen- und Sicherheitspolitik der EU, SWP Aktuell 44, Berlin 2016, S. 4.

Fazit

Die transatlantischen Sicherheitsbeziehungen befinden sich im Wandel. Nach dem Zweiten Weltkrieg halfen die USA, Westeuropa im Inneren zu befrieden, garantierten als Schutzmacht im Kalten Krieg seine äußere Sicherheit und kümmerten sich nach dem Ende der bipolaren Blockkonfrontation als Kooperationsmanager um die Stabilisierung der europäischen Peripherie. Es war begleitet von der Hoffnung, Europa würde sich zu einem Partner auf Augenhöhe entwickeln. Da dies nicht geschehen ist und Europa seine strategische Relevanz verloren hat, zeichnet sich seit Jahren ein Rückzug auf Raten an. Obwohl ein ordnungspolitischer Grundkonsens existierte, fiel es zunehmend schwer, ihn zu operationalisieren. Donald Trump kündigte ihn 2016 im Wahlkampf rhetorisch auf. Auch wenn bislang kaum Konsequenzen folgten: Dass die europäische Sicherheit auf Dauer eine transatlantische Angelegenheit bleiben wird, ist nicht garantiert.

Es ist längst zum Gemeinplatz geworden, dass Europa mehr außen-, sicherheits- und verteidigungspolitische Ernsthaftigkeit braucht. Doch bislang reichten die innere Motivation und der äußere Kooperationszwang nicht aus. Das Ende der Gewissheiten, mit dem Europa derzeit konfrontiert ist, könnte sich somit als Gelegenheit erweisen, weil die veränderte Gefahrenlage, die Unwägbarkeiten im transatlantischen Verhältnis und der Brexit-Schock Reformimpulse bieten. Schon in der Vergangenheit führten Krisen – etwa die Kriege auf dem Balkan in den 1990er Jahren oder das transatlantische Zerwürfnis von 2003 – zu politischer Innovation. Anzeichen dafür gibt es auch heute. Die Einsicht, dass die eigene Sicherheit nicht als gegeben vorausgesetzt werden kann, ist offensichtlich, und eine Debatte darüber, was gemeinsam zu tun ist, eröffnet. Alleine können die Staaten Europas weder ihre Sicherheit noch ihre Interessen in der Welt wahren. Ob die EU trotz ihrer inneren Krisen zu einem entsprechenden Integrationsschub fähig ist, muss sich zeigen. Selbst wenn es einen Konsens gibt, dass es größere Anstrengungen braucht, sind gemeinsame Antworten nämlich noch nicht garantiert. Doch immerhin existiert derzeit eine politische Reformdynamik wie seit den späten 1990er und frühen 2000er Jahren nicht.

Ein realistischer Pfad zu einer post-amerikanischen Sicherheitspolitik ergibt sich daraus jedoch nicht. Mit den jüngsten Initiativen rückte die EU näher an die Nato, was angesichts der parallelen Bedrohungsszenarien, der komplementären Fähigkeiten und des europäischen Fähigkeitsniveaus folgerichtig ist. Solange die Atlantische Allianz so asymmetrisch ist wie heute, bleibt Europa damit von den USA abhängig. Den europäischen Pfeiler in der Nato zu stärken und die Lastenteilung zu verbessern, ist entscheidend. Womöglich reicht es für den Erhalt der transatlantischen Partnerschaft aber nicht aus: Falls sich die Vereinigten Staaten in der Zukunft tatsächlich von ihrem Führungsanspruch und ihrer liberal-internationalistischen Ordnungspolitik verabschieden sollten, wie es Trump in den Raum gestellt hatte, stünde mehr als Europas Sicherheit auf dem Spiel. Es würde das Ende der westlichen Ära in der Weltpolitik drohen. Die Bündnisverteidigung in Europa ohne die USA wäre dann nur ein Problem unter vielen.

Russland und der Westen – Aussicht auf kooperative Beziehungen?[1]

Klaus Wittmann

Leitende These: „Neues Denken" in der russischen Außen- und Sicherheitspolitik

Wie vor 30 Jahren die Sowjetunion benötigt auch Putins Russland, „neues Denken" in der Außen- und Sicherheitspolitik als Teil seiner dringlichen Modernisierung. Der Westen und besonders die NATO sollten das freilich erleichtern durch selbstkritische Anerkennung ihres Teils der Verantwortung für die Verschlechterung des Verhältnisses in den letzten fast zwanzig Jahren. In diese These mündet der vorliegende Beitrag, und sie wird mit konkreten Vorstellungen für kooperative statt konfrontativer Sicherheit zwischen dem Westen und Russland veranschaulicht.[2]

---

[1] Der Autor war an der Transformation der NATO nach dem Fall der Berliner Mauer und an der Gestaltung ihrer Beziehungen zu Russland in vielfacher Hinsicht beteiligt. Deshalb ist dieser Beitrag – zur Illustration und um der Authentizität willen – mit einigen persönlichen Reminiszenzen angereichert. Er ist die mehrfach aktualisierte und erweiterte Fassung eines Vortrags bei der WIFIS-Jahreskonferenz „Der Ukraine-Konflikt, Russland und die europäische Sicherheitsordnung" in Wien am 30. Oktober 2015. Der Verfasser vertritt hier seine persönlichen Auffassungen.

[2] Für frühere Veröffentlichung solcher Ideen vgl. u.a. Klaus Wittmann, Towards a new Strategic Concept for NATO. NATO Defense College, Rom, September 2009 (Forum Paper 10), S. 31ff.; ders., Russia's Relations with NATO and the West: A Constructive Approach is Needed. In Vestnik Analitiki Bulletin (Moscow, Russia), No. 3 (37), 2009, p. 47-54; ders., The West is not Russia's Enemy. In: AtlanticTimes Sept/Oct 2014, S. 5; ders., Russland und der Westen - Gedanken für bessere Zeiten. In: Evangelische Verantwortung 9+10/2015, S. 3-9, sowie jüngere Beiträge auf den Blogs des Deutsch-russischen Forums www.russlandkontrovers.de) und des European Leadership Network (www.europeanleadershipnetwork.org). Zuletzt ders., Zum Umgang mit Russland und zur Zukunft der NATO-Russland-Beziehungen – Ideen „für bessere Zeiten". In: Jahrbuch der Clausewitz-Gesellschaft, Hamburg 2017, S. 88-107, und ders., Russia and the West: Ideas For Better Times. In: Peter. W. Schulze (Hrsg.), Core Europe and Greater Eurasia. A Roadmap for the Future. Frankfurt/New York: Campus 2017, S. 95-103.

Zur Lage

Solche Aussichten scheinen allerdings weit entfernt angesichts des Konflikts um die Ukraine. Krim-Annexion und Krieg in der Ostukraine haben die Voraussetzungen für jegliche positive Entwicklung stark beeinträchtigt. Doch muss langfristig das ernsthafte Angebot zu kooperativer Sicherheit bestehen bleiben. Die Lösung des Ukraine-Konflikts zunächst in der Ostukraine ist indes eine zentrale Voraussetzung für neuerliche Kooperation mit Russland. Deshalb ist den konstruktiven Anregungen, in die dieser Beitrag mündet, eine nüchterne Einschätzung von Charakter und Auswirkungen der gegenwärtigen erneuten Konfrontation sowie weiterer Aspekte der russischen Politik vorangestellt. Zunächst aber zum Handeln der NATO nach dem Fall der Berliner Mauer.

Die Kooperationsangebote der NATO

Die Nordatlantische Allianz passte sich nach dem Fall der Berliner Mauer äußerst zügig an die neuen Verhältnisse an.[3] Beim NATO-Gipfeltreffen in London im Juli 1990 verkündeten die Staats- und Regierungschefs:[4] „Today our Alliance begins a major transformation." Damit einher ging die Ankündigung einer radikalen Revision der Militärstrategie, und ehemaligen Gegnern im Warschauer Pakt wurde die Hand zur Zusammenarbeit entgegengestreckt, was bald zur Gründung des „Nordatlantischen Kooperationsrats" führte.

Dazu eine persönliche Reminiszenz: Als deutscher Oberst im Internationalen Militärstab der NATO war der Autor Vorsitzender der „Militärstrategie-Arbeitsgruppe", die den militärischen Beitrag zum ersten Strategischen Konzept der NATO nach dem Fall der Berliner Mauer erarbeitete – programmatisch eine „Strategie ohne Gegner". Dieses wurde beim NATO-Gipfeltreffen in Rom im November 1991 verabschiedet. Zwei Wochen später wurde er offiziell zu einer Konferenz in Petrovo Dalnie bei Moskau entsandt, um vor zahlreichen Politikern, Militärs und Wissenschaftlern die „neue NATO" zu präsentieren. Tags darauf verstärkte der norwegische General Eide, Vorsitzender des NATO-Militärausschusses (CMC), die Botschaft von kooperativer statt kon-

---

[3] Der Verfasser war seinerzeit Referent, später Referatsleiter (Branch Chief) im Referat „Strategische Planung" im Internationalen Militärstab der NATO in Brüssel. Seine Bilanz: Klaus Wittmann, The Road to NATO's New Strategic Concept. In: Gustav Schmidt (Ed.), A History of NATO – The First 50 Years. Basingstoke, New York 2001. Bd. 3, S. 219-237.
[4] Londoner Erklärung vom 6. Juli 1990: www.nato.int/docu/comm/49-95/c900706a.html.

frontativer Sicherheit. Noch heute fragt man sich, was hätte erreicht werden können, wäre das damals in Moskau zum Nennwert genommen worden, anstatt die Klischees über die NATO des Kalten Kriegs zu perpetuieren.

Und eine zweite Erinnerung: Im Oktober 1990 besuchte der sowjetische Generalstabschef, General Moiseiev, erstmals das NATO-Hauptquartier. Der Verfasser erhielt den Auftrag, für den Vorsitzenden des Militärausschusses, also den höchsten Soldaten der NATO, die Begrüßungsansprache zu entwerfen. Er ist quasi Zeitzeuge für die Ernsthaftigkeit der Kooperationsangebote des westlichen Bündnisses. Doch ist es wohl müßig, heute über die damaligen Chancen zu spekulieren (oder auch darüber, wie die Entwicklung hätte verlaufen können, wäre 1999 Boris Nemzow statt Wladimir Putin zum Nachfolger Präsident Jelzins bestimmt worden[5]).

Denn die NATO-Politik einer Unterstützung der Demokratisierung und Stabilisierung sowie Westintegration der mittel- und osteuropäischen (MOE-) Staaten bei gleichzeitiger Entwicklung der Partnerschaft mit Russland hat sich als zunehmender Misserfolg erwiesen. Im Zuge erneuter Konsolidierung des Landes entfaltete sich dort die Vorstellung, der Westen habe Russland während der Jelzin-Ära in einer Phase der Schwäche übervorteilt. In der spektakulären Putin-Rede vor der Münchener Sicherheitskonferenz im Februar 2007 fokussierten sich der Demütigungskomplex, die Frustration darüber, dass der Westen „macht, was er will", und das Gefühl, ausgegrenzt zu sein.[6] Doch isolieren kann Russland sich nur selbst. Das tut seine Führung derzeit mit einer Politik (nach innen und nach außen), die das Gegenteil ist von Gorbatschows „Perestroika", „Glasnost" und „Neuem Denken".

Verfrüht war die Erleichterung darüber, dass die Sowjetunion „nicht mit einem Knall, sondern mit einem Seufzer" untergegangen war.[7] So erscheint „Postimperiale Räume" als immer relevanteres Forschungsgebiet, zumal auch die Auf-

---

[5] Vgl. Jörg Eigendorf, Der Mann, der auf Jelzin hätte folgen können. In: Die Welt vom 28.02.2015.
[6] Text bei www.ag-friedensforschung.de/themen/.../2007-putin-dt.html
[7] Im NATO-Hauptquartier wurde das am 21. Dezember 1991 gegen Ende der Sitzung des Nordatlantischen Kooperationsrats bekannt, als der sowjetische Botschafter Generalsekretär Manfred Wörners Schlussworte mit dem Hinweis unterbrach, er habe soeben aus Moskau die Instruktion erhalten zu fordern, dass aus der (schon vor dem Mittagessen vereinbarten) Schlusserklärung jede Erwähnung der Sowjetunion getilgt werden müsse.

lösung des Habsburger und des Osmanischen Reichs noch (bzw. erneut) lange Schatten werfen.[8]

Die Angebote des Westens an Russland sind aber vielfältiger gewesen, als die russische Propaganda glauben machen will, einschließlich der Aufnahme in IMF, Weltbank, G8, G20, WTO sowie der Einrichtung des NATO-Russland-Rats und der deutscherseits vorgeschlagenen Modernisierungspartnerschaft. In seiner sogenannten „Bürgersprechstunde" am 16. April 2015 sagte Putin, Russland strebe nicht nach Weltmacht. Die Sowjetunion habe falsch gehandelt, den osteuropäischen Staaten ihr System aufzuzwingen, deshalb sei sie gescheitert. Die USA wiederholten heute diesen Fehler der Sowjetunion und würden ebenso scheitern.[9] Welch ein Vergleich – bei einem US-Präsidenten, sieben Jahre im Amt, der George W. Bushs „Demokratisierungs"- und Interventionspolitik scharf kritisierte, sich aus Europa tendenziell zurückzog und Russland einen „Neustart" der Beziehungen anbot.

Gleichwohl muss man sich der gegensätzlichen Narrative bewusst sein, d.h. der unterschiedlichen Wahrnehmung der Realität: Im Westen glaubte man, nach dem Ende des Ost-West-Konflikts konstruktiv und hilfreich mit der Sowjetunion und dann mit Russland umgegangen zu sein, und nahm nicht wahr, dass die Gegenseite umgekehrt eine antirussische Politik beobachtete, die auf dem Euromaidan kulminierte. Aus dieser Sicht war auch Jelzins Regierungszeit keine Phase von Reform und Demokratie, sondern von manipulierten Wahlen, Elend und Demütigung. Putin dagegen brachte Stabilität, Erwartungssicherheit und Ordnung. Dabei ist auch zu berücksichtigen, was Irina Scherbakowa (Memorial) im Gespräch mit Karl Schlögel feststellte:[10] „Russische Macht war und ist immer an Personen gebunden, weil die Institutionen zu schwach waren und sind. (…) Und es werden vor allem Personen verehrt, die autoritäre Macht darstellen."

---

[8] Vgl. zu dieser Denkfigur Herfried Münkler, Imperien: Die Logik der Weltherrschaft. Berlin: De Gruyter Oldenbourg: 2005.
[9] Russia Today, Putin's Q&A marathon, 16.4.2015: www.rt.com/news/250185-putin-live-conference-2015/
[10] Irina Scherbakowa/Karl Schlögel, Der Russlands-Reflex. Einsichten in eine Beziehungskrise. Hamburg:Edition Körber-Stiftung 2015, S. 84.

Putins Motive

Ungeachtet aller Warnung vor Personalisierung und Dämonisierung ist Wladimir Putin der zentrale russische Entscheider, weshalb seine Persönlichkeit, Sozialisierung und Motivlage intensiver Betrachtung wert sind.[11] „Putin *verstehen*" ist notwendig, was aber nicht *Verständnis* für sein Vorgehen bzw. dessen Billigung bedeuten muss. Es scheint sechs hauptsächliche Motive zu haben:

Erstens russischer Revisionismus, der sich aus Großmachtnostalgie und dem Kummer über den Zerfall der Sowjetunion speist – das geopolitische Motiv. Hier spielt das Streben nach exklusiven Einflusssphären eine zentrale Rolle, und die Europäische Union wird in eins gesetzt mit der NATO (siehe Lawrows Reden vom „Machtbereich" der EU).

Zweitens das wohlbekannte historische Muster der Ablenkung von inneren Problemen (wie der offensichtlichen Modernisierungsblockade) und Mobilisierung interner Unterstützung durch Aggression gegen äußere „Gegner". Irina Scherbatowa sieht geradezu ein „Ende der Aufklärung" darin, wie nach der Annexion der Krim „plötzlich weite Teile der Bevölkerung anfällig für die primitivste Hasspropaganda" waren.[12]

Drittens das Bestreben, durch Offenhalten des Konflikts den Anschluss der Ukraine an die NATO und dem Westen überhaupt dauerhaft zu verhindern.

Viertens die Vorstellung, NATO-Erweiterung, „Farben-Revolutionen" und EU-Östliche Nachbarschaftspolitik stellten allesamt US-gelenkte „Eroberung" russischen Einflussgebiets und Angriffe auf Russlands „Größe" dar.

Fünftens Putins Frustration darüber, dass Russland vom Westen, insbesondere von den USA, nicht auf Augenhöhe akzeptiert werde. Er scheint zu glauben, durch Regelverletzung und Aggression Respekt und gleichen Status mit den USA erzwingen zu können. Dahinter steht auch die Periodisierung Kalter Krieg – „unipolarer Moment" – multipolare Welt.

Sechstens (und möglicherweise am wichtigsten) die interne politische Entwicklung Russlands.[13] In Reaktion auf die Demonstrationen von 2011 und 2012 wurden Demokratisierung und Liberalisierung gestoppt, und Putin scheint den

---

[11] Vgl. Fiona Hill/Clifford G. Gaddy, Mr. Putin. Operative in the Kremlin. Washington: Brookings Institution Press 2013.
[12] Russland-Reflex (Anm. 10), S. 78.
[13] Vgl. Hannes Adomeit, Innenpolitische Determinanten der Putinschen Außenpolitik. In: Sirius – Zeitschrift für Strategische Analysen. Berlin: De Gruyter, Vol 1, Heft 1 (März 2017), S. 33-52.

denkbaren Erfolg einer demokratischen, gar westlich orientierten, Ukraine als existentielle Bedrohung seines eigenen Herrschafts- und Machtsystems zu betrachten. Als KGB-Major in Dresden hat er den Sturz eines festgefügt geglaubten Systems innerhalb von Wochen miterlebt – wohl ein anhaltendes Trauma! Treffend wurde seine Ambition (und die anderer autokratischer Mächte) als „democracy containment" bezeichnet.[14] Dass man in Moskau Anfang 2015 hunderttausend Demonstranten zu einer Kundgebung unter dem Motto „Anti-Maidan" versammelte, erscheint als geradezu tragikomisches Zeichen der Schwäche. „Putin fürchtet in Wahrheit nicht die NATO", schrieb die Süddeutsche Zeitung. „Er fürchtet sein eigenes Volk."[15]

Das Verstehen solcher Beweggründe ist notwendig, aber auch, sich selbst mit den Augen des anderen zu betrachten – wenngleich das nicht die Aufgabe eigener Prinzipien und von Rechtspositionen bedeuten kann. Die Stiftung Wissenschaft und Politik legte unlängst einleuchtend dar, wie das vom Westen als revisionistisch angesehene Russland ebendessen Politik als „revisionistisch", da gegen den Status quo gerichtet, betrachtet.[16]

Der Ukraine-Konflikt

Russlands Bereitschaft zum Einsatz nackter (wenn auch teilweise verdeckter) militärischer Gewalt im Konflikt um die Ukraine zählt zu den überraschenden Entwicklungen der letzten Jahre.[17] Oder wer hätte noch vor fünf Jahren geglaubt, das Assoziierungsabkommen eines souveränen Landes mit der Europäischen Union könnte einen Kriegsgrund abgeben? Andererseits hätte man die russischen Reaktionen 1999 (Kosovo-Luftkampagne der NATO), 2007 (Putins Münchener Rede) und 2008 (NATO-Gipfel Bukarest, Anerkennung Kosovo-

---

[14] So Christoph Walker, The New Containment: Undermining Democracy. In: Heinrich Böll Stiftung (Hrsg.), Vom Umgang mit autoritären Regimen. Aktuelle Herausforderungen für demokratische Außenpolitik. Reader zur 16. Außenpolitischen Jahrestagung 2015. Berlin, Juni 2015, S. 60-68.
[15] Julian Hans, Putins Angst. In: Süddeutsche Zeitung vom 11.12.2014.
[16] Sabine Fischer, Die russische Politik in den ungelösten Konflikten. In: Dies. (Hrsg.), Nicht eingefroren. Die ungelösten Konflikte um Transnistrien, Abchasien, Südossetien und Berg-Karabach im Lichte der Krise um die Ukraine. Berlin: Stiftung Wissenschaft und Politik 2016 (SWP-Studie S 13), S. 9ff.
[17] Immer wieder anregend: Nassim Nicholas Taleb, The Black Swan; The Impact of the Highly Improbable. London: Penguin 2007

Unabhängigkeit und Georgien-Krieg) möglicherweise realistischer einschätzen können.

Das gewaltsame Vorgehen gegen die Ukraine bedeutet jedenfalls einen Paradigmenwechsel für die europäische Sicherheitsordnung. Die Regeln der Schlussakte von Helsinki 1975, bekräftigt und substantiiert in der Charta von Paris 1990 – Souveränität und Gleichheit europäischer Staaten, territoriale Integrität, Unverletzlichkeit von Grenzen, friedliche Streitschlichtung, Freiheit der Bündniswahl –, waren zunehmend als selbstverständlich und gesichert betrachtet worden. Sie sind alle durch Russland grundsätzlich in Frage gestellt. Fundamentales Vertrauen ist zerstört. Russland sieht sich im Konflikt mit „dem Westen", doch die Interpretation seiner Handlungsweise lediglich als Reaktion auf Aktionen des Westens oder der USA greift zu kurz.

In einem „Politischen Salon" in Potsdam wurde behauptet, der Westen wolle Russland mit einem *cordon sanitaire* einhegen. Dies verrät vor allem eins: Objekt-Denken gegenüber den MOE-Staaten. Die *cordon sanitaire*-These lässt den Freiheitsdrang derjenigen außer acht, die nach dem Fall der Berliner Mauer dem Völkergefängnis Sowjetunion bzw. der Gängelung und beschränkten Souveränität im Warschauer Pakt entkommen waren und sich angesichts der gemachten Erfahrungen dringlich dem Westen anschließen wollten. Ein zutreffenderer Gebrauch der Metapher war von Berthold Kohler in der FAZ zu lesen: Putin wünsche sich einen „*cordon sanitaire* von scheiternden Staaten, der sein Reich vor der Ansteckung mit westlichen Ideen schützen soll".[18]

Eine gängige „äquidistante" Sicht auf den Ukraine-Konflikt betrachtet die Ukraine als Streitobjekt zwischen Russland und dem Westen bzw. verweist auf einen „Moskau-Brüssel-Konflikt".[19] Solche Interpretationsmuster lassen Verschiedenes außer Betracht.

Erstens sollte man in Respekt vor dem ukrainischen Volk anerkennen, dass es auf *seine* Wünsche und Aspirationen ankommt, nicht auf die Ziele anderer Mächte.

Zweitens wäre im Lichte russländischer Ansprüche etwas Beschäftigung mit der ukrainischen Geschichte nützlich. Die landläufige Meinung, die russischen Grenzverschiebungen des 18. und 19. Jahrhunderts seien „bloße Wechsel des

---

[18] Berthold Kohler, Im Rahmen der Putin-Doktrin. In: Frankfurter Allgemeine Zeitung vom 21.5.2015.
[19] Vgl. Edgar Jahn, Neuauflage des Ost-West-Konflikts? In: Osteuropa, 65. Jg., 3/2015, S. 25-45.

Landesherren und der Verwaltungsspitze" gewesen, verkennt die zahllosen repressiven Maßnahmen und die rigorose Zwangsrussifizierung. Der eminente Mittel- und Osteuropa-Kenner Karl Schlögel bekennt in aller Bescheidenheit, er habe gelernt, man müsse „aufhören, auf die Ukraine immer aus Moskauer Perspektive zu schauen."[20]

Drittens sind „Einflussnahme" Russlands und des Westens in der Ukraine von gänzlich unterschiedlichem Charakter: Unterstützung prowestlicher Kräfte (sicher nicht ganz interessenfrei) und Assistenz im Rahmen der seit 1997 bestehenden NATO-Ukraine-Kommission ist etwas völlig anderes als Annexion eines Landesteils, Schüren sprachlich-ethnischer Divergenzen und verdeckte militärische Intervention.

Es geht also nicht um „Integrationskonkurrenz" mit der Ukraine als Streitobjekt. Wenngleich Perzeptionen wirkmächtige Tatsachen sein können, geht es auch nicht um lediglich „unterschiedliche Wahrnehmungen" von Konfliktursachen (so Botschafter Grinin in einem Rundfunkinterview). Und die großen innerukrainischen Probleme sind keine Rechtfertigung für gewaltsames Eingreifen durch eine auswärtige Macht (die sich sogar bisweilen makabrerweise auf die VN-proklamierte „Responsibility to protect" beruft). Ohne russische Aggression gäbe es in der Ostukraine keinen „Bürgerkrieg". Es geht um Selbstbehauptung, Souveränität und Unverletzlichkeit von Grenzen sowie um das Recht der Ukraine auf Lösung ihrer Probleme ohne Intervention von außen.

Die EU hat Fehler gemacht im Hinblick auf die Östliche Nachbarschaftspolitik und das Assoziierungsabkommen, aber die Entweder-Oder-Zwangslage für die Ukraine ging nicht von ihr aus, sondern von Russland. Und die NATO hat mit der aktuellen Entwicklung wenig zu tun. Denn seit ihrem Gipfeltreffen in Bukarest 2008 steht fest, dass eine denkbare NATO-Mitgliedschaft der Ukraine in sehr weiter Ferne liegt. Putins Argument, bevor Sewastopol in NATO-Hand gefallen wäre, habe er eingreifen müssen, ist besonders plumpe Propaganda (2010 war ja Russlands Nutzungsrecht vertraglich um weitere 25 Jahre bis 2042 verlängert worden).

Die NATO-Erweiterung, die in Russland politisch-psychologisch natürlich als schmerzhaft empfunden wird, war nie eine Bedrohung – nicht einmal eine aktive Expansion, sondern der erwähnte Drang der wieder freien mittel- und osteuropäischen Staaten und ehemaligen Zwangs-Sowjetrepubliken im Baltikum nach Westen, der Gründe hatte, über die man in Moskau nachdenken sollte.

---

[20] Russland-Komplex (Anm. 10), S. 79.

Propaganda ist auch die ständig wiederholte Behauptung, die Sowjetunion bzw. Russland hätten Zusicherungen hinsichtlich einer Nichterweiterung der NATO erhalten.[21] Keiner der immer wieder mit beschwichtigenden *Goodwill-Bemerkungen* zitierten Gesprächspartner (Baker, Genscher, Wörner u.a.) hätte überhaupt die Befugnis gehabt, im Namen des Bündnisses eine derartige Festlegung zu treffen, die quasi den Widerruf des Artikels 10 im Washingtoner Vertrag bedeutet hätte.

Keine Fehlentwicklung in der Ukraine und kein Fehler der NATO, der EU oder der USA rechtfertigt militärisches Eingreifen, Einschleusen von bewaffneten Provokateuren, Söldnern, Spezialkräften und Waffensystemen, gewaltsames Verschieben von Grenzen, Wegnahme von Teilen eines souveränen Staates.

Ähnlich Transnistrien steht die Ostukraine nun unter russischem Einfluss – ein neuer „eingefrorener Konflikt" (eigentlich ein „schwelender" Konflikt, der jederzeit wieder aufflammen kann). Putin sprach lange von „Neurussland", und manche verlangen offen, noch weiter vorzudringen. Das Abkommen von Minsk ist noch immer nicht implementiert, und in der Ostukraine werden weiter vollendete Tatsachen geschaffen. Außerdem sollte der durchaus ungleiche Charakter der Minsk-Vereinbarung nicht übersehen werden: Einerseits geht es um interne Reformen in der Ukraine, die sicher teilweise nötig sind, aber teilweise von Russland in spalterischer Absicht erzwungen wurden und über die sich Moskau ein *droit de regard* gesichert hat, und andererseits um elementare Aspekte von staatlicher Sicherheit und Souveränität: die ukrainische Kontrolle über Hunderte von Kilometern Grenze zu Russland sowie um die fortwährende Anwesenheit von vielen russischen Panzern, Geschützen, Raketenwerfern etc. sowie russischem Armeepersonal. Dass in der Minsk II-Vereinbarung die Kiewer Verfassungsreform sogar zur Voraussetzung für die Wiederherstellung der Grenzkontrolle gemacht wurde, war nur möglich angesichts des damaligen Kräfteverhältnisses nach der Gegenoffensive von „Separatisten" und Russen, die kein günstigeres Abkommen zuließ, wollte man in Minsk das Blutvergießen beenden und weiteres Vordringen Russlands verhindern.

---

[21] Vgl. Michael Rühle, NATO Enlargement and Russia: myths and realities. In: NATO Review July 2014: www.nato.int/docu/review/2014/Russia-Ukraine-Nato-crisis/Nato-enlargement-Russia/EN/index.htm, und James Goldgeier, Promises Made, Promises Broken? What Yeltsin Was Told About NATO in 1993 and Why It Matters, National Security Blog July 2016: www.warontherocks.com/2016/07/promises-made-promises-broken-what-yeltsin-was-told-about-nato-in-1993-and-why-it-matters/

Natürlich gibt es im Ukraine-Konflikt keine militärische „Lösung", aber klar ist, dass die russische Führung Interessen mit militärischer Gewalt durchsetzt. Insofern kann man in der Diskussion über denkbare Waffenlieferungen an die Ukraine geteilter Meinung sein: Die *Berechtigung* steht außer Frage angesichts der russischen Aggression, auch wenn man Zweifel an der *Zweckmäßigkeit* haben und sagen kann, Putin werde dann immer weiter eskalieren (wie Bundeskanzlerin Merkel auf der Münchener Sicherheitskonferenz[22]). Trotzdem sollte die Ukraine in den Stand versetzt werden, weitere militärische Vorstöße z.B. mittels Panzerabwehrwaffen und Anti-Artillerie-Radar (in diesem Zusammenhang und auf ukrainischen Territorium defensive Systeme) abzuwehren.[23] Das dichotomische Reden über *entweder* Diplomatie *oder* Militär ist grundsätzlich falsch. Auch Waffen können zur Deeskalation beitragen. Eine gewisse Plausibilität hat die These, Präsident Putin haben sich nicht zuletzt wegen der in den USA aufgeflammten Diskussion über Waffenlieferungen an die Ukraine zu den Minsker Verhandlungen bereitgefunden.

Überdies, Putin *kann nicht* unbegrenzt eskalieren, weil die Nachrichten über in der Ukraine gefallene russische Soldaten (im posthum veröffentlichten Nemzow-Papier[24]) für ihn äußerst unangenehm waren und sind. Arkadi Babtschenko nennt das „Putins schrecklichste Tat":[25] ihre „Anonymisierung. Ihre Bestattung in namenlosen Gräbern. Die Leugnung jeglicher Beteiligung der Gefallenen an Kampfeinsätzen in der Ukraine." Und die Angehörigen seien (noch) zum Schweigen bereit. Anderseits kann Putin nicht einfach aufhören, obwohl ihm klar sein muss, dass er die Einigkeit von NATO und EU angesichts der flagranten Verletzung der von Moskau mitvereinbarten europäischen Sicherheitsordnung unterschätzte, dass er Russland in eine Sackgasse geführt hat und dass die nationalistische Begeisterung irgendwann wieder abflauen wird. Russland muss zurückkehren zur Achtung der Prinzipien von Helsinki und Paris. Das Land, das am konsequentesten auf „Nichteinmischung" be-

---

[22] Vgl. „Militärisch ist das nicht zu gewinnen." ZEIT-Online 7.2.2015: www.zeit.de/politik/ausland/2015-02/merkel-sicherheitskonferenz-ukraine-russland.

[23] Vgl. Ivo Daalder et al., Preserving Ukraine's Independence, Resisting Russian Aggression: What the United States and NATO Must Do. Washingon: Atlantic Council February 2015.

[24] Julian Hans, Das Vermächtnis des Kremlgegners Nemzow. In: Süddeutsche Zeitung vom 12.5.2015.

[25] Arkadi Babtschenko, Putins schrecklichste Tat. In: Katharina Raabe/Manfred Sapper (Hrsg.), Testfall Ukraine. Europa und seine Werte. Berlin: Edition Suhrkamp 2015, S. 119-131; S. 126.

harrt, hat sich in seit Jahrzehnten nicht dagewesener Weise gewaltsam in die inneren Angelegenheiten seines Nachbarn Ukraine eingemischt.

Reaktionen von EU und NATO

Mit der vom Kreml nicht erwarteten Einigkeit in EU und NATO müssen Russland weiterhin die Grenzen aufgezeigt werden. Zwar sind Sanktionen problematisch, aber unausweichlich angesichts einer gewissen Hilflosigkeit hinsichtlich militärischer Antworten, um zumindest Putins Kosten-Nutzen-Kalkül zu beeinflussen und die Kräfte um ihn herum nachdenklich zu machen. Und natürlich ist die Ukraine kein NATO-Mitglied. Doch wäre auch darüber nachzudenken, was im Grundlagendokument der Partnerschaft für den Frieden eigentlich die Konsultationsklausel wert ist.

Wenn es aber um die NATO und ihre Mitglieder geht, kann es nur eins geben: eindeutige und glaubwürdige Entschlossenheit zum Schutz aller.[26] Seit Jahren war zu beobachten, wie – entgegen der richtigen Maxime, Sicherheit in Europa gebe es nur *mit*, nicht *gegen* Russland – die mittel- und osteuropäischen Staaten Sicherheit *vor* Russland suchten. Das ist keineswegs in Russlands Interesse. Insbesondere in den baltischen Staaten sind die bislang eher latenten Befürchtungen virulent geworden. Denn es ist fast unmöglich abzuschätzen, wie weit der russische Präsident zu gehen bereit ist in seinem revisionistischen und ethnischen Nationalismus. Treffend wurde seine Politik in einer Konferenz des European Leadership Network als *brinkmanship* (Politik des äußersten Risikos) bezeichnet, die intensives Bemühen um Deeskalation erfordere.[27]

---

[26] Hier wurden schon frühzeitig Versäumnisse erkannt. 2009/2010 verfasste der Autor zusammen mit Ron Asmus und anderen dazu eine Kurzstudie: Ronald Asmus, Stefan Czmur, Chris Donnelly, Aivis Ronis, Tomas Valasek, Klaus Wittmann, NATO, new allies and reassurance. Policy Brief. London: Centre for European Reform, May 2010. Sie trug dazu bei, dass im neuen Strategischen Konzept der NATO kollektive Verteidigung und Auslandseinsätze wieder besser ausbalanciert wurden – allerdings nur in der Theorie. 2014 wurde die Studie – dank Putin - wieder gruselig aktuell!

[27] Vgl. Brinkmanship, Deterrence and De-escalation between NATO and Russia. Report from the Roundtable discussion held on 27th May 2015 in London: https://www.europeanleadershipnetwork.org/medialibrary/2015/06/23/f9c1b2bb/ELN%20NATO%20Russia%20Roundtable%20Report.pdf, sowie: Thomas Frear, Łukasz Kulesa, Ian Kearns, Dangerous Brinkmanship: Close Military Encounters Between Russia and the West in 2014. Policy Brief, ELN: November 2014:
https://www.europeanleadershipnetwork.org/wp-content/uploads/2017/10/Dangerous-Brinkmanship.pdf

Der grundlegenden Herausforderung hat sich die NATO bei ihren Gipfeltreffen in Wales Anfang September 2014 und in Warschau Anfang Juli 2016 gestellt.

Ihre Mitglieder beschlossen dort als Reaktion auf Russlands Vorgehen gegen die Ukraine eine umfassende Anpassung der Allianz – die tiefst greifende seit der Transformation, die auf das Ende des Ost-West-Konflikts folgte.[28] Deren Ziel ist eine umfangreiche Stärkung der Verteidigungs- und Reaktionsfähigkeit. Damit ist Bündnisverteidigung, im neuen Strategischen Konzept von 2010 gleichberechtigt neben Krisenmanagement und Kooperativer Sicherheit, wieder die zentrale Kernaufgabe der NATO. Beim NATO-Gipfel im Juli 2016 in Warschau wurden die Wales-Entscheidungen in ihrer Umsetzung bewertet sowie fortgeschrieben und ergänzt. Ihr wichtigstes Element ist der *Readiness Action Plan* (RAP), Ausdruck einer militärischen Neujustierung der Allianz, die bezüglich Ausrüstung, Ausbildung und Übungstätigkeit sowie für Planung und Logistik bedeutende Veränderungen bewirkt[29]. Dazu gehören die schon im Frühjahr 2014 beschlossenen *reassurance*-Maßnahmen, die das Vertrauen der durch das russische Vorgehen alarmierten östlichen Mitglieder in das Beistandsversprechen der NATO stärken sollten: u.a. intensivierte Luftraumüberwachung im Baltikum, vermehrte AWACS-Flüge, verstärkte Marinepräsenz, zusätzliche Übungen und personeller Ausbau von NATO-Hauptquartieren.

Außerdem erhöht die NATO ihre Einsatzbereitschaft und Reaktionsfähigkeit. Sie schafft Voraussetzungen für rasche Verlegung von Truppenteilen an die Ost-(aber auch Süd-)flanke der NATO. Dazu wurden regionale ständige Aufnahmestäbe (NATO Force Integration Units, NFIU) mit jeweils etwa 40 Mann zunächst in den baltischen Staaten, Polen, Rumänien und Bulgarien eingerichtet. Sie dienen der schnellen Verlegung von Streitkräften in die Region sowie der Planung und Koordinierung von Ausbildung und Übungen. Regionale NATO-Hauptquartiere übernehmen mehr Verantwortung, v.a. das des Multinationalen Korps Nordost (MNK NO), in Stettin betrieben von Deutschland, Polen und Dänemark. Dieses wurde in höhere Einsatzbereitschaft versetzt und

---

[28] Wales Summit Declaration vom 5.9.2014:
www.nato.int/cps/en/.../official_texts_112964.htm; *und* Warsaw Summit Communiqué 7 July 2016: www.nato.int/cps/en/natohq/official_texts_133169.htm.
[29] Zahlreiche Einzelheiten zum Wales-Gipfel und sachkundige Einschätzung bei Claudia Major, Die strategische Anpassung der Nato. Deutschland ist das Rückgrat für die militärische Neuaufstellung der Allianz. Berlin: Stiftung Wissenschaft und Politik Februar 2015 (SWP-Aktuell 20).

führt künftig Einsätze zur Bündnisverteidigung im Osten. Außerdem wird die *NATO Response Force* (NRF) auf Divisionsstärke vergrößert und rascher einsetzbar und erhält eine besonders schnelle Eingreiftruppe von rund 5000 Mann, die *Very High Readiness Joint Task Force* (VJTF), zwar defensiv, aber „Speerspitze" genannt.

Nicht verkannt werden darf dabei, dass die Implementierung all dieser Maßnahmen Zeit braucht. Zu emsig haben Alliierte und auch Deutschland in den „hoffnungsfrohen" Jahrzehnten die „Friedensdividende" einkassiert und zugleich ein extremes Ausschlagen des „Pendels" der militärischen Fähigkeiten von der Verteidigung zu den Auslandsmissionen mit leichten Kräften und völlig anderer Aufgabenstellung zugelassen (was für die Bundeswehr als „strukturbestimmend" deklariert wurde). Dabei wurden, um nur einige konkrete Beispiele zu nennen, viele Fähigkeiten aufgegeben, Strukturen ausgehöhlt, Munitionsvorräte abgesenkt, die Regelungen aus dem Kalten Krieg für den Grenzübertritt von Truppenteilen im NATO-Raum abgeschafft.[30] Es geht also zunächst nicht um „Aufrüstung", sondern angesichts der durch Russland veränderten Lage um Mängelbehebung.

Von den NATO-Beschlüssen wurde öffentlich am lebhaftesten diskutiert die Entscheidung beim Warschauer Gipfel, die „vorgeschobene Präsenz" der NATO in Estland, Lettland, Litauen und Polen zu verstärken – als unzweideutige Demonstration alliierter Solidarität, Entschlossenheit und Handlungsfähigkeit angesichts jedweder Bedrohung, militärischer Erpressung oder Aggression. Multinationale Kräfte von „Rahmennationen" mit Beiträgen anderer bestehen aus auf Rotationsbasis stationierten multinationalen Bataillonen, die mit einheimischen Truppen zusammenwirken. Die ständige Präsenz solch multinationaler Kräfte, untermauert durch eine wirksame Verstärkungsstrategie, bekräftigt den NATO-Grundsatz, dass ein Angriff auf einen Alliierten einem Angriff auf alle gleichkäme.

Ist das "Säbelrasseln" und "Kriegsgeheul"? Dreht die NATO an der „Eskalationsschraube"? Sind ihre Gipfelentscheidungen „provokativ"? Nein, sie sind das Minimum dessen, was die NATO den östlichen Alliierten und sich selbst schuldig ist. Niemand in Russland kann sich durch diese Minimalmaßnahmen bedroht fühlen. Und wenn die – völlig transparente – Übung „Anaconda" in Polen (kurz vor dem Warschauer Gipfeltreffen) kritisiert wurde, sollte man sie mit Zahl, Umfang, Orten, Szenarien und Überraschungscharakter russischer

---

[30] Vgl. Das Risiko ist erheblich" in „Der Spiegel" 43/2017, S. 30-33.

Militärübungen in jüngster Zeit vergleichen (zuletzt „Zapad 2017"). Wenn indes andererseits behauptet wird, das Baltikum sei nicht zu verteidigen, ist daran zu erinnern, dass auch West-Berlin „nicht zu verteidigen" war – aber es war sicher wegen der dort stationierten amerikanischen, britischen und französischen Truppen. Selbst kleine multinationale Truppenteile haben einen hohen Abschreckungswert.

Mit den Warschauer Beschlüssen wollten die Alliierten eindeutig innerhalb der Beschränkungen der NATO-Russland-Grundakte von 1997 bleiben. Diese sollte, auch wenn Russland sie nach Geist und Buchstabe verletzt hat, bewahrt werden – "für bessere Zeiten". Allerdings ist es nicht zutreffend, dass die Abmachung die Stationierung von NATO-Truppen in mittel- und osteuropäischen Bündnisländern „verbietet". Politiker und Journalisten, die das behaupten, sollten in den Text des Dokuments schauen, wo in behutsamer Formulierung eine einseitige Selbstbeschränkung der NATO wiedergegeben ist:[31] „Die NATO wiederholt, dass das Bündnis in dem gegenwärtigen und vorhersehbaren Sicherheitsumfeld seine kollektive Verteidigung und andere Aufgaben eher dadurch wahrnimmt, dass es die erforderliche Interoperabilität, Integration und Fähigkeit zur Verstärkung gewährleistet, als dass es zusätzlich substantielle Kampftruppen dauerhaft stationiert." Das erlaubt viel Flexibilität; eine US-Brigade und einige Bataillone sind sicher unterhalb dieser Schwelle.

Deutschland hatte an allen diesen Beschlüssen wichtigen konzeptionellen Anteil und half zugleich, weitergehende Vorstellungen östlicher Bündnispartner zu neutralisieren, nach denen die NATO-Russland-Grundakte hätte aufgekündigt werden sollen und umfangreiche permanente Truppenstationierungen im Osten vorgesehen worden wären. Deutschland beteiligt sich an allen NFIUs und verdoppelt beim Multinationalen Korps Nordost sein Personal. Da 2015 turnusmäßig das Deutsch-Niederländische Korps in Münster das Kommando über die Landkomponente der NRF innehatte, war Deutschland auch maßgeblich mitverantwortlich für Aufbau, Erprobung und Führung der „Speerspitze". Auch führt es das für Litauen vorgesehene multinationale Bataillon.

So trägt Deutschland, vor wenigen Jahren noch von manchen in der Allianz als Wegducker und Trittbrettfahrer betrachtet, bei dem ständige Wiederholung die in historischer Perspektive eigentlich angemessene Maxime von der „Kultur

---

[31] Grundakte über gegenseitige Beziehungen, Zusammenarbeit und Sicherheit zwischen der Nordatlantikvertrags-Organisation und der Russischen Föderation. Paris, 27. Mai 1997: www.nato.diplo.de/contentblob/1940894/Daten/189459/1997_05_Paris_DownlDat.pdf.

der militärischen Zurückhaltung" entwertet hatte und als Ausflucht erscheinen ließ, einen Hauptanteil an der Neuausrichtung der NATO. Die neuen Aufgaben stellen Berlin vor politische, militärische und finanzielle Herausforderungen. Die Erwartungen an Deutschland sind gestiegen, auch im Zusammenhang mit den Ermahnungen Bundespräsident Gaucks zur Übernahme größerer Verantwortung im internationalen Geschehen. Dazu gehört auch, Bundestag und Öffentlichkeit plausibel zu vermitteln, „wie tiefgreifend sich das Bündnis gerade verändert, wie substantiell der deutsche Beitrag dafür ist und warum beides notwendig ist".[32] Militärisch bedeutet das deutsche Engagement mittelfristig mehr Personal, Ausrüstung, Übungstätigkeit und Transportkapazität, was nicht ohne Konsequenzen für den Verteidigungshaushalt bleibt. In der Tat hat die Bundesregierung mittlerweile eine „Trendwende" beim Verteidigungshaushalt, bei der Personalstärke („Ende des Abbaus") und bei der Materialausstattung eingeleitet. [33]

Weitere Aspekte der russischen Politik

In Syrien hat das auf die Wiener Konferenz vom Oktober 2015 folgende unabgestimmte militärische Vorgehen Russlands nichts mit dem Wunsch nach einem Ende von Krieg und Leiden zu tun, sondern mit der Ablehnung jeder Art von Regimewechsel, der Demonstration militärischer Macht, der unkritischen Übernahme von Assads „Terroristen"-Definition, mit dem Interesse am Erhalt der russischen Militärstützpunkte sowie vor allem mit dem Wunsch, „es Amerika zu zeigen" und Russland in Nahost als Großmacht zu etablieren. Mit Russlands Unterstützung sieht Assad keinerlei Grund für Kompromisse oder Friedensabkommen. Und die sogenannte „Befreiung von Aleppo" werden Historiker dermaleinst in einem Atemzug mit Ruanda und Srebrenica nennen. In den zwischen Russland, Iran, Türkei und Syrien neuerdings vereinbarten „Deeskalationszonen" wird zwar etwas weniger gebombt, aber die Bevölkerung weiterhin systematisch ausgehungert.

Mit der erwähnten Furcht vor dem „demokratischen Virus", mit dem Streben nach erneuter russischer „Größe" und der Externalisierung der gravierenden innerrussischen Probleme hat auch die Feindseligkeit der russischen Führung gegenüber „dem Westen" zu tun, der unter Instrumentalisierung der Orthodo-

---

[32] Ebd., S. 3.
[33] Vgl. BMVg (Hrsg.), Weißbuch zur Sicherheitspolitik und zur Zukunft der Bundeswehr. Berlin 2016.

xen Kirche als dekadent gebrandmarkt wird („Gayropa"). Propaganda, Unterstützung populistischer Parteien, Genugtuung über die im Brexit-Votum der britischen Bevölkerung und in der Migrationskrise deutlich gewordenen Probleme der EU, dominierende Rolle Russlands in Nahost in Ausnutzung des von den USA hinterlassenen Vakuums, Cybersabotageaktionen gegenüber westlichen Staaten, Gesellschaften und Institutionen, die Hoffnung auf Entgegenkommen des neuen amerikanischen Präsidenten (möglicherweise zu Lasten der Ukraine und der baltischen Staaten): Präsident Putin mag Genugtuung empfunden haben über eine Reihe von „Erfolgen" im Jahre 2016. Aber die sind vordergründig, und ihnen haftet nichts Konstruktives an. Die mit der Wahl Donald Trumps zum US-Präsidenten verbundenen Hoffnungen sind ja rasch in das Gegenteil umgeschlagen.

Angesichts des Charakters der russischen Intervention in der Ukraine muss sich die NATO auch und besonders den spezifischen Herausforderungen widmen, die das breite integrierte Spektrum offener und verdeckter militärischer, paramilitärischer, ziviler und Propagandamaßnahmen sowie Cyberangriffen bedeutet: in der NATO-Terminologie "hybride Kriegführung" genannt, die man auch als "strategische Subversion" bezeichnen kann. Das entspricht der vor Jahren vom russischen Generalstabschef vertretenen Doktrin „nichtkonventioneller" Kriegführung, wo die Grenze zwischen Krieg und Nichtkrieg verschwimmt und die NATO Aktionen befürchten müsste, mit denen die „Artikel 5-Schwelle" unterlaufen würde. Der Gipfel in Warschau fasste hierzu Beschlüsse, die engere Zusammenarbeit mit der Europäischen Union auf diesem Gebiet ins Auge fassen und der „Resilienz" von Gesellschaften, Infrastruktur und Versorgungssystemen einen hohen Stellenwert zuweisen.[34]

Zukunftsideen

Als Hintergrund für den zweiten Hauptteil dieses Aufsatzes mit konstruktiven Zukunftsideen war der erste mit schonungsloser Analyse unabdingbar auch im Sinne von Edgar Jahns Räsonnement über „Putin-Versteher und Putin-Kritiker":[35] Auch wenn harsche Kritik „bei großen Teilen der Gesellschaft Russlands auf wenig Verständnis [stoße, sei] diese kritische Haltung im Westen

---

[34] Warsaw Summit Communiqué 7 July 2016: www.nato.int/cps/en/natohq/official_texts_133169.htm; Ziff. 72f.
[35] Edgar Jahn, Putin-Versteher und Putin-Kritiker. Heftige Kontroversen um die deutsche und westliche Russland-Politik. Frankfurter Montags-Vorlesungen. Manuskript 4.7.2016, S. 2.

doch ein wichtiger Beitrag zur Unterstützung der Gesellschaften der Nachbarländer Russlands, die sich durch die expansive Politik Moskaus unter Präsident Putin bedroht sehen, außerdem zur Ermutigung der wie auch immer noch lange schwachen liberalen und demokratischen Kräfte innerhalb Russlands". Hinzugefügt sei, dass das offene Wort und der Vergleich von Positionen auch in der russischen Elite zarte Pflänzchen keimender Selbstkritik ermutigen könnten.

Gedanken „für bessere Zeiten"

Was über die Reaktion der NATO ausgeführt wurde, betrifft die *eine* Seite ihrer Harmel-Philosophie von 1967, die auf Verteidigung *und* Entspannung, Festigkeit *und* Dialogbereitschaft beruht. Deren prägnantester Ausdruck war der NATO-Doppelbeschluss von 1979 mit der nachfolgenden westlichen „Nachrüstung" wegen ausbleibenden sowjetischen Einlenkens.[36] Gorbatschow hat 1993 bekannt, die westliche Konsequenz in diesem Zusammenhang sei mit ausschlaggebend für das „neue Denken" in der sowjetischen Außenpolitik gewesen.

Beim Gipfel in Warschau wurde auch der andere Aspekt dieser Philosophie, das fortwährende Dialogangebot an Moskau, stark hervorgehoben. Dieses muss allerdings „ausbuchstabiert" werden. In diesem Kontext abschließend einige konstruktive Zukunftsgedanken – gewissermaßen „für bessere Zeiten". Russland wird ja Nachbar und weitgehend Teil Europas bleiben – wenn auch nicht *Nachbar Deutschlands*. Beim Beschwören deutsch-russischer „Nachbarschaft" wird leicht übersehen, dass zwischen beiden 90 Millionen Menschen leben, die bei einer Einigung Deutschlands und Russlands über ihre Köpfe hinweg ungute historische Reminiszenzen haben.

Russland braucht, um die eingangs formulierte These zu wiederholen, „neues Denken" in der Außen- und Sicherheitspolitik, als Teil seiner dringend notwendigen Modernisierung. Der Westen und besonders die NATO sollten das durch selbstkritische Anerkennung ihres Teils der Verantwortung für die fortgesetzte Verschlechterung des Verhältnisses in den letzten fast zwanzig Jahren erleichtern.

---

[36] Vgl. Klaus Wittmann, Genscher und der NATO-Doppelbeschluss. In: Kerstin Brauckhoff/Irmgard Schwaetzer (Hrsg.), Hans-Dietrich Genschers Außenpolitik. Wiesbaden, Springer 2015, S. 141-163.

Neues Denken auf russischer Seite würde folgendes umfassen: Die NATO-Klischees aus dem Kalten Krieg und deren innenpolitische Instrumentalisierung müssten aufgegeben werden. Das Bündnis hat seit seiner Londoner Erklärung vom Juli 1990 ehemaligen Gegnern aufrichtig die Hand zur Zusammenarbeit entgegengestreckt, und in ihrer „Grundakte" von 1997 erklärten die NATO und Russland, sich gegenseitig nicht mehr als Gegner zu betrachten. Russland muss erkennen, dass es Gefährdungen seiner Sicherheit aus Süden und möglicherweise aus Osten, aber nicht vom Westen zu gewärtigen hat. Zugleich muss der Kreml einsehen, welche Befürchtungen das Bestehen auf einer privilegierten Einflusssphäre, die proklamierte „Pflicht" zum „Schutz von Russen, wo immer sie leben" und die russische Geschichtspolitik in Nachbarländern hervorrufen. Souveränität, Integrität und Unabhängigkeit der postsowjetischen Staaten sind anzuerkennen, und zu ihrem Sicherheitsgefühl müsste Moskau aktiv beitragen, anstatt es zu unterminieren. Respektierung von Verpflichtungen, Regeln und Institutionen entsprechend der Charta von Paris (1990) ist die Grundlage kooperativer Sicherheitspolitik in Europa. Hier wie auch in der globalen Politik sollte Russland sich durch konstruktive Mitwirkung hervortun statt durch „Verhinderungspolitik". Das schließt die Notwendigkeit ein, bei „eingefrorenen Konflikten" (wie Transnistrien, Süd-Ossetien, Abchasien, Berg-Karabach und jetzt Ost-Ukraine) aktiv zur Lösung beizutragen, anstatt sie zur Destabilisierung von Nachbarn am Schwelen zu halten. Dringend wäre insgesamt die Überwindung der Vorstellung von Sicherheit als „Nullsummenspiel", wo eine Seite nur auf Kosten der anderen gewinnen kann.

Seitens der NATO müsste vor allem folgendes selbstkritisch erkannt werden (wenn auch keinesfalls als Rechtfertigung für Putins völkerrechtswidriges Handeln in der Ukraine): Nur mangelhaft hat man die russische „politische Psychologie" verstanden und den treffend so bezeichneten „imperialen Phantomschmerz". Nach Ende des Kalten Krieges wurde der Frage nach dem Platz Russlands in der europäischen Sicherheitsordnung zu wenig Aufmerksamkeit gewidmet und wurden beispielsweise russische Vorschläge zur Anpassung des KSE-Vertrags über die konventionellen Streitkräfte ostentativ missachtet. Kontraproduktiv umgegangen wurde mit den Beitrittsambitionen Georgiens und der Ukraine, die beim NATO-Gipfel in Bukarest 2008, als die USA für sie den „Membership Action Plan" (MAP) durchsetzen wollten, für diesen nächsten Schritt in Richtung NATO-Mitgliedschaft überhaupt nicht reif waren. Keinerlei Verständigung mit Russland wurde hier gesucht, während doch frühere Erweiterungsrunden durch die Gründung bzw. Aufwertung des NATO-

Russland-Rats „abgefedert" worden waren. Der heute so kontroverse Raketenabwehrplan, eigentlich im beiderseitigen Interesse, wurde zu spät als kooperatives Projekt angeboten. Was die Anerkennung der Unabhängigkeit des Kosovo für Moskau bedeutete, hat der Westen unterschätzt (wenngleich die heute von Moskau konstruierte Analogie zur Krim-Annexion falsch ist). Ungenügend genutzt und entwickelt wurde der NATO-Russland-Rat, den überdies die NATO beim Georgien-Krieg 2008 und weitgehend auch im Ukraine-Konflikt auf Eis legte – gerade so wie Russland neun Jahre vorher in der Kosovo-Krise, wofür es harsch kritisiert worden war. Nicht verkannt werden darf auch, welche Wirkung auf die russische Einstellung die US- und NATO-Interventionen in Afghanistan, Irak und Libyen gehabt haben. Allerdings zeigt sich hier auch, wie man im Westen Fehler zugibt und daraus lernt – nicht zuletzt dass Regime*sturz* noch lange nicht Regime*wechsel* ist.

Und schließlich ist das oben beklagte Nullsummendenken auch der westlichen Seite nicht ganz fremd. Es ist eins der größten Übel in der heutigen Welt, und der neue US-Präsident scheint in besonderem Maße von ihm beherrscht.

Als konkrete Möglichkeiten für künftige Zusammenarbeit seien folgende Beispiele genannt:

Wie auch die NATO-Russland-Grundakte von 1997 mit ihren Festlegungen auf Frieden, Freiheit und Kooperation in Europa sollte der NATO-Russland-Rat (NRR) selbst in der gegenwärtigen Krise bewahrt werden – bewahrt werden für bessere Zeiten (und hätte eigentlich als Krisenmanagement-Mechanismus seit Beginn des Konflikts quasi in Permanenz tagen müssen). *Kurzfristig* sollte der NRR mit seinen – wieder zu aktivierenden – Untergruppen der Vermeidung unbeabsichtigter militärischer Zwischenfälle im Verhältnis zwischen Russland und der NATO dienen. *Mittelfristig* müsste er zu neuer Qualität geführt werden mit einer Konkretisierung und Ausweitung der Felder potentiell konformer Interessen und gemeinsamer Aktionen, von denen viele schon in der Grundakte aufgeführt sind und wo Vertrauensbildung anhand konkreter Gemeinschaftsaufgaben geübt werden könnte. *Längerfristig* sollte der NRR zum allzu lange versäumten Gespräch über Russlands Platz in der europäischen Sicherheitsordnung beitragen. Die NATO könnte sich auch zu einem strukturierten Dialog mit der von Russland geführten *Collective Security Treaty Organisation* (CSTO) bereiterklären, als Zeichen von Interesse und Respekt.

In der Erweiterungsfrage muss es bei der Politik der "Offenen Tür" bleiben, das entspricht Artikel 10 im NATO-Vertrag; aber zwischen "kein Veto für Russland" und einem Nachgeben gegenüber russischer Indignation wäre doch ein Mittelweg denkbar, der russische Interessen und Empfindlichkeiten mitberücksichtigt.

Den Medwedjew-Vorschlag von 2008 für einen umfassenden europäischen Sicherheitsvertrag, wenngleich in der Substanz fragwürdig, hätte die NATO doch viel aktiver aufgreifen sollen – als Ausgangspunkt für einen intensiven strukturierten Dialog. Die Scheu davor auf westlicher Seite war und ist nicht angebracht. Ist nicht auch die Schlussakte von Helsinki 1975 mit ihren segensreichen Auswirkungen in der jüngeren europäischen Geschichte aus ursprünglich furchtsam betrachteten sowjetischen Vorschlägen hervorgegangen?[37] Die unterschiedlichen ordnungspolitischen Vorstellungen Russlands und der NATO für den euro-atlantischen Raum sollten mit großer Offenheit und langem Atem diskutiert werden. Und im Interesse der Weiterentwicklung der europäischen Sicherheitsordnung sollte die NATO sich innovativ und engagiert für einen neuen Aufbruch in der konventionellen Rüstungskontrolle und europäischen Vertrauensbildung einsetzen. Außenminister Steinmeier hat dazu im Jahr des deutschen OSZE-Vorsitzes konkrete Vorstellungen entwickelt.[38] Dazu gehört auch entschiedenes Eintreten für Aktivierung und Stärkung der OSZE.[39]

Ein Aspekt erscheint hier besonders wichtig: Bei der Verletzung, ja, dem Beiseiteschieben des Regelwerks von Helsinki und Paris durch Präsident Putin fällt auf, dass die russische Seite *ein* Helsinki-Prinzip konsistent betont: den Grundsatz „unteilbarer Sicherheit". Man kann sich vorstellen, dass das auf Verdrängen der USA aus Europa hinausläuft oder auf ein Veto über NATO-Entscheidungen. Aber wenn sie Russland wichtig ist, müssten die Formel und ihre Interpretation natürlich Gegenstand solcher Gespräche sein.

Auch das Projekt einer gesamteuropäischen Raketenabwehr sollte nicht endgültig der russischen Verärgerung darüber zum Opfer gefallen sein, dass es von der NATO erst spät als gemeinsames Projekt angeboten wurde. Die Gespräche

---

[37] Vgl. – sehr positiv – Wolfgang Ischinger, Keine Angst vor Medwedew! Die russische Initiative zur europäischen Sicherheit ist beachtlich. In: Der Tagesspiegel v. 03.12.2009, und – verhaltener, aber auch mit dem Rat, das „Angebot zur Diskussion" anzunehmen – Margarete Klein, Medwedews Vorschlag für einen euroatlantischen Sicherheitsvertrag. In: russlandanalysen 193/09, S. 2f.

[38] Frank-Walter Steinmeier, Mehr Sicherheit für alle in Europa. Frankfurter Allgemein Zeitung v. 26.08.2016

[39] Frank-Walter Steinmeier/Sebastian Kurz/Paolo Gentiloni, Eine starke OSZE für ein sicheres Europa. In: Frankfurter Allgemeine Zeitung v. 07.12.2016

über Kooperation und Interoperabilität, 2010 beim NATO-Gipfel von Lissabon angeboten, waren 2013, schon vor Ausbruch des Ukraine-Konflikts und der Deaktivierung der militärischen Kontakte im Rahmen des NRR 2014, von Moskau abgebrochen worden. Trotz gegenteiliger westlicher Beteuerungen sieht Russland das Vorhaben als gegen sich gerichtet an, verhärtet seine Position in dem Maße, in dem NATO-seitig die Implementierung voranschreitet, und ergreift militärische Gegenmaßnahmen. Gleichwohl sollten Ansatzpunkte für eine Wiederaufnahme des Dialogs über kooperative Möglichkeiten gesucht werden. Eine gründliche Studie der Stiftung Wissenschaft und Politik über Interessen und Strategien der Akteure kommt zu dem Ergebnis, „dass die Gespräche über eine Zusammenarbeit bei der Raketenabwehr größtenteils an politischen Umständen gescheitert sind, nicht aber weil es an technischer Machbarkeit oder Sinnhaftigkeit fehlte".[40]

Bemühungen um ein Konzept

Aus der Fülle von Studien, Aufsätzen, Appellen mit Überlegungen zur Entwicklung des Verhältnisses mit Russland seien exemplarisch einige genannt. Sie zeigen, wie relevant die Suche nach kooperativen Ansätzen ist, und decken ein breites Spektrum ab.

In „The Crisis with Russia", Ergebnis einer Klausur der Aspen Strategy Group im Sommer 2014[41], wird eine Politik der kombinierten Stärke Europas und der Vereinigten Staaten empfohlen mit dem Ziel, die Richtung der russischen Politik durch Anreize zu ändern. Dazu solle ein Unterschied zwischen Putin und dem russischen Volk gemacht und zugleich Putins Aversion gegen internationale Isolierung genutzt werden. Eine energische Informationskampagne sei erforderlich, um russischer Propaganda entgegenzutreten. Aber als Voraussetzung für die zahlreichen hier vorgeschlagenen Schritte und für langfristig kooperative Beziehungen mit Russland wird eine Lösung des Ukraine-Konflikts betrachtet. Hauptempfehlung: „Reenergize the US-EU vison of a Europe ‚whole and free and at peace, in which Russia finds its peaceful place' as an al-

---

[40] Katarzyna Kubiak, Raketenabwehr: Potentiale einer Kooperation mit Russland. Berlin: Stiftung Wissenschaft und Politik Juli 2017 (SWP-Studie S 13/2017), S. 9.
[41] Nicholas Burns/Jonathan Price (Eds.), The Crisis with Russia. Washington: The Aspen Institute 2014.

ternative to Putin's vision of Russian domination of its neighbors and increasing authoritarianism at home."[42]

Ein Beispiel für innerdeutsche Stellungnahmen war der Beschluss des einschlägigen CDU-Bundesfachausschusses vom November 2015, der kontroverse Debatten im Parteienspektrum darüber auslöste, wie weit man die russische Führung „verstehen" (d.h. Verständnis für ihre Handlungsweise aufbringen) sollte.[43] Dem war vorausgegangen ein Positionspapier der CDU-Bundestagsabgeordneten Schockenhoff und Wellmann, in dem eindeutige Konditionalität (d.h. russisches Einlenken im Ukraine-Konflikt und Rückkehr zu den Regeln der europäischen Sicherheitsordnung) angemahnt wurde.[44] In dem Papier des CDU-Bundesfachausschusses wird gefordert, die Europäische Union und ihre Mitgliedstaaten müssten „einerseits positiv auf die Entwicklung in Russland Einfluss nehmen und andererseits der aggressiven russischen Außenpolitik entgegentreten". Neben Geschlossenheit, Konsequenz, Schutzmaßnahmen im NATO-Bereich, Informationspolitik und Kontakten mit der russischen Zivilgesellschaft wird aber auch festgestellt: „Dem legitimen russischen Bedürfnis nach Prestige und Respekt muss Rechnung getragen werden, aber ohne eigene Prinzipien aufzugeben. Rücksichtnahme gegenüber Russland kann nicht bedeuten, aufgrund dessen das Völkerrecht und legitime Interessen anderer Staaten nicht zu berücksichtigen."[45] Realistisch wird aber auch eingesehen: „Die russische Führung hat sich innenpolitisch in eine Lage manövriert, die ihr ein schnelles Abrücken von ihrer bisherigen Außenpolitik nicht erlaubt."[46]

Bewegend, aber wohl weniger realistisch, waren Beiträge von Egon Bahr, Michail Gorbatschow, Matthias Platzeck und anderen in der Broschüre „Für einen anderen Umgang mit Russland", entstanden nach der Präsentation im Juli 2015 des Buches von Wilfried Scharfnagel „Am Abgrund. Streitschrift für einen anderen Umgang mit Russland"[47] Egon Bahr plädierte dort, in Erinnerung an Willy Brandt, für „Vorleistungen": „Wir könnten also wie zu Beginn der

---

[42] Stephen Hadley, Concluding Observations: What We Heard. Ebd., S. S. 143-152; S. 152.
[43] Umgang mit Russland – Zehn Handlungsempfehlungen. Beschluss des CDU-Bundesfachausschusses Außen-, Sicherheits-, Entwicklungs- und Menschenrechtspolitik vom 16. November 2015.
[44] Vgl. Claudia von Salzen, „Wir stehen vor einem Scherbenhaufen". In: Der Tagesspiegel v. 1.7.2014.
[45] Umgang mit Russland (Anm. 43), S. 3.
[46] Ebd., S. 4.
[47] Für einen anderen Umgang mit Russland. Berlin: Keyser Verlag 2015.

Entspannungspolitik sondieren und beginnen, einseitig Sanktionen gegen Russland abzubauen. Wir wollen wie damals eine festgefahrene Situation ändern und können bei einer positiven Resonanz auch alle Sanktionen beenden."[48] Was er dabei nicht berücksichtigt, ist die häufige Beobachtung, dass seitens der russischen Führung westliches Entgegenkommen „konsumiert" und tendenziell als Ausdruck von Schwäche angesehen wird. Interessanterweise aber stellt selbst Bahr im Hinblick auf das amerikanisch-sowjetische (und Bush-Gorbatschow-) Verhältnis nach dem Fall der Berliner Mauer fest: „Gorbatschow wurde nicht über den Tisch gezogen, entgegen den darüber verbreiteten Märchen."[49]

Einen anderen Charakter haben mehrere Veröffentlichungen des „European Leadership Network", das einerseits Putins Politik als *brinkmanship*[50] bezeichnet, anderseits aber immer wieder konstruktive Überlegungen zur notwendigen Deeskalation zwischen Russland und dem Westen vorlegt.[51] Beispielsweise stellt Thomas Frear (im Rückgriff auf die „Able Archer"-Episode von 1983) fest: „Russia-NATO relations are currently in flux, a cycle characterized by mutual recriminations of past and current behaviour and interlinked modifications of military force postures on a scale not seen since the early 1990s. In such a rapidly changing environment the margin of analytical error is thin. It is thus imperative to draw on the lessons of the past and adopt a more empathetic … approach in an effort to avoid miscalculation and escalation."[52] Im Gefolge des Warschauer NATO-Gipfels vom Juli 2016 wird durch Isabelle François der Begriff des „Dialogs" im Verhältnis mit Russland problematisiert. Sie schlägt „NATO-Russia Stability Talks" vor, die nicht im Politisch-Deklaratorischen verweilen dürften, sondern Experten einbeziehen müssten. Vor allem müsse das Ziel von „Dialog" definiert werden.[53]

---

[48] Rede Egon Bahr. Ebd., S. 11-17; S. 16.
[49] Ebd.
[50] Siehe Anm. 27.
[51] Zu finden unter www.europeanleadershipnetwork.org.
[52] Thomas Frear, NATO, Russia and Empathy. Modern Lessons from a Cold War Military Exercise. Commentary 22 August 2016:
https://www.europeanleadershipnetwork.org/commentary/nato-russia-and-empathy-modern-lessons-from-a-cold-war-military-exercise/.
[53] Isabelle François, NATO-Russia Post-Warsaw Summit: Towards a Conversation That Matters? Commentary 8 August 2016:
https://www.europeanleadershipnetwork.org/commentary/nato-russia-post-warsaw-summit-towards-a-conversation-that-matters/

Am Ende des jährlich stattfindenden hochrangigen deutsch-russischen „Schlangenbader Gesprächs" sagte vor Jahren einer der deutschen Mitveranstalter zu den russischen Gesprächspartnern:" Sie haben jetzt zweieinhalb Tage lang viel Selbstkritisches von unserer Seite gehört. Ein kleines Quantum Selbstkritik wäre auch von russischer Seite mal sehr willkommen." In der Tat: Wenn in Gesprächen mit russischen Politikern oder Wissenschaftlern im Sinne der Hauptthese dieses Aufsatzes geäußert wird, man habe westlicherseits wohl nicht alles richtig gemacht, so ist zumeist die Antwort, endlich habe man es eingesehen! Studien, in denen auch russischerseits eine stärker selbstkritische Haltung zum Ausdruck kommt, haben Alexei Miller und Fyodor Lukyanov vorgelegt, bei denen schon die Titel Programm sind: „Detachment instead of Confrontation" (2016)[54] und „Restraint instead of Assertiveness" (2017)[55] In der „Detachment"-Studie wird ausgeführt und in der „Restraint"-Studie bekräftigt, nach dem Kalten Krieg und der auf die Auflösung der Sowjetunion folgenden Übergangszeit sei die Welt auf dem Weg zu einem neuen Paradigma. Das bisherige politische und wirtschaftliche Modell internationaler Entwicklung sei erschöpft. Russland müsse seine Herangehensweisen und Konzepte reevaluieren. Dabei sei eins für West und Ost gleichermaßen gültig: „There is not point in referring to the events of the late 80s and early 90s in order to legitimize one's actions."[56] Zwar wird auch in diesen Papieren eine russische Opfer-Rolle gegenüber einem intransigenten Westen stilisiert, aber doch nicht alle Schuld dafür auf westlicher Seite gesehen. In der neueren Studie wird wiederholt:[57] „Russia's ability to take everybody else by surprise [compensated] for the scarcity of resources. Putin's unexpected moves more than once yielded considerable tactical advantages. But Russia's reputation of an unpredictable player, which may be useful in some cases, also entails noticeable costs not only in relations with the West..." Diese Vorgehensweise sei ausgereizt. "Russia needs to change its image and concentrate on what it can give the world, key partners and neighbours."[58] An vielen Thesen der beiden Autoren kann man

---

[54] Alexei Miller/Fyodor Lukyanov, Detachment Instead of Confrontation:. Post-European Russia in Search of Self-sufficiency. 2016: http://www.kreisky-forum.org/dataall/Report_Post-EuropeanRussia.pdf
[55] Dies., Restraint Instead of Assertiveness: Russia and a New Era in World Politics. 2017. http://www.robertboschacademy.de/content/language1/downloads/ReportLukyanov.pdf
[56] Ebd., S. 2.
[57] Ebd., S. 14.
[58] Ebd., S. 15.

sich reiben, aber auf der Basis solcher Überlegungen und der im vorliegenden Aufsatz dargelegten lässt sich konstruktiver Dialog vorstellen, der natürlich weit über die Denkfabriken hinaus die Politik einschließen muss.

Auf vier weitere Studien jüngeren Datums sei nur noch kurz verwiesen: Der Atlantic Council stellte im vergangenen Jahr eine Studie vor mit der kernigen Aufforderung von Botschafter Burns und General Jones, in erster Linie die Schlagkraft der NATO wiederherzustellen und den „Druck auf Moskau" aufrechtzuerhalten.[59] Eher ein „Gegenprogramm" findet sich im Report der „Deep Cuts Commission", der Zurückhaltung und Dialog zwischen Russland und dem Westen als Schlüsselelemente der Konfliktbewältigung betrachtet, die Situation (und potentielle Eskalation) in Nordosteuropa in ziemlich „äquidistanter" Sicht einordnet und die OSZE als das geeignetste Dialogforum betrachtet.[60] Ein Bericht der Körber-Stiftung „Russland und Europa in unsicheren Zeiten" stellt die Zusammenfassung der Ergebnisse des „German-Russian International Dialogue" (GRID) dar und lotet die Chancen für Kooperation sowie das Potential verschiedener Foren aus. Angesichts neuer Unwägbarkeiten in der US-Politik und der Wahlen in Frankreich und Deutschland drohten die Bemühungen um eine Konfliktbeilegung in der Ostukraine, eine Grundvoraussetzung für Wiederannäherung mit Russland, zu einem „führungslosen Prozess" zu werden.[61]

Jüngst meldete sich mit Karsten D. Voigt einer der erfahrensten Kenner der Ost-West-Beziehungen wieder zu Wort: Europäische Friedensordnung und Zusammenhalt der EU seien Kerninteressen Deutschlands. „Wenn Mächte außerhalb oder innerhalb Europas diesen Zusammenhalt gefährden, muss eine deutsche Politik dieser Gefährdung entschlossen entgegentreten. Dies gilt auch, wenn normative Grundlagen des Zusammenlebens aller europäischen Staaten, wie etwa die Charta von Paris, durch Reden und Handeln infrage gestellt werden."[62] Russisches Denken in Einflusszonen könne nicht akzeptiert werden, künftige pragmatische Zusammenarbeit mit der russischen Führung

---

[59] R. Nicholas Burns/James L. Jones, Restoring the Power and Purpose of the NATO Alliance. Deter Our Adversaries, Stabilize Our Partners and strengthen the North Atlantic Area through US Leadership in NATO. Washington: Atlantic Council 2016.
[60] Back from the Brink. Toward Restraint and Dialgoue between Russia and the West. Third Report of the Deep Cuts Commission. Hamburg: IFSH Juni 2016.
[61] Russland und Europa in unsicheren Zeiten. Hamburg: Körber-Stiftung April 2017; S. 1.
[62] Karsten D. Voigt, Russland, Deutschland und die europäische Ordnung. Berlin: Friedrich-Ebert-Stiftung September 2017.

müsse trotz divergierender Auffassungen tragfähige Kompromisse anstreben, dürfe aber nicht „im Gegenzug vereinbarte europäische Normen und Werte oder Institutionen wie die EU oder die NATO infrage stellen". Eine „Politik der kleinen Schritte" sei erforderlich, um möglichst kooperativer Konfliktbewältigung näherzukommen. Und trotz der Bedeutung Russlands für Deutschland als potentieller Partner oder Herausforderung gelte, dass es „für die deutsche Politik nicht wichtiger [ist] als die Gesamtheit der deutschen Beziehungen zu seinen östlichen Nachbarn".

„Pluraler Friede"?

Bei aller Kreativität in Einzelvorschlägen und -ideen macht keins der genannten Papiere den konsequenten Versuch, ein neues Konzept für den Umgang mit Russland und sein Verhältnis zum Westen zu entwickeln. Nichts weniger aber unternimmt eine Studie von zwei Angehörigen der Hessischen Stiftung Friedens- und Konfliktforschung (HSFK) vom Frühjahr 2017, die unter der Bezeichnung „Pluraler Frieden" eine Skizze der denkbaren gegenseitigen Beziehungen und des Wegs dorthin entwirft.[63] Dieser Vorschlag mit dem hohen Anspruch eines umfassenden Politikmodells im Sinne realistischer politikwissenschaftlicher Theorie hat zu einer lebhaften Debatte geführt, die im Herbst 2017 in der Zeitschrift „Osteuropa" dokumentiert wurde.[64] Dort finden sich allerdings nur ablehnende Stellungnahmen und kein Beitrag, der den beiden Autoren folgt. Größere Pluralität der Positionen wäre hier wünschenswert gewesen.

Das Konzept, von den Verfassern selbst knappst zusammengefasst:[65] „Der Westen sollte sich von der Strategie des ‚liberalen Friedens' verabschieden, die seit 1990 auf Russlands Anpassung an die liberalen Normen des Westens und die Integration in die westlichen Institutionen setzte. Stattdessen plädieren wir für das Leitbild eines ‚Pluralen Friedens'. Wir setzen auf Frieden durch Dissoziation. Die normativen Differenzen mit Russland sollten anerkannt werden. Eine klare Abgrenzung ist Voraussetzung dafür, dass neue Grundlagen für eine

---

[63] Matthias Dembinski/Hans-Joachim Spanger, „Pluraler Frieden" – Leitgedanken zu einer neuen Russlandpolitik. Frankfurt/M.: HSFK 2017 (HSFK Report 2/2017).
[64] Osteuropa. 67. Jahrgang, Heft 3-4/2017 (Themenheft „Konfrontation. Frieden und Sicherheit in Europa").
[65] Matthias Dembinski/Hans-Joachim Spanger, Pluraler Frieden. Leitideen für eine neue Russlandpolitik. Ebd., S. 87-96; S. 87.

stabile Kooperation geschaffen werden können. Dazu gehört, Russland glaubwürdig zu versichern, dass die Ukraine und andere Staaten der Region nicht in die EU und die NATO aufgenommen werden."

Schon die Titel der Stellungnahmen zeigen die sehr kritische Aufnahme, die das Konzept in weiten Teilen der Fach- und politischen Welt fand: „Verhalten ändern, Vertrauen bilden" (Karsten D. Voigt)[66] weist darauf hin, dass ungeachtet der beiden gegensätzlichen Narrative Russland es nicht geschafft habe, „eine stabile und vertrauensvolle Zusammenarbeit mit den ehemaligen Bündnispartners in Ostmitteleuropa und den Nachfolgestaaten der Sowjetunion aufzubauen". Und selbst Russlands Verbündete hätten kein Interesse an der Anerkennung einer russischen Einflusssphäre durch EU und NATO bzw. ihre Mitgliedstaaten. Andreas Heinemann-Grüder weist in „Wider den Sonderfrieden" den Vorschlag als eine „autokratische Bestandsgarantie im Namen des Pluralismus" zurück – als „ein Rezept aus dem Kalten Krieg ..., nämlich die Friedliche Koexistenz sowjetischer Lesart – die Akzeptanz von Einflusszonen, eines russländischen Cordon sanitaire zu Lasten der Staaten in einem ‚Zwischeneuropa'".[67]

Oleksandr Sushko und Andreas Umland nennen in „Unrealistisches Szenario" das Konzept realitätsfremd. Es lasse „das ukrainische Kerninteresse an einer Westintegration, frühere Erfahrungen Moldovas, Georgiens und Armeniens mit Moskauer Hegemonialpolitik ... außer acht."[68] Jakub Eberle und Vladimir Handl finden in „Völkerrecht statt Einflusszonen!", das der „Plurale Frieden" in altes Denken zurückfalle und ein „Plädoyer für die Anerkennung von Großmachtpolitik und Einflusszonen" sei. Damit würden die in der Schlussakte von Helsinki kodifizierten völkerrechtlichen Errungenschaften preisgegeben.[69] Stefan Meister schließlich („Wasser auf Putins Mühlen") sieht den „Pluralen Frieden" als „russlandfixierte Ostpolitik".[70] Er widerspricht der von den Autoren akzeptierten „Darstellung, das die EU und die NATO die Verantwortung für die Krise tragen und dies nichts mit den Legitimationsdefiziten des Systems Putin zu tun hat".[71] Dieses System wolle die postsowjetische Öffnung

---

[66] Ebd., S. 97-101.
[67] Ebd., S. 103-108; S. 103.
[68] Ebd., S. 109-120; S. 109.
[69] Ebd.; S. 121-127; S. 121.
[70] Ebd., S. 129-133; S. 129.
[71] Ebd., S. 131.

und Liberalisierung der russländischen Gesellschaft rückgängig machen; das unterstütze ein Konzept wie das vorgeschlagene.

Fazit

Ein „großer Wurf" ist offensichtlich problematisch. Die skizzierte Kontroverse um das Konzept des „Pluralen Friedens" bestätigt den Autor darin, dass man auf westlicher Seite natürlich nicht „russische Werte" und Zielsetzungen übernehmen sollte, aber sich Gedanken darüber machen muss, wie das in Warschau bekräftigte Dialogangebot konkretisiert werden kann, und zwar auf der Basis des im Harmel-Report der NATO formulierten Doppelansatzes. Vereinbarte völkerrechtliche Normen und Regeln dürfen nicht aufgegeben werden, „Zwischeneuropa" darf nicht als Objekt betrachtet werden, russische Gesichtspunkte müssen in das ernsthafte Gespräch einbezogen werden, aber sind sie immer den wirklichen, wohlverstandenen russischen „Interessen" gleichzusetzen?

Der russischen Führung müsste folgendes klar werden: Es trifft nicht zu, wenn Putin sagt, die USA wollten Russland „klein halten". Hochwillkommen als „Großmacht" wäre ein Russland, das sich (wie im leider recht singulären Fall des Nuklearwaffenabkommens mit Iran) konstruktiv am globalen und regionalen Problemlösen beteiligte, anstatt sich hauptsächlich auf Störpotential, Verhinderungsmacht, Überrumpelungsmanöver, regionale militärische Überlegenheit sowie Destabilisierung und Furcht seiner Nachbarn zu stützen. Aber sein eigenmächtiges militärisches Eingreifen in Syrien war ein weiteres Beispiel für den langfristig untauglichen Versuch, „gleiche Augenhöhe" erzwingen zu wollen. Gewiss war Präsident Obamas Einstufung Russlands als „Regionalmacht", mit der er allerdings nicht allein stand, ungeschickt. Sie wurde aber russischerseits und auch durch USA-Kritiker im Westen zu übertrieben kolossalen Dimensionen aufgeblasen. Bundeskanzler Schmidts Beschreibung der Sowjetunion als „Obervolta mit Atomraketen" war viel kränkender.

Im Sinne der erforderlichen Überwindung des „Nullsummendenkens" wäre es wünschenswert, dass in der neuen US-Administration – in Abstimmung mit den europäischen Alliierten – eine nüchterne Bestandsaufnahme der westlich-russischen Beziehungen erfolgte, die einen konstruktiven Neuanfang auf Feldern potentiell konformer Interessen erlaubt.[72] Dazu gehören: Vertrauensbil-

---

[72] Eine Fülle weiterer konstruktiver Überlegungen bei Ulrich Kühn, Russia: U.S.-Russian relations and the future Security of Europe. In: Arms Control Today, Vol. 47, No. 1, 2017, pp. 18-25.

dung, nukleare Rüstungskontrolle (einschließlich Mäßigung in der Rhetorik über nukleare Waffen), Vermeidung eines Wettrüstens, der Kampf gegen die Proliferation von Massenvernichtungswaffen, rationaler Austausch über die Krisenherde der Welt, ein erneuter Anlauf beim Thema Raketenabwehr – und, es sei hier wiederholt, das ernsthafte Gespräch über Russlands Platz in der europäischen Sicherheitsordnung und in der Welt. Verständnis für russische Be- und Empfindlichkeiten ist dabei geraten, unangemessenes Entgegenkommen würde aber von Putin nicht honoriert. Die erwähnte „Harmel-Philosophie" ist auch hier die empfehlenswerte Leitlinie. Der russischen Führung sollten „goldene Brücken" gebaut und sollte bei der Einschätzung der wirklichen langfristigen Interessen des Landes und der Notwendigkeiten seiner Modernisierung assistiert werden. Es ist zu hoffen, dass Präsident Trump trotz populistischer Vereinfachung und isolationistischer Neigung die Notwendigkeit westlicher Führung zunehmend erkennt.[73]

Denn bei allem politischen „Realismus" scheinen die angeführten „Interessen" auf beiden Seiten mehr kurzfristiger Natur zu sein und droht ihre kompromisslose Verfolgung eher schädlich für die Aussichten auf nachhaltige Kooperation aber auch für die jeweilige nationale Entwicklung zu sein.

Vorausschauende westliche Politik muss das „neue Denken" in Russland befördern. Eines Tages wird es sich auch durchsetzen – wenngleich möglicherweise nicht, solange Putin am Ruder ist. Aber seine Herrschaft könnte früher zu Ende gehen, als er und seine derzeit in nationalistischem Stolz schwelgenden Anhänger glauben. Doch die Hoffnung, dass er sich besinnt, sollte nie aufgegeben werden. Jedenfalls müssen langfristige Angebote zur Zusammenarbeit einschließlich der ernsthaft erneuerten Ermutigung zu kooperativer statt konfrontativer Sicherheit ausgearbeitet und bereitgehalten werden – unter Berücksichtigung legitimer Interessengesichtspunkte sowohl Russlands als auch des Westens. Dies wäre die außen- und sicherheitspolitische Ergänzung des – konditionierten – Angebots der Bundeskanzlerin für eine EU und Eurasische Union umfassende Freihandelszone. Und in allen hier erwähnten Zusammenhängen bleiben die transatlantische Partnerschaft vital wichtig und die weitere Entwicklung der Gemeinsamen Sicherheits- und Verteidigungspolitik der EU notwendig.

---

https://www.armscontrol.org/ACT/2017_01/Features/US-Russian-Relations-and-the-Future-Security-of-Europe

[73] Vgl. Majid Sattar, Das Vakuum westlicher Führung. In: Frankfurter Allgemeine Zeitung vom 20.12.2016.

Um noch einmal aus den Schlangenbader Gesprächen zu zitieren: 2015 warb ein prominenter russischer Politiker bei den deutschen Gesprächspartnern um Geduld mit der Bemerkung „Der Weg vom Gulag zur Hyde Park Corner ist weit." „Ja", erwiderte trocken ein russischer Schriftsteller, „und wenn man ihn in der umgekehrten Richtung geht, ist er noch weiter." Anderseits passt zur Empathie mit dem russischen Volk (das nicht mit Präsident Putin gleichgesetzt werden darf) ein Wort des Musikers Vladimir Spivakov:[74] „Ich denke, ein großer Fehler besteht darin, dass viele im Westen vergessen, dass es das heutige Russland erst seit etwa 20 Jahren gibt, und etwas von ihm erwarten, das Europa im Laufe mehrerer Jahrhunderte geschaffen hat." Die Streben nach „Russki Mir", der „russischen Welt", nach einer neuen russischen kulturellen Identität bezeichnet Karl Schlögel als „nicht nur naheliegend, sondern nach einem solchen geschichtlichen Bruch wie dem Ende der ‚sowjetischen Welt' unausweichlich. Hier finde ein „Kampf um Definitionshoheit", in Antonio Gramscis Formulierung um „kulturelle Hegemonie", statt.[75] Solche – verständnisvollen – Überlegungen haben Geltung für die Innenpolitik (liberale Demokratie vs. Autoritarismus) sowie die Außen- und Sicherheitspolitik (Kooperation vs. Konfrontation, altes vs. „neues Denken").

---

[74] Gefunden in der Foto-Ausstellung „24 Karat Russland", Deutsch-russisches Museum Berlin-Karlshorst (3.11.2017).
[75] Russland-Reflex (Anm. 10), S. 129.

Baudissins politisch-militärisches Strategie-Konzept für die Sicherheit für Europa
– Ideen für einen Neuansatz –
Claus von Rosen

Baudissins Zugang zum Thema Strategie

Das Thema scheint für manchen Kenner der deutschen Nachkriegsgeschichte in zweifacher Hinsicht eher absurd zu sein. Zum einen: Wer den Namen Wolf Graf v. Baudissin liest, verbindet damit dessen Arbeit für die Neuausrichtung der Bundeswehr nach 1950 im Sinne der Konzeption Innere Führung. Unabhängig davon, wie die darin gefasste menschliche, individuelle, rechtliche und demokratische Sicht auf den Soldaten von dem einen oder anderen gewertet wird, offen ist auf jeden Fall die Frage, was dies alles mit Strategie zu tun hat: Baudissins Schrifttum[1] umfasst bereits seit 1947 ein breites Spektrum aus praktischer Sicht auf Friedens- und Sicherheitspolitik, über die entsprechenden politischen sowie militärischen Strategien für Westeuropa und NATO und damit auch für die Bundeswehr. Ja, sein Ansatz für die Innere Führung basierte bereits vom ersten Tag seiner Arbeiten im Amt Blank an auf einem klaren und ausdifferenzierten Kriegsbild[2], die Voraussetzung schlechthin für jedes strategische Denken und Handeln und damit für ein realistisches Bild vom künftigen Soldaten.

Zum anderen: Baudissin lebte und arbeitete an seinen Themen in einer ganz anderen Zeit als wir heute – als Soldat der Bundeswehr von 1950–1967 und als Friedensforscher, besonders an dem von ihm gegründeten Institut für Friedensforschung und Sicherheitspolitik Hamburg, von 1968–1986. Er ist bereits vor knapp 25 Jahren gestorben. Seine Ausführungen und Arbeiten sind daher meist 50 Jahre und älter; sie können demnach angesichts der großen politischen Veränderungen seit 1990 mit dem Heute kaum noch etwas zu tun haben: Baudissins Denkansatz gründet sich auf den fundamentalen Veränderungen von Krieg und Politik seit Ende des II. Weltkriegs mit der Frage: Wie ist

---
[1] Baudissin, Wolf Graf von: Grundwert Frieden in Politik – Strategie – Führung von Streitkräften; hersg. von Claus v. Rosen. Berlin 2014.
[2] S. Rosen, Claus von: Die Entwicklung des Kriegsbildes im Zeichen neuer und hybrider Kriege; in: Jahrbuch Innere Führung 2015: Neue Denkwege angesichts der Gleichzeitigkeit unterschiedlicher Krisen, Konflikte und Kriege. Berlin 2015, S. 25 -59.

Frieden möglich?³ Wir empfinden diese Frage noch heute genauso grundlegend, wenn z.B. Nordkorea mit Raketen über Japan hinaus schießt, wenn Russland in einem z.T. friedlichen gelenkten Aufstand die Krim annektiert oder in Form eines hybriden Krieges sein Territorium erweitert, oder wenn der IS sich mit Methoden des Terrors wie die Palästinenser vor 50 Jahren in die Völkerwelt drängt bzw. vor unserer Haustür mordet. All die verschiedenen Formen von Krieg nach der Zeitenwende von 1945 hatte Baudissin in seinem „Kriegsbild" bereits analysiert und erfasst. Sie stehen eine wie die andere unter dem atomar-technotronisch-industriellen sowie dem weltanschaulichen, normativen und vom Menschenbild bestimmten Globalansatz. Die Formen können voneinander getrennt ablaufen, miteinander verwoben sein oder ineinander übergehen. Wer diesen fundamentalen Neuansatz für Politik und Krieg seit 1945 nicht sieht, wundert sich natürlich bei jedem Aufblitzen über „neue Kriege".

Baudissins Erkenntnisse, Gedanken und Modelle zu Friedens- und Sicherheitspolitik sowie deren Strategien, politisch wie militärisch, stammen bereits aus der Zeit seiner Gefangenschaft. Seit 1947⁴ haben sie feste Umrisse gefunden. In den 50er und Anfang der 60er Jahre hat er sie besonders hinsichtlich des neuen Kriegsbildes weiter präzisiert.⁵ Unter dem Wandel der politischen Gegebenheiten seit 1968 und im Rahmen seiner Politikberatung in den 70er Jahren sind die politisch-strategischen Überlegungen z.T. auch in den universitären Übungen geprüft worden und haben dabei sehr konkrete Formen angenommen bis hin zu Einzelbetrachtungen bei politischen Krisenherden wie dem Nahost-Krieg 1973, dem Zypernkonflikt 1974, dem Afghanistan-Einmarsch der UdSSR 1980, der IRAN-Intervention 1980, dem NATO-Doppelbeschluss 1981 und dem Falklandkrieg 1982.⁶

In seiner wesentlichen Schaffensperiode als wissenschaftlicher Forscher und Hochschullehrer zu den Themen Frieden und Sicherheitspolitik 1968 bis 1986

---

³ S. dazu Claus von Rosen (Hrsg.): Frieden in Baudissins Werken und Wirken. Wolf Graf von Baudissin zum 20. Todestag. Hamburger Beiträge zu Friedensforschung und Sicherheitspolitik, Heft 161. Hamburg 2014.
⁴ Claus v. Rosen: Ost oder West – „Gedanken zur Deutsch-europäischen Schicksalsfrage", in: Hilmar Linnenkamp, Dieter S. Lutz: Innere Führung. Zum Gedächtnis an Wolf Graf von Baudissin; Baden-Baden 1995, S. 109 – 119.
⁵ Die Bibliographie inGrundwert Frieden weist aus der Zeit vor 1968 20 Titel zum Thema Kriegsbild, Militärstrategie und Nato-Strategie auf.
⁶ S. dazu die Bibliographie im Sammelband Grundwert Frieden.

befasste Baudissin sich mit dem grundsätzlich politischen Thema der Friedens-, Sicherheits- und Entspannungspolitik in einer großen Zahl[7] von Aufsätzen, Vorträgen, Beiträgen bei Konferenzen, diversen Interviews und regelmäßigen akademischen Übungen. Schon vor seinem Ausscheiden aus dem militärischen Dienst Ende 1967 hatte er sich eingehend im Vorwort zur Deutschen Ausgabe von Beaufres „Dissuasion et Stratégie" Gedanken gemacht und dabei „die großen Veränderungen in der politischen und militärischen Strategie als Probleme" für die NATO betrachtet – wie er ein Jahr später, noch als aktiver NATO-General, seinen Vortrag in Koblenz nannte. Seine Vorlesungen an der Hamburger Universität begann er mit dem Thema „NATO-Strategie im Wandel". Ein halbes Jahr später veröffentlichte er in der ZEIT vom 30. August 1968 seinen Ansatz unter dem Titel: „Mit dem Blick des Strategen". Die erste Übung im Wintersemester 68/69 hatte das Thema „Grundbegriffe moderner Strategie" und DIE ZEIT vom 1.11.1968 brachte die im studentischen Tumult untergegangene Einführungsvorlesung unter der Frage: „Warum ich über Strategie lese." (68,12)

Wesentlich für Baudissins 45-jährige Schaffensperiode ist, dass sie mit einer – man muss es so sagen – radikalen Abkehr von den bis dahin geltenden Grundmustern, Denkstrukturen und Modellen zu Strategie in Politik und Militär beginnt. Was er später als „Grundwert Frieden" bezeichnet hat, erschloss sich für ihn aus der Lektüre von Brunners „Gerechtigkeit". Sie bestimmte sein gesamtes weiteres Denken und Handeln bis an sein Lebensende, sowohl bei seinen Arbeiten zur Konzeption Innere Führung beim Aufbau der Bundeswehr als auch bei seinen von Flexibilität bestimmten militär-strategischen sowie politisch-strategischen Vorstellungen als Stellvertretender NATO-Befehlshaber in der Zeit der Massiven-Vergeltungs-Strategie und bei der Entwicklung der Strategie der flexible response, sowie schließlich auch bei seinen Expertisen zu sicherheitspolitischer Beratung der Deutschen Politik der 70er und 80er Jahre.

Dieser generelle Denkansatz ist konstitutiv für alle seine späteren Theorien und Modelle und politisch-praktischen Vorschläge geworden. Dabei hat er die Grundüberlegungen nicht nur weiter ausgeführt, sondern auch die politischen Veränderungen mit aufgenommen, so dass an bestimmten Marksteinen der po-

---

[7] Seit 1968 bis 1986 sind es knapp 400 Titel zu dem Gesamtthemenfeld. Und auch nach seiner Zeit als Dozent an zwei Hamburger Hochschulen hat er 15 Beiträge zu Friedenspolitik bis NATO-Strategie geliefert. Noch 1990 fasste er verschiedene Beiträge zu einem Artikel „Zu sicherheitspolitischen Fragen" zusammen.

litischen Entwicklung es immer wieder um die Frage des Wandels für die Weiterentwicklung von Politik ging. Das Thema „NATO-Strategie im Wandel" (1968,3 S. 327ff) steht daher nicht zufällig am Anfang seiner Hochschultätigkeit, sondern nimmt betont die Veränderungen der NATO-Politik und -Strategie durch den Wechsel der Abschreckungsstrategie von der massiven Vergeltung hin zur flexible response aufgrund des Harmel-Berichtes von 1967 auf. Ähnliche Themenstellungen findet man über die Jahre bis 1990 (1990, S. 533). Allein diese Offenheit gegenüber Veränderung weist schon darauf hin, dass Baudissins Lehren zur Europäischen Sicherheitspolitik auch für einen „Neuansatz" heute bedeutsam sein können.

Aus der Fülle von Baudissins Ausführungen zum Thema Friedens- und Sicherheitspolitik und den damit verbundenen politischen und militärischen Strategien werden nun einige Beiträge kurz gerafft referiert. Dabei werden bewusst frühe Schriften vorgestellt; dem folgen einige aus den 70er Jahren und schließlich zwei von 1986. Das kann zum einen den Umfang des von ihm behandelten Bereiches und zum anderen auch die Entwicklung seiner Gedanken verdeutlichen. Dabei wird die Antwort auf die generelle Frage bereits deutlich werden: Wie weit sind Baudissins Ausführungen tragfähig für Ideen zu einem strategischen Neuansatz für Europa heute; d.h. lassen sich allgemein und in wie weit seine Ansätze für Sicherheits- und Friedenspolitik ans Heute anschließen? Oder aber: Welche seiner Überlegungen und Vorstellungen müssen gerade jetzt aufgenommen werden?[8]

Grundwert Frieden 1946–1947

Baudissin hatte 1946 – noch in Gefangenschaft – Gelegenheit, das erst kurz vorher erschienene Buch „Gerechtigkeit" des schweizer Theologen Emil Brunner[9] zu lesen. Dort stieß er auf Überlegungen zu Fragen der „Neuordnung der Welt und Europa" sowie zur „gerechten Völkerordnung". Diese Gedanken brachte er noch in seine Denkschrift „Ost oder West" von 1946/1947

---

[8] Ein Teil der zitierten Aufsätze sind in dem Sammelband Grundwert Frieden veröffentlicht. Sie werden nach der bibliographischen Nummer (z.B. 64,3 = 3. Beitrag aus dem Jahr 1964) mit Seitenzahl in diesem Buch zitiert. Andere Veröffentlichungen befinden sich als Original im Baudissin-Dokumentation-Zentrum bei der Führungsakademie der Bundeswehr und werden nur mit der Bibliographischen Nummer bzw. dem Entstehungsdatum erwähnt.
[9] Emil Brunner: Gerechtigkeit. Eine Lehre von den Grundsätzen der Gesellschaftsordnung. Zürich 1943

ein[10]. Sie wurde dabei zum „Initialfunken" und zur Grundlage für die weitere Entwicklung in seinem gesamten Werk und Wirken.[11] Als einzig mögliche Lösung zur Organisation der Völker im begrenzten Rahmen eines europäischen Zusammenschlusses sah er eine Union. Dies „gebietet gerade der Gesichtspunkt der Gerechtigkeit, d.h. die Forderung der Stabilität", da andere Denkansätze über das „Selbstbestimmungsrecht der Völker" oder über die „historische Ableitung von Ansprüchen" von „voll souveränen Staatsgebilden" wieder nur „neue oder alte Ungerechtigkeiten aufrichten" müssen. Damit stand die Frage und Suche nach „realisierbaren Möglichkeiten" einer „moralisch-praktischen Souveränitätsbegrenzung" im Mittelpunkt von Baudissins Bemühungen, die – im Gegensatz zu bis dato selbstverständlichem politischen Denken und Handeln des „bellum omnium contra omnes eines staatlich nationalem Egoismus"[12] – „aus dem Willen zum Frieden für die Völker und die Menschheit" kommen könne. Angesichts der 1945 augenscheinlichen „Existenzfrage" der abendländischen Zivilisation oder gar der Menschheit überhaupt müsse mit allem Ernst und guten Willen an die Einrichtung einer Völkerordnung gegangen werden.[13] Von den bekannten Friedensmodellen – durch zwingende Macht in Form der Pax Romana, durch völkerrechtlichen Friedensvertrag oder durch eine föderalistisch-kooperative überstaatliche Macht[14] – war für Baudissin das dritte am ehesten erfolgversprechend; dabei müsse es um eine Macht gehen, die den Frieden gewährleistet, indem sie, nach dem gemeinsamen Beschluss der Kooperierenden, den einzelnen Friedensstörer, das heißt den, der sich dem Beschluss der Völkerunion nicht beugt, zum Gehorsam zwingt. Baudissin hofft dabei, dass aus einer solchen ‚moralisch-praktischen Souveränitätsbegrenzung' sich gewisse Institutionen überstaatlicher Zusammenarbeit ergeben, die dann mit der Dauer ihres Bestehens immer mehr Autorität erlangen. Die einzige Friedensgarantie der Zukunft liegt für Baudissin – Brunner zitierend – darin, den Friedenswillen der Staaten und Völker zu nutzen, „der als solcher auch der Wille sein muss, für gerechte Ansprüche anderer nationale Opfer zu

---

[10] Baudissin 1947, Anm. zu Kap. 5. S.a. Rosen 1995, S 53 ff.
[11] S.o. Claus v. Rosen 2014 S. 20.
[12] Vergl. Brunner a.a.O. S 273.
[13] Vergl. Brunner a.a.O. S. 275.
[14] Vergl. Brunner a.a.O. S. 277 ff. Brunner a.a.O. S. 280ff.

bringen"[15]. Dazu sei „von innen her auf die Menschheit einzuwirken, um des Friedens, d.h. der eigenen Existenz willen auf eine rein egoistische Machtpolitik zu verzichten und im Interesse dieses Friedens ‚gewisse minimale Forderungen völkerrechtlicher Gerechtigkeit und Friedlichkeit zu erfüllen, auch wenn sie Opfer kosten. Kein Schiedsgericht könne eine Großmacht in der Ausführung ihres Willens hindern, sondern nur die Erkenntnis, dass ein machtegoistisches Benehmen den Keim eines nächsten Weltkrieges in sich birgt.[16]

Damit hatte Baudissin bereits 1946 einen eindeutig auf die politische Praxis bezogenen Ansatz für sich in nucleo entwickelt; seine Gedanken kreisen um die – man kann jetzt sagen – politisch-strategische Frage der Realisierung von Frieden.

Wie müssen wir uns den modernen Krieg vorstellen? (64,3 S. 256ff)

Gedanken über das künftige Kriegsbild – nach dem Ende des II. Weltkrieges mit großen Panzerschlachten, Partisanenkrieg, Bombenkrieg, U-Bootkrieg und dem Abwurf der beiden ersten Atombomben – hat Baudissin sich ebenfalls seit der Zeit der Gefangenschaft besonders aus politischer Sicht gemacht.[17] Aufgrund der offensichtlichen Tendenzen von Krieg zum absolutum durch dessen Technisierung, Globalisierung, Dynamik, Permanenz sowie De-Nationalisierung und besonders in Form von Bürgerkrieg und Terror versagen für Baudissin die alten Vorstellungen von Krieg. Dies wurde bereits 1951 deutlich bei seinem ersten öffentlichen Auftritt als Referent für Innere Führung aus dem Amt Blank. (51,5 S. 43ff) 1964 fasste er seine weiterführenden Gedanken noch einmal zusammen. Die bestimmenden Faktoren waren: Zum einen der Gegensatz von freiheitlicher und totalitärer Ordnung und dabei besonders der Wille zur Weltrevolution; zum anderen das gesellschaftliche Gefälle zwischen Industriestaaten und den „primitiven" Strukturen unterentwickelter Staaten; und drittens die Entwicklung von Wissenschaft und Technik.

---

[15] Vergl. Brunner a.a.O. S. 283 f – bei Brunner sind die Worte ‚Friedenswille' und ‚solcher' gesperrt gedruckt. Dies weist darauf hin, welchen Stellenwert er dem Friedenswillen gegenüber institutionellen Möglichkeiten gibt.
[16] Vergl. Brunner a.a.O. S 283 - 287.
[17] S. Claus von Rosen: Die Entwicklung des Kriegsbildes im Zeichen neuer und Hybrider Kriege. In: Uwe Hartmann u.a. (Hrsg.) Jahrbuch Innere Führung 2015, S. 25ff.

Er unterschied fünf Formen eines möglichen Krieges:

1. Der *Kalte Krieg* als „'Nicht mehr Frieden' und zugleich ‚Noch nicht heißer Krieg'" mit Verzicht auf Gewaltanwendung und der Anerkennung eines Minimums verbindlicher Gemeinsamkeit. Alle darin eingesetzten Mittel „von der Theatergruppe bis hin zum Aeronauten", ja selbst die „vorzeitige Bekanntgabe" der Entwicklung eines neuen, vielleicht entscheidenden neuen Kampfmittels würden dabei als politisches Druck- oder Beruhigungsmittel benutzt.

2. Der *subversive* oder auch *subkonventionell* genannte *Krieg* sei bereits „ein Schritt weiter in Richtung auf die wesentlich militärisch bestimmten Formen der Auseinandersetzung". Auch wenn derartige Konflikte kaum jemals nur mit militärischen Mitteln zu lösen seien, werde der Kampf jedoch nicht nur ‚kalt' und im Untergrund, sondern auch mit paramilitärischen und rein-militärischen Kräften bis zur offenen Intervention geführt. Ziel sei, Chaos zu schaffen, um dann die Macht zu ergreifen. Derartige Kämpfe oder Kriege würden mit großer Rücksichtslosigkeit geführt und seien mehr oder weniger zum Regelfall militärischer Gewaltanwendung geworden. „In Ausrüstung und Ausbildung weit überlegene Truppen standen häufig hilflos ihren primitiven, aber ‚klassen'- und sendungsbewussten Gegnern gegenüber."[18]

3. Über dem *konventionellen*, sprich: nicht-atomaren *Krieg* mit herkömmlichen Waffen drohe immer das „Damokles-Schwert atomarer Sprengkörper", sobald eine Seite die Entscheidung – *oder* sie zu verhindern – suche.

4. Der *atomare Krieg* schließlich werde von beiden Seiten „sowohl mit Atomwaffen als auch mit Bewegung und konventionellem Feuer geführt". Er sei als begrenzt-atomarer Krieg denkbar, bei dem in erster Linie taktische Atomwaffen eingesetzt würden und dadurch der Politik noch ein gewisser Spielraum bliebe; die Unmöglichkeit, taktische Ziele von strategischen oder operativen klar zu trennen, setze dieser Art jedoch Grenzen.

5. Der *total-atomare Krieg* mit Sprengkörpern höchster Detonationswerte, von Luftwaffe und Marine eingesetzt, breite sich ungehemmt über

---

18 „Die Gefahr, vom Gegner Denkstil und Kampfmethoden zu übernehmen, war selten so groß wie heute. Die freiheitliche Welt muss dieser Versuchung bewusst widerstehen, will sie sich nicht von innen her aufgeben."

Kontinente aus. Dabei „kommt der Augenblick, wo jede Kriegführung aufhört; von da an herrscht Kirchhofsruhe."[19]

Diese fünf Formen von Krieg können alle „nach- und nebeneinander auftreten – je nach den Absichten und Mitteln der Kriegführenden bzw. der Bedeutung einzelner Kriegsschauplätze." Es gebe keinen vorher bestimmbaren Ablauf des Krieges. Und zusätzlich formulierte er – ganz im ductus von Clausewitz wie von Gedanken des comprehensiv approach mit bedrückender Aktualität vorwegnehmend: „Zweck des Krieges ist heute wie ehedem: den Gegner zur Erfüllung des eigenen Willens zu zwingen. Daran ändert auch die Verlagerung der Auseinandersetzung auf die geistig-politische Ebene nichts. ‚Kriegsziel' der freien Welt ist es, zumindest militärisch, den Frieden zu erhalten und jedes Antasten der freiheitlichen Ordnung zu verhindern. So bleiben auch die Streitkräfte ein Mittel der Politik, aber eben nur noch eines im politischen Krieg neben Wirtschaft, Recht, Gesellschaft, Technik und Wissenschaft; sie entwickeln ihren höchsten politischen Wert, wenn sie abschrecken, ohne eingesetzt zu werden."

Daraus ergeben sich nach Baudissin zwei Strategie-Dimensionen, die in ihren Begründungszusammenhängen nicht immer deutlich voneinander zu trennen sind:

Zum einen die Friedenspolitische Strategie mit bewaffnetem Frieden zur Friedensbewahrung bzw. Kriegsverhütung. Es geht darum, Frieden zu erhalten durch Rationalisierung von Konflikten mit gewaltfreien Konfliktaustragsregelungen sowie Krisen- und Konfliktmanagement durch Gebrauch nichtmilitärischer Mittel und Einsatz „aller denkbaren diplomatischen, politischen, psychologischen und wirtschaftlichen Schritte", mit Friedensgestaltung, Friedenserziehung und beständiger Friedensordnung bei „moralisch-praktischer Souveränitätsbegrenzung"; letztlich geht es darum, „im Gegenüber nicht allein den Antagonisten, sondern zugleich den Partner [zu] erkennen".

Es geht aber auch um abgestufte Abschreckung – und zwar nicht nur im atomaren Maßstab – aufgrund eines für den Aggressor „kalkuliert untragbarem Risikos" bei Minimalanwendung von Gewalt. Der ‚günstigste' Fall sei, ohne das Gesetz des Handelns sich diktieren zu lassen, „dass der Angreifer den tödlichen Ernst der Lage erkennt, ehe die höchste Stufe der Spirale erreicht wird", denn: „hat die Abschreckung erst einmal versagt, so ist die Entwicklung zum Äußersten mehr als wahrscheinlich." (64,3 S. 272) Daraus entsteht gemeinsame

---

19 das. S 14 ff.

Sicherheit, Friedenserhalt mit entspannungs- und sicherheitspolitischem Gleichgewicht sowie belastbarer Gesamtstabilität, Symmetrie, freiwilliger Beschränkung bzw. Hinnehmen von Einbußen klassischer Staats-Souveränität sowie vertrauensbildenden Maßnahmen. Abrüstungspolitik gehört ebenso dazu wie präventive Kooperative Rüstungssteuerung.

Zum anderen weist die militär-politische Strategie den Streitkräften eine prohibitive Aufgabe zu – dabei geht es um Friedensbewahrung durch Strategische Stabilität, Kriegstüchtigkeit sowie gegenseitige Abschreckung. Die flexible response bietet dazu die notwendige politische Flexibilität. Auf der anderen Seite haben Streitkräfte die Aufgabe der Friedenswiederherstellung, indem dem Gegenüber der eigene politische Wille, nicht besiegt zu werden, „aufgezwungen" wird. Dazu muss der konventionell Schwächere in Angriff wie Verteidigung stark genug sein, um den Gegner zur Konzentration seiner Kräfte zu zwingen. Das verlangt auch nach kleineren beweglichen und autarken Verbänden, die mit hinreichender Schnelligkeit dem Feuerschlag entrinnen und auf sich gestellt beweglich kämpfen können. Das bedeutet aber auch, dass die Last der unmittelbaren Kampfverantwortung sich stärker auf die unteren Ebenen verlagert. Konsequent weitergedacht, heißt das: „Freilich ist es auch heute noch der Soldat, der sich am intensivsten bereits im ‚Nichtkrieg' auf das Bestehen im möglichen Chaos vorbereiten muss; er sollte besser als jeder andere wissen, was ein heißer Krieg bedeutet." (64,3 S. 274)

Aus genereller Sicht von Militär-Strategie bedeutet das einen „Zwang zum Zusammenwirken" als Voraussetzung für jeden Erfolg. Dies beginnt bei der kleinsten Gruppe und geht bis hinauf zu den Teilstreitkräften. Damit sind auch reinrassige Verbände oder Kriegsschauplätze einzelner Teilstreitkräfte wie Heer, Luftwaffe und Marine als strategisch-organisatorische Führungselemente überholt. Dies wurde bereits in den 60er Jahren von der NATO, aber auch von einzelnen Staaten wie den USA, der UdSSR und Frankreich erkannt und in entsprechende Führungsorganisation umgesetzt. Die militärische Führung steht somit – so Baudissin 1964 – „vor neuen Aufgaben. Ein Kriegsbild, das derartigem Wandel ausgesetzt ist, verlangt nach ständiger, gründlicher Überprüfung der Grundsätze und Methoden." (64,3 S. 263f)

Warum ich über Strategie lese (68,12)

Für die Vorbereitung auf seine Tätigkeit als Hochschullehrer, zur Begründung und Vergewisserung, zur wissenschaftlich sachlichen und begrifflichen Bestimmung sowie zur Verknüpfung seiner strategisch-praktischen Erfahrungen mit dem Wissenschaftlichen seines Ansatzes haben Baudissin nachweislich zwei Bücher besonders gedient: André Beaufre: Dissuasion et Stratégie (66,2 S. 298ff) sowie Ludwig Schulte: „Verteidigung im Frieden". (68,2) Im Vorwort zu Beaufre beklagt er eine Abstinenz in den Reihen von Politik und Militär gegenüber diesem Thema. Bis dato sei die Diskussion um Strategie in Westdeutschland „noch wenig entwickelt", man lebe „aus der Hand in den Mund", statt „sich dem Gesamtkomplex heutiger Strategie mit geeigneten Mitteln und Methoden zu stellen". (S. 298) Den neuen Faktoren, Fronten, Formen und Intensitäten von Krieg stehe die klassische Strategie hilflos gegenüber. An der Entwicklung von Strategie habe inzwischen die Wissenschaft entscheidenden Anteil. „Diese Zusammenarbeit zwischen Wissenschaftlern der verschiedensten Fakultäten und dem Department of Defense machte die USA zur Wiege moderner Strategie." (68,3 S. 337) Ohne interdisziplinäre wissenschaftliche Aufhellung der Zusammenhänge und der Konsequenzen bestimmter Strategien „tappe die Politik mit verbundenen Augen." (66,2 S. 300) Baudissin schließt sich Beaufres Definition von Strategie an. Drei Punkte machen den Unterschied gegenüber früheren, sogenannten klassischen Strategien aus:

1. „Sie verlangt die Koordinierung aller staatlichen Maßnahmen zum Erreichen eines bestimmten politischen Zieles; ihr Wesen ist, nach André Beaufre, das Ringen um die politische Handlungsfreiheit.
2. Streitkräfte spielen im Instrumentarium dieser Strategie nicht mehr die exklusive, oft nicht einmal eine wesentliche Rolle; sie entwickeln ihren politischen Höchstwert unter gezielter politischer Steuerung.
3. Ziel militärischer Strategie als untergeordnete Funktion der Politik ist zuerst und vor allem die Verhinderung des militärischen Krieges überhaupt, auf jeden Fall aber der Eskalation in Intensität und Ausmaß, die dem gegebenen, um nicht zu sagen, jedem politischen Zweck widerstreiten." (68,12)

Es gehe um gemeinsame Strategie und Interdependenz der Staaten. Sowohl Politik als auch Strategie können nur (noch) in solchen zeitlichen und geographischen Dimensionen gesehen werden. Militärstrategie sei eine Funktion der politischen Zielsetzung, der technologischen Möglichkeiten und der wirtschaftlichen Kapazitäten. „Zwischen diesen drei Faktoren besteht Abhängigkeit." (68,3 S. 356) Dabei zeige sich dann auch deutlich, wie eng die Teilaspekte zusammenhängen und wie gefährlich ihr Auffächern in isolierte Fachgebiete sei. Außerdem seien fast alle Fragen der großen Politik unter dem Gesichtswinkel von Abschreckung zu betrachten. Der Weg in eine friedlichere Welt werde dabei „nicht gradlinig und ohne erhebliche Rückschläge verlaufen" können.

NATO-Strategie im Wandel (68,3 S. 327ff)

Baudissin hatte in seiner ersten Vorlesung im Seminar für Sozialwissenschaften der Universität Hamburg allgemein die Frage zum Wandel der NATO-Strategie von 1968 zum Thema gemacht. Er befasste sich mit dem politischen und militärischen Trend der „neuen NATO-Strategie" der flexible response (68,3 S. 344ff) gegen präventive wie preemtive [sic!] Schläge, indem das Sicherheitsbedürfnis beider Seiten als wichtiger Stabilisierungsfaktor gilt. (68,3 S. 335f) Dabei gehe es „nicht darum, den Gegner zu vernichten – was ... gar nicht möglich ist – sondern darum, ihn zu überzeugen, dass es nutzlos sei, den Kampf aufzunehmen oder fortzusetzen' (Beaufre)." Das gesamte eigene Potential – und nicht nur die nuklearen bzw. die thermonuklearen Komponenten – diene der Abschreckung, indem auch für den Angreifer das Risiko des militärischen Misserfolges bzw. der Eskalation besteht. (68,3 S. 346f) Es gehe also – oft sogar im taktischen Bereich – nicht um das militärische Siegen, das keinem politischen Zweck mehr diene. „Das militärische Nicht-Besiegt-Werden wird häufig genügen um den Angreifer zu hindern, seinen politischen Willen dem Angegriffenen aufzuzwingen. Ein solcher ‚Sieg' genügt." (68,3 S. 352) Dazu bedürfe es „Verbände hoher strategischer wie taktischer Mobilität." (68,3 S. 353)

Ausgangspunkt für seine Überlegungen zur Strategie der NATO sind drei „Elemente", auf die der NATO-Vertrag sich stützt: die innere Stabilität der einzelnen Partnerstaaten, die Solidarität der Partner im Bündnis sowie die militärische Strategie. Diese Elemente stehen nicht selten im Widerspruch zueinander; der jeweilige Vorrang müsse daher immer wieder neu bestimmt werden. Die neue Rangordnung sei nicht allein durch die „Feindbeurteilung" bedingt. Der inzwischen (1968) akzeptierte Vorrang der „inneren Stabilität" werde eine Reduzierung der Rüstungsaufwendungen ergeben. Und zusätzlich stelle jeder Wandel der Bündnisstrategie auch die einmal ausgehandelten Kompromisse in Frage, wodurch die Divergenzen der nationalen Auffassungen erneut zutage treten. (68,3 S. 327)

Abschreckung ziele primär auf Verhinderung des Krieges. Dies sei möglich, wenn Qualität, Zusammensetzung und Quantität der Streitkräfte „glaubwürdig machen, dass keine Art von Angriff auf militärischen Erfolg rechnen kann".

(68,3 S. 346) Dies geschehe durch einen „abgestuften Einsatz der gerade angemessenen Mittel." Auch „die Verteidigung dient in erster Linie dem psychologisch-politischen Zweck, dem anderen deutlich zu machen, dass weder eine Verlängerung, noch eine Intensivierung, noch auch eine Verbreiterung der Feindseligkeiten ihn seinen politischen Zielen auch nur einen Deut näherbringt – das ist Abschreckung." (69,13 S. 392) Es sei daher auch ein innerer Widerspruch, mit dem Potential für eine Mobilmachungsstrategie Abschreckung betreiben zu wollen. Vor allem sei mit Kräften einer Mobilmachungsstrategie kein wirksames „Crisis Management" möglich.

Baudissin diskutiert dann den Zielwandel der Bündnis-Strategie von der Kriegsverhinderung hin zur Friedenserhaltung und -gestaltung. Da die militärischen Kräfte der NATO nie in der Lage gewesen seien, gegen alle Formen von Aggressionen glaubhaft abzuschrecken, müsse man sich im Zeichen abnehmender militärischer Kräfte als „Schwerpunktbildung" „für eine Konzentration ihrer Kräfte zur Abschreckung gegen die am wenigsten unwahrscheinlichen Aggressionszonen entscheiden." (68,3 S. 348) Zum anderen sei zu bedenken, dass die „Abschreckungslücken" bestimmte Kriege „wieder" möglich d.h. führbar machten, besonders wenn „eine Seite gerade auf diese Formen des Kampfes nicht genügend vorbereitet ist." Die Lücke kann auch aufgrund der Spezialisierung der modernen Waffensysteme und Verbände entstehen, weil diese nur noch sehr begrenzt für andere Einsatzformen als vorgesehen austauschbar sind; die Umrüstung für eine spezielle andere Einsatzform – wenn überhaupt möglich – sei sehr zeitintensiv. Als einen Ausweg sieht er die Möglichkeit von burden sharing – wie es heute heißt –, was jedoch verstärkte Kooperation, Arbeitsteilung und Standardisierung im technologisch-materiellen Bereich verlange und damit an den Vorrang der nationalen Souveränität der Partner vor der Bündnissolidarität stoßen werde. (68,3 S. 347)

In dem Zusammenhang betont Baudissin auch die „Notwendigkeit konsequenter politischer Kontrolle der militärischen Kampfhandlungen, u.U. sogar taktischer Art", weil die Waffenwirkung heute weit über das Schlachtfeld hinausstrahlt und damit unmittelbar politisch wirkt. Das gelte selbst für konventionelle Waffenwirkung. Daraus entstehe ein Dilemma der direkten politischen Einwirkung auf Operationen und Taktik, weil dies – „rein militärisch genommen ein sachfremder Einfluss" – den Soldaten am taktisch richtigen, zugleich wirksamsten und die Kräfte schonenden Gebrauch seiner Mittel in Hinblick auf das taktische oder strategische Ziel hindern könne.

NATO-Strategie im Zeichen der Friedenserhaltung (69,13 S. 389ff)

Ein Jahr später ergänzte Baudissin die Gedanken seiner Vorlesung von 1968 um Aspekte der politischen Strategie der NATO für Friedens- und Sicherheitspolitik. Aufbauend auf vier „Thesen" zum Unterschied von klassisch-militärischer Vernichtungsstrategie und neuer Abschreckungsstrategie (69,13 S. 391f) formulierte er zwei „Voraussetzungen" für Politik angesichts der modernen Massenvernichtungssysteme. Jenseits aller nationalstaatlichen Gegensätze zeigen sich ganz vitale Gemeinsamkeiten im Wunsch, dass die Katastrophe nicht eintrete und dass die Rüstung nicht zum staatlichen Bankrott führe. Damit sei „das Sicherheitsgefühl des Gegners zu einem der wesentlichsten Faktoren der eigenen Sicherheit geworden". (69,13 S. 392) Es gehe darum, die Spannungen in der Welt, zwischen den Blöcken oder zwischen Staaten, soweit als möglich herabzusetzen und Konflikte einigermaßen gewaltlos zu lösen. Das setze voraus, dass beide Seiten die Gemeinsamkeiten erkennen und auch dem anderen zuerkennen, sowie dass sie auf Signale der anderen Seite „rational reagieren". (69,13 S. 392) Das habe zur Folge, „dass alle Außenpolitik sehr viel stärker auf den Dialog angewiesen ist als jemals zuvor – sei es der Dialog mit den Partnern, mit den möglichen Angreifern oder mit den Neutralen. Ein dialektisches Verhältnis hat sich entwickelt; die zwischenstaatlichen Beziehungen stellen ein oft verwirrendes Netz von konkurrierenden und gleichen Interessen dar." (69,13 S. 391)

Für Mittel- und Kleinstaaten sei Außenpolitik unter diesen Bedingungen nur in Bündnissen bzw. in Anlehnung an Großstaaten möglich. Baudissin sieht dazu für Europa drei Möglichkeiten: Ein Klein-europäisches Bündnis wie z.B. die EU heute, eine Koalition nach der Struktur einer Entente wie sie von Frankreich damals angestrebt wurde, und eine Groß-europäische Lösung unter Einschluss der UdSSR. (69,13 S. 394) Alle drei Möglichkeiten boten aber für Baudissin auf absehbare Zeit keine Möglichkeit der Realisierung.

Damit blieb für Baudissin auf politischer Ebene allein die NATO als vierte Möglichkeit: Im Gegensatz zu deren Gründungszeit 1949/55, als es darum ging, Expansionen und Eroberungen aus östlicher Richtung zu verhindern, hatte 1970 inzwischen das Gefühl derartiger akuter Bedrohungen nachgelassen. „Die Tendenzen, die NATO zu einem politischen Instrument zur Verminderung der Spannungen zu machen, ja, zu einem Mittel, mit dem man die bestehenden Spannungen aus der Welt schaffen könne, verstärkten sich mehr und mehr. Was einige Regierungen erstrebten, war ein Bündnis zur Friedenserhaltung, ja, so etwas wie ein Instrument zur Friedensgestaltung – man denke an den Harmel-Plan." (69,13 S. 395) Im Zusammenhang mit dieser Entwicklung der außenpolitischen Prioritäten der NATO-Staaten wurde gleichzeitig quasi beschlossen, „der inneren Stabilität bzw. der Souveränität im Bündnis den Vorrang gegenüber der Abschreckung bzw. der Solidarität im Bündnis zu geben." (69,13 S. 395)

Als politische Strategien zur Verhinderung von Krieg, d.h. „im Lichte der Friedenspolitik", hat Baudissin die der Abrüstung, der Abschreckung, der kooperativen Rüstungssteuerung und der sozialen Verteidigung nebeneinander gestellt. (72,9) Davon wird hier näher nur auf die zweite und dritte eingegangen; die beiden anderen sind im Dokument 69,13 nicht aufgenommen.

Die Abschreckungs-Strategie – in Form von massive retaliation, von flexible response oder von „minimal deterrence" (69,13 S. 399) – sei nur unter dem Primat des Politischen möglich. „Im Gegensatz zu früher hat die Anwendung einer Waffe auf ein bestimmtes Ziel in einem bestimmten Augenblick – Sie [sic!] brauchen dabei gar nicht nur an nukleare Waffen zu denken – unmittelbare politische Auswirkungen … Unter diesen Bedingungen folgt die Kriegführung bis in die Taktik hinein viel mehr den Regeln eines ‚crisis management' als den Gesetzen klassischer Strategie und Taktik." (69,13 S. 396) Ziel sei es dabei, die gefährliche Automatik des Militärischen soweit als möglich auszuschalten, und zum anderen zu versuchen, selbst aus einem aufgezwungenen Kriege das politisch noch einigermaßen Sinnvolle zu machen. Dies sei aber nur Erfolg versprechend, „wenn politisch Friedenswille mit Festigkeit verbunden ist und militärisch gegen jede Art von Pression und Aggression abschreckt." (69,13 S. 401)

Weiter muss es darum gehen, dass eine militärische Konfrontation immer das Gesamtbündnis, den sogenannten Bündnisfall, betrifft, trotz aller Arbeitsteiligkeit im militärischen Bündnis. „Nicht einmal ein geeintes Europa – und auch das liegt vorläufig in weiter Ferne – könnte hinreichende Abschreckungskraft entwickeln." (69,13 S. 404) Das bedeutet aber für die Staaten Abschiednehmen von jedem staatlichen Souveränitätsanspruch.

Immer wieder neu stelle sich auch die politische Frage, ob die NATO das geeignete Instrumentarium zur Wahrung der Deeskalationsmöglichkeiten besitze, „um eine so nuancierte [militärische] Strategie wie die ‚flexible response' glaubhaft zu praktizieren". (69,13 S. 401) Dabei gehe es um das gemeinsame und rechtzeitige Krisenmanagement: „Man muss nicht nur in der Lage sein, sie [die Krise] frühzeitig zu erkennen, sondern sich bereits vor einer Krise wenigstens im Grundsatz einig darüber sein, was Krisen sind, wo und wie sie entstehen könnten und mit welchen Mitteln man ihnen entgegentritt, sie entschärft, bevor sie Eigengesetzlichkeit entwickeln." (69,13 S. 401) Dafür bedürfe es einer permanenten Apparatur für Krisenmanagement im NATO-Generalsekretariat sowie „Gegenstellen" in den Hauptstädten der Bündnispartner. Diese „Apparaturen" seien zuständig für Grundsatzplanungen, fürs frühzeitige Erkennen und Beobachten ständiger Entwicklungen wie Instabilitäten der Gegenseite, selbst geringe Machtverschiebungen bis hin zu Gefahren begrenzter „Explosionen" und Abenteuer, und schließlich für geeignete Gegenmaßnahmen, sie frühzeitig in Gang zu setzen und nicht zu provozieren, um die Krise abzubauen, bevor sie bis in Kriegsnähe eskaliert. (69,13 S. 402)

Eine weitere politische Frage ergibt sich aus der Notwendigkeit zur Ökonomie der Kräfte ohne Verzicht auf Sicherheit. D.h. es geht um Qualität und Quantität der Abschreckungsstreitkräfte, deren Zusammensetzung, Operationsbereitschaft, Beweglichkeit, Vielfalt der Optionsmöglichkeiten sowie Kampfkraft bei einem Minimum an Rüstungsanstrengungen. Eine Möglichkeit biete die multinationale Zusammensetzung der Kräfte bei Arbeitsteilung im Bündnis.

Damit aber wird arms control oder – wie dies von Baudissin ansprechender genannt wird – Kooperative Rüstungssteuerung seit ca. 1970 zu einem besonderen politisch-strategischen Mittel. (s.a. 71,19; 72,17 S. 438ff; 74,29; 81,38 S. 496ff) Es gilt, politische Unberechenbarkeit zu vermeiden. Und da ein verunsicherter Gegenüber unberechenbarer ist als ein sicherer, heißt es, durch Abstimmung der Rüstungen aufeinander z.B. durch SALT die politische Stabilität der jeweiligen Akteure zu erhalten. Es geht um Symmetrie der beiden Gesamtarsenale, damit keine Seite in einer Krise unter Zugzwang gerate. (69,13 S. 403) „Es herrscht das Gleichgewicht des Schreckens, das aber gleichzeitig auch ein Gleichgewicht der Vernunft ist." (69,13 S. 403f)

Strategische Perspektiven der 70er Jahre (69,33; s.a. 70,4; 70,10; 74,5)

In einem dritten Beitrag befasste Baudissin sich auch mit „Thesen zur Entwicklung der 70er Jahre". Nach dem Ende des zweiten Weltkrieges habe es mit der Blockbildung und der Gründung der NATO – zumindest auf der Nordhalbkugel – „relative Stabilität" gegeben. Und dennoch könne man anhand unterschiedlicher Merkmale auch Veränderungen feststellen. Die NATO selbst habe seit deren Gründung sich mehrfach deutlich verändert: Von der großen politischen Bündnisstrategie zur Kriegsverhinderung hin zu Friedenserhaltung und -gestaltung. Auch gesellschaftspolitische Veränderungen im Sowjet-System haben Entspannung und Koexistenz bei militär-strategischer Parität im Rüstungsstand (als capabilities oder als intentions) möglich gemacht. (68,3 S. 329f) Weitere Wendepunkte lassen sich nun festmachen z.B. am Einfrieren in der kältesten Phase des Kalten Krieges in den 80er Jahren, an Glasnost und Auflösung des Sowjetsystems oder an den neuen Formen der Hybriden Kriege um die Ukraine – um hier nur weiter auf der Nordhalbkugel zu bleiben.

In sechs Thesen bzw. Prognosen für die weitere Entwicklung im Friedens- und Sicherheitspolitischen Feld behandelt Baudissin dann, dass

- das neue Jahrzehnt „höchstwahrscheinlich dynamischer und unruhiger"
- die technologische Entwicklung die strategische Balance zwischen den Weltmächten in Frage stellen
- der „große Krieg" trotzdem nicht wahrscheinlicher werde; dass lokale, begrenzte Kriege hingegen aber zunehmen
- Rüstungskontrollbemühungen an Bedeutung gewinnen und
- durch den Aufstieg der Sowjetunion zur Weltmacht die Gefahr direkter Konfrontation der Weltmächte außerhalb Europas wüchse.

Zusammenfassend hatte Baudissin bereits 1968 gesagt: „Der strategische Wandel, den wir seit etwa einem Jahr beobachten, könnte ein entscheidender Schritt auf die notwendige, größere Ordnung hin sein." D.h. politische Einsicht vorausgesetzt, könnten Dynamik, Phantasie, Entschlossenheit und Friedensbereitschaft die Staaten entzünden, "die für diesen langen, mühevollen, widersprüchlichen und gefahrvollen Weg notwendig sind". (68,3 S. 360) Darin verbindet er Wandel zugleich als politisches Ziel und als strategisches Programm. Dazu gebe es „Tatbestände", die es für die weitere Entwicklung von Strategie zu beachten gelte:

- die besonderen Bedingungen der bisherigen und militärischen Strategie,
- die Motive und Gründe des Wandels,
- die zur Diskussion stehende neue Konzeption,
- gewisse Gesetze und Grundsätze moderner Strategie, die freilich widersprüchlicher und komplizierter sind als die klassischen und
- bestimmte Funktionsweisen von Bündnissen souveräner Staaten. (68,3 S. 327f)

Westeuropäische Sicherheitspolitik der achtziger Jahre (79,32 S. 481ff)

Nach zehn Jahren seiner akademischen Arbeit zu Fragen der Friedens- und Sicherheitspolitik hielt Baudissin einen Vortrag, mit dem er auf die möglichen Entwicklungen im entspannungs- und sicherheitspolitischen Gebiet des folgenden Jahrzehnts blickte, in dem „das heute Unwahrscheinliche das Wahrscheinliche von morgen sein wird". (79,32 S. 482). Baudissin versteht unter Entspannungspolitik – ein Begriff, der sich im zurückliegenden Jahrzehnt entwickelt hatte – „innenpolitische, vor allem zwischenstaatliche Bemühungen, bestimmten Bedrohungen vorzubeugen, ihre Häufigkeit sowie Intensität herabzumindern oder wenigstens auf ein erträgliches, die Sicherheit nicht unmittelbar gefährdendes Maß zu begrenzen." (79,32 S. 482) Sie habe „sehr subjektive Aspekte", was rationale und optimale Sicherheitsanstrengungen erschwere. Dabei gehe es um kooperative Züge in wichtigen politischen Teilgebieten, „die sich bewusst an den politisch wahrscheinlichen und technisch möglichen Bedrohungen messen und es vermeiden, durch Überreaktion neue Gefahren zu schaffen, bzw. durch sachwidrige Schwerpunktsetzung den tatsächlich drohenden nicht gewachsen sind." (79,32 S. 482)

Vor dem Hintergrund von Kriegsverhütung durch flexible response geht es bei Entspannungspolitik um politisch-strategische[20] Kooperative Rüstungssteuerung auf verschiedensten internationalen Ebenen. (79,32 S. 487ff) Entscheidend für diese Strategie sei „der Verzicht auf Einsatzoptionen, die für die Gegenseite besonders bedrohlich erscheinen und damit bereits als bloße Möglichkeit destabilisieren." Es gehe um beiderseitige Abstimmung der Militärpotentiale nach Umfang, Strukturen, Bewaffnung, Dislozierung, Bereitschaftsgraden und Strategien bzw. um Vereinbarungen von Begleitenden und Vertrauensbildenden Maßnahmen. Baudissin listet sechs Voraussetzungen für das Gelingen dieser Strategie auf, die zugleich deren Probleme seien. Ausgehend davon, dass die Gegenseite grundsätzlich zum Entspannungsprozess bereit sein muss, sind das, verkürzt:

- Die Strategie muss kooperativ sein.
- Versuche, für sich mehr Sicherheit auf Kosten des Gegenübers auszuhandeln, müssen unterbleiben.

---
[20] Baudissin spricht hier noch von KRSt als einer Militärstrategie.

- Die Sicherheitsbedürfnisse der anderen Seite müssen ernst genommen werden.
- Beide Seiten müssen auf maximale militärische Vorkehrungen verzichten.
- Es müsse Transparenz des politischen und strategischen Konzeptes, der Entscheidungsprozesse und der Militärpotentiale einschließlich der Rüstungsplanungen der anderen Seite bestehen.
- Die Abkommen müssen ausgewogen und verifizierbar sein. (79,32 S. 487f)

Dabei würden vielerlei Vorurteile und Bedrohtheitsgefühle abgebaut werden, die jede Kooperation generell belasten. Hier setzen auch die „Begleitenden und Vertrauensbildenden Maßnahmen" an, wie sie erstmals im Rahmen der KSZE-Vereinbarungen zwischen den beiden Blöcken Ost und West vereinbart wurden. (79,32 S. 489f) Weitere – zehn – Vorschläge für entspannungspolitische Bemühungen in Europa für das (damals) kommende Jahrzehnt muten heute 2017 z.T. nicht mehr so unwahrscheinlich an, wie Baudissin dies einleitend angekündigt hatte. – Seine Thesen zur Zukunft der NATO-Strategie zehn Jahre später (2. August 1989) zeichnen deutlich die Aufbruchsstimmung Ende der 80er / Anfang der 90er Jahre. – Jedoch der erste von den zehn Vorschlägen hat aus heutiger Sicht in den letzten zwei bis drei Jahren wieder erschreckende Aktualität erhalten: Die „Rückbesinnung auf Kriegsverhütungsstrategien und eine entsprechende Strukturierung der Bündnispotentiale".

Zu Sicherheitspolitischen Problemen unserer Zeit (1986, Januar 8. und Januar 21.)

Zwei Vorträge, auf dem „Intellektuellen-Kongress" in Warschau vom 16. bis 19. Januar und am 21. Januar 1986 im Rahmen einer Ringvorlesung an der Hochschule in Lüneburg, können als Zusammenfassung von Baudissins Friedens- und Konfliktforschung vor seiner Emeritierung angesehen werden.

Als Ausgangspunkte für seine Gedanken bezeichnet er die Zerstörungskraft moderner Waffen, die „schier" unbegrenzte Energie der Industriegesellschaften sowie deren Interdependenzen und Verwundbarkeiten. Das Denken darüber habe seit Ende des Zweiten Weltkrieges begonnen. Dabei habe sich ergeben, dass militärische Instrumente „nur noch *eine* sinnvolle politische Funktion" haben, nämlich „Kriegsverhinderung durch strategische Stabilität, die als beiderseitige Selbstabschreckung wirkt". Es bedürfe dazu „unabsehbare Regelungsprozesse", wozu in hohem Maße „Empathie" und „Geduld" gehöre. Deutlich wird, dass Konfliktfähigkeit der Beteiligten vermutlich die wesentliche Voraussetzung ist. Das aber heißt für Baudissin, „dass es konfliktfreie Beziehungen nicht gibt, ja nicht einmal geben sollte. Diese brächten den Stillstand jeder Entwicklung und wären nur bei systematischer Unterdrückung menschlicher Kreativität und Individualität denkbar. Der Konfliktfähige erkennt die Widersprüchlichkeit der Interessen ebenso an wie die Subjektivität der eigenen Position; er ist bereit, in den verwirrenden Meinungsbildungs- und Entscheidungsprozess einzuwilligen und damit einen wichtigen Beitrag zum Frieden zu leisten. Friedensfähig ist nur derjenige, der konfliktfähig ist, der also die eigene Position und das eigene Interesse nicht absolut setzt."

Das zentrale Problem dieses Denkansatzes der Abschreckung sei die „rechtzeitige Vorsorge bei der Kräftebemessung". Überlegenheiten können besonders die „psychologische Stabilität" und damit die politischen Konfliktregelungen gefährden. Dieses „rechtzeitig" sei aber ambivalent: „Wer kriegsverhütend wirken will, muss auf der einen Seite glaubwürdig seine Nicht-Angriffsfähigkeits-Bereitschaft, noch besser: Nicht-Angriffsfähigkeit demonstrieren, auf der anderen Seite aber seine Entschlossenheit und Möglichkeiten bekunden, für die Abwehr einer Aggression notfalls auch die Existenz der Gesellschaft aufs Spiel zu setzen." Dass bedeutet aber, dass im Rahmen von sicherheitspolitischen Maßnahmen nicht das technisch Mögliche, sondern der Stabilisierungseffekt das politisch ausschlaggebende Kriterium ist. Und für die Abwehr im Rahmen von Abschreckung gelte, dass sie von ihrer Intensität und Dauer abhänge, nicht aber von der Eskalationsbereitschaft des Angegriffenen. Derartige „weltanschauliche" Erwartungen machen, so Baudissin, das Denken optimistischer und rationaler. Sicherheit sei „nur noch in gegenseitiger Rücksichtnahme und in Bescheidung auf das für alle Seiten erträgliche Maß an individueller Sicherheit zu erhalten oder gar zu fördern".

In Warschau ging es Baudissin darum, dass Divergenzen international wie gesellschaftlich als gegeben anzuerkennen seien und wie diese nach vereinbarten Regeln und in verbindlichen Verfahren gewaltfrei ausgetragen werden. Das führte er am Thema Kooperative Rüstungssteuerung weiter aus: Diese sei als Form von frei vereinbarten bi- und multinationalen Verpflichtungen und Befugnissen zu verstehen; einseitige Schritte „passen nur bedingt in die Logik dieses Konzepts". Es gehe um Transparenz für das gesamte Instrumentarium vom Einfrieren der Waffenarsenale, über Einblicke in die politischen wie auch militärischen Konzepte bis zu Manöverabläufen. Gefahren sieht Baudissin in der qualitativen Rüstungsdynamik. Deshalb entwickelte er den Gedanken „präventiver" Kooperativer Rüstungssteuerung, bei der es um die Entwicklung und Einführung bisher unbekannter Systeme gehe, wie das dann im Rahmen des NATO-Doppelbeschlusses praktiziert wurde. „Dies kann nur gelingen, falls bereits die Forschung auf bestimmten Gebieten durch Kooperation und Koordination [spätestens ab der Produktionsreife der Waffentechnologie] transparenter wird."

Zusammenfassung

Wo können nun heute die politischen wie militärischen Strategie-Überlegungen und Konzepte ansetzen? Baudissin hat seit Ende des zweiten Weltkrieges knapp 50 Jahre die Strategie-Entwicklung in der NATO und für Deutschland nicht nur begleitet, sondern mit geprägt. Sie erscheint wie aus einem Guss, auch wenn quantitative wie qualitative Entwicklungsschritte deutlich auszumachen sind. Es dürfte damit nicht hilfreich sein, wollte man sich nur einzelne Rosinen davon herauspicken. Vielmehr hat die Gesamtheit des Baudissinschen Strategie-Ansatzes, dessen Vielfalt, Entwicklung der Gedanken und Konzepte, für uns heute (noch) grundlegende Bedeutung.

Baudissins Strategievorstellungen haben im Laufe der Jahre eine Vertiefung i.S. einer politisch-psychologisch subtileren Form des Denkens von Abschreckung durch massive retaliation hin zur Entspannungspolitik und zu einem allgemeinen sicherheitspolitischen Strategie-Ansatz erfahren, von mutual balanced bis Empathie, doch ohne irreales übersteigertes Harmonie-Gefühl. Hier liegt vielleicht eine entscheidende Neuerung und damit ein Ansatzpunkt für künftige politische wie militärische Strategie-Denke, wie dies im Rahmen der kooperativen Rüstungssteuerung tragfähig geworden ist. Baudissin ist auch davon überzeugt, dass dieses psychologische Denken ganz im Sinne der Konzeption Innere Führung als Konstante im Denk- und Beurteilungsansatz selbst für den Bereich von militärischer Operation und Taktik zentrale Bedeutung hat.

Eine Trennung zwischen „rein" militärischer und „rein" politischer Strategie ist – wenn dies überhaupt je denkbar war, aber dennoch propagiert wurde – nicht (mehr) zielführend, weder im kalten (Nicht-)Krieg, noch im atomaren overkill, noch bei der Antwort auf terroristische Attacken. Die innere Verwobenheit von Politisch-Strategischem und Militär-Strategischem ist ein besonderes Kennzeichen von Baudissins Ansatz. Dies basiert auf Erkenntnissen, die schon Clausewitz ausformuliert hatte. Für die ressortübergreifende politische Zusammenarbeit vom Weißbuch bis zum *comprehensive approach* im Einsatz z.B. in Afghanistan ist dies als ein Muss vielfach formuliert worden. Baudissins Denkansatz fordert geradezu die Vertiefung derartiger strategischer Überlegungen heraus.

Das breit gefächerte Kriegsbild, dessen sehr unterschiedlichen „Formen" mit Verknüpfungen untereinander sowie mit Übergängen im Sinne von Eskalation wie auch Deeskalation, ist in der allgemeinen politischen wie militärischen Strategie-Diskussion und -Entwicklung weitgehend unbeachtet geblieben. Die lang andauernde Transformation der Bundeswehr von der generellen Abschreckung zu einer Armee für Kontingent-Einsätze, ohne dass die Ausrüstung darauf eingestellt war und z.T. noch ist, muss als Zeichen für einen Mangel an politischem und militär-strategischem Denken und Handeln in den mehr als 25 Jahren nach Ende des Kalten Krieges gewertet werden. Denn war against terrorism war schon seit Mogadishu und nicht erst seit nine-eleven und dem IS strategisch wie taktisch gefragt, und hybride Kriege gibt es auch nicht erst seit der Entdeckung der „Neuen Kriege" oder dem neuen Krim-Konflikt.

Viele politisch-strategische Gedanken von Baudissin aus den 70er Jahren vom burden sharing bis zum staatlichen wie Bündnis-zentralen dauerhaften crisis management scheinen an sich selbstverständlich zu sein, wenn man die Entwicklung der politisch-militärisch-strategischen Gespräche in Europa der letzten 20 bis 30 Jahre betrachtet. Die Umsetzung derartiger Überlegungen ist aber nicht besonders weit vorangekommen; dafür gibt es mancherlei Gründe. Es war Baudissins feste Überzeugung seit 1947, dass dafür eine freiwillige praktisch-moralische Souveränitäts-Begrenzung der Partnerstaaten in einem Bündnis, einer Union, einer Weltorganisation oder im Bereich von Abkommen nötig ist. Hier anzusetzen, wird auch für Pesco als Zeichen der 23 von 28 EU-Staaten vom 13. November 2017 politisch-strategisches Gebot der Stunde sein.

Seit 1991, seit Deutschland nur von Freunden umgeben ist, hat sich das Gefühl der Sicherheit in der Gesellschaft wie in der Politik deutlich weiter ausgebreitet. Das bis dahin zumindest latent immer noch mitgedachte Dauer-Bild einer „rein" atomaren Abschreckung im politischen wie im militärischen Großmaßstab, gekennzeichnet von „kalkuliert untragbarem Risiko", ist dabei weit nach hinten gedrängt worden. Dass aber z.B. Abschreckung bereits auf niedrigerer Schwelle in Politik wie im Militärischen zu denken ist, dass subversiver Krieg ebenso wie Atomkrieg konkret den Frieden bedrohen kann und dass crisis management eine wesentliche politisch-strategische Organisationsleistung unserer Tage sein muss, das zeigt, wo die politisch-strategischen Fragen und Konzepte als dauerhafte Voraussetzung für gefühlte Sicherheit mit Baudissin anzusetzen haben.

Baudissin hatte von Anfang an den strategischen Wandel gedacht und dabei auf Dynamik, Phantasie, Entschlossenheit und Friedensbereitschaft der Staaten gesetzt. Wandel selber hat er dabei gleichermaßen als politisches Ziel wie als strategisches Programm verstanden, dem er über 50 Jahre mit seiner Arbeit bei der Entwicklung politischer wie militärischer Strategieansätze verpflichtet war. Dies ist vielleicht ein zweiter entscheidender Punkt von Baudissin für Neuansätze, mit dem zur politisch-militärischen Strategie für die Sicherheit von Europa heute anzusetzen ist.

Nehmen wir zum Schluss die politisch nicht (mehr) außerhalb des Denkens liegende Frage, ob und wie Strategie konkret im europäischen Massstab z.B. für eine EU-Armee zu entwickeln ist. Hier kann Baudissins Verdikt sowie sein eindeutiges Bekenntnis zur NATO als politisch-strategischer Hintergrund nicht mehr unbefragt übernommen werden. Ob aber mit einem Klein-Bündnis oder mit Anlehnung an eine Großmacht Abschreckung möglich ist, wird daran zu messen sein, ob dabei z.B. die von Baudissin eingebrachten Elemente für Sicherheitspolitik, die strategischen Lücken und die am wenigsten wahrscheinlichen Aggressionsformen und -zonen politisch-strategisch friedenserhaltende Wirkung bringen können. Zum anderen gilt weiter Baudissins Petitum bereits aus den 40er Jahren, die moralisch-praktische Souveränitätsbegrenzung in einem wie auch ausgehandeltem Bündnis, die den einzelnen Partnern die notwendige Stabilität bietet, deren Solidarität zugleich einfordert und ihnen eine gemeinsame Strategie-Denke ermöglicht.

Resilienz als Schutzschild und Bindeglied zwischen ziviler und militärischer Verteidigung
Dirk Freudenberg

Vorbemerkung

Der Begriff „Resilienz" wird seit geraumer Zeit in unterschiedlichen Kontexten aufgenommen. Die Debatte gewinnt an Bedeutung insofern, als dass aktuell von Angriffen nichtstaatlicher Akteure als auch von (indirekten) Auswirkungen militärischer Konflikte sowie auch von Aktionen Irregulärer Kräfte[1] im staatlichen Auftrag oder im Auftrag nichtstaatlicher Akteure im Zuge Hybrider Bedrohungen gesprochen wird. So wird der Begriff „Resilienz" derzeit auch in verschiedenen Bereichen der Gefahrenabwehr rezipiert. Das betrifft sowohl den Bereich der militärischen Verteidigung als auch den Bevölkerungsschutz. Der Begriff „Bevölkerungsschutz" hingegen soll eine Sammelbezeichnung für komplexe Sachverhalte sein, in denen es um die Abwehr von Gefahren geht, die der Bevölkerung im Frieden durch Naturgewalten, technisches oder menschliches Versagen und menschliche Gewaltakte sowie im Verteidigungsfall durch Waffeneinwirkung drohen.[2] Unter dem nicht legaldefinierten Oberbegriff „Bevölkerungsschutz", der für die ressort- und ebenenübergreifende Zusammenarbeit steht und somit Ausfluss eines funktionalen Verständnisses (ratio legis) ist, werden in Deutschland demnach Zivil- und Katastrophenschutz zusammengefasst. Der Zivilschutz ist Teil der Zivilen Verteidigung, für die im Verteidigungsfall der Bund verantwortlich ist. Dagegen liegt die Verantwortung für den (zivilen) Katastrophenschutz – wie auch die Verantwortung für die polizeiliche Gefahrenabwehr – grundsätzlich in der Verantwortung der Länder. Die Bezeichnung Bevölkerungsschutz folgt daher insbesondere der allgemeinen Erkenntnis aus den Anschlägen des 11. September 2001 in den USA, dass innere und äußere Sicherheit nicht mehr so einfach zu trennen sind und dennoch die Behörden und Organisationen auf den unterschiedlichen

---
[1] *Zum Phänomen Irregulärer Kräfte siehe umfassend*: Dirk Freudenberg, Theorie des Irregulären. Erscheinungen und Abgrenzungen von Partisanen, Guerillas und Terroristen im Modernen Kleinkrieg sowie Entwicklungstendenzen der Reaktion, 3 Bände, Berlin 2017.
[2] Tim Unger, Katastrophenabwehrrecht. Vorschläge für gesetzgeberische Neuregelungen im Bereich Zivil- und Katastrophenschutz in der Bundesrepublik Deutschland, Hamburg 2010, S. 16

Ebenen des föderativen Systems der Bundesrepublik Deutschland im Sinne eines vernetzten Ansatzes zielorientiert zusammenwirken müssen, um die Sicherheit der Bundesrepublik Deutschland umfassend zu gewährleisten. Mit einer Sicherheitsarchitektur, welche 1949 konstituiert wurde und seither nie grundlegend in Frage gestellt, sondern allenfalls nachgebessert wurde, sowie einer gesellschaftlich tief verankerten postheroischen Mentalität begann mit dem 11. September 2001 ein von außerordentlichen Veränderungs- und thematischen Berührungsängsten geprägter Paradigmenwechsel, der noch längst nicht abgeschlossen ist.[3] Die Friedensdividende ist inzwischen ausgelaufen[4] und demokratisch und rechtsstaatlich verfasste Staaten reagieren mühsam auf fundamentale Angriffe gegen ihre politischen, gesellschaftlichen und wirtschaftlichen Einrichtungen und die darin lebenden Menschen, weil dieser Staatstyp Produkt von Gewaltbegrenzung ist, während seine fundamentalistisch gesonnenen Gegner ihren Gewalteinsatz oftmals gerade nicht begrenzen.[5]

Gesamtverteidigung vor 1989

Die Verteidigungsanstrengungen der Bundesrepublik Deutschland waren entsprechend der damaligen sicherheitspolitischen Lage auf die Auseinandersetzung mit staatlichen Akteuren ausgerichtet. Die Bürger der Bundesrepublik Deutschland, an der Nahtstelle zweier antagonistischer Systeme gelegen, perzipierten vor 1989 mehrheitlich eine Bedrohung durch die damalige Sowjetunion und die ehemaligen Staaten des Warschauer Paktes.[6] Die mit der gestiegenen

---

[3] Dirk Freudenberg, Stephan Maninger, Vorwort, in: Dirk Freudenberg, Stephan Maninger (Hrsg.), Neue Kriege - Sicherheitspolitische Rahmenbedingungen, Mentalitäten, Strategien, Methoden und Instrumente, Berlin, 2016, S. 7 f.; 7; vgl. Dirk Freudenberg, Die zivile Sicherheitsarchitektur in Deutschland und ihre sicherheitspolitische Relevanz, in Reader Sicherheitspolitik 4/2017, S. 7
[4] Peter Rásonyi, Europas Friedensdividende läuft aus, in: NZZ vom 17.11.2015, http://www.nzz.ch/international/terroranschlaege-in-paris/europas-friedensdividende-laeuft-aus-1.18647619; Internet vom 26.11.2015
[5] Kurt Graulich, Justizgewährung und Geheimdienste, in: Kurt Graulich, Dieter Simon (Hrsg.), Terrorismus und Rechtsstaatlichkeit. Analysen, Handlungsoptionen, Perspektiven, Berlin 2007, S. 143 ff.; 143; vgl. Dirk Freudenberg, Stephan Maninger, Ausblick, in: Dirk Freudenberg; Stephan, Maninger, (Hrsg.), Neue Kriege — Sicherheitspolitische Rahmenbedingungen, Mentalitäten, Strategien, Methoden und Instrumente, Berlin, 2016, S. 262 ff.; 269
[6] Annette Bußmann, „Äußere Sicherheit und grenzüberschreitende staatliche Zusammenarbeit" in: Christian Calliess (Hrsg.), Äußere Sicherheit im Wandel – Neue Herausforderungen an

Schnelligkeit und der gewaltigen Vergrößerung der Reichweite auch über Hindernisse hinweg vorgetragenen Angriffe ermöglichen es, an jedem beliebigen Ort, in jeder beliebigen Form und mit jeder beliebigen Gewaltanwendung die Zivilbevölkerung zu treffen und alle Heimatgebiete zum Kampfschauplatz zu machen.[7] Allerdings erforderten schon zu jener Zeit die Offensivstrategie des Warschauer Paktes, die geopolitische Lage der Bundesrepublik Deutschland sowie die damals möglichen Erscheinungsformen eines Krieges, dass die Fähigkeit zu wirksamer Verteidigung nicht nur in militärischen Vorbereitungen bestehen konnte.[8] Demzufolge wurde der Verteidigungsbegriff Mitte der achtziger Jahre des zwanzigsten Jahrhunderts als ein Gefüge ziviler und militärischer Verteidigungsvorbereitungen verstanden, das sich zu einer Gesamtaufgabe des Staates entwickelt hatte und vom Behauptungswillen der Bevölkerung getragen werden musste. „Verteidigung" ließ sich damals, im Gegensatz zum früheren Verständnis, als der militärische Bereich noch klar durch die „kämpfende Truppe" mit autarker Bedarfsdeckung abgegrenzt werden konnte, nur noch als Gesamtverteidigung[9] verstehen. Gemäß dem Weißbuch von 1985 umfasst „Gesamtverteidigung" alle für die Verteidigung notwendigen politischen, militärischen und zivilen Maßnahmen der Bundesrepublik Deutschland im nationalen Bereich und im NATO-Streitkräftebeitrag und militärische Landesverteidigung mit den zivilen Verteidigungsmaßnahmen des Bundes und der Länder unter einer gemeinsamen Verteidigungskonzeption.[10] Das heißt, die Sicherheit sollte nicht durch eine bloße Addition der einzelnen Komponenten erreicht werden, sondern durch die Koordination militärischer Anstrengungen

---

eine alte Staatsaufgabe. Wissenschaftliches Kolloquium aus Anlass des 60. Geburtstages von Prof. Dr. Torsten Stein, Baden-Baden 2005, S. 83 ff.; 83 f.
[7] Gerhard Schäfer, Die äußere Sicherheit des Staates durch Zivile Verteidigung, Dissertation, Würzburg 1974, S. 1
[8] vgl. Bundesminister des Inneren, Weißbuch zur zivilen Verteidigung der Bundesrepublik Deutschland, Bonn 1972, S. 11
[9] vgl. Bundesminister des Innern, Rahmenrichtlinien für die Gesamtverteidigung – Gesamtverteidigungsrichtlinien – vom 10. Januar 1989, Bonn 1989; *Die gedanklichen Konzeptionen zur Gesamtverteidigung (eingebunden in die NATO-Konzeptionen) gehen bereits auf die frühen Anfangsjahre der Bundeswehr zurück.* (vgl. Ulrich de Maizière, Die Landesverteidigung im Rahmen der Gesamtverteidigung, Hamburg, Berlin 1964)
[10] Jürg von Kalckreuth, Zivile Verteidigung im Rahmen der Gesamtverteidigung. Aufgaben und Nachholbedarf der Bundesrepublick Deutschland, Baden-Baden 1985, S. 13

und ziviler Vorsorgemaßnahmen.[11] Der Einsatz sämtlicher geeigneter militärischer und ziviler Mittel sollte die Durchhaltefähigkeit maximieren.[12] Dieses Verständnis beruhte auf der Erkenntnis, dass der moderne Krieg nicht mehr in der rein militärischen Dimension geführt wird.[13] Die Gesamtverteidigung umschließt den koordinierten Einsatz aller politischen, psychologischen, wirtschaftlichen und militärischen Mittel eines Staates im Sinne einer umfassenden Landesverteidigung.[14] Zivile und militärische Verteidigung wurden demnach als untrennbare Teile der Gesamtverteidigung gesehen.[15] Unter Ziviler Verteidigung werden im Rahmen der Gesamtverteidigung somit alle nicht-militärischen Maßnahmen verstanden, die sich auf die Aufrechterhaltung der Staats- und Regierungsgewalt, den Zivilschutz sowie die Versorgung und Unterstützung der Streitkräfte beziehen.[16]

---

[11] Thomas Berghoff, Vergleichende Untersuchung konzeptioneller Grundlagen für die Gesamtverteidigung in der Bundesrepublik Deutschland, der Schweiz und in Österreich, unveröffentlichte Jahresarbeit Führungsakademie der Bundeswehr, Hamburg 1990, S. 2

[12] Gustav Däniker, Zwischen Hoffnung und Vorsicht, in: Daniel Heller, Dominique Brunner, Catherine Däniker Furtwängler, Marie-Claire Däniker (Hrsg.), Strategie. Beiträge zur Sicherheitspolitik, Unternehmensführung und Kommunikation, Zürich 1993, S. 273 ff.; 274

[13] Ulrich Zwygart, Die Gesamtverteidigungskonzeption unter besonderer Berücksichtigung der strategischen Fälle, Diessenhoven 1983, S. 1

[14] Hans Rudolf Kurz, Clausewitz und der Sonderfall Schweiz, in: Clausewitz-Gesellschaft (Hrsg.), Freiheit ohne Krieg?, Beiträge zur Strategie-Diskussion der Gegenwart im Spiegel der Theorie von Carl von Clausewitz, Bonn 1980, S. 289 ff.; 296

[15] Bundesminister der Verteidigung, Weißbuch 1973 / 1974. Zur Sicherheit der Bundesrepublik Deutschland und zur Entwicklung der Bundeswehr, Bonn 1974, S. 39; zu den rechtlichen Problemen der Gesamtverteidigung vgl. Florian Festl, Die Gesamtverteidigung in der Bundesrepublik Deutschland. Rechtsgrundlagen und ausgewählte Probleme, Dissertation Universität der Bundeswehr München / Neubiberg 1988

[16] Bundesamt für Bevölkerungsschutz und Katastrophenhilfe – Akademie für Krisenmanagement, Notfallplanung und Zivilschutz - Problemstudie: Risiken für Deutschland, Gefahrenpotenziale und Gefahrenprävention für Staat, Wirtschaft und Gesellschaft aus Sicht des Bevölkerungsschutzes – Auszug -Teil 2, Bad Neuenahr-Ahrweiler, 2005, S. 34; vgl. Werner Schmitt, Die zivile Verteidigung im Rahmen der Sicherheits- und Verteidigungspolitik, Bonn 1986, S. 15; vgl. Jürg von Kalckreuth, Zivile Verteidigung im Rahmen der Gesamtverteidigung. Aufgaben und Nachholbedarf der Bundesrepublick Deutschland, Baden-Baden 1985, S. 23

Gesamtstaatliche Sicherheitsvorsorge und Resilienz

Für die gesamtstaatliche Sicherheitsvorsorge ist die Stärkung von Resilienz damit von besonderer Bedeutung.[17] Hier stellt sich allerdings die Frage, wie hoch die Schwelle der „Resilienz", insbesondere der Wille der Gesellschaft ist, die Bedrohungen und ihre Folgen auszuhalten, bis sie am Ende doch nachgibt, wenn der Bedrohung nicht aktiv etwas entgegengesetzt wird.[18] Der Begriff der Resilienz beschreibt die Fähigkeit eines Systems, mit Störungen sinnvoll umzugehen; allerdings geht es nicht lediglich um Widerstandsfähigkeit und einfach nur um Robustheit, sondern auch um Anpassungs- und Erholungsfähigkeit sowie um Agilität, was die Fähigkeit inkludiert, gestärkt aus Störungen hervorzugehen.[19] Es geht also um die Fähigkeit eines Systems, sich an neue Bedingungen anzupassen, das heißt das System reproduziert sich durch Wandel; das System besitzt die Fähigkeit, nach einer Störung Alltag wieder zu etablieren, wenn auch in einer neuen Form.[20] Demnach können resiliente Systeme nach einer Störung in den ursprünglichen Zustand zurückkehren oder auf eine verbesserte transformierte Ebene gelangen.[21] Schlussendlich bezeichnet der Begriff die Überlebensfähigkeit eines Systems gegenüber systemfremden Kräften.[22] Voraussetzung hierfür ist allerdings, dass die Systeme im Kern unverletzt sind, so dass ihre Umgebung in angemessener Zeit wiederhergestellt werden kann oder dass total zerstörte Systeme in ausreichendem Maße redundant sind und ihre Funktion von anderen Einheiten übernommen werden kann. Demzufolge kommt es darauf an, diejenigen Kritischen Infrastrukturen, deren Ausfall auf keinen Fall toleriert werden kann, zu härten und zu schützen, so dass die

---

[17] Bundesministerium der Verteidigung (Hrsg.), Weißbuch zur Sicherheitspolitik und zur Zukunft der Bundeswehr, Berlin 2016, S. 50

[18] Dirk Freudenberg, Hybride Bedrohungen und Bevölkerungsschutz, in: Sicherheit & Frieden 2016, Heft 2, S. 141 ff.; 144

[19] Hubert Saurugg, Hybride Bedrohungspotenziale im Lichte der Vernetzung und Systemischen Denkens, in: Anton Dengg, Michael Schurian (Hrsg.), Vernetzte Unsicherheit – Hybride Bedrohungen im 21. Jahrhundert, Wien 2015, S. 77 ff.; 106

[20] Rüdiger Korff, Resilienz: Eine Frage von Biegen oder Brechen im Ausnahmefall, in: Kai von Lewinski (Hrsg.), Resilienz des Rechts, Baden-Baden 2016, S. 23 ff.; 23

[21] Hubert Saurugg, Hybride Bedrohungspotenziale im Lichte der Vernetzung und Systemischen Denkens, in: Anton Dengg, Michael Schurian (Hrsg.), Vernetzte Unsicherheit – Hybride Bedrohungen im 21. Jahrhundert, Wien 2015, S. 77 ff.; 106

[22] Josef Isensee, Resilienz von Recht im Ausnahmefall, in: Kai von Lewinski (Hrsg.), Resilienz des Rechts, Baden-Baden 2016, S. 33 ff.; 35

Durchhaltefähigkeit und Überlebensfähigkeit gesichert werden kann.[23] Allerdings werden die nach innen gerichteten Maßnahmen zur Stärkung der Resilienz nicht hinreichend sein können.[24] Des Weiteren wird daher als das zentrale Mittel gegen Hybride Bedrohungen die Erhöhung der Komplexität für den Gegner bis zur Überforderung durch mehrere komplexe Herausforderungen bei gleichzeitiger eigener Resilienz propagiert.[25] Der Schlüssel zum strategischen Erfolg somit liegt darin, den Feind mit multiplen Dilemma zu konfrontieren.[26] Das Gegenüber muss durch die Komplexität und Vielzahl der ihm bereiteten Ereignisse überfordert und desorientiert werden, so dass es ihm in dieser Unübersichtlichkeit nicht mehr gelingt, lageangemessen und priorisiert zu reagieren und zugleich müssen die eigene Kohäsion und das Gefühl für die notwendigen Abläufe vorhanden sein.[27] In seiner taktischen Umsetzung entspricht diese Methodik dem Grunde nach dem Swarming; zumindest enthält es wesentliche Elemente dieses Ansatzes. Daher ist hier für das Gegenüber eine enorme Gefährlichkeit und Bedrohung zu sehen, ist doch unter Umständen nur wenig Zeit zur Reaktion gegeben, die Bedrohung zuverlässig abzuwehren. An dieser Stelle könnten daher präventive bzw. präemptive Überlegungen zum aktiven Handeln Möglichkeiten eröffnen. Allerdings dürfte am Ende die Kombination der Fähigkeiten im Sinne eines umfassenden Gesamtansatzes der Vernetzten Sicherheit und der Gesamtverteidigung zielführend sein, da sie zum einen die Schwelle des gesellschaftlichen Zusammenbruchs durch Resilienz erhöht und zum anderen die Initiative durch aktive Fähigkeiten für eine wir-

---

[23] Dirk Freudenberg, Hybride Bedrohungen und Bevölkerungsschutz, in: Sicherheit & Frieden 2016, Heft 2, S. 141 ff.; 144

[24] Jürgen Ehle, Hybride Bedrohungen – Neue Bedrohungen oder neuer Wein in alten Schläuchen?, in: Ringo Wagner, Hans-Joachim Schaprian (Hrsg.), Komplexe Krisen – aktive Verantwortung. Magdeburger Gespräche zur Friedens- und Sicherheitspolitik, Magdeburg 2016, S. 80 ff.; 81

[25] Uwe Hartmann, Hybrider Krieg als neue Bedrohung von Freiheit und Frieden. Zur Relevanz der Inneren Führung in Politik, Gesellschaft und Streitkräften, Berlin 2015, S. 45; *Der Gedanke, für den Gegner ein Chaos zu kreieren, dadurch, dass er durch die Anzahl der Lagen mit denen er konfrontiert wird, nicht mehr bewältigen kann, und dass man ihn in diesem Stadium hält wurde bereits während des 3. Golfkrieges umgesetzt.* (Tom Clancy, Fred Franks, Jr., Into the Storm. A Study in Command, New York 2004, S. 159; vgl. Harry Horstmann, Der rote Esel. Handbuch für den militärischen Stabsdienst und Führungsprozess, Norderstedt 2008, S. 210 FN 179)

[26] David G. Perkins, Preface from the Comanding General U.S.-Army Training and Doctrine Command, in: TRADOC (Hrsg.), The U.S.-Army Operating Concept. Win in a Complex World, 31. October 2014, S. iii ff,; iii

[27] Tom Clancy, Fred Franks, Jr., Into the Storm. A Study in Command, New York 2004, S. 159

kungsaktive Erwiderung einer hybriden Bedrohung beinhaltet. In jedem Fall setzt das wiederum voraus, dass die Systeme nicht alle total zerstört sind bzw. einzelne nicht soweit in ihrem Kern beeinträchtigt sind, dass eine Wiederherstellung und Wiederinbetriebnahme dieser noch möglich ist.[28] Kriegführung ist schlussendlich die Anordnung von Gewalt und Führung des Kampfes, so unterschiedlich er im Einzelnen aussehen mag, und innerhalb eines bewaffneten Konfliktes können Akteure im Kampf das gesamte Spektrum konventioneller und irregulärer Mittel einsetzen.[29] Das gilt ebenso für die Irregulären Kräfte. Diese erweitern sozusagen „von unten" ihre Mittel und Wege.[30]

Hybride Bedrohungen

Hybrid agierende Akteure profitieren hier unter anderem von der historischen Mentalität postheroischer Gesellschaften, einen Krieg (nahezu um jeden Preis) zu vermeiden und verhindern zu wollen.[31] Diese Herausforderungen können nicht mit einer reinen Fokussierung auf technologische Ansätze gelöst werden; es bedarf auch hier einer entsprechenden Vorbereitung der Bevölkerung.[32] Daher ist es richtig, dass sich Gesellschaft und Militär darauf einstellen, Hybriden Bedrohungen zu begegnen. Somit sind Hybride Bedrohungen zugleich enorme intellektuelle Herausforderung, deren Komplexität ganzheitlich verstanden werden muss, woraus sich auch zahlreiche Folgen für die Vernetzte Sicherheit ergeben.[33] Insofern hält Hartmann den Begriff der Hybriden Kriegführung durchaus für hilfreich, das Kriegsgeschehen ganzheitlicher zu verstehen und

---

[28] Dirk Freudenberg, Hybride Bedrohungen und Bevölkerungsschutz, in: Sicherheit & Frieden 2016, Heft 2, S. 141 ff.; 145; vgl. Dirk Freudenberg, Hybride Bedrohungen unter besonderer Berücksichtigung Bevölkerungsschutzes, in: Hans-Georg Ehrhart (Hrsg.), Krieg im 21. Jahrhundert. Konzepte, Akteure, Herausforderungen, Berlin 2017, S. 346 ff.; 370

[29] Oliver Tamminga, Hybride Kriegführung, Zur Einordnung einer aktuellen Erscheinungsform des Krieges, in: SWP-Aktuell 27, Berlin März 2015, S. 4

[30] Uwe Hartmann, Hybrider Krieg als neue Bedrohung von Freiheit und Frieden. Zur Relevanz der Inneren Führung in Politik, Gesellschaft und Streitkräften, Berlin 2015, S. 12

[31] Bernd Zywietz, Mediale Schlachtfelder: Hybride Kriege und ihre kommunikative Kriegserklärung, in: Militär und Ethik 2015, Heft 5, S. 42 ff.; 44

[32] James N. Mattis, Frank Hoffman, Future Warfare: The Rise of Hybrid Wars, in: USNI Proceedings Magazine, November 2005 Vol. 132/11/1,233, S. 2, http://milnewstbay.pbworks.com/f/MattisFourBlockWarUSNINov2005.pdf; Internet vom 13.04.2016

[33] Uwe Hartmann, Hybrider Krieg als neue Bedrohung von Freiheit und Frieden. Zur Relevanz der Inneren Führung in Politik, Gesellschaft und Streitkräften, Berlin 2015, S. 7

verengten Vorstellungen über künftige Kriege und zu einfachen Kriegsbildern vorzubeugen und somit den Blick zu weiten, um den Weg frei zu machen für eine schöpferische Antwort auf neue Bedrohungen.[34] Daher müssen auch die erforderlichen Ableitungen für die nationale und internationale Sicherheitsarchitektur getroffen werden. Gerade die hybriden Möglichkeiten im Cyberraum zeigen, dass die strikte Trennung von innerer und äußerer Sicherheit weiter unter Druck gerät[35], sich allmählich auflöst und rein militärische Risiken der Vergangenheit angehören.[36] Dementsprechend sind Lösungsansätze, Schutz und Abwehrmaßnahmen auch in entsprechender Vielfalt zu entwickeln.[37] Hiervon sind auch die Phasen der Bedrohungsanalyse und der Planung des Umgangs mit den Herausforderungen betroffen. Die Einschätzung der (militärischen) Bedrohungen primär dem Militär zu überlassen, wie es die Konzeption Zivile Verteidigung vorsieht[38], ist unter dem Gesichtspunkt Hybrider Bedrohungen und den vorstehenden Ausführungen hierzu geradezu inkonsequent.

Reaktionen von polizeilichen und nicht-polizeilichen Gefahrenabwehrbehörden auf die Bedrohung durch Irreguläre Kräfte

Für den Bereich des Militärs propagiert Hartmann die Innere Führung als Mittel, die Widerstandskraft der Streitkräfte gegen Hybride Bedrohungen, insbe-

---

[34] Uwe Hartmann, Hybrider Krieg als neue Bedrohung von Freiheit und Frieden. Zur Relevanz der Inneren Führung in Politik, Gesellschaft und Streitkräften, Berlin 2015, S. 15

[35] Susanne Dehmel, Hybride Kriegsführung 4.0, in: Ringo Wagner, Hans-Joachim Schaprian (Hrsg.), Komplexe Krisen – aktive Verantwortung. Magdeburger Gespräche zur Friedens- und Sicherheitspolitik, Magdeburg 2016, S. 91 ff.; 91 f.; vgl. Stefan Goertz, Cyberwar und Cyber-Terrorismus: Bedrohungen in Gegenwart und Zukunft, in: ASMZ 2017, Heft 4, S. 5 ff.; 5

[36] Helmut Ganser, Sicherheitspolitik und Streitkräfte in einer künftig durchdigitalisierten Welt, in: Ringo Wagner, Hans-Joachim Schaprian (Hrsg.), Komplexe Krisen – aktive Verantwortung. Magdeburger Gespräche zur Friedens- und Sicherheitspolitik, Magdeburg 2016, S. 155 ff.; 155

[37] Anton Dengg, Michael N. Schurian, Zum Begriff der Hybriden Bedrohung, in: Anton Dengg, Michael Schurian (Hrsg.), Vernetzte Unsicherheit – Hybride Bedrohungen im 21. Jahrhundert, Wien 2015, S. 23 ff.; 34

[38] Bundesministerium des Innern, Konzeption Zivile Verteidigung (KZV), Berlin 2016, S. 12 f.; *Zur Konzeption Zivile Verteidigung vergleiche auch zusammenfassend:* Wolfram Geier, Das Konzept Zivile Verteidigung. Hintergründe, Aufgaben, Perspektiven, in: Crisis Prevention 2016, Heft 4, S. 4 ff.

sondere gegen Desinformationskampagnen, zu stärken.[39] Für die Akteure der polizeilichen und nichtpolizeilichen Gefahrenabwehr, also Feuerwehren, Rettungsdienste und Hilfsorganisationen, gestaltet sich die Situation insofern grundlegend anders, als dass sie es – im Gegensatz zu den Streitkräften – in ihrem Selbst- und Rollenverständnis bislang nicht direkt mit Gewaltakteuren als Gegenüber zu tun haben, welche Mittel und Methoden bis an die Kriegsschwelle und darüber hinaus einsetzen. Die aktuelle Bedrohung durch Irreguläre Kräfte zwingt Bund und Länder allerdings im Bereich von polizeilicher Ausrüstung und Bewaffnung umzudenken und auch den Polizeien zur Abwehr und Bekämpfung (wieder) Fähigkeiten zur Verfügung zu stellen, welche denen des Militärs entsprechen. Aber es geht hier nicht nur um Fähigkeiten, sondern vielmehr noch um Mentalitäten, welche sich für diese speziellen Fälle anpassen müssen. Allerdings sind Änderungen hier das Ergebnis von Erziehung und Prägung und dauern – insbesondere bei einer Polizei, die von ihrem ganzen Selbstverständnis darauf ausgelegt ist, „… Rechtsbrecher möglichst nur kampfunfähig zu machen …" und deren „… Einsatzmittel …, das dem demokratischen Rechtsstaat am meisten entspricht, [gewiss kommunikative Intelligenz ist]"[40] und bei der infolge dessen eine gefährliche Schießhemmung antrainiert und anerzogen ist – einige Jahre. Das Selbstverständnis der deutschen Polizeien als Bürgerpolizei drückt sich daher in dem viel zitierten Grundsatz aus, dass die vornehmste „Waffe" des Polizeibeamten das Wort sei sowie in einem im Kern zivilen Verständnis der Aufgabenwahrnehmung, welches im äußeren Erscheinungsbild und im Auftreten bzw. Einschreiten der Beamten zum Ausdruck kommt.[41] Im Kontext der unmittelbaren Bedrohung durch Irreguläre Kräfte und im Angesicht von Lagebildern, welche denen der Terroranschläge von Mumbai, Paris oder denkbar schwereren entsprechen, muss sich das zwingend ändern. Gleiches gilt dem Grunde nach für die Angehörigen von Feuerwehren, Hilfsorganisationen und Rettungsdiensten. Für diese, wie insbesondere für deren Führungspersonal, kommt es zunehmend vermehrt darauf an, sich darauf einzustellen, dass sie nunmehr im Rahmen ihrer Einsätze öfter zum Ziel von Aggression und Gewalt werden und damit ihr Selbstverständnis als Helfer

---

[39] Uwe Hartmann, Hybride Kriegführung und die Relevanz der Inneren Führung. Neue Begriffe für alte Aufgaben, in: i.f. Zeitschrift für Innere Führung 2017, Heft 2, S. 12 ff.; 20 ff.
[40] Stefan Noethen, Polizeibewaffnung, in: Hans-Jürgen Lange (Hrsg.), Wörterbuch zur Inneren Sicherheit, 2006, S. 215 ff.; 216 ff.
[41] Helgo Martens, Polizeiliche Intervention und finaler Rettungsschuss in Zeiten des Terrors – Teil 1, in: DIE POLIZEI 2016, S. 277 ff.; 277

extrem herausgefordert ist, was wiederum seinen Niederschlag in der Führung und im taktischen Verhalten finden muss.[42]

Mentale Härtung und geistige Resilienz der Bevölkerung

In diesen Prozess ist die Bevölkerung einzubeziehen, in dem man sie über Risiken, Bedrohungen offen aufklärt und ihre Bereitschaft zum Widerstand, ihre Durchhaltefähigkeit durch mentale Härtung sowie durch Vertrauen in die Exekutive und ihre Instrumente stärkt und so zu einer strategischen Gelassenheit führt, mit der Folge, dass Rückschläge nicht nur als unvermeidlich hingenommen, sondern auch mitgetragen werden. Daher richtet sich die Informationskampagne an die eigene Bevölkerung mit dem Ziel, durch transparente Information über die eigene Strategie zur Abwehr der Anschläge und offene Aufklärung über die Vorgehensweise und strategische Zielsetzung des Gegners dessen Operationen die Schockwirkung auf die eigene Bevölkerung zu nehmen und diese im Sinne der eigenen Absicht positiv einzubinden, indem eine „strategische Gelassenheit"[43] und eine mentale Härtung und damit die geistige Resilienz der eigenen Bevölkerung bewirkt wird.[44] „Strategische Gelassenheit" bedeutet keineswegs eine gesellschaftliche Paralyse, sondern professioneller und angemessener Umgang auf der politisch-strategischen Ebene im Sinne von routiniertem Handeln nach gründlicher Analyse und Abwägung der Möglichkeiten des eigenen Handelns sowie auch der Betrachtung diesbezüglicher Folgen unter Einbeziehung der gesellschaftlichen (Krisen-)Kommunikation und

---

[42] vgl. Dirk Freudenberg, Auswirkungen von Terrorismus und Anarchismus als Führungsproblem. Einige Anmerkungen zur Notwendigkeit eines Paradigmenwechsels der inneren Einstellung von Rettungs- und Hilfskräften, in: Thomas Jäger, Anna Daun, Dirk Freudenberg (Hrsg.), Politisches Krisenmanagement. Wissen, Wahrnehmung. Kommunikation, Wiesbaden 2016, S. 81 ff.; vgl. Dirk Freudenberg, Terroranschläge – Terrorismus – Anarchismus, in: H.A. Adams, C. Krettek, C. Lange, C. Unger (Hrsg.), Patientenversorgung im Großschadens- und Katastrophenfall, Köln 2014, S. 297 ff.
[43] Dirk Freudenberg, „Grün auf Blau" – Ein Phänomen moderner Kriegführung, in: ASMZ, Heft 8, 2012, S. 10 f.; 11; vgl. Dirk Freudenberg, „Green on Blue" – Der Innentäter als spezifische Methode des Selbstmordattentates und Ansätze der Reaktion, in: Stefan Hansen, Joachim Krause (Hrsg.), Jahrbuch Terrorismus 2013/2014, Opladen, Farmington Hills 2014, S. 135 ff.; S. 152
[44] Dirk Freudenberg, „Green on Blue" – Der Innentäter als spezifische Methode des Selbstmordattentates und Ansätze der Reaktion, in: Stefan Hansen, Joachim Krause (Hrsg.), Jahrbuch Terrorismus 2013/2014, Opladen, Berlin, Toronto 2014, S. 135 ff.; 152

robuste Reaktion auf der operativ-taktischen Ebene, um Vertrauen, Zuversicht bei der eigenen Bevölkerung und den eigenen Sicherheitskräften zu erhalten.[45]

Gesamtgesellschaftliche Herausforderungen Hybrider Bedrohungen und Ansätze der Reaktion

Gleichwohl sind durch die innovativen Elemente Hybrider Bedrohungen moderne Gesellschaften und ihre Bevölkerungen – einschließlich der Wirtschaftsstandorte – in besonderer Weise gefährdet und herausgefordert. Es offenbart sich eine Anzahl von Schwächen in den westlichen Sicherheitsstrukturen, auf die der Westen konzeptionell nicht vorbereitet ist.[46] Die Besonderheit liegt in der innovativen Konversion regulärer und irregulärer Mittel, Fähigkeiten und Akteure, die in allen ihnen zugänglichen Räumen aktiv werden können und damit auch für Irreguläre Kräfte Optionen eröffnen. Zugleich haben diese Erscheinungen – auch wieder der Logik des Krieges folgend – Auswirkungen auf Konzeptionen, Organisationsformen, Fähigkeiten und Einsatzgrundsätze von Streitkräften, einschließlich des politischen Willens, diese einzusetzen. Allerdings ist das grundsätzliche politische Verständnis über die Vielfalt und Umfassheit kriegerischer Formen und ihre Auswirkungen auf moderne Gesellschaften und ihre Bevölkerungen zu weiten und das Bewusstsein für die Zusammenhänge sowie die Sensibilität und Wahrnehmungsfähigkeit entsprechend zu schärfen.[47] Denn insbesondere für hochzivilisierte Industriestaaten mit ihren mannigfaltigen Verletzlichkeiten und interdependenten Abhängigkeiten können hybride Wirkformen zu einer strategischen Bedrohung[48] werden. Gerade durch die innovativen Elemente Hybrider Bedrohungen sind moderne Gesellschaften – einschließlich der Wirtschaftsstandorte – in besonderer Weise

---

[45] Dirk Freudenberg, Auswirkungen von Terrorismus und Anarchismus als Führungsproblem. Einige Anmerkungen zur Notwendigkeit eines Paradigmenwechsels der inneren Einstellung von Rettungs- und Hilfskräften, in: Thomas Jäger, Anna Daun, Dirk Freudenberg (Hrsg.), Politisches Krisenmanagement. Wissen, Wahrnehmung. Kommunikation, Wiesbaden 2016
[46] Robert J. Bunker, Old and New Insurgency Forms, Carlisle March 2016, S. xi f.
[47] Dirk Freudenberg, Hybride Bedrohungen und Bevölkerungsschutz, in: Sicherheit & Frieden 2016, Heft 2, S. 141 ff.; 145; vgl. Dirk Freudenberg, Soziale Medien und hybride Bedrohungen unter besonderer Berücksichtigung der strategischen Führungsebene, in: Notfallvorsorge 2016, Heft 2, S. 10; 13
[48] *Zum Begriff „Strategische Bedrohung" vergleiche:* Thomas Pankratz, Überlegungen zum Begriff „Strategische Bedrohung", in: Anton Dengg, Michael Schurian (Hrsg.), Vernetzte Unsicherheit – Hybride Bedrohungen im 21. Jahrhundert, Wien 2015, S. 15 ff.

gefährdet. Cyber War und Cyber-Terrorismus bilden im Kontext Hybrider Bedrohungen eigene Dimensionen, da sie weder nationale noch institutionell-hierarchische Strukturen kennen, wodurch die Grenzen zwischen Krieg und Frieden, Offensive und Defensive, innerer und äußerer Sicherheit sowie kriminell und politisch motivierten Angriffen verschwimmen.[49] Es mag möglicherweise gar nicht, oder erst sehr, vielleicht sogar zu spät erkannt werden, dass ein Hybrider Krieg begonnen wurde.[50] Dem politischen Willen und der politischen Haltung kommt in Beziehung auf hybride Erscheinungen eine ganz besondere Bedeutung zu, dagerade in Hinsicht auf diese Bedrohungsform, welche möglicherweise erst spät erkannt und identifiziert werden kann und welche demgemäß schwer einem (staatlichen oder nichtstaatlichen) Akteur oder einer entsprechenden Akteursgruppe zuzurechnen ist in ihren Auswirkungen innere Sicherheit und äußere Sicherheit mehr denn je verschwimmen und verschmelzen.[51] Insgesamt ergibt sich durch das Phänomen hybrider Bedrohungen eine neue Dynamik von Krise und Konflikt und dementsprechend des internationalen und nationalen Krisenmanagements sowie der Konfliktbewältigung. Demzufolge gilt es den „Krieg der Zukunft" zu denken und vorzubereiten und hierbei nicht lediglich retrospektiv auf die Konflikte der Vergangenheit zu schauen und sich lediglich auf deren Konzeptionen und Bewältigungsstrategien einschränkend zu fokussieren.[52] Mithin hat diese Entwicklung auch Auswirkungen auf die völkerrechtliche und staatsrechtliche Bestimmung dessen, was im Grundgesetz der Bundesrepublik Deutschland als Krise, Spannungs- und Verteidigungsfall beschrieben wird. So ist die Schwelle eines bewaffneten An-

---

[49] Stefan Goertz, Cyberwar und Cyber-Terrorismus: Bedrohungen in Gegenwart und Zukunft, in: ASMZ 2017, Heft 4, S. 5 ff.: 5

[50] vgl. Johann Schmid, Das Kriegsbild im 21. Jahrhundert und seine neuen strategischen Ableitungen für europäische Streitkräfte: in: Johann Frank, Walter Matyas (Hrsg.), Strategie und Sicherheit 2014. Europas Sicherheitsarchitektur im Wandel, Wien, Köln, Weimar 2014, S. 416 ff.; 424

[51] Dirk Freudenberg, Hybride Bedrohungen und Bevölkerungsschutz, in: Sicherheit & Frieden 2016, Heft 2, S. 141 ff.; 145; vgl. Dirk Freudenberg, Soziale Medien und hybride Bedrohungen unter besonderer Berücksichtigung der strategischen Führungsebene, in: Notfallvorsorge 2016, Heft 2, S. 10 ff.; 14

[52] Dirk Freudenberg, Die zivile Sicherheitsarchitektur in Deutschland und ihre sicherheitspolitische Relevanz, in Reader Sicherheitspolitik 4/2017, S. 4; *Zur historischen Entwicklung möglicher „Kriegsbilder" in der Bundesrepublik Deutschland vergleiche:* Claus von Rosen, Die Entwicklung des Kriegsbildes im Zeichen neuerer und hybrider Kriege, in: Uwe Hartmann, Claus von Rosen (Hrsg.), Jahrbuch Innere Führung 2015, Neue Denkwege angesichts der Gleichzeitigkeit unterschiedlicher Krisen, Konflikte und Krisen, Berlin 2015, S. 25 ff

griffs womöglich nicht durch einen einzelnen hybriden Angriff überschritten, sehr wohl aber in der Gesamtschau aller hiermit zusammengehöriger Operationen.[53] Daher wird angeraten, das Denken in klar abgegrenzten Kategorien von Krieg und Frieden aufzugeben.[54] Gleichfalls sind Fragen der Territorialverteidigung, des Heimatschutzes sowie der Zivilen Verteidigung und des Zivilschutzes betroffen. Dementsprechend könnten zukünftig unter den Bedingungen hybrider Bedrohungen althergebrachte Reaktionsmittel und -formen gegebenenfalls hinsichtlich ihrer Ausformungen und originären Zuständigkeiten nicht (mehr) passen oder nicht mehr lagegerecht zum Einsatz gebracht werden und damit zu spät Wirkung entfalten, um eine Entscheidung herbeizuführen.[55] Hieraus ist abzuleiten, dass die Fähigkeiten der gesamtgesellschaftlichen umfassenden Prävention sowie die nationalen Sicherheitsakteure auf den Einsatz hin zielführend aufzustellen und zu vermaschen sind.[56] Das Weißbuch von 2016 konstatiert, dass Hybride Bedrohungen nach hybrider Analysefähigkeit sowie entsprechender Verteidigungsbereitschaft und -fähigkeit verlangen und somit auch maßgebliche Auswirkungen auf den Charakter und das Verständnis von Landes- und Bündnisverteidigung im 21. Jahrhundert haben.[57] Bereits aus der abstrakten Gefährdungslage, das heißt der bloßen Denkbarkeit und damit Möglichkeit der Materialisierung einer Bedrohung ergeben sich Anforderungen an eine effiziente zivil-militärische Gesamtverteidigung.[58] Insofern ist auch fraglich, ob es ausreicht, dass unter den Bedingungen hybrider Bedrohungen der Zivilen Verteidigung weiterhin lediglich eine Annexkompetenz gegenüber der militärischen Verteidigung zukommt, oder ob durch die Aufrechterhaltung des gesamtgesellschaftlichen Systems nicht danach verlangt, die Be-

---

[53] Florian Schraurer, Hans-Joachim Ruff-Stahl, Hybride Bedrohungen. Sicherheitspolitik in der Grauzone, in: APuZ 43-45/2016, S. 9 ff.; 12

[54] Helmut Ganser, Sicherheitspolitik und Streitkräfte in einer künftig durchdigitalisierten Welt, in: Ringo Wagner, Hans-Joachim Schaprian (Hrsg.), Komplexe Krisen – aktive Verantwortung. Magdeburger Gespräche zur Friedens- und Sicherheitspolitik, Magdeburg 2016, S. 155 ff.; 156

[55] Dirk Freudenberg, Hybride Bedrohungen und Bevölkerungsschutz, in: Sicherheit & Frieden 2016, Heft 2, S. 141 ff.; 145

[56] Dirk Freudenberg, Soziale Medien und hybride Bedrohungen unter besonderer Berücksichtigung der strategischen Führungsebene, in: Notfallvorsorge 2016, Heft 2, S. 10 ff.; 14

[57] Bundesministerium der Verteidigung (Hrsg.), Weißbuch zur Sicherheitspolitik und zur Zukunft der Bundeswehr, Berlin 2016, S. 38

[58] Florian Schraurer, Hans-Joachim Ruff-Stahl, Hybride Bedrohungen. Sicherheitspolitik in der Grauzone, in: APuZ 43-45/2016, S. 9 ff.; 10

deutung der Zivilen Verteidigung anzuheben und ihre Fähigkeiten umfassend zu stärken. Diese Forderung ergibt sich auch aus dem Umkehrschluss der ursprünglichen Begründung für die nachrangige Unterstützungsfunktion des Zivilschutzes, wonach der Zivilen Verteidigung in Krise und Krieg die entscheidende Unterstützungsrolle für die militärische Verteidigung zugewiesen wird, so dass ein Herstellen und Aufrechterhalten der Verteidigungsfähigkeit und Operationsfreiheit der Streitkräfte vorrangig gewährleistet ist.[59] Diese Vorrangigkeit ist unter Umständen unter den Bedingungen hybrider Bedrohungen nicht mehr gegeben.[60] Die Forderung, den Stellenwert der Zivilen Verteidigung anzupassen, begründet sich daher zudem darin, dass Angriffe mit hybriden Fähigkeiten möglicherweise die eigenen militärischen Fähigkeiten unterlaufen könnten und eine Abwehr und Reaktion gegebenenfalls nur (noch) mit zivilen Fähigkeiten und Wirkmitteln zu begegnen ist.

Schlussfolgerungen

Unter diesen Gegebenheiten sind Zivile Verteidigung, Zivilschutz und dementsprechend auch der umfassendere Bevölkerungsschutz im Rahmen einer Gesamtverteidigung neu zu bewerten und anzupassen und mit den Fähigkeiten und Mitteln der militärischen Verteidigung neu zu vermaschen.[61] Im Übrigen ist ein wirksamer Zivilschutz für eine glaubwürdige Abschreckung unabdingbar. Die vorstehenden Ausführungen haben zudem Auswirkungen auf die grundsätzliche Bewertung und Betrachtung von präventiven und gegebenenfalls präemptiven Maßnahmen aus dem gesamten Fähigkeitsspektrum sämtlicher Sicherheitsakteure, um (noch) rechtzeitig in einen Konflikt einzutreten und diesen erfolgreich eindämmen und beenden zu können. Dem Ansatz der Vernetzten Sicherheit bzw. des Comprehensive Approach im Rahmen einer Gesamtverteidigungsstrategie kommt damit auch an dieser Stelle eine zentrale

---

[59] vgl. Markus Kneip, Eine Untersuchung inwieweit die Rahmenrichtlinien für die Gesamtverteidigung – Stand: 15.05.1988 – Zielsetzung, Strukturen, Aufgaben und Kräfte, Zuständigkeiten und das Zusammenwirken in der Gesamtverteidigung der Bundesrepublik Deutschland darstellen, unveröffentlichte Jahresarbeit an der Führungsakademie der Bundeswehr, Hamburg 1989, S. 21
[60] Dirk Freudenberg, Die zivile Sicherheitsarchitektur in Deutschland und ihre sicherheitspolitische Relevanz, in Reader Sicherheitspolitik 4/2017, S. 5 f.
[61] Dirk Freudenberg, Hybride Bedrohungen und Bevölkerungsschutz, in: Sicherheit & Frieden 2016, Heft 2, S. 141 ff.; 145; Dirk Freudenberg, Die zivile Sicherheitsarchitektur in Deutschland und ihre sicherheitspolitische Relevanz, in Reader Sicherheitspolitik 4/2017, S. 6

Bedeutung zu.[62] Hybride Bedrohungen erfordern eine umfassende Verteidigung.[63] Voraussetzung hierfür ist eine umfassende Sicherheitspolitik – eine hybride Sicherheitspolitik.[64] Noch viel wichtiger ist allerdings die Haltung der Politik, die willens sein muss, nicht nur reaktiv, sondern gegebenenfalls auch proaktiv zu handeln. Dass das eigentliche Problem die politische Bereitschaft, Lösungen zu finden, ist, war bereits Mitte der 1980er Jahren offenbar.[65] Daran hat sich wohl nichts geändert. Es ist dennoch nur folgerichtig, dass wegen der chronischen Defizite der europäischen Sicherheitspolitik, die seit den 1990er Jahren bekannt sind und in deren Zentrum die systematische Verwundbarkeit westlicher Gesellschaften steht, diese systematischen Verwundbarkeiten im Zentrum einer hybriden Sicherheitspolitik von NATO und EU zu stellen, die das Verhältnis von Resilienz, Abschreckung und Verteidigung neu ordnet.[66] Zudem erfordert Resilienz nicht zuletzt präventiv und reaktiv eine der Gesellschaft innewohnende psychologische Wehrhaftigkeit und Selbstbehauptung.[67]

---

[62] Dirk Freudenberg, Hybride Bedrohungen und Bevölkerungsschutz, in: Sicherheit & Frieden 2016, Heft 2, S. 141 ff.; 145; vgl. Dirk Freudenberg, Soziale Medien und hybride Bedrohungen unter besonderer Berücksichtigung der strategischen Führungsebene, in: Notfallvorsorge 2016, Heft 2, S. 10 ff.; 14

[63] Bastian Giergerich, Hybride Angriffe erfordern umfassende Verteidigung, in: Ethik und Militär 2015, Heft 2; S. 14 ff.; 14

[64] Christian Mölling, Von hybriden Bedrohungen zur hybriden Sicherheitspolitik, in Ethik und Militär 2015, S. 18 ff.

[65] Jürg von Kalckreuth, Zivile Verteidigung im Rahmen der Gesamtverteidigung. Aufgaben und Nachholbedarf der Bundesrepublik Deutschland, Baden-Baden 1985, S. 156

[66] Christian Mölling, Von hybriden Bedrohungen zur hybriden Sicherheitspolitik, in: Militär und Ethik 2015, S. 18 ff. 18

[67] Florian Schraurer, Hans-Joachim Ruff-Stahl, Hybride Bedrohungen. Sicherheitspolitik in der Grauzone, in: APuZ 43-45/2016, S. 9 ff.; 13

Resilienz als selbstkritische Verteidigungskonzeption in NATO und EU
Uwe Hartmann

Das Jahr 2014 gilt weithin als Wendepunkt europäischer Sicherheitspolitik. Die Annexion der Krim durch Russland und seine Involvierung in den Konflikt in der Ost-Ukraine, die Krisen und Kriege im Nahen und Mittleren Osten, die Migration aus dem Süden und Südosten, die potentiellen Konflikte im ‚High North' der Arktis sowie das Auftauchen russischer Uboote im Atlantik verdeutlichten, dass Europa erneut bedroht ist. Die Bedrohungen kommen nicht nur wie im Kalten Krieg aus dem Osten, sondern aus allen Himmelsrichtungen. Sie sind nicht nur militärischer Natur, sondern äußerst vielfältig. Ihre Auswirkungen sind mitten in den Staaten und Gesellschaften Europas zu spüren. Die Bedrohungen sind so komplex, dass selbst aus berufenem politischem Munde die Kunde zu hören ist, die Welt sei aus den Fugen geraten.

Mit dem Begriff der hybriden Kriegführung[1] versuchen Analytiker, das Neue der Krisen, Konflikte und Kriege zu verstehen. Neu scheint zu sein, dass es oftmals nicht mehr darum geht, gegnerische Streitkräfte zu zerschlagen. Dies wäre angesichts der Überlegenheit der NATO-Streitkräfte, vor allem des US-amerikanischen Militärs, kaum möglich. Angriffe zielen vielmehr darauf ab, Staaten und Gesellschaft zu schwächen, um deren politische Handlungsfähigkeit zu untergraben.

In diesem Zusammenhang erfährt auch der Begriff der Komplexität höchste Aufmerksamkeit. Er scheint eine Erklärung dafür zu bieten, warum es so schwer ist, Lösungen für die zahlreichen und unterschiedlichen Probleme zu finden. Dabei meint Komplexität zunächst einmal, dass die Vorhersagbarkeit von sicherheitspolitisch relevanten Ereignissen sehr gering ist. Die strategische Vorausschau stößt schnell an die Grenzen einer prinzipiellen Ungewissheit, die der ehemalige US-Verteidigungsminister Donald Rumsfeld einmal als ‚unknown unknown' bezeichnet hat. Aufgrund dieser intellektuellen Skepsis avan-

---

[1] Zur Debatte über hybride Kriegführung siehe Guillaume Lasconjarias und Jeffrey A. Larsen (Hrsg.), NATO's Response to Hybrid Threats, NATO Defense College, Rome 2015. Die historische Dimension findet sich in Williamson Murray und Peter R. Mansoor, Hybrid Warfare. Fighting Complex Opponents from the Ancient World to the Present, Cambridge 2012.

cierte der Begriff der Resilienz[2] zum *shooting star* der aktuellen sicherheitspolitischen Debatte. Resilienz bedeutet, dass ein Bündnis, ein Staat, eine Institution oder ein Individuum einen nicht vorhergesehenen Angriff aushalten kann, ohne seine bzw. ihre Handlungsfähigkeit zu verlieren. Sie sollten in der Lage sein, trotz des Angriffs und seiner negativen Folgewirkungen schnell zu handeln, aktive Gegenmaßnahmen zu ergreifen, daraus zu lernen und ihre Widerstandskraft an neue Bedrohungen anzupassen.

Mittlerweile hat der Begriff der Resilienz eine zentrale Stellung in neuesten sicherheitspolitischen Konzepten der für die Sicherheit Europas zentralen Institutionen NATO und EU eingenommen. In der NATO finden derzeitig Debatten statt, ob Resilienz nicht neben Verteidigung, Internationalem Krisenmanagement und Kooperation die vierte Säule eines künftigen strategischen Konzepts bilden sollte. Manche sehen in Resilienz eine Art Schutzschirm oder eine noch vor der Aufklärung (,*intelligence*') liegende allererste Verteidigungslinie (,*first line of defense*'). Im neuen Strategiepapier der EU von 2016 taucht der Begriff über 30 Mal auf. Zum Hype über Resilienz trägt auch bei, dass dieser Begriff vielfältige Möglichkeiten einer Kooperation von NATO und EU anzuregen scheint. Vor allem die NATO ist daran in hohem Masse interessiert, da sie als ein Militärbündnis wenig auf dem Gebiet der Resilienz zu bieten hat. Die EU dagegen verfügt neben ihren vielfältigen zivilen Instrumenten zudem über gesetzgeberische Möglichkeiten, um die Resilienz in ihren Mitgliedsstaaten zu verbessern.

Tatsächlich haben diese beiden Institutionen sich bereits auf einen Maßnahmenkatalog zur Steigerung von Resilienz geeinigt. Im Vordergrund stehen dabei vor allem technische und logistische Maßnahmen, die der Reaktionsschnelligkeit von verlegbaren Streitkräften innerhalb des Bündnisgebietes dienen sollen. Der Resilienzbegriff meint jedoch mehr. Dies wird deutlich, wenn er in einen Bezug zur hybriden Kriegführung gesetzt wird. Hybride Kriegführung nutzt eigene Stärken in der Erarbeitung, Umsetzung und Anpassung von Strategien aus und zielt darauf ab, die außen- und sicherheitspolitische Handlungsfähigkeit von gegnerischen Bündnissen und Staaten zu unterminieren. Die Auseinandersetzung findet also vor allem auf der strategischen Ebene statt. Solange NATO und EU sich auf eher operationelle Aspekte einer Verlegung von Streitkräften fokussieren, erreichen sie nicht das Zentrum der gegnerischen

---

[2] Zum Resilienzbegriff siehe Michael Hanisch, What is Resilience? Ambiguities of a Key Term, in Bundesakademie fuer Sicherheitspolitik, Security Policy Working Paper, Nr. 19 (2016).

hybriden Kraftentfaltung bzw. der eigenen Resilienz. NATO und EU sollten also ihre Strategiefähigkeit kritisch analysieren und dort, wo erforderlich, verbessern.

Dieses Verständnis von Resilienz wird im Folgenden dadurch untermauert, dass die hybride Kriegführung mit ihren strategischen Zielsetzungen beschrieben und am Beispiel Russlands analysiert wird. Anschließend erfolgt eine kritische Bestandsaufnahme der eigenen Strategiefähigkeit, um daraus Folgerungen für das eigene Handeln zu ziehen. Deutlich wird dabei, dass die Innere Führung eine für die Verbesserung von Resilienz bestens geeignete Konzeption ist. Sie ist ein strategisches Gedankengebäude, das auf einem umfassenden Kriegsbild beruht. Daraus leitet sie Folgerungen für die Gestaltung der ‚wunderlichen Dreifaltigkeit' (Clausewitz) von Staat, Gesellschaft und Streitkräften ab, die bis auf die Ebene des Individuums (Bürger/Soldat) herunterreichen. Sie dient gleichzeitig als kritische Prüfinstanz, aber auch als innovativer Ideengeber, um die Resilienz von Bündnissen, Staaten und Institutionen wie beispielsweise den Streitkräften mit ihren Angehörigen zu verbessern. Der Begriff der „geistigen Rüstung", der im Mittelpunkt der ursprünglichen Konzeption der Inneren Führung stand, später auf den einzelnen Soldaten eng geführt und ab den 80er Jahren in Vergessenheit geraten ist, legt dafür Zeugnis ab.

Zweck und Ziele hybrider Kriegführung

Hybride Kriegführung wird weithin als die kreative Kombination von zivilen und militärischen Mitteln und Wegen verstanden. Diese werden in einer sorgfältig synchronisierten Weise eingesetzt, um einen politischen Zweck zu erreichen.[3] Der Zweck, den Staaten oder Nicht-Staatliche Akteure (NSA) damit verfolgen, besteht darin, ihre nicht-demokratischen Regime zu erhalten und vor westlicher Intervention zu schützen sowie ihre Verhandlungspositionen und strategischen Optionen in den internationalen Beziehungen zu verbessern.

Russland ist ein Idealtypus für dieses Verständnis hybrider Kriegführung. Trotz aller Aufrüstungsanstrengungen der letzten zehn Jahre verfügt dieses Land nicht über ausreichend militärische Fähigkeiten, um einen konventionel-

---

[3] Das Neue der hybriden Kriegführung wurde analysiert von Frank G. Hoffman, Conflict in the 21st Century: The Rise of Hybrid Wars, in Potomac Institute for Policy Studies Arlington, Virginia Dezember 2007; Alex Deep, Hybrid War: Old Concepts, New Techniques, in Small Wars Journal, 2. März 2015.
https://www.smallwarsjournal.com/print/22276 (aufgerufen am 22. April 2017).

len Krieg gegen die NATO mit Aussicht auf Erfolg zu führen. Um seine politischen Ziele zu erreichen, muss es daher verstärkt zivile Mittel und Wege einsetzen und diese eng mit militärischen Fähigkeiten koordinieren. Der Einsatz des Militärs darf dabei nicht die Schwelle zu einem Krieg überschreiten. Auf diese Weise wird die russische Strategie von Anfang an hybrid und damit eine ‚*grand strategy*'.[4]

Die hybride Kriegführung Russlands in der Ukraine unterstreicht, dass die russische Regierung unter Putin bewusst die Vereinbarungen des internationalen Systems einschließlich des Völkerrechts verletzt. Das internationale System, wie es nach dem Zweiten Weltkrieg entwickelt und nach dem Zusammenbruch des Warschauer Paktes ausgebaut wurde, bietet Russland nicht genügend Vorteile (‚*relative advantages*'), um seine Stellung in der Welt zu verbessern.[5] Es ist daher davon auszugehen, dass der oberste Zweck der hybriden Kriegführung

---

[4] Der Begriff '*grand strategy*' geht zurück auf den Briten Basil Liddell Hart (Basil Liddell Hart, Strategy, New York 1991, S. 319-333). Das russische strategische Denken wurde eingehend analysiert von Stephen R. Covington, The Culture of Strategic Thought Behind Russia's Modern Approaches to Warfare, in Harvard Kennedy School/Belfer Center for Science and International Affairs, Oktober 2016; und von Timothy L. Thomas, Russia Military Strategy, in Foreign Military Studies Office (FMSO), Fort Leavenworth/Ks. 2015. Auch der russische Ansatz verbindet offensive hybride Kriegführung mit der Steigerung eigener Resilienz. Die Einsicht, dass die bunten, vom Westen inspirierten Revolutionen eine Gefahr für das Regime darstellten, führte dazu, dass die russische Regierung eine Vielzahl unterschiedlicher Maßnahmen traf, um die Resilienz in Politik, Gesellschaft und Militär zu verbessern. Dazu gehören die Betonung der Besonderheiten russischer Kultur, die Förderung des Nationalismus, die Herausstellung des Westens als Feindbild, die Stärkung der Reputation des russischen Militärs, die Einrichtung eines nationalen Verteidigungskommandos, gemeinsame Übungen aller Staatsorgane unter Einbeziehung der Bevölkerung, das Herbeiführen eingefrorener Konflikte (‚*frozen conflicts*') im nahen Umfeld und die Einrichtung von Pufferzonen an den Grenzen Russlands. Siehe dazu Christina Varriale, Rethinking Deterrence and Assurance: Russia's Strategy Relating to Regional Coercion and War, and NATO's Response, NDC Conference Report 03/16, October 2016; Covington, The Culture of Strategic Thought Behind Russia's Modern Approaches to Warfare, S. 23-24; Giles, Keir, Conclusion: "Is Hybrid Warfare Really New?", in NATO's Response to Hybrid Threats, hrsg. von Guillaume Lasconjarias und Jeffrey A. Larsen, NATO Defense College, Rom 2015, S. 327.

[5] John Mearsheimer vertritt die Auffassung, dass Russlands revanchistische Außenpolitik durch die Brille der Realpolitik betrachtet werden muss. Sie stünde im Gegensatz zum liberalen, vom Westen vertretenen Ansatz in den internationalen Beziehungen. (Two Worlds, two Playbooks: Why Moscow and Washington don't understand each other, 21.10.2016.). http://valdaiclub.com/a/higlights/two-worlds-two-playbooks-moscow-and-washington (aufgerufen am 17. April 2017).

Russlands darin besteht, die bestehende Weltordnung zu unterminieren und insbesondere auch das europäische Sicherheitssystem mit NATO und EU zu destabilisieren. Dazu dient eine Strategie, die eigene Vorteile nutzt und effektiver ist als die des Westens.

Strategie als Wettbewerbsvorteil

Die Kriegsgeschichte bietet zahlreiche Beispiele dafür, dass die negativen Folgen fehlerhafter Strategien nicht durch Erfolge auf der operativen und taktischen Ebene wettgemacht werden können.[6] Obwohl nicht wenige Experten Russland als eine Nation im Niedergang sehen („*declining power*"), sollte nicht verkannt werden, dass dieses Land über Stärken verfügt, die dessen Regierung auf der strategischen Ebene geschickt nutzt.[7] Das strategische Denken der russischen Elite kann durch folgende Prinzipien charakterisiert werden:

- Verstehe den Gegner (*'Emphasizing the enemy'*): Nutze wissenschaftliche Methoden, um den Gegner besser zu verstehen. Identifiziere seine Schwächen und nutze diese aus, besonders auf der strategischen Ebene.[8]
- Erarbeite kohärente Strategien (*'Developing coherent strategies'*): Synchronisiere alle militärischen (konventionellen, irregulären und nuklearen) und zivilen Instrumente der Staatskunst sowie alle Befehls- und Weisungsebenen (strategisch, operativ und taktisch) durch ein zentral geführtes nationales

---

[6] Beispiele sind der Ostfeldzug der Wehrmacht im Zweiten Weltkrieg und der Krieg der USA in Vietnam. Trotz großer Erfolge auf der taktischen und operativen Ebene gingen dieser Feldzug bzw. Krieg aufgrund von Fehlern in der Strategie verloren.

[7] Zweck und Ziele der russischen Strategie werden näher diskutiert von Covington, The Culture of Strategic Thought behind Russia's Modern Approaches to Warfare, S. 41-42, 45; Deborah Yarsike Ball, Protecting Falshoods: With a Bodyguard of Lies: Putin's Use of Information Warfare", in Research Paper NATO Defense College, No. 136, Rom, Februar 2017, S. 2 . In diesem Zusammenhang wird auch häufig die sogenannte Gerasimov-Doktrin angeführt. Siehe dazu Charles K. Bartles, Getting Gerasimov Right, in Military Review, Januar/Februar 2016, S. 30-38.
http://usacac.army.mil/CAC2/MilitaryReview/Archives/English/MilitaryReview_20160228_art009.pdf. (aufgerufen am 24. April 2017).

[8] Bartles, Getting Gerasimov Right, S. 31. Zur Aufklärung (*'intelligence'*) siehe auch Sun Tzu, *The Art of War*, London/Oxford/New York 1971.

Kommando der Gesamtverteidigung, das Strategien erarbeitet, umsetzt und permanent anpasst.[9]

- **Bewahre Ambiguität:** Sei unberechenbar und opportunistisch in deinen Handlungen, und passe Strategien reaktionsschnell an, um flexibel auf günstige Gelegenheiten und neu auftauchende Risiken zu reagieren.[10]
- **Unterlaufe das Kriegsbild des Westens:** Nimm Abstand von offiziellen Kriegserklärungen. Konventionelle Kriege sollten so schnell wie möglich beendet werden[11], während hybride Angriffe permanent durchgeführt werden können.
- **Nutze den Paradigmenwechsel zum „*war among the people*"[12]:** Instrumentalisiere die Bevölkerung oder bestimmte Bevölkerungsgruppen und verleite sie dazu, so zu handeln, dass eigene politische Ziele erreicht werden. Mögliche Mittel und Wege sind beispielsweise Informations-/Desinformationskampagnen sowie der Einsatz von paramilitärischen und befreundeten Kräften. In der strategischen Kommunikation muss es darum gehen, Russland als Opposition zum Westen darzustellen sowie mit ausgewählten staatlichen und nicht-staatlichen Akteuren, die ebenfalls die westliche Dominanz im internationalen System überkommen wollen, zusammen zu arbeiten. Der Informationskrieg soll auf dem Gebiet des gegnerischen Bündnisses bzw. Staates ausgetragen werden, während die eigene Bevölkerung vor ausländischen Informationen geschützt und die Informationsversorgung weitestmöglich kontrolliert wird.[13]
- **Nutze die Zeit als strategischen Vorteil:** Bereite das Konflikt-/Kriegsgebiet vor. Kaufe Zeit durch die Implementierung von verborgenen Strategien (*hidden strategies;* 'maskirovka') sowie durch Täuschung und Überraschung.

---

[9] Covington, The Culture of Strategic Thought behind Russia's Modern Approaches to Warfare, S. 4, 10, 12, 15-16. Siehe auch Magarete Klein, Russia's New Military Doctrine. NATO, the United States and the 'Colour Revolutions', SWP-Comments, No. 9, Februar 2015.

[10] Covington, The Culture of Strategic Thought behind Russia's Modern Approaches to Warfare, S. 17-20.

[11] Siehe Ralph D. Thiele, Building Resilience Readiness against Hybrid Threats – A Cooperative European Union / NATO Perspective, ISPSW Strategy Series: Focus on Defense and International Security, No. 449, September 2016. http://www.ispsw.com/wp-content/uploads/2016/09/449_Thiele_Malaysia_Sep2016.pdf. (aufgerufen am 10. April 2017). See also Covington, The Culture of Strategic Thought Behind Russia's Modern Approaches to Warfare, S. 34, 36-38.

[12] Sir Rupert Smith, The Utility of Force, New York 2007.

[13] Die Kontrolle von Narrativen beschreibt Ball, Protecting Falshoods, S. 9-13.

Bewahre die Initiative und nutze aus, dass es schwierig ist, Konflikte vorherzusehen, und dass der Westen Probleme hat, präventive Maßnahmen zeitgerecht durchzuführen und hybride Kriegführungen ganzheitlich zu rekonstruieren.[14]

- <u>Setze deine militärischen Mittel ein, ohne das Risiko einer strategischen Niederlage einzugehen:</u> Synchronisiere militärische Mittel und Wege, um Regierungen zu drohen und Bevölkerungen einzuschüchtern, um zivile Akteure zu unterstützen und um das eigene Territorium gegen militärische Maßnahmen des Westens, insbesondere Interventionen der NATO, zu schützen (beispielsweise durch A2AD[15] und weitreichende Präzisionswaffen).[16]

Diese Prinzipien entsprechen sowohl der russischen Militärtradition als auch Entwicklungen in der modernen Kriegführung. Russland greift ganz im Sinne des strategischen Denkens seit Sun Tzu dort an, wo es Schwächen in der Strategie der NATO und ihrer Mitgliedsstaaten identifiziert hat. Die Analyse der Kriege der USA und ihrer Alliierten in Afghanistan und im Irak brachte eine wertvolle Erkenntnis zutage: Es bereitet dem Westen größte Schwierigkeiten, kohärente Strategien für nicht-existentielle Konflikte zu erarbeiten und umzusetzen[17] Die Verteidigung Europas gegen hybride Bedrohungen darf sich daher keinesfalls auf die drei Baltischen Staaten, die sich bereits inmitten eines hybriden Krieges mit Russland befinden[18], beschränken. Sie sind wahr-

---

[14] Covington, The Culture of Strategic Thought behind Russia's Modern Approaches to Warfare, S. 13-20; Bartles, Getting Gerasimov Right, S. 31

[15] **A**nti-**A**rea **A**ccess **D**enial (A2AD)

[16] Covington, The Culture of Strategic Thought behind Russia's Modern Approaches to Warfare, S. 29.

[17] Die Schwierigkeiten und Fehler in den US-amerikanischen Strategiebildungsprozessen beschreiben Ricks (Thomas E. Ricks, Fiasko. The American Military Adventure in Iraq, London: Penguin Books, 2007) und Woodward (Bob Woodward, Obama's Wars, New York/London/Tokyo/Sydney 2010).

[18] Andrew Radin, Hybrid Warfare in the Baltics. Threats and Potential Responses, RAND Corporation 2017. http://www.rand.org/pubs/research_reports/RR1577.html. (aufgerufen am 22. April 2017). Das Ergebnis dieser Studie, dass die Baltischen Staaten höchst gefährdet sind durch einen konventionellen Angriff Russlands, widerspricht nicht der Feststellung, dass diese Staaten sich schon seit längerer Zeit in einem hybriden Krieg mit ihrem Nachbarn im Osten befinden. Ein mögliches hybrides Kriegsszenario für die Baltischen Staaten beschreibt Mark Galeotti, Time to Think About 'Hybrid Defense', in War on the Rocks, 30. Juli 2015. https://warontherocks.com/2015/07/time-to-think-about-hybrid-defense

scheinlich noch nicht einmal der Schwerpunkt. Dieser dürfte vielmehr auf den USA und denjenigen europäischen Mitgliedsstaaten liegen, die strategische Entscheidungen der NATO maßgeblich bestimmen.

Resilience als Gegenmaßnahme

Die Analyse der Komplexität neuer Bedrohungen unterschiedlichster Akteure verbunden mit der Einsicht in die geringe Vorhersehbarkeit ihrer Angriffe ist die Grundlage für die hohe Relevanz von Resilienz in den neuesten strategischen Konzepten des Westens. Die Schlussfolgerung daraus ist alles andere als ermutigend: Demokratische Staaten können die Sicherheit ihrer Bürgerinnen und Bürger nicht garantieren, ohne selbst zum Feind offener Gesellschaften zu werden.[19] Daher müssen alle Akteure, von den internationalen Organisationen über die Institutionen des Staates bis hin zu den einzelnen Individuen darauf vorbereitet sein, Angriffen standzuhalten, deren Wirkungen auszuhalten, schnell Auswirkungen zu beheben, aktiv Gegenmaßnahmen durchzuführen und daraus zu lernen. Die positive Nachricht ist: Im besten Fall kann die Erhöhung von Resilienz dazu beitragen, weitere Angriffe abzuschrecken, weil Gegner erkennen, dass sie die von ihnen gewünschten Wirkungen einfach nicht erreichen können.

Die NATO hat unmittelbar nach den Ereignissen in der Krim entschieden, ihre Resilienz als eine von mehreren Gegenmaßnahmen zur Abwehr hybrider Angriffe zu verbessern.[20] Beim letzten NATO-Gipfel in Warschau im Sommer 2016 verständigten sich die NATO-Mitgliedsstaaten u.a. darauf, sieben 'ba*seline requirements*' zu erfüllen. Diese umfassen die Fortsetzung der Regierungsfähigkeit und staatlicher Dienstleistungen, die ununterbrochene Versorgung

---

(aufgerufen 17. April 2017).
[19] Eine grundsätzliche Analyse von Komplexität und Ungewissheit liefert Jean Boulton, Embracing Complexity: towards fairness, sustainability and happiness, in openDemocracyUK, 27. Juli 2016. https://www.opendemocracy.net/uk/austerity-media/jean-boulton/embracing-complexity-towards-fairness-sustainability-and-happiness. (aufgerufen am 15. März 2017).
[20] Die NATO Strategie zur Abwehr hybrider Bedrohungen ist ein geheimes Dokument. Informationen dazu liefert *Allied Command Transformation,* Successful 'Countering Hybrid Threats' experiment in Estonia.
http://www.act.nato.int/successful-countering-hybrid-threats-experiment-in-estonia (aufgerufen am 23. April 2017).

mit Gütern wie Energie, Wasser und Nahrung sowie die Aufrechterhaltung von Kommunikation und Verkehr. [21]

Die *baseline requirements* spiegeln ein Verständnis von Resilienz wider, dass sehr stark durch operationelle Forderungen des Militärs für die Landes- und Bündnisverteidigung geprägt ist. Vor dem Hintergrund der Notwendigkeit schneller Verlegungen von größeren Truppenkörpern innerhalb des gesamten NATO-Territoriums sind Verbesserungen in diesen Bereichen wohl auch dringend erforderlich. Sie helfen allerdings höchstens indirekt dabei, die Schwächen und Defizite in den Strategiebildungsprozessen zu beheben. Solange die Strategiefähigkeit nicht entscheidend verbessert wird, bleibt die Nützlichkeit von militärischen Verbänden und Großverbänden gering; und solange werden hybrid agierende Gegner genau dort den entscheidenden Vorteil suchen. Daher sollte die Strategiefähigkeit der NATO und ihrer einzelnen Mitgliedsstaaten selbstkritisch analysiert werden. Resilienz ist dafür eine geeignete Prüfinstanz, in deren Mittelpunkt die Nahtstellen der Wechselwirkungsbeziehungen innerhalb der ‚wunderlichen Dreifaltigkeit' von Politik, Gesellschaft und Militär stehen.[22]

Welche strategischen Grundsätze helfen der NATO und ihren Mitgliedsstaaten, ihre Resilienz ganzheitlich und auf einander abgestimmt zu verbessern? Welche Schwächen müssen behoben, welche Stärken genutzt werden?

- Sei selbstkritisch: Denke kritisch und ehrlich über Schwächen innerhalb der NATO, ihrer Organisationen sowie ihrer Mitgliedsstaaten nach. Aufgrund ihrer Erfolgsgeschichte hat die NATO Kritik eher an andere Akteure gerichtet, aber nicht als Selbstkritik auf sich selbst bezogen. Nicht umsonst sagte ein hoher ehemaliger NATO Repräsentant kürzlich während eines Vortrags am NATO Defense College in Rom, die größte Gefahr für die Existenz und den Erfolg der NATO sei sie selbst.[23]
- Verstehe Strategiebildung als einen permanenten Prozess: Ziele, Mittel und Wege müssen in einem permanenten Abstimmungsprozess mit allen involvierten Akteuren ausbalanciert werden. Zwar scheinen die derzeitigen Pro-

---

[21] Zu den 'baseline requirements' siehe Lorenz Meyer-Minnemann, Forward Resilience: Protecting Society in an Interconnected World. Working Paper Series. Resilience and Alliance Security: The Warsaw Commitment to Enhance Resilience, Johns Hopkins School of Advanced International Studies, S.. 2-3.
[22] Julian Lindley-French, NATO and New Ways of Warfare: Defeating Hybrid Threats, NDC Conference Report, No. 3, Rom Mai 2015, S. 1.
[23] Während einer Vorleseung am NDC im April 2017 sagte dieser NATO Repräsentant: "The biggest threat to NATO is ourselves."

zesse in der NATO die Erwartungen ihrer Mitgliedsstaaten zu erfüllen. Allerdings gibt es zahlreiche Brüche: Selbst größere europäische Nationen verfügen nicht oder kaum über Einrichtungen, die auf die Erarbeitung, Umsetzung und Adjustierung von Strategien spezialisiert sind. Eine Kohäsion zwischen den Prozessen zur Generierung von Mitteln (Kräfte und Ressourcen) und den operationellen Anforderungen in den Einsatzgebieten ist kaum gegeben. Zwischen Zielen, Mitteln und Wegen besteht nicht selten eine Kluft.[24] Dies liegt nicht zuletzt daran, dass Nationen sich daran gewöhnt haben, nicht ihre tatsächlich vorhandenen Kräfte und Mittel für die Planungsprozesse der NATO einzumelden.[25] Schließlich gibt es unterschiedliche strategische Kulturen unter den NATO Mitgliedsstaaten[26] sowie zwischen der NATO und anderen internationalen Organisationen.

- <u>Zeige Respekt gegenüber allen anderen beteiligten Akteuren</u>: Entscheidend für die Verbesserung der Synchronisation unterschiedlichster Akteure ist deren Vertrauen zueinander. Zivile Beamte im Hauptquartier der NATO sollten das militärische Personal genauso wenig geringschätzen wie Soldaten ihre zivilen Partner als „Bürger zweiter Klasse in Operationen" abwerten sollten.[27] Zwar wird der Dialog zwischen Politikern und Militärs immer ein „ungleicher Dialog" (*unequal dialogue*[28]) bleiben, da letztlich die Politiker entscheiden müssen. Nichtsdestotrotz, ein Dialog muss stattfinden, in dem Militärs eine faire Chance bekommen sollten, ihren besten Rat zu geben. Es scheint indessen so zu sein, dass die zivil-militärischen Beziehungen in vielen Nationen wie auch im NATO Hauptquartier durchaus belastet sind.[29]

---

[24] Neben den fehlenden militärischen Fähigkeiten sollte auch die politische Trägheit der NATO und ihrer Mitgliedsstaaten betrachtet werden. Siehe Lindley-French, NATO and New Ways of Warfare, S. 1.
[25] So sagte ein ehemaliger General der NATO bei einem Tischgespräch am NDC einmal: "If nations want to lie to NATO, they do so."
[26] Siehe Heiko Biehl et al. (ed.), Strategic Cultures in Europe. Security and Defence Policies Across the Continent, Wiesbaden (Springer) 2013.
[27] Alan Ryan, The Strategic Civilian: Challenges for Non-Combatants in 21st Century Warfare, in Small Wars Journal, 31. März 2016, S. 9. http://smallwarsjournal.com/jrnl/art/the-strategic-civilian-challenges-for-non-combatants-in-21st-century-warfare (aufgerufen am 12. April 2017).
[28] Elliot A. Cohen, *Supreme Command. Soldiers, Statesmen, and Leadership in Wartime*, New York 2013.
[29] Klaus Naumann, *Einsatz ohne Ziel? Zur Politikbedürftigkeit des Militärischen,* Hamburg 2006; Hew Strachan, The Direction of War, New York 2013.

- Beziehe die Gesellschaften mit ein: Der Umgang mit der Gesellschaft insgesamt und mit einzelnen gesellschaftlichen Gruppen trägt entscheidend dazu bei, dass diese strategische Entscheidungen verstehen und ggf. unterstützen. Um deren Wissen über und Interesse an Sicherheitspolitik zu verbessern, sollten Politiker sicherheitspolitische Fragestellungen thematisieren, und Beamte und Soldaten sollten sich zu diesen Fragestellungen auch mit ihrer Expertise äußern können, ohne den Primat der Politik dadurch in Frage zu stellen. Desinformationskampagnen sollten mit freien Medien und wahrer Berichterstattung begegnet werden[30] Die geringe Beteiligung der Bevölkerung in den Strategiebildungsprozessen ist der wohl größte Schwachpunkt der Strategiefähigkeit des Westens.
- Stelle die Ergebnisse der strategischen Diskurse über die nationalen Interessen: Es ist wichtig für die NATO, dass sie ihr Konsensprinzip beibehält. Allerdings sollte dessen Zweck stärker herausgearbeitet und berücksichtigt werden. Das Konsensprinzip trägt dazu bei, dass Mitglieder sich an einmal getroffene Entscheidungen halten. Damit wird die Kohäsion zweifelsfrei gestärkt. Probleme entstehen jedoch dann, wenn Staaten das Konsensprinzip nutzen, um einseitig ihre nationalen Interessen durchzusetzen und damit diejenigen vor den Kopf stoßen, die *win-win situations* generieren wollen. Der beste Weg, um Kohäsion, einheitliche Zielsetzungen, die Unterstützung der Menschen und damit Resilienz zu verbessern, besteht darin, Diskurse mit der Suche nach den besten Lösungen zu fördern und diese jenseits nationaler Interessen umzusetzen.[31]
- Wähle und bilde geeignetes Personal aus und betone die Rolle von ‚Führen mit Auftrag': Das Führungspersonal sollte in der Lage sein, kritisch und strategisch zu denken. Es sollte zudem bereit sein, Ungewissheit als Chance für die Auftragserfüllung sowie für die eigene Persönlichkeitsentwicklung und nicht ausschließlich als Gefahr für die eigene Karriere zu sehen.[32] ‚Führen mit Auftrag' (*'Mission command'*) ist die Methode, die am besten für

---

[30] Sven Biscop, Hybrid Hysteria, Security Policy Brief, No. 64 (Juni 2015), S. 3-4. http://aei.pitt.edu/64790/ (aufgerufen am 20. April 2017).
[31] Zum konstruktivistischen Ansatz in den internationalen Beziehungen siehe Thomas Risse, Let's argue!: Communicative Action in World Politics, in International Organization 54, No. 1, Winter 2000, S. 10.
[32] Zum kritischen Denken auf der strategischen Ebene siehe Stephen J. Gerras, Thinking Critically about Critical Thinking: A Fundamental Guide for Strategic Leaders, US Army War College, Carlisle, August 2008.

Handeln unter den Bedingungen von Komplexität und Ungewissheit geeignet ist.[33] Zusätzliche pädagogische Anstrengungen vor allem in der strategischen Bildung des Führungspersonals sowie die Anwendung von ‚Führen mit Auftrag' auf der taktisch-operativen und auch auf der strategischen Führungsebene können Resilienz fördern.

- <u>Revitalisiere die 'vernetzte Sicherheit'</u> („*comprehensive approach*"): Erreiche eine verbesserte Kooperation der zu beteiligenden Akteure trotz ihrer unterschiedlichen Organisationsinteressen, ihres begrenzten Verständnisses füreinander und ihrer divergierenden Erwartungen beispielsweise durch einen verbesserten Informationsaustausch (‚share to win') sowie gemeinsame Planung und Ausbildung. Die Resilienz ziviler Partner, auf deren Leistungsfähigkeit militärische Operationen beruhen, kann das Militär dadurch verbessern, indem es subsidiär unterstützt und, falls erforderlich, auch für begrenzte Zeiträume zivile Aufgaben übernimmt.

Die soeben aufgeführten strategischen Grundsätze beruhen auf wesentlichen Erkenntnissen des wissenschaftlichen Diskurses in Sicherheitspolitik und Strategie. Ihr positiver Einfluss auf die Resilienz von Staaten, Organisationen und Individuen ist offensichtlich. Sie sind allerdings noch nicht integraler Bestandteil der strategischen Kultur innerhalb der NATO.[34] Dies gereicht der NATO zum Nachteil: Selbst wenn die NATO über ausreichend einsatzbereite konventionelle Kräfte für die Bündnisverteidigung verfügte, wäre deren Nützlichkeit in hybriden Szenarien eingeschränkt, solange die Prozesse zur Erarbeitung, Implementierung und Anpassung von Strategien nicht verbessert sind.[35] Die Verbesserung der Strategiefähigkeit der NATO und ihrer Mitgliedsstaaten ist die wichtigste Voraussetzung für die Verbesserung ihrer Resilienz.

---

[33] Ingo Wittmann, *Auftragstaktik. Just a command technique or the core pillar of mastering the military operational art?*, Berlin 2012.
[34] Zur Theorie der 'strategischen Kultur' siehe Heiko Biehl et al. (Hrsg.), *Strategic Cultures in Europe. Security and Defence Policies Across the Continent*, Wiesbaden 2013, S. 8-12.
[35] Dies erfordert mehr als die beschleunigte Entscheidungsfindung. Siehe dazu "Defence Ministers decide to bolster the Nato Response Force, reinforce Collective Defence", *NATO*, 24. Juni 2015
 (http://www.nato.int/cps/en/natohq/news_120993.htm) (aufgerufen am 12. April 2017).

Schlussfolgerungen

Die Geschichte der NATO kann durchaus als eine Erfolgsgeschichte erzählt werden. Sie ist gleichzeitig aber auch eine Geschichte interner Krisen. Bisher hat das interne Krisenmanagement die Fähigkeit der NATO zur Anpassung an neue sicherheitspolitische Herausforderungen gestärkt.[36] Mit dem Auftauchen hybrider Bedrohungen ist allerdings ein Kerngeschäft der NATO in Gefahr: Überlegenheit durch überlegene Strategiefähigkeit zu erzielen. Dies trifft die NATO ins Mark; sie steht damit vor ihrer wohl bisher schwierigsten Anpassung.

Zunächst kommt es darauf an, die NATO-internen Prozesse der Strategiebildung und ihrer Umsetzung in Streitkräfteplanung und Operationsführung zu optimieren.[37] Ein weiterer wesentlicher Schwerpunkt sollte auf der Bevölkerung in den NATO-Mitgliedsstaaten und darüber hinaus gelegt werden. Den strategischen Trend des ‚empowerment of the people' sollte die NATO für sich nutzen und nicht gegnerischen Akteuren überlassen. Mögliche Mittel und Wege sind eine verbesserte Transparenz strategischer Entscheidungen, die kritische Evaluierung früherer Strategien und Operationen und vor allem die Initiierung und Aufrecherhaltung eines NATO-weiten strategischen Diskurses. Hier könnte die NATO neue Wege gehen. Dazu gehört beispielsweise die Errichtung von öffentlichen NATO-Universitäten (die das in einer Militärstadt eingesperrte, von dem öffentlichen Diskurs separierte NATO Defense College ablösen) oder die bessere Nutzung von in NATO-Dienststellen eingesetzten Offizieren und Unteroffizieren für die Kommunikation mit zivilgesellschaftlichen Gruppen. Die NATO selbst müsste dazu deutlich größere Anstrengungen in der (politischen) Bildung ihres Personals unternehmen und dies nicht allein den Nationen überlassen. Nützlich wären auch Maßnahmen zur Vermittlung von Identität und Tradition der NATO.

Ein weiteres wichtiges Handlungsfeld ist der Neuansatz in der Zusammenarbeit mit internationalen Organisationen sowie mit Industrie und Wirtschaft. Dabei steht die EU an erster Stelle. Die EU ist nicht nur ein unverzichtbarer Akteur in der Verbesserung der Resilienz ihrer Mitgliedsstaaten, die sehr häufig auch der NATO angehören. Die EU ist auch ein wichtiger Akteur, um Stabilität in den Staaten Afrikas und des Nahen und Mittleren Ostens zu fördern. Wenn es um die Abwehr hybrider Bedrohungen geht, ist die NATO sogar ab-

---

[36] Uwe Hartmann, *Carl von Clausewitz and the Making of Modern Strategy*, Berlin 2002, S. 100-106.
[37] Siehe Abschnitt 4 "Resilience als Gegenmaßnahme" dieses Beitrags.

hängig von der Unterstützung durch die EU.[38] Diese Abhängigkeit sollte eine möglicherweise in den Augen von NATO-Angehörigen existierende Geringschätzung der EU beenden und darüber hinaus den Weg freimachen für eine Intensivierung gemeinsamer Planungen für Übungen und Einsätze sowie für gemeinsame Strategiebildungsprozesse. Dies könnte so weit gehen, dass – vergleichbar mit dem Berlin plus Abkommen – diesmal die NATO sich an die EU wendet und mit ihr ein Abkommen über den gesicherten Zugang zu deren Mitteln und Wegen abschließt.

Für die Verbesserung der Strategiefähigkeit sollten diejenigen Staaten, die bisher die strategische Arbeit in der NATO dominiert haben, die Führung übernehmen. Angesichts der Fehler der USA in den Strategien für Afghanistan (2009 war die NATO so gut wie überhaupt nicht daran beteiligt) und Irak sollten europäische Nationen deutlich mehr Initiative zeigen. Parallel dazu sollte die politische und militärische Führung der NATO Veränderungen in der strategischen Kultur initiieren, wie sie weiter oben dargelegt wurden. Dieser Prozess könnte von Wissenschaftlern begleitet und durch externe Beratungsgesellschaften ('audits') überprüft werden. Angesichts der besonderen Herausforderungen komplexer Strategiebildungsprozesse sollte über die Errichtung einer *Strategic Advisery Group* mit spezifisch ausgebildetem Personal nachgedacht werden. Es ist außerordentlich wichtig, dass die Führung nicht nur die Wichtigkeit, sondern auch die Dringlichkeit dieses Veränderungsmanagements erläutert und eine verständliche Vision kommuniziert.[39] Dabei kann die NATO ihre einzigartige Stärke als Sozialisierungsinstanz nutzen, die bis in die Mitgliedsstaaten hinein wirkt.

Was bedeutet diese Analyse für die Innere Führung der Bundeswehr? Claus von Rosen ruft in seinem Beitrag in diesem Jahrbuch in Erinnerung, dass am Anfang von Wolf Graf von Baudissins Denken die Strategie stand. Daher sollte auch die Innere Führung als eine strategische Konzeption verstanden werden, die auf keinen Fall auf eine Anleitung zur Menschenführung reduziert werden darf. Sie zeigt ihre Stärke in der Analyse sicherheitspolitischer Herausforderungen mit Handlungsempfehlungen, die von der Gestaltung der europäischen Sicherheitsarchitektur bis hinunter zur Bildung des einzelnen Soldaten

---

[38] Also the World Bank (WB) and the International Monetary Fund (IMF) are important stakeholders that can contribute to NATO's mission. During presentations by representatives of both organizations in Washington in May 2017, the clear interest of increased cooperation with NATO with voiced.

[39] John P. Kotter, Leading Change, Boston 2012.

reichen. Wer meint, die Innere Führung gehöre auf den Schrotthaufen der deutschen Militärgeschichte, der verkennt ihr Potential, das gerade angesichts hybrider Bedrohungen eine Revitalisierung erfahren sollte.

Zu den strategischen Kerngedanken der Inneren Führung gehören Kooperation, Empathie und die jederzeitige Berücksichtigung der berechtigten Interessen des anderen. Dies gilt sowohl für die Ebene der Bündnisse und Staaten wie für die Ebene der Individuen, seien diese nun Staatsbürger mit oder Staatsbürger ohne Uniform. Die gegen die NATO und ihre Mitgliedsstaaten gerichteten hybriden Bedrohungen zeigen auf, dass in der Gestaltung der europäischen Sicherheitsarchitektur genauso Fehler gemacht wurden wie in der Ausgestaltung der zivil-militärischen Beziehungen innerhalb der NATO und ihrer Mitgliedsstaaten. Die Angriffsziele hybrid agierender Akteure auf westliche Staaten zeigen auf, wo deren Schwächen liegen. Sie liegen in Bereichen, in denen die Innere Führung von Anfang an die Quelle für eigene Handlungsstärke und Überlegenheit gesehen hat. Wenn diese heute eher Schwächen darstellen, so ist dies kein Versagen der Inneren Führung, sondern aller an der Gestaltung der ‚wunderlichen Dreifaltigkeit' beteiligten Akteure, vor allem der politischen Leitung und militärischen Führung der Bundeswehr, die es über einen längeren Zeitraum nicht verstanden haben, den strategischen Gehalt der Inneren Führung zu erfassen, zu erklären und ganzheitlich zu implementieren.

Literatur

Ball, Deborah Yarsike, "Protecting Falshoods: With a Bodyguard of Lies: Putin's Use of Information Warfare", *Research Paper NATO Defense College*, No. 136, Rome February 2017.

Bara, Corinne and Broennigmann, Gabriel, "Resilience. Trends in Policy and Research", *ETH Zuerich, Center for Security Studies CSS*, April 2011.

Bartles, Charles K., "Getting Gerasimov Right", *Military Review*, January/February 2016, pp. 30-38.
http://usacac.army.mil/CAC2/MilitaryReview/Archives/English/Military Review_20160228_art009.pdf.

Baylis, John and Wirtz, James J. and Gray, Colin S., *Strategy in the contemporary World*, New York: Oxford University Press: 2010.

Biehl, Heiko, Giegerich, Bastian, Jonas, Alexandra (ed.), *Strategic Cultures in Europe. Security and Defence Policies Across the Continent*, Wiesbaden: Springer, 2013.

Biscop, Sven, "Hybrid Hyseria", *Security Policy Brief*, No. 64 (June 2015).
http://aei.pitt.edu/64790/

Boulton, Jean, "Embracing Complexity: towards fairness, sustainability and happiness", *openDemocracyUK*, 27 July 2016.
https://www.opendemocracy.net/uk/austerity-media/jean-boulton/embracing-complexity-towards-fairness-sustainability-and-happiness.

Breedlove, Philip M., Forword. In: *NATO's Response to Hybrid Threats*, edited by Guillaume Lasconjarias and Jeffrey A. Larsen, Rome: NATO Defense College, 2015, pp. xxi-xv.

Clausewitz, Carl von, *On War*, edited and translated by Michael Howard and Peter Paret, Princeton/New Jersey: Princeton University Press, 1984.

Cohen, Elliot A., *Supreme Command. Soldiers, Statesmen, and Leadership in Wartime*. New York: Anchor Books, 2013.

Covington, Stephen R., "The Culture of Strategic Thought Behind Russia's Modern Approaches to Warfare", *Harvard Kennedy School/Belfer Center for Science and International Affairs*, Paper October 2016.
http://www.belfercenter.org/publication/culture-strategic-thought-behind-russias-modern-approaches-warfare

Deep, Alex, "Hybrid War: Old Concepts, New Techniques", Small Wars Journal, 2 March 2015.

https://www.smallwarsjournal.com/print/22276

"Defence Ministers decide to bolster the Nato Response Force, reinforce Collective Defence", *NATO*, 24 Juni 2015.

http://www.nato.int/cps/en/natohq/news_120993.htm.

Ford, Matthew, Rose, Patrick, Body, Howard, "COIN is Dead – Long Live Transformation", *Parameters. The US Army War College Quarterly*, Vol. XLII, No. 3 (Autumn 2012), pp. 32-43.

Galeotti, Mark, "Time to Think About 'Hybrid Defense'", *War on the Rocks*, 30 July 2015.

https://warontherocks.com/2015/07/time-to-think-about-hybrid-defense/

Gerras, Stephen J., "Thinking Critically about Critical Thinking: A Fundamental Guide for Strategic Leaders", *US Army War College*, Carlisle, August 2008.

http://www.au.af.mil/au/awc/awcgate/army-usawc/crit_thkg_gerras.pdf

Giles, Keir, Conclusion: "Is Hybrid Warfare Really New?", *NATO's Response to Hybrid Threats*, ed. by Guillaume Lasconjarias and Jeffrey A. Larsen, Rome: NATO Defense College, 2015, pp. 321-337.

Hanisch, Michael, "What is Resilience? Ambiguities of a Key Term", *Bundesakademie fuer Sicherheitspolitik, Security Policy Working Paper*, no. 19 (2016).

https://www.baks.bund.de/sites/baks010/files/working_paper_2016_19.pdf

Hartmann, Uwe, *Carl von Clausewitz and the Making of Modern Strategy*, Berlin: Miles 2002.

Headquarters Department of the Army, "Hybrid Threats", *Training Circular*, No.7-100, Washington D.C. (26 November 2010).

Hoffman, Frank G., "Conflict in the 21st Century: The Rise of Hybrid Wars", *Potomac Institute for Policy Studies Arlington*, Virginia (December 2007).

Hoffman, Frank G., "Hybrid Warfare and Challenges", *JFH*, issue 52 (1st quarter 2009), pp. 34-39.

Huovinen, Petri, "Hybrid Warfare – Just a Twist of Compound Warfare?", *National Defence University, Department of Military History*, April 2011.

https://www.doria.fi/bitstream/handle/10024/74215/E4081_HuovinenKPO_EUK63.pdf.)

Jacobs, Andreas and Lasconjarias, Guillaume, "NATO's Hybrid Flanks. Handling Unconventional Warfare in the South und the East", *Research Paper NATO Defense College*, No. 112, Rome (April 2015).

Johnson, David E., "Military Capabilities for Hybrid War. Insights from the Israel defense forces in Lebanon and Gaza", *Occasional Paper RAND Corporation* (2010).

http://www.rand.org/content/dam/rand/pubs/occasional_papers/2010/RAND_OP285.pdf

Klein, Magarete, "Russia's New Military Doctrine. NATO, the United States and the 'Colour Revolutions'", *SWP-Comments*, No. 9, February 2015.

Kotter, John P. , *Leading Change*, Boston: Harvard Business Review Press 2012.

Lasconjarias, Guillaume and Larsen, Jeffrey A. (ed.), *NATO's Response to Hybrid Threats*, Rome: NATO Defense College, 2015.

Liddell Hart, Basil, *Strategy*. New York: Penguin Books, 1991.

Lindley-French, Julian, "NATO and New Ways of Warfare: Defeating Hybrid Threats", *NDC Conference Report*, No. 3, Rome May 2015.

https://centrostudistrategicicarlodecristoforis.files.wordpress.com/2015/05/jlf-nato-conference-report-190515.pdf

Major, Claudia, "NATO's Strategic Adaptation. Germany is the Backbone for the Alliance's Military Reorganisation", *SWP Comments*, No. 16, Berlin (March 2015).

https://www.swp-berlin.org/fileadmin/contents/products/comments/2015C16_mjr.pdf

Mattis, James N. and Hoffmann, Frank, "Future Warfare: The Rise of Hybrid Wars", *U.S. Naval Institute*, Vol. 132/11/1,233 (November 2005).

Meyer-Minnemann, Lorenz, "Forward Resilience: Protecting Society in an Interconnected World. Working Paper Series. Resilience and Alliance Security: The Warsaw Commitment to Enhance Resilience", *Johns Hopkins School of Advanced International Studies*.

Münkler, Herfried, *Kriegssplitter. Die Evolution der Gewalt im 20. und 21. Jahrhundert*, Berlin: Rowohlt, 2015.

Muresan, Liviu and Georgescu, Alexandru, "The Road to Resilience in 2050. Critical Space Infrastructure and Space Security", *The RUSI Journal*, vol. 160:6 (2015), pp. 58-66.

Murray, Williamson and Mansoor, Peter R., *Hybrid Warfare. Fighting Complex Opponents from the Ancient World to the Present*, (Cambridge: University Press, 2012).

Naumann, Klaus, "Europa vor alten, neuen und künftigen Gefahren – Herausforderung für die Nationen Europas, die EU und die NATO", in *Wiener Strategie-Konferenz 2016. Strategie neu denken*, edited by Wolfgang Peischel, Berlin: Miles, 2017, p. 178-190.

Popper, Carl R., *The Open Society and its Enemies*, New Jersey: Princeton University Press, 2013.

Andrew Radin, "Hybrid Warfare in the Baltics. Threats and Potential Responses", *RAND Corporation* 2017.

http://www.rand.org/pubs/research_reports/RR1577.html

Ricks, Thomas E., *Fiasko. The American Military Adventure in Iraq*, London: Penguin Books, 2007.

Risse, Thomas, "Let's argue!: Communicative Action in World Politics", in *International Organization* 54, No. 1, Winter 2000.

Rumsfeld, Donald, *Known and Unknown. A Memoir*, New York (Penguin Group) 2011.

Ryan, Alan, "The Strategic Civilian: Challenges for Non-Combatants in 21st Century Warfare. Small Wars Journal", *Journal Article* (31 March 2016).

Schadlow, Nadia, "The Problem with Hybrid Warfare", *War on the Rocks*, April 2015.

https://warontherocks.com/2015/04/the-problem-with-hybrid-warfare/

Seselgyte, Margarita, "Can Hybrid War Become the Main security Challenge for Eastern Europe?", *European Leadership Network*, 17 October 2014.

http://www.europeanleadershipnetwork.org/can-hybrid-war-become-the-main-security-challenge-for-eastern-europe_2025.html

Shea, Jamie, "Resilience: a core element of collective defence", *NATO Review Magazine*

http://www.nato.int/docu/Review/2016/Also-in-2016/nato-defence-cyber-resilience/EN/index.htm

Sir Rupert Smith, *The Utility of Force*. New York: Random House, 2007.

Strachan, Hew, *The Direction of War*. New York: Cambridge University Press, 2013.

"Successful 'Countering Hybrid Threats' experiment in Estonia", *Allied Command Transformation*.
http://www.act.nato.int/successful-countering-hybrid-threats-experiment-in-estonia.

Tamminga, Oliver, "Hybride Kriegsführung. Zur Einordnung einer aktuellen Erscheinungsform des Krieges", *SWP-Aktuell*, No. 27, Berlin (März 2015).
https://www.swp-berlin.org/fileadmin/contents/products/aktuell/2015A27_tga.pdf

Thiele, Ralph D., "Building Resilience Readiness against Hybrid Threats – A Cooperative European Union / NATO Perspective", *ISPSW Strategy Series: Focus on Defense and International Security*, No. 449, September 2016.
http://www.ispsw.com/wp-content/uploads/2016/09/449_Thiele_Malaysia_Sep2016.pdf

"Two Worlds, two Playbooks: Why Moscow and Washington don't understand each other", 21.10.2016.
http://valdaiclub.com/a/higllights/two-worlds-two-playbooks-moscow-and-washington.

Varriale, Christina, "Rethinking Deterrence and Assurance: Russia's Strategy Relating to Regional Coercion and War, and NATO's Response", *NDC Conference Report,* 03/16, October 2016.
http://www.ndc.nato.int/news/news.php?icode=984

Wittmann, Ingo, *Auftragstaktik. Just a command technique or the core pillar of mastering the military operational art?* Berlin: Miles, 2012.

Woodward, Bob, *Obama's Wars*. New York/London/Tokyo/Sydney: Simon&Schuster, 2010.

Bundeswehr, Religion, Reformation. Bericht über eine Tagung am Zentrum für Militärgeschichte und Sozialwissenschaften der Bundeswehr (ZMSBw)

Angelika Dörfler-Dierken

Die Reformation, also das Gesamt der weltgeschichtliche Entwicklungen begründenden Ereignisse um den Wittenberger Mönch Martin Luther, war eines der zentralen Themen im medialen Diskurs des Jahres 2017. Seit zehn Jahren hat die Evangelische Kirche in Deutschland mit der Lutherdekade das Jubiläum des 500. Reformationsfestes, des 500. Jahrestages der Veröffentlichung von neuen religiösen Grundsätzen, vorbereitet. Im Sommer 2017 konnten wir mit dem Evangelischen Kirchentag in Berlin und in der Lutherstadt Wittenberg den Höhepunkt der Feierlichkeiten erleben, am 31. Oktober wurde der Reformationstag Deutschland weit als Feiertag begangen. Der Deutsche Bundestag hat das Reformationsjubiläum zum „Ereignis von Weltrang" erklärt und beachtliche Mittel für die Festveranstaltungen zur Verfügung gestellt, ebenso Bundesländer und Städte mit reformationsgeschichtlicher Bedeutung.

Da liegt es nahe, dass auch staatliche Institutionen wie die Bundeswehr fragen, was es mit der Reformation eigentlich auf sich hat und ob religiöse Ereignisse, ob speziell die Reformation, infolge derer neue evangelische Kirchen aus der katholischen heraus entstanden sind, von irgendeiner Bedeutung für die Bundesrepublik Deutschland und für die Bundeswehr ist. Es stellt sich also die Frage nach dem Verhältnis von Religion und Politik, speziell auch die Frage nach militärischer Homogenität angesichts religiöser Differenzierung. Das Bundesministerium der Verteidigung hat deshalb das Themenfeld „Reformation (M)macht Politik" 2017 als Schwerpunktthema in die Politische Bildung für Soldatinnen und Soldaten aufgenommen; dazu passend hat das Zentrum für Militärgeschichte und Sozialwissenschaften (im Folgenden ZMSBw) im März 2017 eine dreitägige Tagung veranstaltet:

Die Bedeutung der Reformation – für das Militär
Die Bedeutung des Militärs – für die Reformation

Die von Gästen aus dem In- und Ausland sowie von Soldatinnen und Soldaten der Bundeswehr und auch von Vertretern ausländischer Streitkräfte sehr gut besuchte Veranstaltung stand unter der doppelten Perspektive, die sich in ihrem Titel spiegelt. Sie erinnerte daran, dass die neu aufgetretene Religion, die sich wenig später als evangelische Konfession im Unterschied zur altgläubig-katholischen Konfession verdichtete, zeitweilig militärisch gesichert werden musste, und dass gerade evangelische Theologen sowie Soldaten ein besonderes Interesse an der ethischen Bildung der Waffenträger hatten, was sich beispielsweise schon an Luthers Kriegsleuteschrift[1] sowie später etwa an Soldatenkatechismen zeigt. Wichtig war den Autoren dieser historischen Texte, dass Soldaten ein positives und förderliches Selbstbild entwickeln und sich von den Härten ihres Berufs nicht persönlich verhärten lassen.

Ausgangspunkt der Tagungskonzeption war die Beobachtung, dass in den Programmen für Festvorträge und Feierstunden zum Jubiläum der Reformation ein Themenkomplex bisher völlig fehlte: Krieg, Gewalt, Religionshass, Verfolgung und Flucht. Zwar wurde in dem von der Evangelischen Kirche in Deutschland und der Deutschen Bischofskonferenz verabschiedeten Papier „Erinnerung heilen" pauschal auf die schuldhafte Konflikt- und Leidensgeschichte der christlichen Konfessionen miteinander eingegangen, indem Vergebung von Schuld angemahnt und erbeten wurde, aber die Form und der Inhalt des Papiers und die dort publizierte Heilungs-Liturgie sind kritisiert worden, weil die von militärischer Gewalt betroffenen zivilen Subjekte, die Menschen und ihre Familien, kaum in den Blick der Darlegungen der Kirchenleitungen gekommen sind.[2] Schon gar nicht in den Blick gekommen sind die soldatischen Subjekte, die Gewaltmittel eingesetzt haben, um politisch-militärische Ziele zu erreichen. Dabei war es doch gerade die militärisch-gewaltsame Verteidigung reformatorischer Errungenschaften, die beigetragen hat zur dauerhaften Etablierung zweier christlicher Kirchengebilde und Glaubensweisen in Deutschland und Europa.

Die Reformationszeit war keineswegs eine tolerante Zeit, was das Verhältnis der alten römisch-katholischen Glaubensweise und Konfessionskultur zu der

---

[1] Martin Luther: Ob Kriegsleute auch in seligem Stande sein können, hrsg. im Auftrag des Evangelischen Militärbischofs von Angelika Dörfler-Dierken und Matthias Rogg. 1. Aufl. Delitzsch 2014 (inzwischen in 2. Aufl.) (= Schriften der Evangelischen Seelsorge in der Bundeswehr), auch in engl. Übersetzung: Whether soldiers, too, can be saved. Delitzsch 2017.

[2] Erinnerung heilen – Jesus Christus bezeugen. Ein gemeinsames Wort zum Jahr 2017, hrsg. von der Evangelischen Kirche in Deutschland und vom Sekretariat der Deutschen Bischofskonferenz (Gemeinsame Texte 24), Hannover, Bonn 2016. Kritisch dagegen Hans-Peter Großhans: Schuld und Vergebung in Martin Luthers Auslegung der Bergpredigt. In: Schuld und Vergebung. Festschrift für Michael Beintker zum 70. Geburtstag, hrsg. von Hans-Peter Großhans, Herman J. Selderhuis, Alexander Dölecke und Matthias Schleiff. Tübingen 2017, 109-130.

neuen, der protestantischen bzw. evangelischen Glaubensweise und Konfessionskultur anbelangt. Kaum noch vorstellen können wir Heutigen uns, dass Fragen der rechten Abendmahlspraxis oder der Anerkennung des Lehramtes des Papstes zu kriegerischen Gewalthandlungen geführt haben. Und doch ist es wahr: Nur weil die Reformation auch mit Waffengewalt gesichert wurde, konnte der Protestantismus sein Überleben im Heiligen Römischen Reich Deutscher Nation sichern. Trotzdem haben die Protestanten der ersten Stunde sich niemals vom Krieg her definiert – im Gegenteil: Der Fromme sollte gegebenenfalls Unrecht und Gewalt erleiden, sollte nicht für seine Überzeugung das Schwert ergreifen. Alles Handeln von Söldnertrupps im Dienst protestantischer Obrigkeiten sollte nur dazu dienen, das Recht und den Frieden in der Welt aufrechtzuerhalten oder wieder herzustellen und den Nächsten zu schützen. Wir wissen, dass das manchmal mehr schöne Theorie als Praxis war, denn die Bauernhaufen, die bei Frankenhausen gegen die Truppen der Herren kämpften, wurden von den Fürstenheeren vernichtend geschlagen, regelrecht niedergemetzelt.

Dass gerade die militärisch-kriegerische Dimension der neuzeitlichen Geschichte in den aktuellen Veranstaltungen zur Reformationserinnerung fehlt, hat wohl seinen Grund darin, dass sich aus den gewaltsamen Anfängen der Durchsetzung der Reformation im Lauf der Jahrhunderte, nach den Verirrungen des Dreißigjährigen Krieges, des Nationalprotestantismus und der beiden Weltkriege des letzten Jahrhunderts, eine rechtlich geordnete und mit den Mitteln des Rechts gesicherte friedliche Koexistenz von Konfessionsgemeinschaften und Religionen herausgebildet hat, hinter die niemand zurückgehen möchte. Und sicherlich gilt auch: Die Erinnerung an die schmerzhafte und mit vielerlei Ungerechtigkeiten behaftete Blutgeschichte ist kein ‚schönes' Erinnerungsthema. Zudem gilt die deutsche staatskirchenrechtliche Ordnung heute als vorbildhaft für große Teile der Welt. Denn – und das ist wahrhaft innovativ – die christlichen Konfessionen in Deutschland und weiten Teilen Europas haben dem Krieg abgeschworen und wollen die Waffenpotentiale ihrer Nationen allein zur Verteidigung ihres Landes und Europas und zur Aufrechterhaltung sowie zur Wiederherstellung des Friedens eingesetzt sehen. Das ist eine geistig-moralische Wende um 180 Grad, denn im Ersten und auch noch im Zweiten Weltkrieg galt die Religion als wichtiger Motivator für Soldaten. Ob die Friedensorientierung des europäischen Christentums, erwachsen aus der Einsicht in Kriegsverbrechen bzw. das Verbrechen des Krieges angesichts der weltpolitischen Lage Bestand haben wird, ob die Europäer tatsächlich aus ihrer

Geschichte gelernt und sich zu einer Friedensmacht entwickelt haben – das war die geheime Leitfrage dieser Tagung, die sich angesichts der immer wiederkehrenden Diskussionen um die Auslandseinsätze der Bundeswehr in immer neuer Dringlichkeit stellt.

Schon die Längsschnittperspektive der Veranstaltung machte diese Dimension deutlich: Von der Reformation bis in die Gegenwart spannte sich der Bogen der Themen, die in pointierten Kurzvorträgen beleuchtet wurden:

Nachdem einleitend von Volker Stümke „Der Soldat – Freier Herr und dienstbarer Knecht" und Matthias Gillner „Gewissensfreiheit für Soldaten – Von Thomas von Aquin bis heute" (beide Wissenschaftler und Dozenten an der Führungsakademie der Bundeswehr, Hamburg), „Luthers Innovationen" für das Soldatenbild beleuchtet wurden, fragte Klaus Beckmann (Militärdekan im Evangelischen Kirchenamt für die Bundeswehr, Berlin), ob „Gehorsam als Soldatentugend" heute noch gelten könne.

In der Sektion „Bauernkrieg und Bibeltreue" stellte Oliver Bange (ZMSBw, Potsdam) das Beispiel des protestantischen Fürsten Ottheinrich von der Jungen Pfalz vor Augen, der den Protestantismus mit Waffengewalt verteidigte und das „Töten für den ‚reinen' Glauben" rechtfertigte. Dass es schon in der Reformationszeit Menschen gab – heute meist als Täufer bezeichnet, weil sie die Erwachsenentaufe praktizierten –, die das biblische Gebot „Du sollst nicht töten!" in ihrem Alltag umsetzten und „Wehrlosigkeit als Lebenshaltung" praktizierten, erläuterte anschaulich Astrid von Schlachta (Mennonitisches Forschungszentrum Weilersdorf/Universität Regensburg).

Der „Sicherung der Reformation durch Krieg" widmeten sich vier weitere Vorträge: Die Grundzüge eingängiger „Bildpropaganda für die Reformation und für die Beschützer des lutherischen Erbes" analysierte Ruth Slenczka (Kuratorin am Haus der Brandenburgischen Geschichte, Potsdam). Dominik Gerd Sieber (Universität Tübingen) machte am Beispiel der militärischen Sicherung der oberschwäbischen Reichsstädte zwischen 1525 und 1555 deutlich, wie die religiöse Deutung der evangelisch gesinnten Zeitgenossen konstruiert war: „Gott ist stercker, dann ally wellt". Harald Potempa (ZMSBw, Potsdam) analysierte das bekannte Bild des Schwedenkönigs Gustav Adolf als literarische Inszenierung „protestantischer Hagiografie". Mit den „deutschen Condottieri" – selbständigen Söldnerführern – und deren „Unabhängigkeit" setzte sich Reinhard Baumann (München) auseinander.

In der Sektion „Preußische Herzenstreue" stellte Jobst Reller (Militärpfarrer, Munster) die These auf, dass der Schwedenkönig Gustav Adolf der eigentliche

Erfinder der Militär- bzw. wie es damals hieß: Feldseelsorge gewesen sei. An ihn anschließend diskutierte Benjamin Marschke (Humboldt-University, Arcata/USA) die Bedeutung des hallischen Pietismus für die Disziplinierung des Soldaten. Äußerlich und vor allem innerlich sollte diese Disziplinierung wirken, damit der Soldat sich auch dann zum Handeln im Sinne seines Vorgesetzten zwinge, wenn der sein wachsames Auge gerade nicht ihn richtet. Gabriele Bosch (Leiterin der Bibliothek des ZMSBw, Potsdam) stellte einige militärgeschichtliche Rara vor, zum Teil aus der Bibliothek des ZMSBw, und erläuterte anhand derer Aspekte zu „Entstehung und Charakteristika der protestantischen Militärethik". Sowohl Katholizismus wie auch Protestantismus haben Soldatenkatechismen vorgelegt, ethische Normen- und Pflichtenkataloge für Soldatinnen und Soldaten, die unsere heutigen Diskussionen um Militärethik bzw. militärische Berufsethik wie sie in der Bundeswehr in Politischer Bildung, Lebenskundlichem Unterricht und auch in der Historischen Bildung vermittelt wird, befruchten können. Dass Militärethik eine eigene literarische Gattung ist, hat die Forschung bisher nur wenig bedacht. Entsprechend interessant waren die Thesen von Jens Boysen (Deutsches Historisches Institut, Warschau) zur Bedeutung der „evangelischen Konfession für das preußische Offizierkorps". Dem Thema der Verteilung der Konfessionen in der Generalität in der ersten Hälfte des 20. Jahrhunderts widmete sich mit sozialwissenschaftlich empirischer Methodik auch Torsten Loch (ZMSBw, Potsdam).

Dass aus der individuellen Umsetzung von „Gottesgehorsam" auch „Widerstand" im Militär erwachsen konnte, wurde anschließend in der entsprechend benannten Sektion eindringlich vor Augen gestellt. Wolfgang Schmidt (Wissenschaftler und Dozent an der Führungsakademie der Bundeswehr, Hamburg) untersuchte den sogenannten „Kniebeugestreit". Dabei ging es um die Frage, ob protestantische Soldaten im Königreich Bayern, die im 19. Jahrhundert noch von ihren Vorgesetzten in die katholische Messe geführt wurden, wie ihre katholischen Kameraden niederknien müssen. Schmidt konnte überzeugend zeigen, dass bei der Forderung nach freier Religionsausübung im Militär auch politische Verhältnisse eine Rolle spielten, nicht nur durch das je individuelle Gewissen motivierte religiöse Bedenken. Mit Hinweis auf Dietrich Bonhoeffer, der als evangelischer Theologe das Attentat auf Hitler rechtfertigte, setzte sich Roger Töpelmann (Pressestab des Evangelischen Militärbischofs, Berlin) auseinander. Winfried Heinemann (ZMSBw, Potsdam) gab einen Überblick zur Geschichte von Widerstand und „irrendem Gewissen" von Marwitz bis Stauffenberg.

Im Zeitalter des Nationalprotestantismus wurde Luther verklärt zum Helden für ein kriegerisches Deutschland. In der Sektion „Protestantische Volten – nationalreligiöse Verklärungen" machten Gerhard Bauer und Jan Kindler (beide Militärhistorisches Museum, Dresden) mit vielen Abbildungen und Filmausschnitten diese Ideologie am Beispiel des Chorals von Leuthen ansichtig. Tim Lorentzen (Universität Kiel) beschäftigte sich mit dem 300. Reformationsjubiläum und dem 100. Gedenken der Völkerschlacht von Leipzig im Jahre 1817. Die spezielle Kriegsfrömmigkeit, die sich in der auf die Koppelschlösser deutscher Soldaten geprägten Formel „Gott mit uns" ausspricht, analysierte Silvia Kleeberg-Hörnlein (Universität Jena). Dass das berühmte „Gott mit uns" eine tiefere geschichtstheologische Dimension hat, zeigte Friedrich Lohmann (Universität der Bundeswehr, München) auf. In bebilderten Vorträgen wurde in der ersten Hälfte des 20. Jahrhunderts in der Öffentlichkeit mit dem Rekurs auf Luther dafür geworben, den „Heldentod" an der Front zu suchen. Das zeigte Anke Napp (Leiterin der Bibliothek des Kunstgeschichtlichen Seminars, Universität Hamburg) an einprägsamen Bildern.

Mit der „Kehrtwendung" des Protestantismus infolge der eigenen Fehlorientierungen setzte sich Angelika Dörfler-Dierken (ZMSBw, Potsdam) auseinander. Sie stellte die „Reformation" im Militär vor, mit der Wolf Graf von Baudissin die neuen, friedensorientierten Weichenstellungen des Grundgesetzes in die Bundeswehr hinein implementierte. Friedemann Stengel (Universität Halle) schlug den Bogen zur Geschichte der DDR, ihrer Friedensbewegung und ihrer Bausoldaten. Abschließend fragte Christopher Daase (Universität Frankfurt a.M.), ob die geschichtlich vermittelte Lektion im Christentum der Gegenwart eigentlich angekommen ist, ob die Auslandseinsätze der Bundeswehr nicht vielleicht ein neues Paradigma begründen.

In der letzten Sektion der dreitägigen Veranstaltung diskutierten unter der Leitung von Veronika Bock (Zentrum für ethische Bildung in den Streitkräften, Hamburg) deutsche (Christian Stiller, Nieder-Weisel sowie Michael Rohde, Hamburg) und estnische Militärseelsorger und Theologen (Andres Saumets sowie Mikael Laanepere) ihre Erfahrungen und Erkenntnisse und verglichen sie mit US-amerikanischen. Dort hat die Kritik mehrerer großer Kirchen am Vietnamkrieg dazu geführt, dass die Military Chaplaincy stark bestimmt wird von Evangelicals (Nico Ditscher, Universität Jena). Burkhard Köster (Führungsstab der Streitkräfte, Berlin) hob die Bedeutung der deutschen Konzeption der Militärseelsorge und ihres Angebots für alle Soldatinnen und Soldaten hervor.

Besondere Highlights der Veranstaltung waren der Öffentliche Abendvortrag und die militärgeschichtliche Exkursion „Protestantismus und Militär in Potsdam". Für den sehr gut besuchten öffentlichen Vortrag am ersten Abend der Tagung konnte Hans-Peter Großhans (Universität Münster) gewonnen werden. In seinen eher philosophisch-ethisch als historisch angelegten Darlegungen stellte er anhand zahlreicher Beispiele aus Afrika und Asien den Beitrag des Protestantismus zur Entspannung des spannungsvollen Verhältnisses von Staat und Kirche heraus.

Das Amt des Tagungsberichterstatters hatte Reiner Anselm (Universität München) übernommen. Er ordnete abschließend die sehr dichte und facettenreiche Tagung in das Konzept eines öffentlichen Protestantismus ein, der nicht nur – wie die öffentliche Theologie – vor der Öffentlichkeit für das Gemeinwesen Verantwortung übernimmt, sondern die individuelle, die kirchliche und die gesellschaftliche Dimension des evangelischen Christentums in den Blick nimmt.[3] Anselm fordert: Freiheitssinn muss gepaart sein mit Realitätssinn (Weltlichkeit der Welt respektieren), die Förderung von Versöhnungsbereitschaft zwischen Menschen und Gruppen muss im Blick bleiben (Gemeinschaft ermöglichen) und die Individuen müssen ihre Traditionen als Gestaltungsaufgabe annehmen (Zukunftsfähigkeit fördern).

Wer sich mit der Geschichte von Konfessionen und Religionen auseinandersetzt erkennt, dass deren Friedensorientierung keine Selbstverständlichkeit ist, sondern eine bewusste theologische Entscheidung und mentale Ausrichtung der Gläubigen zur Voraussetzung hat, die unter wechselnden Herausforderungen ständig neu aktualisiert werden muss. Dass die Transformation des Protestantismus zu einer friedensorientierten Konfession – ebenso wie die ähnlich gelagerte Bewegung innerhalb des Katholizismus – ein gutes Modell für anstehende Wandlungsprozesse auch bei anderen Religionen und Konfessionen abgeben kann, braucht nicht eigens hervorgehoben zu werden. Die Beschäftigung mit den Fragen von Religion und Konflikt im Auswärtigen Amt und im Bundesministerium der Verteidigung sprechen für sich.[4] Es bleibt zu hoffen,

---

[3] Vgl. ausführlich: Christian Albrecht und Reiner Anselm: Öffentlicher Protestantismus. Zur aktuellen Debatte um gesellschaftliche Präsenz und politische Aufgaben des evangelischen Christentums. Zürich 2017 (Theologische Studien NF)

[4] Vgl. beispielsweise die Konferenz des Auswärtigen Amtes zum Thema „Friedensverantwortung der Religionen". Die Eröffnungsrede von Außenminister Gabriel ist unter https://www.auswaertiges-amt.de/DE/Infoservice/Presse/Reden/2017/170522-BM_Friedensverantwortung_Religionen.html (letzter Zugriff 13. August 2017)

dass dieser Weg in anderen Kulturkreisen nicht derart blutig verläuft, wie er – bis weit ins 20. Jahrhundert hinein – in Deutschland, in Europa und auch in den europäischen Kolonien verlaufen ist.

Für die Soldatinnen und Soldaten der Bundeswehr ist das Themenfeld Reformation, Religion, Konfession und Militär von besonderem Interesse – nicht nur, weil sie in vielen Ländern der Welt auf ihnen fremde Religionen stoßen und gehalten sind, sich mit diesen auseinanderzusetzen, sondern auch, weil mit der von der kleinen Lutherstadt Wittenberg ausgehenden Reformation weltgeschichtlich bedeutsame rechtliche Entwicklungen angestoßen wurden, die letztlich zur Überwindung religiös motivierter oder legitimierter Kriege in Europa beigetragen haben: die Trennung von Kirche und Staat. Die rechtliche Fixierung der jeweiligen Grenzen der beiden voneinander geschiedenen Sphären ist ein hohes zivilisatorisches Gut. Fragen der religiösen Überzeugung und Identität, absolute Wahrheitsansprüche, können einerseits durch Recht eingehegt werden. Andererseits ist der moderne Staat nicht Erfüllungsgehilfe einzelner Konfessionen oder Religionen und kann nicht in Anspruch genommen werden, deren Wahrheits- und Geltungsansprüche durchzusetzen. Er sichert vielmehr die individuelle und kollektive Religions- und Gewissensfreiheit und dient damit dem innergesellschaftlichen Frieden. Dass der Staat sein Handeln auch von Angehörigen und Amtsträgern der Religionsgemeinschaften immer wieder darauf hin befragen lassen muss, ob es auch dem äußeren Frieden dient, ist typisch für Diskussionsprozesse in demokratischen Gesellschaften.[5] Frieden ist eben kein Zustand, sondern ein dauernder Prozess in einer konfliktträchtigen Welt.

Kein Wunder bei dieser Geschichte, dass Religion – eine der stärksten Antriebskräfte des Menschen – wieder in den Mittelpunkt der Forschung gerückt ist. Nicht nur diese Tagung, sondern auch eine vorhergehende zur „Gewalt in den monotheistischen Religionen"[6] und der letztjährige Historikertag zum Thema „Glaubensfragen" waren der Frage nach den Wirkungen von Religion in der Geschichte gewidmet.

---

[5] Ein Tagungsband, der diese Veranstaltung dokumentiert und die Referate für Bundeswehr und Öffentlichkeit zugänglich macht, ist in Vorbereitung. Herausgegeben wird er im Auftrag des ZMSBw von Angelika Dörfler-Dierken.

[6] Ein Tagungsband, der diese Veranstaltung dokumentiert und die Referate für Bundeswehr und Öffentlichkeit zugänglich macht, ist in Vorbereitung. Herausgegeben wird er im Auftrag des ZMSBw von Markus Thurau.

Cold War Revisited? Die deutsche Bevölkerung und die Renaissance der Bündnisverteidigung
Heiko Biehl/Chariklia Rothbart/Markus Steinbrecher

Die Revitalisierung der Bündnisverteidigung und das Integrationsgebot der Inneren Führung

In den ersten beiden Jahrzehnten nach dem Ende des Ost-West-Konflikts drehten sich die Debatten in der deutschen Sicherheitspolitik um das *Ob* und das *Wie* einer Teilnahme der Bundeswehr an internationalen Missionen. In der Folge veränderte sich die deutsche Sicherheitspolitik substantiell, wie sich nicht zuletzt an der Vielzahl von Auslandseinsätzen seit 1990 ablesen lässt. Dabei waren sowohl die politischen Entscheidungen als auch die militärischen Engagements stets von einer spannungsreichen Ambivalenz geprägt. Auf der einen Seite standen die Erwartungen der Verbündeten, die vom vereinten Deutschland substantielle Beiträge, nicht nur, aber auch militärischer Natur, forderten. Deutschland sollte sich wie die westlichen Partner mit Soldaten an den Missionen der Vereinten Nationen, des Atlantischen Bündnisses und der Europäischen Union beteiligen. Auf der anderen Seite standen innenpolitische und gesellschaftliche Vorbehalte gegen ein internationales Engagement der Bundeswehr und gegen die Beteiligung an Auslandseinsätzen, zumal solche mit kriegerischem Charakter (z.B. Biehl 2016a; Mader 2017; Rattinger et al. 2016). Als Lehre aus der deutschen Geschichte herrschten in der Gesellschaft ebenso wie im politischen Bereich und selbst in den Streitkräften Zweifel an der Funktionalität militärischer Mittel im internationalen Krisenmanagement. Damit standen die beiden Grundprinzipien der bundesdeutschen strategischen Kultur in einem Spannungsverhältnis zueinander: einerseits das Credo des „Nie wieder alleine", der festen Einbindung der Bundesrepublik in die westliche Gemeinschaft, die einer Isolation Deutschlands entgegenwirken und die Zuverlässigkeit deutscher Politik manifestieren soll. Anderseits der Anspruch „Nie wieder Krieg", der keinen generellen Pazifismus signalisierte, jedoch eine erhebliche Skepsis gegenüber militärischer Gewalt zur Lösung politischer Konflikte zum Ausdruck bringt (z.B. Endres 2018; Junk/Daase 2013). Zur Zeit des Kalten Krieges konnte beiden Parametern durch eine fest in der NATO verankerte Sicherheitspolitik und durch eine Bundeswehr, die strikt auf die Bündnis- und Landesverteidigung ausgerichtet war, genüge getan werden. Seit der Vereinigung ging es demgegenüber um eine Balance beider Prinzipien. In den politischen Entscheidung und militärischen Engagements wurde zuweilen, wie bei den Missionen auf dem Balkan oder in Afghanistan, eher das multilaterale Prinzip verfolgt. Oder es obsiegte die Skepsis gegenüber militärischer Gewaltanwendung, wie in den Golfkriegen 1991 und 2003 sowie im Libyenkrieg 2011. Die Besetzung der Krim durch russische Truppen im Frühjahr 2014 und der Konflikt in der Ostukraine hat die Konstellation der deutschen Sicherheitspolitik grundlegend verändert. Fragen der Bündnissolidarität und der Verteidigung sind zurück auf der politischen Agenda wie seit Ende des Ost-West-Konflikts nicht mehr. Deutschland engagiert sich mit erheblichen politischen und militärischen Mitteln für die Rückversicherung der mittel- und osteuropäischen Partner. Die Bundeswehr ist gemäß der Beschlüsse der NATO-Gipfel von Wales und Warschau mit mehreren hundert Soldatinnen und Soldaten im Rahmen der Verstärkten Vornepräsenz („Enhanced Forward Presence") an der NATO-Kampfgruppe in Litauen beteiligt und übernimmt neben den USA, Kanada und Großbritannien eine Führungsrolle. Hinzu kommt die regelmäßige Übernahme der Überwachung des Luftraums der baltischen Staaten („Air Policing") durch deutsche Kampfflugzeuge. Zugleich fungiert Deutschland als zentraler Ansprechpartner Russlands. Am deutlichsten wurde dies in den Verhandlungen in Minsk, wo Frankreich als Gesprächspartner hinzutreten musste, um Deutschland nicht allzu sehr als europäische Führungsmacht erscheinen zu lassen.

Damit ist die Ära der Auslandseinsätze jedoch keineswegs vorbei. Wie die Missionen in Mali, in Syrien und im Nordirak zeigen, besteht eine Parallelität von Verteidigungsaufgaben im Bündnis und internationalen Engagements in Drittstaaten. Dennoch beansprucht die Bündnisverteidigung eine neue Priorität in der deutschen Verteidigungspolitik, die bei den politischen und militärischen Akteuren mit der Hoffnung verbunden ist, die sicherheitspolitischen Aufgaben stärker mit der strategischen Kultur der Bundesrepublik und der militärischen Kultur der Bundeswehr in Einklang zu bringen als dies bei vielen Auslandseinsätzen der Fall (gewesen) ist (z.B. Mader 2017; Rattinger et al. 2016). Demnach erfüllt das Einstehen für die Verteidigung der osteuropäischen Partner sowohl den Anspruch einer festen Einbindung in das Atlantische Bündnis (und zunehmend in die Europäische Union) als auch die gesellschaftliche Präferenz für Verteidigungsaufgaben. In der Folge sollten politische Zielstellungen, militärisches Agieren und gesellschaftlicher Zuspruch deckungsgleich sein.

Genau eine solche Kongruenz ist Anspruch der Inneren Führung. So legt die einschlägige Zentrale Dienstvorschrift A-2600/1 unter Punkt 401 als Zielsetzung fest, „die Einbindung der Bundeswehr in Staat und Gesellschaft zu erhalten und zu fördern, *Verständnis für den Auftrag der Bundeswehr im Rahmen der deutschen Sicherheits- und Verteidigungspolitik bei den Bürgerinnen und Bürgern zu gewinnen* sowie die Soldatinnen und Soldaten aktiv in die durch ständigen Wandel geprägten Streitkräfte einzubeziehen" (Bundesministerium der Verteidigung 2008; Hervorhebung durch die Autoren). Die Innere Führung als Selbstverständnis und Führungskultur der Bundeswehr strebt folglich die Integration des politischen Willens, des militärischen Handelns und der gesellschaftlichen Unterstützung an. Gerade am Rückhalt der Bevölkerung hat es bei vielen Auslandseinsätzen gemangelt (z.B. Biehl 2016a; Mader 2017; Rattinger et al 2016), was nicht alleine die politisch Verantwortlichen unter Druck setzte. Die eingesetzten Soldatinnen und Soldaten waren sensibel gegenüber der Haltung der Bevölkerung in der Heimat und nahmen schwindenden Zuspruch für ihre Mission genauestens wahr. Dies konnte in der Folge zu Motivationseinbußen führen, wie militärsoziologische Untersuchungen zeigen (Biehl/Keller 2009).

Angesichts dieser Erfahrungen drängt sich aus Sicht der Inneren Führung die Frage auf, ob der gesellschaftliche Zuspruch für die Verteidigungsaufgaben im Bündnis breiter und substantieller ist als für die Auslandsmissionen. Bislang sind unterschiedliche Signale zu dieser Frage zu vernehmen. So ist zwar die Position, dass Landes- und Bündnisverteidigung zum Aufgabenkatalog der deutschen Streitkräfte gehören, weithin verbreitet. Seit Jahrzehnten zeigen Bevölkerungsbefragungen, etwa diejenigen des Zentrums für Militärgeschichte und Sozialwissenschaften der Bundeswehr (ZMSBw), eine breite Zustimmung zur Landesverteidigung mit Werten um die 90 Prozent (z.B. Wanner 2016). Die Bündnisverteidigung erfährt Unterstützung auf einem etwas niedrigeren Niveau, wird aber ebenfalls von teilweise deutlichen Mehrheiten befürwortet (siehe unten). Zugleich verschaffen sich in der deutschen Öffentlichkeit Stimmen Gehör, die Verständnis für das Agieren Russlands sowie Kritik an der Osterweiterung der NATO äußern und die vor einem Rückfall in die Zeit des Kalten Krieges warnen. Insbesondere Vertreter der AfD und der Linken machen sich so bemerkbar, aber auch in den anderen Parteien finden sich entsprechende Positionen. Dies bleibt nicht ohne Rückwirkung auf die öffentliche Meinung. Eine international vergleichende Umfrage aus dem Frühjahr 2017 zeigt, dass die Zustimmung der Bevölkerung für die Verteidigungsanstrengungen des Atlantischen Bündnisses in Deutschland geringer ausfällt als in den

Partnerländern (Pew Research Center 2017). Angesichts dieser gemischten Eindrücke wird im Folgenden untersucht, wie sich die Bürgerinnen und Bürger hierzulande zur Wiederkehr der Bündnisverteidigung positionieren: Wird das russische Agieren in Osteuropa als Bedrohung wahrgenommen? Gilt die Bündnisverteidigung als Kernaufgabe der deutschen Streitkräfte? Welche Eigenschaften und Einstellungen der Bürgerinnen und Bürger können die Einstellungen zur militärischen Präsenz der NATO in Mittel- und Osteuropa sowie die Bewertung der Bündnisverteidigung erklären? Die empirische Bestandsaufnahme des gesellschaftlichen Rückhalts in diesem Beitrag liefert Hinweise darauf, inwieweit dem Integrationsgebot der Inneren Führung Genüge getan wird.

Sicherheitspolitisches Meinungsbild zum Agieren Russlands und zu den Verteidigungsmaßnahmen der NATO

Grundlage der nachstehenden Auswertungen ist die Bevölkerungsbefragung des ZMSBw zu den sicherheits- und verteidigungspolitischen Einstellungen der Bundesbürgerinnen und Bundesbürger im Jahr 2016. Die Studie wird seit 1996 regelmäßig realisiert und stellt die längste Zeitreihe sicherheits- und verteidigungspolitischer Umfragen in Deutschland dar. Studienkonzept, Ausschreibungsunterlagen und der Fragebogen der Bevölkerungsbefragung werden am ZMSBw erarbeitet. Die Daten der Befragungen werden im Rahmen von computergestützten persönlichen Interviews (CAPI) durch Meinungsforschungsinstitute wie EMNID und Ipsos erhoben. Befragt werden stets mehr als 2.000 zufällig ausgewählte Bürgerinnen und Bürger ab 16 Jahren, die in Privathaushalten in Deutschland leben.

Für die Bevölkerungsbefragung 2016 wurden 2.295 Interviews mit Bürgerinnen und Bürger durchgeführt. Die Befragung enthielt mehrere Indikatoren, die angeben, wie stark die Deutschen die Bündnisverteidigung bzw. die Unterstützung der deutschen Bündnispartner befürworten (Abbildung 1). Gefragt nach den Aufgaben der Bundeswehr geben 69 Prozent der Bundesbürger an, dass die deutschen Streitkräfte dafür eingesetzt werden sollten, einem Verbündeten zu helfen, der bedroht wird. 22 Prozent sind bei dieser Frage geteilter Meinung, während 8 Prozent der Befragten eine solche Hilfeleistung Deutschlands ablehnen. Identisch ist die Verteilung der Antworten im Hinblick auf die Frage, ob die Bundeswehr eingesetzt werden soll, um einem Verbündeten zu helfen, der angegriffen wird. Ein wenig geringer ist die Zustimmung zur Frage, ob die deutschen Streitkräfte gegen Länder vorgehen sollen, die Deutschland oder seine Bündnispartner bedrohen. Dies wird von 65 Prozent unterstützt. 22 Prozent sind unentschieden, und 12 Prozent lehnen einen solchen Einsatz der Bundeswehr ab. Insgesamt ergibt sich damit eine breite Mehrheit für verschiedene allgemeine Unterstützungs- und Hilfsleistungen der Streitkräfte für Deutschlands Bündnispartner.

Abbildung 1:   Allgemeine Einstellungen zur Bündnisverteidigung

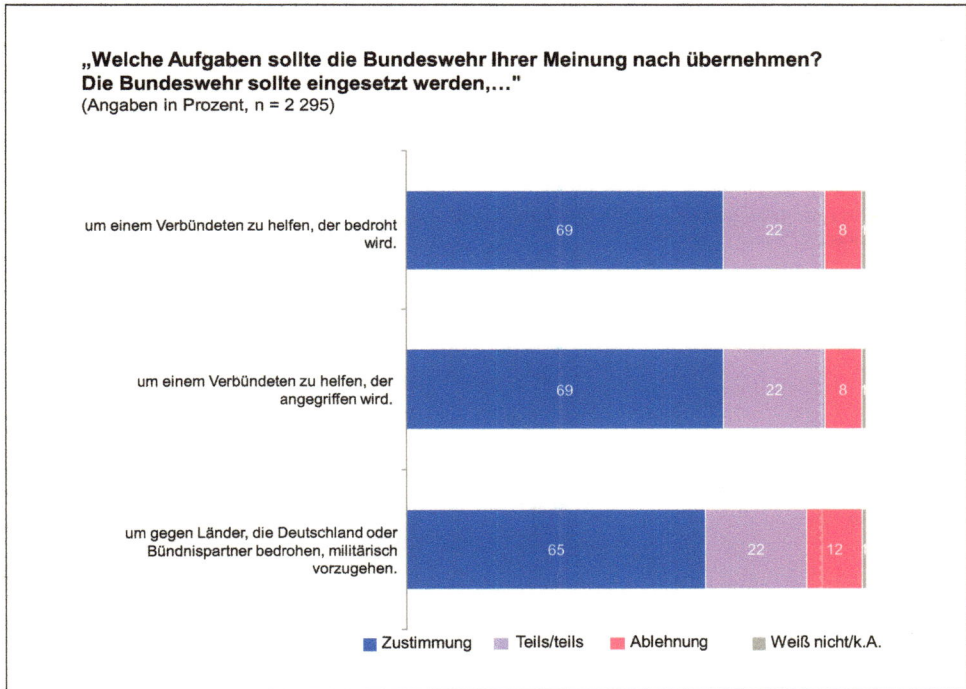

Anmerkung: Zustimmung: Anteile „Stimme völlig zu" und „Stimme eher zu" wurden zusammengefasst; Ablehnung: Anteile „Lehne völlig ab" und „Lehne eher ab" wurden zusammengefasst.
Datenbasis: Bevölkerungsbefragung des Zentrums für Militärgeschichte und Sozialwissenschaften der Bundeswehr 2016.

Neben den Positionen zur Bündnisverteidigung gibt die ZMSBw-Bevölkerungsbefragung 2016 auch Aufschluss über die Haltung der Bundesbürger zur russischen Außen- und Sicherheitspolitik sowie zu Bewertungen möglicher Reaktionen auf Russlands Politik in der Ukraine und im Nahen Osten. Zunächst ist zu betrachten, inwieweit die Bevölkerung das russische Vorgehen einschätzt: Empfinden die Bundesbürger dieses als Bedrohung der nationalen Sicherheit? Gefragt nach ihrer Sicht auf das Agieren Russlands in der Ukraine ergibt sich ein geteiltes Meinungsbild (Abbildung 2). Ein Drittel der Befragten (35 Prozent) bewertet dies als Bedrohung für die bundesdeutsche Sicherheit, ein knappes Drittel (29 Prozent) ist unentschieden, und ein weiteres Drittel (32 Prozent) erkennt keinen Einfluss auf die Sicherheit Deutschlands. Ein ähnliches Meinungsbild zeigt sich mit Blick auf das russische Vorgehen in Syrien. Hier erkennen 33 Prozent eine Beeinträchtigung der deutschen Sicherheit, 27 Prozent sehen diese zum Teil und 35 Prozent nicht.

Abbildung 2:   Bedrohungswahrnehmungen in Bezug auf Russland

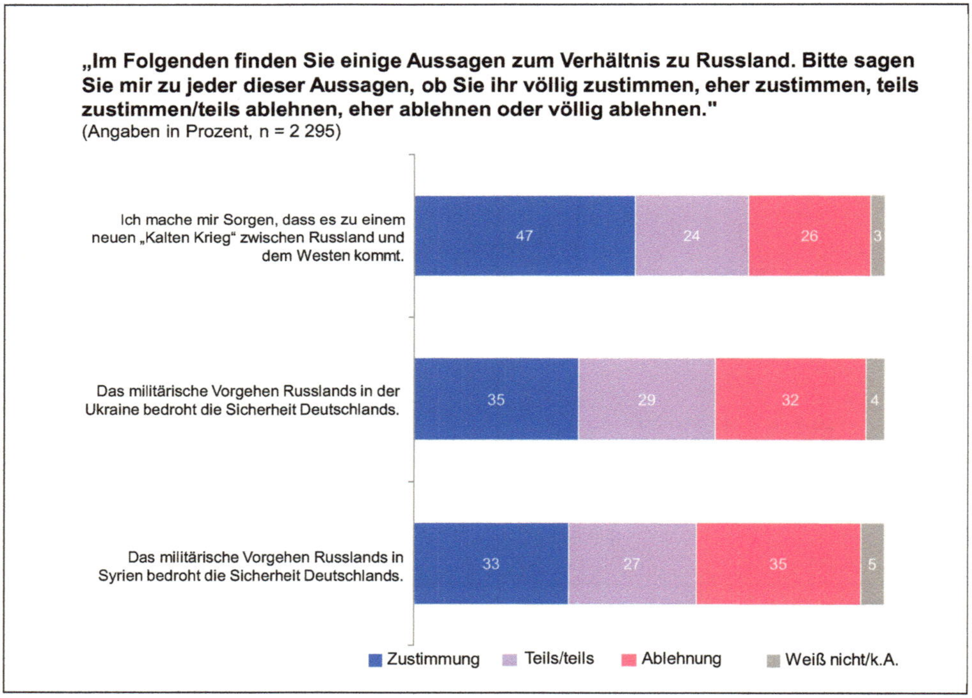

„Im Folgenden finden Sie einige Aussagen zum Verhältnis zu Russland. Bitte sagen Sie mir zu jeder dieser Aussagen, ob Sie ihr völlig zustimmen, eher zustimmen, teils zustimmen/teils ablehnen, eher ablehnen oder völlig ablehnen."
(Angaben in Prozent, n = 2 295)

Aussage	Zustimmung	Teils/teils	Ablehnung	Weiß nicht/k.A.
Ich mache mir Sorgen, dass es zu einem neuen „Kalten Krieg" zwischen Russland und dem Westen kommt.	47	24	26	3
Das militärische Vorgehen Russlands in der Ukraine bedroht die Sicherheit Deutschlands.	35	29	32	4
Das militärische Vorgehen Russlands in Syrien bedroht die Sicherheit Deutschlands.	33	27	35	5

Anmerkung: Zustimmung: Anteile „Stimme völlig zu" und „Stimme eher zu" wurden zusammengefasst; Ablehnung: Anteile „Lehne völlig ab" und „Lehne eher ab" wurden zusammengefasst.
Datenbasis: Bevölkerungsbefragung des Zentrums für Militärgeschichte und Sozialwissenschaften der Bundeswehr 2016.

Mit weiteren Items wurde erfasst, inwieweit die Bürgerinnen und Bürger erwarten, dass aus den derzeitigen Spannungen zwischen den westlichen Staaten und

Russland ein neuer Kalter Krieg erwachsen könnte. Im Jahr 2016 hegten 47 Prozent eine solche Befürchtung, 24 Prozent waren unentschieden und 26 Prozent sahen hierzu keinen Anlass.

Verschärft man den Fragetext und erhebt, ob die Befragten die Spannungen zwischen Russland und den westlichen Staaten als persönliche Bedrohung bewerten, dann fällt die Zustimmung nochmals geringer aus. Etwas mehr als ein Viertel der Bundesbürger (28 Prozent) empfindet die Spannungen 2016 als bedrohlich, ein Drittel teilt diese Einschätzung teilweise und fast 4 von 10 Befragten (38 Prozent) fühlen sich dadurch nicht bedroht (ohne Abbildung, Höfig 2016).

Im Vergleich zeigen sich in der Bevölkerungsbefragung 2017 einige Veränderungen (Steinbrecher et al. 2017). So steigt die Zustimmung zum Einsatz der Bundeswehr, um einem angegriffenen Verbündeten zu helfen, leicht an. Eine Bedrohung der deutschen Sicherheit durch das russische Vorgehen in Syrien erkennen hingegen etwas weniger Befragte. Merklich gesunken ist der Anteil derjenigen, die Befürchtungen vor einem neuen Kalten Krieg hegen. Bei den anderen ausgewiesenen Fragen ergeben sich keine substantiellen Veränderungen im Vergleich der beiden Erhebungen.

Damit steht die Sorge vor dem russischen Agieren hinter anderen Sicherheitsbedrohungen wie Terroranschlägen, aber auch hinter sozioökonomischen (Inflation), gesellschaftlichen (Zuwanderung, Kriminalität), ökologischen (Klimawandel) und politischen (Fundamentalismus, Fremdenfeindlichkeit) Entwicklungen zurück (Höfig 2016). Das russische Vorgehen in Osteuropa und im Nahen Osten erzeugt folglich keine einheitliche und umfassende Bedrohungswahrnehmung in der deutschen Bevölkerung. Umso dringlicher ist die Frage, wie Deutschland, Europa und die NATO auf die sicherheitspolitischen Herausforderungen durch Russland reagieren sollten. Verteidigungsmaßnahmen und Truppenverlegungen nach Mittel- und Osteuropa stellen dabei nur eine von mehreren Handlungsmöglichkeiten dar, die von politischen und diplomatischen über ökonomische bis zu militärischen Optionen reichen.

Die Forderung nach Sanktionen trifft auf mehrheitliche Ablehnung (Abbildung 3). Lediglich etwas mehr als ein Viertel der Bevölkerung plädiert für die Einschränkung der wirtschaftlichen Beziehungen. Ein weiteres Viertel ist unentschieden und 44 Prozent der Befragten lehnen diese Forderung ab. Ein größeres Verständnis für die russischen Positionen wünschen sich drei von zehn Bundesbürgern (30 Prozent). Ein Drittel der Befragten lehnt die entsprechende Aussage ab, ein weiteres Drittel ist geteilter Meinung. Hinsichtlich der Maßnahmen zur militärischen Verteidigung zeigt sich ebenso ein geteiltes Meinungsbild. Ein Drittel der Bundesbürger unterstützt die Bestrebungen der NATO, ihre Präsenz in Osteuropa zu stärken, ein weiteres Drittel (36 Prozent) spricht sich dagegen aus, ein Viertel der Befragten ist unentschieden. Mithin zeigt sich eine gering ausgeprägte Unterstützung für die wirtschaftlichen sowie die sicherheits- und verteidigungspolitischen Maßnahmen, welche die NATO- und EU-Staaten in Reaktion auf das russische Vorgehen in der Ukraine und zur Stärkung der osteuropäischen Partner unternommen haben. Im Hinblick auf die Fragen zur militärischen Präsenz in Osteuropa und zum Verständnis für Russland ist das Meinungsbild in Deutschland gespalten.

Abbildung 3:   Handlungsmöglichkeiten in Bezug auf Russland

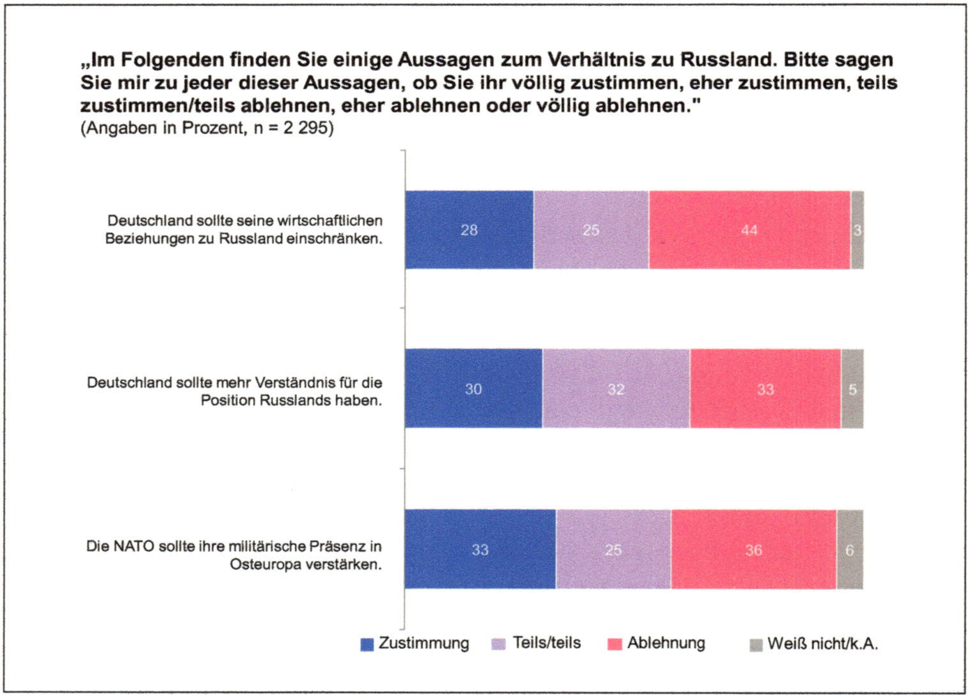

„Im Folgenden finden Sie einige Aussagen zum Verhältnis zu Russland. Bitte sagen Sie mir zu jeder dieser Aussagen, ob Sie ihr völlig zustimmen, eher zustimmen, teils zustimmen/teils ablehnen, eher ablehnen oder völlig ablehnen."
(Angaben in Prozent, n = 2 295)

Aussage	Zustimmung	Teils/teils	Ablehnung	Weiß nicht/k.A.
Deutschland sollte seine wirtschaftlichen Beziehungen zu Russland einschränken.	28	25	44	3
Deutschland sollte mehr Verständnis für die Position Russlands haben.	30	32	33	5
Die NATO sollte ihre militärische Präsenz in Osteuropa verstärken.	33	25	36	6

Anmerkung: Zustimmung: Anteile „Stimme völlig zu" und „Stimme eher zu" wurden zusammengefasst; Ablehnung: Anteile „Lehne völlig ab" und „Lehne eher ab" wurden zusammengefasst.
Datenbasis: Bevölkerungsbefragung des Zentrums für Militärgeschichte und Sozialwissenschaften der Bundeswehr 2016.

Im Folgenden soll untersucht werden, welche Faktoren dazu führen, dass Befragte eine verstärkte militärische Präsenz der NATO sowie Maßnahmen der Bündnisverteidigung unterstützen oder nicht. Dafür wird auf eine ganze Reihe von Determinanten zurückgegriffen, die sich in der Forschung zu außen- und sicherheitspolitischen Einstellungen als besonders erklärungskräftig erwiesen haben (z.B. Asmus et al. 2005; Biehl/Schoen 2015; Chittick et al. 1995; Endres 2018; Mader 2015; Rattinger et al. 2016; Steinbrecher 2016). Diese Erklärungsfaktoren werden in Gruppen zusammengefasst. Dazu zählen Ressourcen und soziodemographische Eigenschaften (z.B. Geschlecht, Bildung und Alter), Sicherheits- und Bedrohungswahrnehmungen (siehe oben), sicherheitspolitische Einstellungen (kritische Einstellungen zu Russland und Einstellungen zur Bundeswehr, siehe teilweise oben), sicherheitspolitische Grundorientierungen (z.B. Militarismus und Multilateralismus, siehe die Ausführungen zur strategischen Kultur Deutschlands weiter oben) und politische Einstellungen (z.B. das politische Interesse und die Wahlabsicht). Abhängige Variable in den folgenden linearen Regressionsanalysen ist einerseits ein Index zur Bündnisverteidigung, der aus den oben dargestellten drei Fragen zur Unterstützung von Bündnispartnern gebildet wird (vgl. Abbildung 1) – höhere Werte auf diesem Index bedeuten, dass man die Hilfe für Bündnispartner stärker befürwortet. Andererseits wird die Frage nach der eigenen Position zur Verstärkung der militärischen Präsenz der NATO in Osteuropa verwendet – höhere Werte stehen hier für eine größere Befürwortung der militärischen Verstärkung. Für jede der beiden abhängigen Variablen werden jeweils drei Modelle berechnet, in denen der Einfluss ausgewählter Determinanten schrittweise geprüft wird (vgl. Tabelle 1). Zunächst wird die Bedeutung von Ressourcen und politischen Einstellungen getestet (Modelle I und IV), dann werden alle sicherheitspolitischen Wahrnehmungen, Einstellungen und Grundorientierungen separat betrachtet (Modelle II und V). Zuletzt gehen alle Erklärungsfaktoren gemeinsam in die Analyse ein (Modelle III und VI). Mit dieser schrittweisen Vorgehensweise können die Wirkungsmechanismen zwischen unabhängigen und abhängigen Variablen besser herausgearbeitet werden. Zudem ist es so möglich, die Bedeutung sicherheitspolitischer Aspekte für die Einstellungen zur militärischen Präsenz und zur Bündnisverteidigung zu bestimmen, die weiter oben besonders betont wurden.

Tabelle 1: Determinanten von Einstellungen zur Bündnisverteidigung

	Bündnisverteidigung			Militärische Präsenz		
	I	II	III	IV	V	VI
Ressourcen						
Frauen	0,01	-	-0,02	0,06*	-	0,02
Alter	-0,04	-	-0,04	-0,09**	-	-0,04
Niedrige Bildung	-0,01	-	0,01	0,03	-	0,01
Hohe Bildung	-0,08**	-	-0,04	-0,10***	-	-0,04
Niedriges Haushaltseinkommen	-0,06*	-	-0,05*	-0,04	-	-0,04
Hohes Haushaltseinkommen	0,00	-	0,01	0,03	-	0,04
Ostdeutschland	-0,06*	-	0,00	-0,08**	-	-0,01
Migrationshintergrund Russland	0,01	-	-0,03	-0,04	-	0,00
Bin/war Soldat	0,05*	-	-0,01	0,03	-	0,01
Politische Einstellungen						
Politisches Interesse	0,03	-	0,02	0,04	-	0,02
Wahlabsicht SPD	0,08**	-	0,06*	-0,06*	-	-0,05*
Wahlabsicht Bündnis90/Grüne	-0,07**	-	-0,01	-0,12***	-	-0,05*
Wahlabsicht Die Linke	-0,11***	-	0,00	-0,13***	-	-0,03
Wahlabsicht FDP	-0,04	-	-0,01	-0,02	-	0,02
Wahlabsicht AfD	-0,04	-	0,06**	-0,10***	-	0,01
Keine Parteipräferenz/w.n./K.A.	-0,05	-	0,03	-0,13***	-	-0,02
Links-Rechts-Skala	0,06*	-	0,03	0,00	-	-0,01
Sicherheits- und Bedrohungswahrnehmungen						
Bedrohung innere und äußere Sicherheit	-	0,08**	0,07**	-	0,02	0,01
Ökologische Bedrohungen	-	-0,03	-0,03	-	0,01	0,02
Sozio-ökonomische Bedrohungen	-	-0,02	-0,03	-	0,00	0,00
Sicherheitslage weltweit	-	0,01	0,01	-	0,07**	0,06**
Sicherheitslage Deutschland	-	0,00	0,02	-	0,00	-0,02
Sicherheit persönlich	-	0,06*	0,06*	-	-0,06*	-0,05
Sicherheitspolitische Einstellungen	-			-		
Kritische Einstellung zu Russland	-	0,02	0,04	-	0,39***	0,40***
Einstellung zur Bundeswehr	-	0,32***	0,32***	-	0,07**	0,07**
Sicherheitspolitische Grundorientierungen						
Militarismus	-	0,14***	0,12***	-	0,13***	0,13***
Internationalismus	-	0,15***	0,14***	-	0,13***	0,11***
Atlantizismus	-	0,01	0,02	-	0,07**	0,07**
NATO-Multilateralismus	-	0,32***	0,30***	-	0,12***	0,12***
Korrigiertes R^2	0,05	0,42	0,41	0,05	0,32	0,33
N	2.003	2.076	1.855	1.931	2.024	1.822

Anmerkungen: Multiple lineare Regressionen, standardisierte Regressionskoeffizienten (beta). Alle Variablen mit Wertebereich von [0;1]. Signifikanzniveau: *** $p < .001$; ** $p < .01$; * $p < .05$.
Datenbasis: Bevölkerungsbefragung des Zentrums für Militärgeschichte und Sozialwissenschaften der Bundeswehr 2016.

Betrachtet man Modell I zur Erklärung der Einstellung zur Bündnisverteidigung, wird deutlich, dass es zwischen einigen Gruppen in der Bevölkerung unterschiedliche Auffassungen zu dieser Frage gibt. So sind Befragte mit einem hohen Bildungsniveau, einem niedrigen Einkommen sowie Bürgerinnen und Bürger aus Ostdeutschland eher gegen die Bereitstellung von Hilfe für Bündnispartner durch die Bundeswehr. Befragte mit militärischer Erfahrung sprechen sich hingegen eher für eine solche Unterstützung aus. Bei den politischen Einstellungen ist erkennbar, dass Personen mit einer rechteren politischen Orientierung eher die Bündnisverteidigung unterstützen. Dies wird zum Teil auch bei einem Blick auf die Effekte der Wahlabsichtsvariablen klar. Anhänger der Grünen und der Linken sind negativer zur Bündnisverteidigung eingestellt als Befragte mit einer Wahlabsicht für CDU und CSU (die Vergleichsgruppe der Analyse). Im Vergleich zwischen SPD- und CDU/CSU-Anhängern weisen allerdings erstere eine größere Unterstützung der Bündnissolidarität auf. Insgesamt sind die genannten Merkmale nur in geringem Maße geeignet, die Unterschiede in der Bewertung der Bündnisverteidigung zwischen den Befragten zu erklären. Das korrigierte R^2 liegt bei einem Wertebereich zwischen 0 und 1 nur bei 0,05. Mit einem korrigierten R^2 von 0,42 sind die sicherheitsspezifischen Einstellungen in Modell II wesentlich erklärungsstärker für die Differenzen in den Positionen der Bürgerinnen und Bürger zu dieser Frage. Sicherheits- und Bedrohungswahrnehmungen spielen jedoch eine untergeordnete Rolle. Lediglich Personen, welche die innere und äußere Sicherheit bedroht sehen, und Befragte, die sich persönlich sicherer fühlen, befürworten Hilfe für Bündnispartner etwas stärker. Kritische Einstellungen zu Russland sind für diese Frage sogar vollkommen irrelevant. Von großer Bedeutung sind hingegen die Einstellungen zur Bundeswehr, zum NATO-Multilateralismus sowie in etwas geringerem Maße zwei der drei anderen sicherheitspolitischen Grundorientierungen. Steht man den deutschen Streitkräften positiv gegenüber, führt dies zu einer deutlich stärkeren Unterstützung für Maßnahmen der Bündnisverteidigung. Gleiches gilt, wenn man die NATO generell befürwortet (NATO-Multilateralismus). Positiv, aber auf niedrigerem Niveau, wirkt sich auch aus, wenn sich jemand eher für militärische Konfliktlösungen (Militarismus) sowie eine aktive Rolle Deutschlands in der internationalen Politik (Internationalismus) ausspricht. Keine Rolle spielt die Haltung zum wichtigsten NATO-Bündnispartner USA (Atlantizismus). Im Gesamtmodell (Modell III) ändert sich an den berichteten Wirkungen der sicherheitsspezifischen Einstellungen nahezu nichts. Wie zu erwarten war, verlieren einige der Ressourcen und politischen

Einstellungen ihre Relevanz, wenn ihre Einflüsse durch das Hinzufügen von sicherheitspolitischen Einstellungen kontrolliert werden.

In den Ergebnissen für die Erklärung der Einstellung zur Verstärkung der militärischen Präsenz der NATO in Osteuropa zeigen sich zahlreiche Übereinstimmungen im Vergleich zu den vorangehenden Analysen, aber auch einige deutliche Unterschiede. Blickt man auf Modell IV, ergeben sich mehrere Gruppendifferenzen. Männer stimmen einer Verstärkung der militärischen Präsenz in Osteuropa weniger häufig zu als Frauen. Ältere und Befragte mit einem hohen Bildungsabschluss sind eher gegen eine stärkere Präsenz von NATO-Truppen. Dies gilt auch für Befragte aus Ostdeutschland. Im Vergleich zu den Befürwortern der Unionsparteien sprechen sich die Anhänger aller anderen Parteien in geringerem Maße für eine Verstärkung der NATO-Kräfte aus. Besonders stark unterscheiden sich Personen mit Wahlabsicht für Grüne und Linke sowie Personen ohne Wahlabsicht von potenziellen Wählern von CDU und CSU.

Modell V wird durch eine Erklärungsvariable besonders geprägt: durch die Einstellungen zu Russland. Sieht ein Befragter Russland kritischer, spricht er sich nachdrücklicher für eine Verstärkung der militärischen Präsenz der NATO in Osteuropa aus. Gleiches gilt für Bürgerinnen und Bürger, welche die weltweite Sicherheitslage besser einschätzen oder sich persönlich unsicherer fühlen. Eine positive Bewertung der deutschen Streitkräfte führt ebenso zu einer größeren Befürwortung von mehr Truppenstationierungen wie stärkere Ausprägungen von Militarismus, Internationalismus, Atlantizismus und NATO-Multilateralismus. Wie schon in den Analysen zur Erklärung der Einstellung zur Bündnisverteidigung verlieren im Gesamtmodell (Modell VI) vor allem Ressourcen und politische Einstellungen ihre Relevanz. Die Einflüsse der verschiedenen sicherheitspolitischen Bewertungen ändern sich wenig oder in einigen Fällen überhaupt nicht. An der Stärke der Koeffizienten der Erklärungsvariablen wird deutlich, dass die Einstellung zur Verstärkung der Truppenpräsenz der NATO in Osteuropa vor allem von der Wahrnehmung Russlands durch die Bürgerinnen und Bürger geprägt wird. Sicherheitspolitische Grundorientierungen, Einstellungen zur Bundeswehr sowie parteipolitische Überlegungen sind ebenfalls relevant, haben aber alle einen wesentlich geringeren Einfluss.

Die Gesamtschau der multivariaten Auswertungen liefert Hinweise darauf, dass sich die grundlegend hohe gesellschaftliche Zustimmung zur Bündnisverteidigung nicht eins zu eins auf die Befürwortung der Maßnahmen, die auf den

NATO-Gipfeln in Wales und Warschau beschlossen worden sind, überträgt. Nicht nur das Zustimmungsniveau unterscheidet sich substantiell – die Bündnisverteidigung als Aufgabe erhält mehrheitlichen Zuspruch, den eingeleiteten Schritten wird hingegen mit Skepsis begegnet – sondern auch die Determinanten beider Haltungen weichen in wesentlichen Punkten voneinander ab. Während sich die Zustimmung zur Bündnisverteidigung in weiten Teilen aus einer grundlegend wohlwollenden Sicht auf die deutschen Streitkräfte und die NATO ergibt, ist für die Haltung zur militärischen Präsenz in Osteuropa die Sicht auf das russische Agieren entscheidend. Wer dieses kritisch betrachtet, heißt die ergriffenen Maßnahmen der Bündnisverteidigung gut. Wer Verständnis für das Vorgehen Russlands aufbringt, steht den Schritten der NATO ablehnender gegenüber. Mit Blick auf die deutsche Sicherheitspolitik und deren gesellschaftliche Verankerung ist festzuhalten, dass es noch nicht im ausreichenden Maße gelungen ist, die derzeitigen Aktivitäten der Allianz zur Stärkung der osteuropäischen Partnerstaaten als notwendige und legitime Mittel der Bündnisverteidigung im öffentlichen Bewusstsein zu verankern.

Bündnisverteidigung, Innere Führung und sicherheitspolitische Kommunikation

Für die deutsche und europäische Sicherheitspolitik stellen die Besetzung der Krim 2014 und der Ukrainekrieg entscheidende Wegmarken dar. Standen seit 1990 Auslandseinsätze der Bundeswehr – zunehmend außerhalb Europas – auf der sicherheitspolitischen Agenda, ist seit 2014 eine Revitalisierung der Bündnisverteidigung erfolgt. Für die Bundeswehr haben Verteidigungsaufgaben wieder an Gewicht gewonnen, wie etwa das Weißbuch 2016 belegt (Bundesministerium der Verteidigung 2016: 91f.), indem es zunächst die Landes- und Bündnisverteidigung und anschließend das internationale Krisenmanagement als Aufgabe der deutschen Streitkräfte identifiziert. Die vorstehenden Analysen haben veranschaulicht, dass es einen breiten gesellschaftlichen Konsens hinsichtlich des richtigen Umgangs mit Russland, den einzusetzenden Instrumenten und der Rolle der Bundeswehr (noch) nicht gibt. Zwar sind Landes- und Bündnisverteidigung weithin als Aufgabenfelder der deutschen Streitkräfte anerkannt. Was dies mit Blick auf die Sicherheitslage in Osteuropa konkret bedeutet, ist jedoch strittig. Lediglich ein Teil der Bevölkerung empfindet das russische Agieren als unmittelbare Bedrohung. Die Einschränkung des wirtschaftlichen Austausches lehnt eine Mehrheit der Befragten ab. Hinsichtlich des militärischen Beistands für die osteuropäischen Partner besteht ein gespaltenes Meinungsbild.

Als Ergebnis der empirischen Analysen bleibt festzuhalten, dass für die Befürwortung von Maßnahmen der Bündnisverteidigung die generelle Einstellung zu den Streitkräften –, die in Deutschland auf einem konstant hohen Niveau positiv bewertet werden (z.B. Biehl 2016b) – und die generelle Unterstützung des Atlantischen Bündnisses die mit Abstand größte Rolle spielen. Die weiter oben diskutierten Einstellungen zum Handeln Russlands sind hingegen irrelevant. Da es sich bei den hier untersuchten Maßnahmen zur Unterstützung von Verbündeten um eher allgemeine Fragen ohne direkten Bezug zur aktuellen Situation geht, ist die fehlende Abhängigkeit der Befürwortung solcher Maßnahmen von konkreten Handlungen Russlands keineswegs überraschend.

Anders verhält es sich jedoch, wenn es um einen spezifischen Schritt der Bündnissolidarität, die Verstärkung der militärischen Präsenz der NATO in Osteuropa, geht. Hierfür spielen die Handlungen Russlands in der Ukraine und im Nahen Osten sowie deren Wahrnehmung durch die Bürgerinnen und Bürger eine große Rolle. Befragte, welche die Aktionen Russlands kritisch bewerten, befürworten eine Verstärkung der NATO-Präsenz im Osten des Bündnisses in viel größerem Maße. Weiterhin von Bedeutung sind sicherheitspolitische Grundorientierungen, Einstellungen zur Bundeswehr sowie parteipolitische Überlegungen, diese haben aber alle einen wesentlich kleineren Effekt. Dies bedeutet, dass konkrete Maßnahmen der Bündnissolidarität deutlich weniger Unterstützung finden, aber gleichzeitig wesentlich stärker vom konkreten sicherheitspolitischen Umfeld abhängig sind.

Angesichts des Anspruchs der Inneren Führung, eine breite gesellschaftliche Legitimation für die Streitkräfte und ihre Aufgaben anzustreben, zeigt sich mithin eine bemerkenswerte Lücke: Für die konkreten Verteidigungsaufgaben der deutschen Streitkräfte im Bündnis im Rahmen der Verstärkten Vornepräsenz fehlt es an Rückhalt in der Bevölkerung. Dies verlangt nach einem Gegensteuern der deutschen Sicherheitspolitik, die ihr Engagement in der Bündnisverteidigung intensiver erklären muss. Angesichts der bestehenden Defizite zwischen sicherheitspolitischen Vorgaben, militärischen Maßnahmen und gesellschaftlicher Meinungsbildung besteht für die deutsche Sicherheitspolitik die Notwendigkeit, offensiver und intensiver für die Bündnisverteidigung zu werben. Schließlich sollte es sowohl im politischen Interesse als auch im Interesse der Bundeswehr und der betroffenen Soldatinnen und Soldaten liegen, ein Auseinanderklaffen zwischen internationalen Ansprüchen und den Erwartungen der Partnerstaaten einerseits und innenpolitischen Vorbehalten und gesellschaftlicher Skepsis andererseits, wie es mit Blick auf die Auslandseinsätze für die vergangenen zweieinhalb Dekaden prägend war, zu vermeiden. Noch ist es nicht zu spät, gesellschaftlichen Rückhalt für die Bündnisverteidigung zu mobilisieren. Das gesellschaftliche Potenzial und die sicherheitspolitischen Argumente sind vorhanden – es fehlt alleine an Initiative und mobilisierenden Maßnahmen.

Literatur

Asmus, Ronald D./Everts, Philip P./Isernia, Pierangelo: The Transatlantic Gap in Public Opinion. In: Jäger/Höse/Oppermann (Hrsg.) 2005: 397–424.

Biehl, Heiko: Einstellungen zu den Auslandseinsätzen der Bundeswehr. In: Steinbrecher et al. 2016: 119–128. (Zitiert als Biehl 2016a).

Biehl, Heiko: Haltungen der Bürgerinnen und Bürger zur Bundeswehr. In: Steinbrecher et al. 2016: 47–61. (Zitiert als Biehl 2016b).

Biehl, Heiko/Giegerich, Bastian/Jonas, Alexandra (Hrsg.): Strategic Cultures in Europe. Security and Defence Policies Across the Continent. Wiesbaden 2013.

Biehl, Heiko/Jaberg, Sabine/Mohrmann, Günter/Tomforde, Maren (Hrsg.): Auslandseinsätze der Bundeswehr. Sozialwissenschaftliche Analysen, Diagnosen und Perspektiven. Berlin 2009.

Biehl, Heiko/Keller, Jörg. Hohe Identifikation und nüchterner Blick. Die Sicht der Bundeswehrsoldaten auf ihre Einsätze. In: Biehl et al. (Hrsg.) 2009: 121–141.

Biehl, Heiko/Schoen, Harald (Hrsg.): Sicherheitspolitik und Streitkräfte im Urteil der Bürger. Theorien, Methoden, Befunde. Wiesbaden 2015.

Bundesministerium der Verteidigung: Innere Führung. Selbstverständnis und Führungskultur. Zentrale Dienstvorschrift A-2600/1. Berlin 2008.

Bundesministerium der Verteidigung: Weißbuch 2016. Zur Sicherheitspolitik und der Zukunft der Bundeswehr. Berlin 2016.

Chittick, William O./Billingsley, Keith R./Travis, Rick: A Three-Dimensional Model of American Foreign Policy Beliefs. In: International Studies Quarterly 39, 1995: 3, 313–331.

Endres, Fabian: Öffentliche Meinung und strategische Kulturen. Außenpolitische Überzeugungen in Deutschland, Frankreich und Großbritannien. Wiesbaden 2018.

Höfig, Chariklia: Subjektive Sicherheit. In: Steinbrecher et al. 2016: 15–28.

Jäger, Thomas/Höse, Alexander/Oppermann, Kai (Hrsg.): Transatlantische Beziehungen. Sicherheit – Wirtschaft – Öffentlichkeit. Wiesbaden 2005.

Junk, Julian/Daase, Christopher: Germany. In: Biehl/Giegerich/Jonas (Hrsg.) 2013: 139–152.

Mader, Matthias: Grundhaltungen zur Außen- und Sicherheitspolitik in Deutschland. In: Biehl/Schoen (Hrsg.) 2015: 69–96.

Mader, Matthias: Öffentliche Meinung zu Auslandseinsätzen der Bundeswehr. Zwischen Antimilitarismus und transatlantischer Orientierung. Wiesbaden 2017.

Pew Research Center. NATO's Image Improves on Both Sides of Atlantic.European faith in American military support largely unchanged. Washington, D.C. 2017.

Rattinger, Hans/Schoen, Harald/Endres, Fabian/Jungkunz, Sebastian/Mader, Matthias/Pötzschke, Jana: Old Friends in Troubled Waters. Policy Principles, Elites, and U.S.-German Relations at the Citizen Level After the Cold War. Baden-Baden 2016.

Steinbrecher, Markus: Einstellungen zum außen- und sicherheitspolitischen Engagement Deutschlands. In: Steinbrecher et al. 2016: 29–46.

Steinbrecher, Markus/Biehl, Heiko/Höfig, Chariklia/Wanner, Meike: Sicherheits- und verteidigungspolitisches Meinungsklima in der Bunde- republik Deutschland. Ergebnisse und Analysen der Bevölkerungsbefragung 2016. Potsdam 2016.

Steinbrecher, Markus/Biehl, Heiko/Rothbart, Chariklia: Sicherheits- und verteidigungspolitisches Meinungsbild in der Bundesrepublik Deutschland. Erste Ergebnisse der Bevölkerungsbefragung 2017. Potsdam 2017.

Wanner, Meike: Vorstellungen von den Aufgabenbereichen der Bundeswehr. In: Steinbrecher et al. 2016: 113–118.

Berichte zu den Bevölkerungsbefragungen des ZMSBw zum Herunterladen unter:
http://zmsbw.de/html/publikationen/sozialwissenschaften/forschungsberichte

Der Beitrag der Politischen Bildung für eine künftige europäische Armee. Wo liegen gemeinsame Werte und Interessen?
Peter Buchner[1]

„*Wir erleben gegenwärtig eine existenzielle Krise innerhalb und außerhalb der Europäischen Union. Unsere Union ist bedroht.*"

Mit diesem Weckruf leitet die Hohe Vertreterin der Europäischen Union für Außen- und Sicherheitspolitik, Frederica Mogherini, die Globale Strategie für die Außen- und Sicherheitspolitik der Europäischen Union unter dem Titel „Gemeinsame Vision, gemeinsames Handeln: Ein stärkeres Europa" ein. Nicht nur, dass allein das Adjektiv „bedroht" als Triggersignal diente, sondern gleichzeitig ist damit der Patriotismus der europäischen Soldaten geweckt: Wenn Europa bedroht ist, dann muss es verteidigt werden!
Der Bedrohung als militärspezifischem Triggercode folgt die Ernüchterung bei genauerem Hinsehen. Griechenland- und Finanzkrise, aber auch Flüchtlingsdrama und Brexit sind keine Handlungsfelder, in denen sich Armeen natürlicherweise kompetent fühlen. Eigentlich sind da ganz andere politische und gesellschaftliche Akteure gefordert. Und angesichts der Tragweite solcher Herausforderungen segeln militärpolitische Fragen geradezu im Windschatten mit. „Die gemeinsame Verteidigungspolitik der EU kam bisher bestenfalls im Schneckentempo voran", stellten kürzlich Claudia Major und Amélie Lohmann von der Stiftung Wissenschaft und Politik fest. Nach wie vor ist das Verhältnis der GSVP zur NATO vage, genau genommen ungeklärt; das Vertrauen in die militärische Handlungsfähigkeit Europas scheint eher gering. Fähigkeitslücken der nationalen europäischen Streitkräfte sind evident, und die europäische Rüstungsindustrie als wirtschaftliche Basis ist zersplittert. Folgerichtig wird vertiefte Integration gefordert. Nicht zuletzt zwingen wirtschaftliche Überlegungen zur Zusammenarbeit. Kein Staat kann heute die erforderlichen High-Tech-Waffen allein entwickeln und beschaffen. ‚Pooling und sharing' wird die technokratische Wunderwaffe gegen drohende militärische Handlungsunfähigkeit. Eine andere Antwort lautet Rahmennationen-Konzept. Folge wäre, dass ge-

---
[1] Bewertungen spiegeln die Meinung des Verfassers wider.

meinsame Fähigkeiten auch gemeinsam eingesetzt werden müssten. Diese Erkenntnis erhält ihre Tagesaktualität fast jeden Abend in den Nachrichten: Mit der Ukraine-Krise hat sich der Krisenbogen im Umfeld der EU geschlossen. Dabei werden gleichzeitig neue Formen des Konfliktaustrags deutlich: hybride Bedrohungen mit der Folge, dass sich Reaktionsmuster auf Verwundbarkeiten beziehen und die klassischen Aufgaben von Militär weit übersteigen. Das wäre die Stunde der EU und ihrer beginnend 1992 formulierten Petersberg-Aufgaben. Passt doch bei Licht betrachtet Krisenmanagement sowieso schlecht zu einem Militärbündnis wie der NATO. Aus all dem wird deutlich, dass die Institutionen wie die Mitglieder der EU einer von innen wie außen bestimmten Notwendigkeit gegenüberstehen, ihre Sicherheits- und Verteidigungszusammenarbeit grundsätzlich neu zu ordnen (FES 2017: 7).

Der Terminus „EU-Armee" ist in der politischen Arena präsent. Thomas Wiegold erkennt in seinem Blog „Augen geradeaus" darin sogar ein Dauerthema. Gerade die russische Politik hat jüngst die europäische Sicherheitsordnung erschüttert. Sowohl nach der Krimannexion, aber auch in der Ukraine-Krise schien die EU in die Zuschauerrolle gezwungen. Den Kommissionspräsidenten, Jean-Claude Juncker, veranlasste das nicht nur zur Forderung nach Steigerung der Handlungsfähigkeit europäischer Sicherheitspolitik, sondern auch nach glaubhafter Bereitschaft Europas, seine Werte zu verteidigen. Dies gilt umso drängender, als die US-Administration unter Präsident Trump ihre Bereitschaft gerade zunehmend einschränkt. Die USA wollen die sprichwörtlichen Kohlen nicht mehr für die Europäer aus dem Feuer holen. Die deutsche Bundeskanzlerin folgert daraus: „Wir Europäer müssen unser Schicksal wirklich in die eigene Hand nehmen."

Damit ist die europäische Armee auf der politischen Tagesordnung. Trotz der ökonomischen Zwänge scheint sich gegenüber der Idee noch erheblicher Widerstand zu formieren. Werden doch mit der Europäisierung von Militär Grundfragen der Souveränität berührt und nationale Identitäten und Traditionen zur Diskussion gestellt. Mit Blick auf die deutschen Soldaten wäre dies neben all den anderen Punkten, über die Konsens herzustellen ist, die einzigartige und singuläre Organisationskultur Innere Führung.

Aus dieser Perspektive erhält die von Claudia Major und Christian Mölling von der SWP erarbeitete Empfehlung besondere Brisanz: „Berlin sollte klären, welche Standards die Bundeswehr auch im europäischen Kontext halten will und welche nicht" (2015).

Dazu wird hier in Bezug auf Innere Führung der Ausganspunkt für weitere politische Verhandlungen europäischer oder europäisierter Streitkräfte entwickelt. Natürlich klingt dies zunächst recht resolut. Letztlich ist es aber die Verhandlungsmasse, die sich der Natur der Sache nach in den politischen Prozessen erweichen wird. Dahinter steht allerdings die Überzeugung, dass nur die idealistisch formulierte Forderung auf Grundlage der differenzierten Analyse überzeugende Positionen liefert. Allerdings können auch die sich in anderen Vorstellungen auflösen. Kurzum, was hier heiß gekocht wird, kühlt bis zum sprichwörtlichen Verzehr mit Sicherheit noch ab.

Innere Führung als deutsche Besonderheit?

Mit Innerer Führung gibt es eine deutsche Besonderheit. Drei gute Gründe sprechen dafür, diese Organisationskultur auch für eine europäische Armee zu übernehmen.

Da ist erstens die Lehre aus der deutschen Geschichte. Selbst wenn man unterstellt, dass sich in Deutschland ein Militarismus singulärer Prägung den Weg gebahnt hat, wirkt die als Reaktion kodifizierte Organisationskultur pädagogisch mäßigend und strukturell demokratisierend. Militär wird dadurch dem Integrationsanspruch gerecht.

Damit wird die Einbindung der Bundeswehr in Staat und Gesellschaft, also in die grundlegenden Sphären der Demokratie, gefördert. Gleichzeitig reift ein Verständnis für die Aufgaben der Armee im Rahmen der sicherheitspolitischen Ziele in der Öffentlichkeit. Und die Soldaten als Repräsentanten einer solchen Öffentlichkeit sind aktiv einbezogen.

Zweitens enthält Innere Führung einen subtilen Bildungsanspruch. Dies stärkt die Motivation. Die Bereitschaft der Soldaten zur gewissenhaften und selbstverständlich professionellen, d.h. wirkungsvollen Pflichterfüllung einschließlich eines gewissensgeleiteten, statt unbedingten Gehorsams steigt. Die Soldaten erkennen die Übernahme der Verantwortung für die eigenen Entscheidungen an. "Von seiner inneren Werthaltung war der Soldat [der Inneren Führung des Kalten Krieges: P.B.] dem Anspruch nach ein aus tiefer Überzeugung geborener Vaterlandsverteidiger und Staatsbürger in Uniform, der sich mit dem Wertefundament der freiheitlich-demokratischen Grundordnung seines verteidigungswürdigen Landes identifizierte. Zugleich verstand er sich als integrierter Teil der Zivilgesellschaft" (Wiesendahl 2014: 19). Wenn überhaupt, dann wäre es höchstens noch denkbar, dass ein "unüberlegter Ritualismus", wie er von den traditionalistischen Kräften in der Bundeswehr immer wieder gefordert wurde, vielleicht für eine Verteidigungsarmee mit intellektuell stark verkürzt gedachten Massenschlachten unter atomarer Bedrohung noch ausreichend sei. Letztlich hieße dies aber nicht mehr als die Deutung modernen Soldatseins vor dem Hintergrund fortbestehender „Lineartaktik". Eine derart geschlossene Schlachtordnung ist allerdings heutzutage militärisch wie intellektuell eher die Ausnahme als die Regel.

Als Kernkompetenz der EU gilt gerade das erfolgreiche Krisenmanagement. Dies sichert der Organisation große Anerkennung. Für die unter dem Begriff „Petersberg-Aufgaben" zusammengefassten Einzelaufträge bedarf es weitergehender als allein militärtechnischer Qualifikationen. Zu fordern ist dafür eine Professionalisierungswirkung, wie sie gerade aus der Organisationskultur Innere Führung entspringt.

Längst ist nämlich neben den Gewaltberuf „Soldat" ein Gestaltungsberuf getreten. Lasswell's ‚specialist of violence' wird dadurch zum "Spezialist für Verantwortungsethik" (Geser). Job-enlargement ist die Folge. Erwartet wird nicht mehr der "homo faber des Gefechts" (Däniker), sondern der Krisenmanager auf Grundlage einer wohlverstandenen, legitimatorisch an republikanischen Idealen geerdeten Staatsbürgerlichkeit, und zwar als "Friedenssoldat" (Geser). Dafür reicht ein in pädagogischer Perspektive militärischer Traditionalismus bei Weitem nicht aus. Den Eigenschaften des Charakters müssen trotz der von Wiesendahl konzedierten tiefsitzenden Aversionen aus antiintellektuellen Traditionen größere Fähigkeiten des Verstandes, d.h. der Analyse und des Urteilens, an die Seite gestellt werden. Moderne Managementvorstellungen sind auch im Militär bei Kriseninterventionen unverzichtbar. Derartige Kompetenzen sind in Termini wie breiter Bildungsstand, Urteilskraft oder Selbstvertrauen, Neugier und Offenheit operationalisierbar. Sie beschreiben ein polyvalentes Befähigungsspektrum, das die hergebrachte Enge überkommener Militärkultur (Naumann) sprengt. Lösbar ist es entweder mittels Transfer der notwendigen Kompetenzen aus dem zivilen Berufsleben ins Militär mit der Folge der "Semiprofessionalisierung" (Geser) oder durch eigenbezügliche Bildungsanstrengungen wie sie mit Politischer Bildung natürlicherweise verbunden sind.

In der Wertedimension bedeutet die Integration professioneller und soziomoralischer Ressourcen der Zivilgesellschaft ins Militär eine erhebliche Steigerung der gesellschaftlichen Bodenhaftung einer Armee. Sind doch die mit dem Krisenmanagement verbundenen artfremden Aufgaben eher aufgezwungen denn Teil einer „Wunschliste". Allen Erfahrungen der letzten Jahrzehnte nach wird für Friedenseinsätze in erster Linie Militär herangezogen. Es ist das Staatsorgan, das eben "eh-da" ist. Militär ist die Organisation, die daheim keinen größeren Friedenauftrag mehr hat. Es ist die Behörde, in der es streng genommen nicht auffällt, dass der Bearbeiter gerade irgendwo auf der Welt Frieden stiftet und seine Aufgaben in Aktionen unter z. T. größter Gefahr erledigen muss. Um solchen Ansprüchen, wie sie aus der Europäischen Sicherheits- und Verteidigungspolitik heraus an die EU-Streitkräfte gestellt werden, gerecht werden zu können, reicht traditionelles Soldatentum sicherlich nicht mehr aus.

Dass mit den Konflikten in der ehemals sowjetischen Peripherie wieder traditionelle Militäraufgaben zurückkommen, tut dem Ganzen keinen Abbruch. Ganz im Gegenteil. Die dort zu beobachtenden Phänomene, die unter dem Begriff hybrider Kriegsführung analytisch zusammengefasst werden und sich als subversive Unterminierung statt offener Kampf kennzeichnen lassen, wirken vergleichbar der Blockkonfrontation Kalter Kriegszeiten. Was Baudissin angesichts der gegensätzlichen kommunistischen Ideologie gepaart mit militärischer Stärke damals als "permanenten Weltbürgerkrieg" bezeichnete, entspricht dem heute beobachtbaren „Krieg um Nachrichten" – genauer Diskurshoheit – mit modernen Mitteln wie Fake-News und Cyberattacken. Wenn es damals das Ziel war, "Herz und Verstand" der Verteidiger anzugreifen, dann zielen die Angriffe heute auf die moralische Kohärenz. Gerade dafür ist die Weitergabe der deutschen Organisationskultur Innere Führung ein wichtiges Element im Kompetenzenportfolio einer europäischen Friedensarmee nach Petersberg-Manier. Ausbilden muss man solche Inhalte konkret im Gestaltungsfeld Politische Bildung.

Damit in engem Zusammenhang steht das dritte Argument, nämlich die Legitimationsbedürftigkeit militärischen Handelns. Das gilt sowohl in individueller, sinnbasierter Perspektive des einzelnen Soldaten als auch unter systemischem Blickwinkel. Das ist die politische Rechtfertigung von Gewalt, der die Gefahr des Kollateralschadens nie abzusprechen ist. Dazu kommt angesichts der polyvalenten Funktion, dass sich der Zweck der Organisation Militär von ihrer Funktion emanzipiert. Insofern stellt sich heute neben der Frage der Berechtigung im Grundsätzlichen die nach der Legitimität der Gewaltanwendung im Konkreten. Eine doppelte Herausforderung für die Organisationskultur und eine schwierige Aufgabe für das Gestaltungsfeld Politische Bildung. Schließlich muss gerade dort der Legitimationsanspruch erfüllt werden. Dazu muss den Soldaten die Frage nach der Sinnhaftigkeit des Dienens beantwortet werden, d.h. ihnen sind ethische, rechtliche, politische und gesellschaftliche Begründungen ihres Handeln zu vermitteln und dabei ist ihnen der Sinn des militärischen Auftrages, insbesondere bei gefährlichen Auslandseinsätzen, einsichtig und verständlich zu machen. Sonst besteht allemal die Gefahr, dass mit der langanhaltenden Friedensdividende nach der Einigung Europas die Schwerter stumpf geworden sind. Dann wäre es die Aufgabe Politischer Bildung in einem europäischen Rahmen, also auch für und in einer europäischen Armee, "[d]as schärfste Schwert des Westens" nämlich seine Werte (Hartmann), wieder zu wetzen. Dafür ist Politische Bildung der geeignete Schleifstein.

Damit ist deutlich, dass es gute Gründe gibt, nicht nur über eine europäische Armee nachzudenken, sondern auch die deutschen Lehren aus einer teils unheilvollen historischen Entwicklung organisationskulturell zu übernehmen. Welche Konsequenzen sich daraus in pädagogischer Perspektive ergeben, soll im Weiteren aus dem Blickwinkel des Gestaltungsfeldes Politische Bildung analysiert werden.

Ziele und Inhalte Politischer Bildung in der Bundeswehr

Im Allgemeinen ist es das Ziel Politischer Bildung in der Bundesrepublik Deutschland, die auf eigenständigem Urteil beruhende Bejahung des demokratischen Staates und das Eintreten der Bürger für die freiheitliche demokratische Grundordnung (FDGO) zu fördern. Politische Bildung hat also insbesondere die Vermittlung von demokratischem Bewusstsein sowie von Kenntnissen und Fähigkeiten zur aktiven Teilnahme an politischen Prozessen zum Ziel. Was darunter zu verstehen ist und wie es gemacht werden kann, beschreibt der „Bericht der Bundesregierung zu Stand und Perspektiven der Politischen Bildung in der Bundesrepublik Deutschland" vom 10. Dezember 1991.

Zusammengefasst kann man sagen, dass Politische Bildung mehr sein muss als allein Faktenvermittlung. Im Einzelnen soll Politische Bildung Kompetenzen vermitteln, die die Analyse und Beurteilung politischer Prozesse ermöglichen. Voraussetzung ist zunächst, möglichst objektiv über Faktoren und Funktionszusammenhänge politischer, gesellschaftlicher und ökonomischer Prozesse zu informieren. Damit hat Politische Bildung zwar eine Basis auf der Grundlage von Wissenselementen – die man genausogut nachlesen oder wahrscheinlich heutzutage eher googeln kann. Sie dienen als das Material, mit dem die prozeduralen Fähigkeiten eingeübt werden können. Solche meist stark affektiv konnortierten Fähigkeiten sind:

- Akzeptanz der Grundwerte der freiheitlichen und pluralen Demokratie

unbeschadet stets möglicher Kritik an der konkreten Verwirklichung;
- Verständnis, dass die freiheitliche und plurale Demokratie die einzige politische Ordnung ist, in der eigenständiges, rationales und selbstverantwortliches Handeln möglich ist und die damit die Chancen zur individuellen Entwicklung bietet;
- Bewusstsein für demokratische Spielregeln und demokratische Verfahrensweisen einüben, um damit Konfliktfähigkeit und Konsensbereitschaft auszubilden;
- die Fähigkeit und Bereitschaft fördern in politischen Alternativen zu denken, um das politische Problembewusstsein und die Urteilsfähigkeit zu schulen;
- zu politischem Handeln befähigen und damit zur politischen und gesellschaftlichen Einflussnahme als "Bürgertugend" zu ermuntern;
- sprachliche und nicht-sprachliche Kommunikation auf ihren ideologischen Hintergrund zu durchschauen;
- eigene wie fremde Interessen- oder Rechtslagen in politischen Aussagen erkennen;
- sowie die Befähigung entwickeln, eigene Interessen im Rahmen der Regeln der pluralistischen Demokratie wahrzunehmen und dabei Rücksicht auf die Interessen anderer zu nehmen.

Um dies zu erreichen, bedarf es der Bereitschaft, mit Menschen unterschiedlicher Herkunft und Kulturen friedlich zusammenzuleben und nationale Egoismen abzubauen. Am Ende des Lernprozesses steht dann ein reflektiertes Engagement und verantwortungsbewusstes politisches und gesellschaftliches Handeln.

Die Bundeswehr hat sich ausgehend von den Zielen der Politischen Bildung in Deutschland spezifische, d.h. auf den Soldatenberuf fokussierte Lernziele gesetzt. Diese besonderen Ziele der Politischen Bildung in der Bundeswehr sind (ZDv 12/1, Nr. 203):

1. die Schutz- und Verteidigungswürdigkeit der FDGO der Bundesrepublik Deutschland verdeutlichen,
2. den Auftrag der Bundeswehr auch angesichts weltweiter sicherheitspolitischer Risiken und sich ändernder Bedrohungen sowie gewachsener internationaler Verantwortung Deutschlands begründen,

3. die Bereitschaft und Fähigkeit entwickeln und fördern, Grundfragen des Soldatenberufs – besonders auch seine ethische und moralische Dimension – zu reflektieren,
4. die Rolle der Soldatin bzw. des Soldaten in Staat und Gesellschaft bewusst machen und die Fähigkeit fördern und ausbilden, sich mit ihr auseinander zusetzen,
5. den verantwortungsvollen und sachgerechten Gebrauch der staatsbürgerlichen Rechte fördern und die Fähigkeit entwickeln, die gesetzlichen Pflichten als Soldatin bzw. Soldat zu erkennen und entsprechend zu handeln und
6. die Soldatinnen und Soldaten in die Lage versetzen, für die im Grundgesetz ausformulierten Grund- und Menschenrechte bewusst einzutreten.

Politische Bildung europäisch gewendet

Welche didaktischen Aufgaben damit gestellt sind, wird deutlich, wenn die pädagogischen Ansprüche in konkreten Bildungsprozessen ausgestaltet werden. Dazu müssen einerseits die den Zielen zugrundeliegenden Tätigkeiten operationalisiert werden, andererseits müssen sie sich an konkreten Inhalten erweisen. Bereits auf der Begriffsebene wird deutlich, dass es bei Politischer Bildung um mehr geht als Reproduktion vorher angeeigneter Fakten wie sie sich in ihrer ureigensten Form in "Spiegelstrichaufzählungen" präsentieren. Fähigkeiten sind insofern komplexere Handlungsdispositionen, die sich aus Kenntnissen, Fertigkeiten und Einstellungen zusammensetzen und zum tun können, vor allem jedoch zum tun wollen als Bereitschaft und Form der Akzeptanz führen.

Urteilsbildung bedeutet, dass ein Sachverhalt an einem Maßstab bewertet werden muss. Die vorangehende Analysetätigkeit muss diese in hinreichender Transparenz und Glaubwürdigkeit in miteinander kommunizierende und kommunizierbare Begriffe fassen. In der Sachdimension erfordert die Analyseaufgabe, dass sich Sachverhalt und Maßstab auf gleicher Abstraktionsebene in einander anschlussfähigen Operatoren begegnen. Die dafür erforderliche Differenzierungsarbeit ist Kerngehalt der Analyse. Im Physikunterricht käme schließlich auch kein Schüler freiwillig auf die Idee, die Höhe eines Wolkenkratzers mit einem Barometer zu messen, außer dem dänischen Physik-Nobelpreisträger Niels Bohr, der angeblich in einer Prüfung wenigstens sieben differenzierte Lösungsmöglichkeiten entwickelte.[2] In sozialer Dimension ist es

---

[2] Vgl. http://www.gedaechtnistraining.biz/Schule/Nils_Bohr.htm.

darüber hinaus erforderlich, von der Tragfähigkeit der Differenzierung, die eine Entscheidung begründet, zu überzeugen. Das derart wachsende Verständnis entspringt, wenigstens wenn es als methodisch gesichert gelten soll, hemeneutischer Erkenntnis.

In der Philosophie bedeutet Hermeneutik[3] das Verstehen von Sinnzusammenhängen in menschlichen Lebensäußerungen aller Art. Sie geht auf Platon zurück und wird gerne am Götterboten Hermes illustriert, der den Menschen Botschaften brachte, die von ihnen allerdings noch interpretiert werden mussten.

Der Philosoph Friedrich Schleiermacher (1768-1834) verfeinerte das Erkenntnisinstrument und betrachtete das Verfahren des Verstehens abgelöst vom speziellen Inhalt. Er begründet damit eine universelle Theorie des Verstehens, die sich auf die Bedingungen bezieht, derer es bedarf, um Lebensäußerungen nachzuvollziehen.

Wilhelm Dilthey (1833-1911) hat später die Hermeneutik zu einer historischen Methodik weiterentwickelt. Bei ihm wird Verstehen allgemein zur Methode der Geisteswissenschaften. Im Gegensatz zur naturwissenschaftlichen Erkenntnis, die sich auf objektive Beobachtungen stützt, betrachtet Dilthey die Situationen und Einflüsse, die den Sprecher geprägt haben, für besonders wichtig. Schließlich ist es ein Unterschied, ob ein Tourist, der auf der Suche nach der nächsten Frittenbude ist, sagt: "Ich bin am verhungern" oder ein afrikanisches Kind aus der Sahel Zone!

Der Philosoph Hans-Georg Gadamer (1900-2002) hat dies verallgemeinert. Hermeneutik ist danach die besondere Art und Weise, in der Überlieferungen, Traditionen und Werte erhalten und weiterentwickelt werden. Neuinterpretationen eröffnen wertvolle Erkenntnisse für die Gegenwart. Insofern umfasst für Gadamer Verstehen alles menschliche Wirken, also auch soldatisches Handeln.

Heute besteht weitgehender Konsens, dass mit der Hermeneutik ein methodischer Autonomieanspruch der Geistes- bzw. Kulturwissenschaften in Form des Verstehens (verstehende Methode) zum Ausdruck gebracht wird. Einer äußeren, durch Beobachtung vermittelten Erfahrung wie in den Naturwissenschaften wird die innere Erfahrung wie beispielsweise Sinnzusammenhänge für das Verständnis sozialen Handelns im geisteswissenschaftlichen Bereich gegenübergestellt. Es geht um Deutung statt um Erklärung durch Aufdecken von

---

[3] Eine kurzweilige Vorstellung vermittelt das Video unter *www.youtube.com/watch?v=l4Rw8slu284*

Kausalitäten, also Ursachen und Wirkungen wie sie sich im einfachen Fall in Fakten verbergen.

In der didaktischen Repräsentation des Bewusstseins schließlich wird der Prozess angesprochen zur Vergewisserung des Ortes des eigenen Strebens, das – philosophisch gesprochen mit Rückgriff aus Hans Joas – ohne eine Orientierung auf das Gute nicht auskommt. Joas erkennt im menschlichen Selbstverständnis eine narrative Struktur, d.h. es erscheint in Geschichten gekleidet. Um zu wissen wer man ist, also um sein Selbstbewusstsein auszubilden, braucht man eine Vorstellung davon, wie man es geworden ist und wohin man unterwegs ist, sagt Joas. In solchen Geschichten können moralische Gefühle ausgedrückt werden. Indem sie mit den Zuhörern geteilt werden, gehen sie über den Einzelnen hinaus. Der damit mögliche Diskussionsprozess führt zur Reflexion, bis sich schließlich die als gut und richtig empfundenen moralischen Gefühle in Werten kollektiv verfestigen. Damit entsteht eine Vorstellung vom gefühlsmäßig als gut Erachteten. Werte sind insofern stark emotional besetzte Vorstellungen darüber, was wahrhaftig des Wünschens wert ist. Und sie wirken, indem es Individuen packt bzw. entsetzt, wenn dagegen verstoßen wird. Sie gehen damit als Deutungssysteme über verkürzte Rechtfertigungen eigenen Handelns hinaus, wenn man lediglich etwas tut, was andere tun und das allein mit gegenseitiger Nachahmung – Wissenschaftler sprechen vom mimetischen Isomorphismus (Schiewek 2010: 163) – seine gesellschaftliche Legitimität sichert.

Auf diesem Wege verfestigen sich moralische Gefühle zu Werten und werden handlungsleitend indem sie reflektorisch die eigenen Entscheidungen legitimieren können.

Die besonderen Ziele der Politischen Bildung in der Bundeswehr sind insofern selbst die erzählte Geschichte über Soldatentum, die mit den zugehörigen moralischen Konnotationen „nacherzählt" wird. Die Einsicht in die Schutz- und Verteidigungswürdigkeit erwächst also genauso aus einer Deutung wie das Bekenntnis zur Durchsetzung von Menschenrechten. Um dies zu ermöglichen, wird eine Bürgerpflicht konstituiert, die als Kompass soldatischen Handelns dient. Dass es dabei kaum um richtig und falsch gehen kann, ergibt sich aus den vielfältigen Perspektiven, unter denen Handlungen bewertet werden müssen und der großen Zahl damit verbundener Leitunterscheidungen. Deutlich wird dies beispielsweise in der Konkurrenz von menschlicher Sicherheit und Souveränität bei Friedenseinsätzen oder als Grundfrage des Soldatenberufs in der Gewaltproblematik, die sich bei Übergang von der reaktiven Verteidigung gegen eine angreifende Armee zum präventiven Eingreifen gegen Milizen stellt, wenn man beispielsweise einem Völkermord zuvorkommen will.

In unserer nationalen Geschichte haben die Soldaten für solche Deutungsprozesse ein leistungsstarkes Wertegerüst in Form der FDGO an der Hand. Darunter versteht das Bundesverfassungsgericht die unabänderliche Kernstruktur des Gemeinwesens unabhängig von der gegenwärtigen Ausprägung, also des konkret geschriebenen Verfassungstextes. In seinem Urteil zum Verbot der Sozialistischen Reichspartei (SRP) hat das Gericht die Kernelemente dieser Ordnung aufgezählt. Um dies in eine didaktisch verwertbare Struktur zu bringen, sollen sie hier in drei Blöcke gruppiert werden. Das sind zunächst die grundlegenden Werte des Gemeinwesens, dann die zu ihrer Realisierung als wichtig erachteten Institutionen und schließlich die Funktionsaspekte, also die Mechanik des politischen Systems in Bezug auf die demokratische Willensbildung.

Werte des Gemeinwesens
- Achtung und Geltung der Menschenrechte
- Volkssouveränität
- Ausschluss jeglicher Gewalt und Willkürherrschaft

Institutionen des Gemeinwesens
- Bestimmung der Volksvertretung wie Bundestag, Länderparlamente und kommunale Vertretungsorgane in allgemeiner, unmittelbarer, freier, gleicher und geheimer Wahl
- Verantwortlichkeit der Regierung durch Gesetzesbindung und Ablösbarkeit
- Unabhängigkeit der Gerichte

Mechanik des Gemeinwesens
- Gewaltenteilung
- Mehrparteienprinzip mit einer Chancengleichheit aller politischen Parteien
- Recht auf verfassungsmäßige Bildung und Ausübung einer Opposition

Die mit der FDGO beschriebene Ordnung ist es letztlich auch, die militärischem Handeln Sinn und deutend Legitimität verleiht. Deshalb müssen die Soldaten die FDGO nicht nur anerkennen, sondern sind aus § 8 des Soldatengesetzes verpflichtet mit ihrem gesamten Verhalten für die Erhaltung einzutreten. Der damit einhergehende intellektuelle Anspruch ist deutend durch die Auswahl wertbasierter Maßstäbe, hermeneutischer Methoden und narrativer Erzählstrukturen zu bewältigen. Und Politische Bildung ist ein Kernbereich[4], in dem die Soldaten dazu befähigt werden.

Politische Bildung europäisch gewendet

Die aufgezeigten Bildungsstrukturen wären an sich bereits ein gewichtiger Grund, die Ansprüche der Politischen Bildung an zukünftige europäische Soldaten aufrecht zu erhalten. Dazu kommen noch die drei guten Gründe, die die Innere Führung für Deutschland so wertvoll erscheinen lassen. Zudem könnte eine europäische Politische Bildung einer Kritik entgegenwirken, wie sie an der intellektuellen Anspruchslosigkeit amerikanischer Soldaten im Irakkrieg geübt wird:

"Die amerikanischen Soldaten wussten wenig über die Debatten in der UNO in New York oder das Völkerrecht und waren weitgehend durch die Kriegspropaganda der Neokonservativen, die in den USA auf allen Fernsehsendern und auch in den Zeitungen verbreitet wurde, beeinflusst. Bei einer Umfrage im Jahre 2006 erklärten 85% der US-Soldaten im Irak, dass ihre Hauptmission darin bestehe, Saddam für seine Rolle bei den Terroranschlägen vom 11. September zu bestrafen", berichtete die Times vom 2. September.

"Doch Saddam Hussein hatte rein gar nichts mit den Terroranschlägen in New York und Washington zu tun. Ein Bericht des amerikanischen Senats bestätigte einige Jahre nach Kriegsausbruch, dass Saddam niemals Verbindungen zum Terrornetzwerk al-Quaida gehabt hat. Der US-Senat stellte zudem fest, dass die irakische Führung kein aktives Atomprogramm und auch kein mobiles Labor zur Herstellung biologischer Waffen gehabt hatte. Es war alles", so fasst es Daniele Ganser in seinem Buch illegale Kriege zusammen, "eine große Lüge. Die Bush-Administration habe Geheimdienstinformationen ausgewählt, übertrieben oder verschwiegen, um ihre Entscheidung zum Krieg gegen den Irak zu rechtfertigen. Die US-Elite hatte ihre eigenen Soldaten belogen und getäuscht" kommentierte die Neue Züricher Zeitung vom 8. September.

---

[4] Der andere Kernbereich, in dem Deutungsprozesse in hermeneutischer Methodik vermittelt und eingeübt werden, ist der Lebenskundliche Unterricht.

Solchen Gefahren sollte man europäische Soldaten nicht aussetzen. Dazu bedarf es gar keines unterschwelligen Vorwurf der Unaufrichtigkeit an die entscheidenden Politiker, sondern es reicht aus, die im Zusammenhang mit hybrider Kriegsführung in die Öffentlichkeit getretenen Propagandamethoden zur Kenntnis zu nehmen: Fake News und Cyberattacken. Dafür sind Fähigkeiten erforderlich, die in der Bundeswehr eigentlich in der Politischen Bildung vermittelt werden.

Daneben muss das Deutungssystem etabliert werden, vor dessen Hintergrund die Bildungsprozesse ablaufen. Die erste Deutung in Bezug auf Europa – genau gesagt die EU – nimmt Frau Mogherini selbst vor: Europa ist bedroht. Aber darüber hinaus liefert die Hohe Vertreterin der EU, gleich einen Vorschlag für das sinnkonstituierende Deutungssystem mit, das dann als Ordnungsvorstellung europaweit an die Stelle der deutschen FDGO treten kann (EU 2016). Mogherini greift auf das kulturelle Erbe Europas zurück, an dessen Fortbestand großes Interesse der Europäer bestehen muss. Daneben zieht sie die im Lauf der Geschichte gewachsenen Wertvorstellungen heran, um die gesellschaftlichen Bedingungen des Zusammenlebens zu beschreiben. Damit sind die Ordnungselemente charakterisiert, die sich einerseits europäisch, andererseits global ausprägen. Dies begründet den Verteidigungswert, wenn, sei es als ideelle Bedrohung durch Infragestellung oder als direkte gewaltbehaftete Aggression, diese Ordnungselemente angegriffen werden.

Als kulturelles Erbe gelten – in der Perspektive Politisch-Historischer Bildung – letztlich die Errungenschaften aus den beiden großen Demokratisierungsschüben der ausklingenden Neuzeit, nämlich amerikanische und französische Revolution. Dazu gehören die unverletzlichen und unveräußerlichen Menschenrechte, aber auch die Werte Freiheit, Demokratie, Gleichheit und Rechtsstaatlichkeit.

Dies sind im Wesentlichen auch die Werte, auf die sich Europa gründet. Sie sind in Art. 2 des Lissabon-Vertrages vereinbart als Achtung der Menschenwürde, Freiheit, Demokratie, Gleichheit, Rechtsstaatlichkeit und die Wahrung der Menschen – einschließlich der Minderheitenrechte.

Konkret bedeutet das für den Fortbestand, dass die EU an der Verbreitung von Frieden, Sicherheit, Wohlstand und Demokratie interessiert ist, die darüber hinausgehend in einer globalen Normung in ihrem Bestand gesichert sind. Zugleich gibt eine solche Ordnung die Mittel zur Durchsetzung an die Hand. Die Hohe Vertreterin fasst das unter dem Begriff der Interessen der EU zusammen.

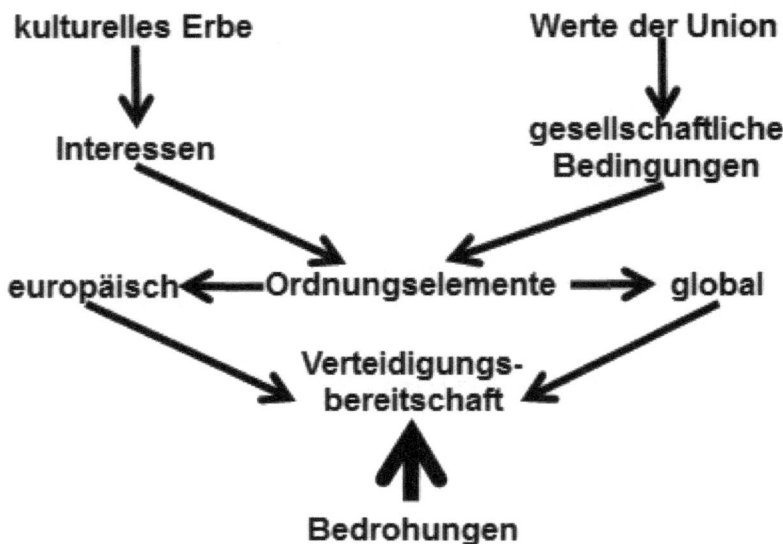

Umgesetzt in politischen Strukturen und gesellschaftliche Bedingungen in den Mitgliedsstaaten ergibt sich, dass dort Lebensverhältnisse, geprägt von Pluralismus, Nichtdiskriminierung, Toleranz, Gerechtigkeit, Solidarität und der Gleichheit von Frauen und Männern garantiert sind. Um dies zu sichern, werden Ordnungsvorstellungen als unverzichtbar betrachtet. Schließlich ist es ein wichtiges Ziel, die als richtig erkannten Prinzipien nicht nur nach innen, sondern auch im globalen Rahmen zur Geltung zu bringen.

So kann man im Großen und Ganzen die friedensstiftende Wirkung nach innen als stark bezeichnen. Der Blick in die europäische Nachkriegsgeschichte zeigt, dass es mit der EU gelungen ist, unheilvolle Entwicklungen zu durchbrechen. Unabhängigkeit und territoriale Integrität von Staaten der Europäischen Union sowie ihre Unverletzbarkeit der Grenzen konnten im Wege der friedlichen Beilegung von Streitigkeiten bewahrt werden. Nicht zuletzt in der auch häufig kritisierten Ratsdominanz in den Entscheidungsprozessen innerhalb der Gemeinschaft zeigt sich die hohe Wertschätzung des Prinzips der Souveränität als weiteres wesentliches Element der europäischen Sicherheitsordnung. Gleichzeitig verfolgen die Europäer das Ziel, im Wege der globalen Ordnungsbildung dem Völkerrecht globale Geltung zu verschaffen. Die Anerkennung der Grundsätze der Charta der Vereinten Nationen in allen Teilen der Welt ist dafür wichtige Voraussetzung. Schließlich stehen die Wahrung des Friedens und die Achtung der Menschenrechte weltweit ganz oben, um letztlich nachhaltige Entwicklung zu ermöglichen. Als Fundament eigener Prosperität – damit ist im Kern eher ein weiteres Interesse der EU formuliert – gilt es, den sicheren und dauerhaften Zugang zu den globalen Gemeingütern Hochsee, Luft-, Welt- und Cyberraum zu erhalten.

Insofern besteht eine Bereitschaft, die als richtig erkannten Grundlagen des friedlichen Zusammenlebens auch gegen Angriffe zu verteidigen. Wenn die EU angegriffen wird, dann ist sie bereit, notfalls auch mit Gewalt zurückzuschlagen, um Völkerrecht, Demokratie und Menschenrechten wieder zur Geltung zu verhelfen. Bevorzugt sollte dies jedoch den eigenen Idealen folgend im Wege der zwischenstaatlichen Zusammenarbeit erfolgen. Sie ist getragen von der tiefen Überzeugung jedes Landes vom Recht, frei über seine Zukunft selbst zu bestimmen.

Um gewaltsamen Auseinandersetzung von vornherein, also präventiv, entgegenzuwirken, setzt die EU – das historische Vorbild liefert hier die binnenorientierte friedensstiftende Kraft institutioneller Arrangements – auf drei grundlegende Regime, die universelle Geltung erlangen sollten, nämlich die Grundsätze der UN-Charta, die Helsinki-Prinzipien und die Prinzipien der Charta von Paris. Ihre symbolische Wirkung entfaltet sich im historischen Vorbild. Immerhin ist es im Gegensatz zur Ordnung des Völkerbundes mit den Prinzipien der UN-Charta gelungen, einen neuen Flächenbrand, den „dritten Weltkrieg", zu vermeiden.

> **Prinzipien der UN-Charta:**
> - souveräne Gleichheit der Mitglieder;
> - Erfüllung der Verpflichtungen aus der Charta nach Treu und Glauben;
> - friedliche Beilegung internationaler Streitigkeiten, so dass Weltfriede, internationale Sicherheit und Gerechtigkeit nicht gefährdet werden;
> - Gewaltverzicht gegen die territoriale Unversehrtheit oder die politische Unabhängigkeit eines Staates;
> - Beistandsverpflichtung für Maßnahmen, die die Organisation im Einklang mit dieser Charta ergreift; Beistandsverbot für Staaten, gegen die die Organisation Vorbeugungs- oder Zwangsmaßnahmen ergreift;
> - Sorge um die Wahrung des Weltfriedens und der internationalen Sicherheit gegenüber Nicht-Mitgliedsstaaten;
> - Souveränität der Mitgliedsstaaten bezüglich ihrer inneren Angelegenheiten (die Anwendung von Zwangsmaßnahmen nach Kapitel VII wird durch diesen Grundsatz nicht berührt).

Nach dem Krieg konnte der tiefe Graben zwischen den bis an die Zähne bewaffneten gegensätzlichen politischen Regimen mit dem Katalog der Helsinki-Prinzipien im Zaum gehalten werden.

> *Helsinki-Prinzipien:*
> - souveräne Gleichheit, Achtung der der Souveränität innewohnenden Rechte;
> - Enthaltung von der Androhung oder Anwendung von Gewalt;
> - Unverletzlichkeit der Grenzen;
> - territoriale Integrität der Staaten;
> - friedliche Regelung von Streitfällen;
> - Nichteinmischung in innere Angelegenheiten;
> - Achtung der Menschenrechte und Grundfreiheiten, einschließlich der Gedanken-, Gewissens-, Religions- und Überzeugungsfreiheit;
> - Gleichberechtigung und Selbstbestimmungsrecht der Völker;
> - Zusammenarbeit zwischen den Staaten;
> - Erfüllung völkerrechtlicher Verpflichtungen nach Treu und Glauben.

Symbolisch gesehen wird dies mit der Bekräftigung dieser Prinzipien in der Charta von Paris im Bestand auch nach Ende des Kalten Krieges gesichert. Im Schlussdokument des Gipfeltreffens von Paris der Konferenz über Sicherheit und Zusammenarbeit in Europa (KSZE), das von 34 Teilnehmerstaaten am 21. 11. 1990 unterzeichnet wurde, sind die jüngsten Prinzipien formuliert:

> **Prinzipien der Charta von Paris:**
> - Durchsetzung von Demokratie;
> - Rechtsstaatlichkeit;
> - Meinungsfreiheit;
> - Schutz der Menschenrechte und Grundfreiheiten;
> - Schutz nationaler Minderheiten;
> - Stärkung der Zusammenarbeit zwischen den Völkern;
> - friedliche Beilegung von Streitfällen;
> - Fortsetzung des Abrüstungsprozesses;
> - KSZE stärker institutionalisieren durch:
>   + Rat der Außenminister;
>   + Sekretariat in Prag;
>   + Konfliktverhütungszentrum in Wien;
>   + Büro für freie Wahlen in Warschau.

Das macht deutlich, dass die Charta von Paris das Ende der Konfrontation der Nachkriegszeit und der Teilung Europas dokumentiert. Dass sich daraus konsequenterweise die Ausweitung der EU in den postsowjetischen Raum ergibt, erscheint folgerichtig, zeigt aber gerade in der jüngsten Zeit, dass die globale Geltung der auf den Prinzipien beruhenden Ordnung noch nicht zufriedenstellend gelungen ist. Deshalb kann Frau Mogherini als Hohe Vertreterin der EU feststellen, dass die Union bedroht ist. Diejenigen, die damit einstehen müssen, um die Union zu verteidigen, erhalten damit das sinnstiftende Element an die Hand, aus dem heraus sie ihre Motivation schöpfen können.

Als es damals drum ging, über neue deutschen Streitkräfte nachzudenken, war es dem Gründervater der Inneren Führung klar, dass der Soldat die sittliche Berechtigung soldatischen Handelns, auch des Tötens des Gegners und des Sterbenlassens der Untergebenen und Kameraden, nur aus der Bindung an die große Gemeinschaft ziehen kann und aus dem Auftrag, den er von ihr erhielt. So kann er nie bedenkenlos und unbeschwert führen und kämpfen; sondern er wird diese Last nur tragen im Wissen um die bittere Notwendigkeit (Dörfler-Dierken 2006: 160).

Stellt man diese Einsicht in Rechnung, kommt man zwingend zu der Erkenntnis, dass eine europäische Armee vor dem europäischen Erbe nur denkbar ist in der Tradition einer Organisationskultur vergleichbar Innerer Führung, sonst blieben Soldaten stets ein Fremdkörper in der wertbasierten politischen Unionsordnung und notwendigerweise Außenstehende in Bezug auf sich bildende Unionsöffentlichkeit, die sich vielleicht eines Tages zur Unionsbürgerlichkeit verfestigt. Spätestens das wäre die Geburtsstunde einer europäischen Politischen Bildung, um dann wichtige staatsbürgerliche Befähigungen zu vermitteln. Warum also nicht gleich?

Literatur

Baudissin, Wolf Graf v. (1954): Held oder Krieger oder Soldat? Referat vor Mitarbeitern im Amt Blank. Quelle Nr. 13. In: Dörfler-Dierken, Angelika (2006): Graf Baudissin. Als Mensch hinter den Waffen. Göttingen: Vandenhoeck & Ruprecht.

Bundesministerium der Verteidigung (2007): Zentrale Dienstvorschrift 12/1: Politische Bildung in der Bundeswehr. Bonn.

Bundesministerium der Verteidigung (2008): Zentrale Dienstvorschrift 10/1: Innere Führung. Bonn.

Europäische Union (2016): Gemeinsame Vision, gemeinsames Handeln. Ein stärkeres Europa. Eine globale Strategie für die Außen- und Sicherheitspolitik der Europäischen Union. [https://europa.eu/globalstrategy/sites/globalstrategy/files/eugs_de_0.pdf; 18.8.2017].

Friedrich-Ebert-Stiftung (2017): Mehr Europa in der Verteidigung. CEPS-FES Task Force Bericht. [http://library.fes.de/pdf-files/id/ipa/12454.pdf; 18.8.2017].

Joas, Hans (2006): Wie entstehen Werte? Wertebildung und Wertevermittlung in pluralistischen Gesellschaften. [http://www.forschungsnetzwerk.at/downloadpub/2006_Vortrag_Joas_authorisiert_06101x.pdf; 18.8.2017].

Major, Claudia; Voß, Alicia von (2017): Brexit und europäische Verteidigung Nicht die militärischen Fähigkeiten leiden, sondern die politische Gestaltungskraft. [www.swp-berlin.org/publikation/brexit-und-europaeische-verteidigung; 18.8.2017].

Major, Claudia; Mölling, Christian (2015): Debatte um die Europäische Armee: Pragmatismus statt Zukunftsvisionen. [www.swp-berlin.org/kurz-gesagt/debatte-um-die-europaeische-armee-pragmatismus-statt-zukunftsvisionen; 18.8.2017].

memoPower (o.J.): Nils Bohr, das Hochhaus und das Barometer. [www.gedaechtnistraining.biz/Schule/Nils_Bohr.htm;18.8.2017].

Wiesendahl, Elmar (2014): Kernkompetenzen von Soldaten der Einsatzarmee Bundeswehr. In: Bohrmann, Thomas; Lather, Karl-Heinz; Lohmann, Friedrich (Hg.): Handbuch Militärische Berufsethik. Wiesbaden: Springer/VS, 65-91.

Die Verteidigung Europas in den Medien
Hans-Joachim Reeb

Eindrücke

Nähert man sich dem Thema „Verteidigung Europas", so hat man in diesem Jahr konkrete Fernsehbilder vor Augen. Sie zeigen den Einsatz von europäischen Marineverbänden im Mittelmeer, um Flüchtlinge in Seenot aufzugreifen und an das rettende Festland in Italien zu bringen. Andere Aufnahmen wirken dagegen abstrakter, so wenn sich Politiker in Tagungszentren treffen und über Sicherheitsprobleme in Europa diskutieren. Ein viel gezeigtes Gesicht auf Konferenzen ist dabei die Hohe Vertreterin der Union für Außen- und Sicherheitspolitik, Federica Mogherini. Eher in der Tagespresse liest man dann noch etwas über die transatlantischen Beziehungen mit US-Präsident Trump und die Folgen für die Verteidigungsfähigkeit Europas sowie über den internationalen Terrorismus, Cyberattacken oder diverse EU-Auslandsmissionen.

Die Thematik erscheint daher nicht gerade eingängig und für die Massenmedien geeignet zu sein. Sämtliche Friktionen in der Medienberichterstattung über Sicherheitspolitik und Kriege verstärken sich hier. Daher sollen zunächst die thematischen und medialen Rahmenbedingungen genauer aufgezeigt werden, um dann anhand exemplarischer Medienanalysen die Relevanz der Medien für die europäische Verteidigungspolitik dazustellen[1]. Zudem kann nicht auf ein breites Spektrum an wissenschaftlichen Analysen zurückgegriffen werden[2].

---

[1] Die Reflexion der Öffentlichkeit wird hier auf die Rolle der Medien begrenzt, weil die dazu gehörige öffentliche Meinung in einem weiteren Beitrag in diesem Band thematisiert wird. Zur Mediennutzung in der EU kann auf die speziellen Eurobarometer-Befragungen verwiesen werden, z.B. Europäische Kommission, Standard-Eurobarometer 84: Die Mediennutzung in der Europäischen Union, Herbst 2015, Brüssel 2015.

[2] Die einzige deutschsprachige Studie der letzten Jahre legte Rüger, Carolin, Europäische Außen- und Sicherheitspolitik – (k)ein Thema für die Öffentlichkeit? Die außen- und sicherheitspolitische Rolle der EU im Blickwinkel der öffentlichen Meinung und Medien, Baden-Baden 2012 vor. Dort findet sich der Sachstand zur wissenschaftlichen Debatte und eine empirische Studie zur Berichterstattung über die Hohen Vertreter im Vergleich deutscher, französischer und britischer Tageszeitungen.

Thema Verteidigung Europas

Nach Ende des Zweiten Weltkrieges sollte eine friedfertige Ordnung in Europa geschaffen werden. Dieses Vorhaben führte die Staaten Westeuropas politisch zusammen. Es blieb aber bis 1990 bei einer Spaltung Europas durch den Ost-West-Konflikt. Überlegungen zu einer europäischen Armee (EVG) scheiterten früh, so dass der militärische Integrationsprozess anschließend über die Nato verlief. Neben Nato und EU wurden weitere Institutionen auf den Feldern von Frieden und Sicherheit gegründet, z.B. die OSZE. Die Thematik ist also bereits institutionell sehr komplex und unübersichtlich.

Eine „Gemeinsame Außen- und Sicherheitspolitik" wurde erst mit dem Vertrag von Maastricht (1993) als eine der drei Säulen neben den „Europäischen Gemeinschaften" und der „Zusammenarbeit auf den Gebieten von Justiz und Polizei" aufgebaut und mit dem Vertrag von Amsterdam (1997) in die integrierte Struktur der EU überführt. Eine Abgrenzung der EU-Außen- und Sicherheitspolitik von der immer enger werdenden Zusammenarbeit in der Justiz- und Innenpolitik kann aber weiterhin vorgenommen werden.

Sukzessive sind EU-Institutionen der Gemeinsamen Außen- und Sicherheitspolitik (GASP) gegründet worden. Personell ragt die „Hohe Vertreterin der Union für Außen- und Sicherheitspolitik" hervor. Sie ist gleichzeitig Vizepräsidentin der Europäischen Kommission und für die EU-Außenbeziehungen zuständig. Sie leitet außerdem den Rat der Außenminister der EU-Staaten. Des Weiteren führt sie den „Europäischen Auswärtigen Dienst (EAD)", der u.a. für die Gewährleistung der Sicherheit im Rahmen der „Gemeinsamen Sicherheits- und Verteidigungspolitik" der EU zuständig ist.

Die Ziele und Leitlinien der aktuellen GASP sind zuletzt 2016 von der Hohen Vertreterin in einer „Globalen Strategie für die Außen- und Sicherheitspolitik der Europäischen Union" mit dem Titel „Gemeinsame Vision, gemeinsames Handeln: Ein stärkeres Europa" formuliert worden. Darin geht es um Antworten auf die neuen Risiken und Herausforderungen sowie um die Rolle der EU in den internationalen Beziehungen. Da die EU nicht nur auf militärische Kräfte, sondern auch auf Diplomatie und andere zivile Programme setzt, wird sie in diesem Zusammenhang als „Friedensmacht" bezeichnet[3].

Als Teil der GASP wurde eine „Gemeinsame Sicherheits- und Verteidigungspolitik (GSVP)" formuliert (zuvor ESVP). Gemäß Artikel 42 AEUV soll die

---

[3] Vgl. Ehrhart, Hans-Georg, Friedensmacht. In: Hans J. Gießmann, Bernhard Rinke (Hrsg.), Handbuch Frieden, Wiesbaden 2011, S. 219.

GSVP eine mit zivilen und militärischen Kräften betriebene Operationsfähigkeit sicherstellen, auf die die Union bei Missionen der Friedenssicherung, Konfliktverhütung und Stärkung der internationalen Sicherheit außerhalb der EU zurückgreifen kann.

Zu diesem Zweck sind verschiedene Verfahren und Institutionen eingerichtet worden. Dazu gehören Analysecenter und unabhängige Agenturen[4].

Ein Militärausschuss (seit 2001), bestehend aus den Generalstabschefs der Mitgliedsstaaten, ist für die Umsetzung der GSVP verantwortlich und nimmt die militärische Leitung von Operationen wahr. Die operationelle Umsetzung erfolgt durch den Militärstab der Europäischen Union (EUMS), der sich mit dem Militärausschuss abstimmt. Die Mitgliedsstaaten haben sich verpflichtet, die militärischen und zivilen Fähigkeiten zu unterstützen und weiter auszubauen.

Zu einer sog. „Europa-Armee" ist es bisher noch nicht gekommen, weil dazu die nationalen Vorbehalte zu groß sind[5]. Seit 2003 werden Battlegroups von je 1.500 Soldaten bereitgehalten, die als Krisenreaktionskräfte eingesetzt werden sollen. Ein solcher Einsatz ist bisher noch nicht erfolgt. Im März 2017 vereinbarten die EU-Staaten, die Auslandseinsätze durch eine gemeinsame militärische Kommandozentrale zu planen und zu führen.

Denn bereits seit 2003 finden zahlreiche militärische und zivile Missionen bzw. Operationen auf dem Balkan, in Afrika und in Afghanistan statt. Derzeit laufen noch 17 Einsätze mit Militär-, Polizei- oder Justizkräften (Stand September 2017). Seit 2008 nimmt die EU erfolgreich mit Marinekräften den Kampf gegen Piraten vor der somalischen Küste auf (EU NAVFOR Atalanta). Dieser Kampf wird in Somalia seit 2010 durch eine Ausbildungsmission (EUTM Somalia) und seit 2012 durch eine Polizeimission (EUCAP Nestor) ergänzt.

Die EU NAVFOR Sophia richtet sich seit 2015 im Kern gegen Schlepperbanden im Mittelmeer. Andere Schwerpunkte sind Mali, Niger, Libyen, Zentralafrikanische Republik, die Palästinensergebiete, Georgien, Ukraine, Kosovo und Bosnien-Herzegowina.

---

[4] Vgl. Jäger, Thomas, Europäische Sicherheitskooperation. Bestandsaufnahme und Handlungsfelder. In: Aus Politik und Zeitgeschichte, Nr. 43-45/ 2016, S. 24.
[5] Vgl. Major, Claudia, Mölling, Christian, Debatte um die Europäische Armee: Pragmatismus statt Zukunftsvisionen. In: SWP, kurz gesagt vom 11.03.2015 (https://www.swp-berlin.org/kurz-gesagt/debatte-um-die-europaeische-armee-pragmatismus-statt-zukunftsvisionen).

Deutschland ist mit Soldaten, Polizisten und Juristen an diesen Einsätzen beteiligt und hat auch wechselnde Führungsaufgaben übernommen.

Die Entwicklung zu einer europäischen Sicherheitsarchitektur in einem „Raum der Freiheit, der Sicherheit und des Rechts" (RFSR) erfolgte ebenfalls schrittweise im Zuge des Integrationsprozesses der EU. Diese Entwicklung ist mitgeprägt durch Debatten und Entscheidungen über die Kompetenz der EU gegenüber den Mitgliedsstaaten und die Zuständigkeiten der EU-Organe einerseits sowie durch die Reaktionen auf die neuen Bedrohungen durch internationalen Terrorismus, transnationale organisierte Kriminalität, irreguläre Migration, Steuerhinterziehung und andere Delikte andererseits.

Bei der europäischen Sicherheitsarchitektur handelt es sich „um eine über viele Jahre organisch gewachsene Struktur, mit Verzweigungen und Umwegen, die eine kohärente Planungsleistung nur bedingt erkennen lässt"[6]. Es zeigen sich Tendenzen der Vereinheitlichung, Zentralisierung und Kooperation. Die europäischen Institutionen zur Verbrechensbekämpfung und die Sicherheitsagenturen spielen dabei eine maßgebliche Rolle.

Als Elemente der Verteidigung können hier im weitesten Sinne angesehen werden: Frontex (Europäische Agentur für die operative Zusammenarbeit an den Außengrenzen der Mitgliedstaaten der EU) sowie die EU-Institutionen mit der Terrorismusbekämpfung und der Cyberabwehr.

Folglich ist das Thema Verteidigung sehr komplex und letztendlich nur mit Expertenwissen zu verstehen. Es wird sehr stark über Institutionen und Personen vermittelt. Aktuell zeigt sich an ihm eine ausgeprägte Konflikthaftigkeit. Es ist hauptsächlich politisch ausgerichtet, während die militärischen Aspekte weniger im Vordergrund stehen. Verteidigung ist daher synonym mit Verteidigungspolitik zu sehen. Im Sinne der vernetzten Sicherheit fließen hier Elemente der äußeren und inneren Sicherheit zusammen. Die Vermittlung des Themas reibt sich an den unterschiedlichen Verständnissen von Medienlogik und Politikprozessen.

Mediale Bedingungen der Sicherheitsthematik

Strukturell fehlt eine europäische Medienlandschaft, durch die Gemeinschaftsthemen in alle Länder des Kontingents transportiert würden. Jedes Land hat

---

[6] Hofmann, Robin, Flucht, Migration und die neue europäische Sicherheitsarchitektur. Herausforderungen für die EU-Kriminalpolitik, Wiesbaden 2017, S. 15.

ein eigenständiges Mediensystems, das dementsprechend unterschiedlichen politischen Bedingungen und verschiedenen journalistischen Selbstverständnissen unterliegt. Daher kann der Blick in die Medien nur national erfolgen und ggf. zu vergleichenden Studien führen.

Das Mediensystem wird als ein autonomes gesellschaftliches System verstanden, das einerseits von anderen sozialen Systemen beeinflusst wird, aber andererseits eigenständige Strukturen und Arbeitsweisen herausgebildet hat.

Der Prozess der Nachrichtenproduktion unterliegt verschiedenen Einflüssen, die einerseits von außen auf das Mediensystem einwirken und andererseits im Journalismus selbst begründet liegen. Als wichtige externe Faktoren können hier politische, ökonomische und technologische Einflüsse gelten, während die Professionalität des Journalisten den bedeutendsten internen Faktor ausmacht.

Das politische System versucht, durch eigene Kommunikationsangebote auf den öffentlichen Meinungsbildungsprozess einzuwirken (z.B. durch Pressekonferenzen und -erklärungen). Diese werden meistens vom Journalismus aufgegriffen und erhalten somit eine hohe Verbreitung. Die PR der staatlichen Akteure hat sich im Laufe der Jahrzehnte immer weiter professionalisiert und orientiert sich an den „Spielregeln der Mediengesellschaft"[7]. Auch die EU-Kommission verfügt mit der Generaldirektion Kommunikation über eine entsprechende Institution, die u.a. für das Monitoring, die Pressearbeit und Kampagnen zuständig ist.

Der Journalismus passt sich je nach dem publizistischen Selbstverständnis der Medienanbieter mehr oder weniger solchen Erwartungen an. Beim Themenbereich der Sicherheit kommt den westlichen Regierungen zugute, dass sich die Journalisten des eigenen Landes entsprechend der Indexing-Theorie in ihrer Berichterstattung häufig den Begründungen der politischen Akteure anschließen[8]. Die Journalisten werden nämlich nach Terroranschlägen oder schweren Naturkatastrophen mit dem „nationalen Interesse" konfrontiert. Eine vorteilhafte Berichterstattung wird dann – auch in der Öffentlichkeit – als wünschenswert angesehen.

---

[7] Vgl. Donges, Patrick, Jarren, Otfried (2017), Politische Kommunikation in der Mediengesellschaft. Eine Einführung, 4. Auflage, Wiesbaden 2017, S. 111ff.

[8] Vgl. Pohr, Adrian, Indexing im Einsatz. Eine Inhaltsanalyse der Kommentare überregionaler Tageszeitungen in Deutschland zum Afghanistankrieg 2001. In: Medien & Kommunikationswissenschaften, Nr. 2-3/ 2005, S. 261-276.

Die wirtschaftliche Entwicklung der Medienbranche beeinflusst negativ die Qualität ihrer Produkte. Insgesamt kann eine Abnahme der Medienvielfalt, die eine Voraussetzung für eine funktionierende Demokratie (Pluralismus) ist, beklagt werden. Durch den Abbau von Redaktionen und eine Orientierung an das Unterhaltungsinteresse der Rezipienten hat sich das Angebot im Nachrichtensektor reduziert[9]. Das gilt besonders für die Auslandsberichterstattung.

Damit können sich auch immer weniger Redaktionen eine journalistische Spezialisierung auf das Thema Sicherheit leisten. Die journalistische Szene, die sich in Deutschland auf Sicherheitsthemen spezialisiert hat, ist überschaubar klein. Neben den bei Printmedien und im Info-Radio (z.B. „Streitkräfte und Strategien" bei NDR Info) arbeitenden Experten hat sich eine Gruppe von Online-Journalisten etabliert (z.B. augengeradeaus.net).

Die skizzierten Einflussfaktoren bestimmen wesentlich die heutigen Strukturen der Berichterstattung über Sicherheitsthemen.

Die Informationslage gestaltet sich sehr unterschiedlich, je nachdem ob über Sicherheit und Risiken sehr abstrakt diskutiert wird oder ob es sich um reale sicherheitsrelevante Ereignisse (Terroranschläge, Stromausfall, Cyberattacken) handelt.

Im ersten Fall werden häufig nur Meinungen medial zur Debatte gestellt. Es geht aber auch um konkrete Fakten und Informationen (z.B. Statistiken, aktuelle Schadsoftware). Diese werden meistens – auch im eigenen Interesse – von staatlichen und privaten Akteuren durch Pressemitteilungen oder Newsletter den interessierten Journalisten mitgeteilt. Eine gezielte Nachfrage zu solchen Daten setzt dann schon ein größeres Interesse und Kenntnisse im journalistischen Bereich voraus.

Bei Kriegen, nach Terroranschlägen oder während Naturkatastrophen ist das öffentliche Interesse besonders groß. Der Grad und die Art von Informationen, die von Behörden und Unternehmen in solchen Fällen zur Verfügung gestellt werden und die Möglichkeiten zur journalistischen Recherche sind fallbezogen sehr unterschiedlich.

Jede Partei strebt eine Informationsdominanz und damit Deutungshoheit über den Konflikt oder die Katastrophe an. Dementsprechend werden die Informationen selektiv verbreitet und sind zumeist zusammenhangslos und unverständlich. Häufig sind Journalisten auf Quellenmaterial angewiesen (private Vi-

---

[9] Vgl. Meier, Klaus, Journalistik, 2. Auflage, Konstanz 2017, S. 227ff.

deos), dessen Entstehungszusammenhang und Authentizität nicht überprüft werden können. Der propagandistische Gehalt von Informationen und die Desinformation sind mittlerweile eher die Regel als die Ausnahme geworden[10].

Die Sicherheitsthematik ist stark interessenorientiert geprägt. Geht es um Fragen der nationalen Sicherheit, können externe Akteure ein Interesse haben, durch entsprechende Informationen und eigene TV-Nachrichtensender und Websites ein bestimmtes Bild vermitteln zu wollen.

Es liegt auf der Hand, dass im Themenbereich Sicherheit bestimmte Meldungen eher und andere weniger eine Chance haben, als Nachricht ausgewählt zu werden. Das besonders spektakuläre, mit Gewalttaten oder Konflikten verbundene Ereignis, erst recht, wenn es im Nachbereich der Publikation eingetreten ist oder an ihm bekannte Personen oder Staaten beteiligt waren, hat dann einen sehr hohen Nachrichtenwert. Wissenschaftliche Studien bestätigen, dass die Nachrichtenfaktoren Negativismus, Regionalismus und Eliteorientierung weltweit am stärksten beachtet werden[11].

Eine Einschätzung über die quantitative Verteilung der Themen gewinnt man aus den Untersuchungen zu den TV-Nachrichtensendungen Tagesschau 20 Uhr, heute 19 Uhr, RTL aktuell, Sat.1 Nachrichten, Tagesthemen sowie heutejournal. Der jährlich präsentierte InfoMonitor ermittelte als überragende Top-Themen des Jahres 2016 die Flüchtlingskrise in Deutschland und Europa sowie die Terrorgefahr in Europa. Dagegen wurden Sendungen zur Nato nur im unbedeutenden Umfang ausgestrahlt. EU-Militärpolitik spielte überhaupt keine Rolle[12].

Die Eingabe der Begriffe „Europa-Armee", EUFOR oder ESVP in „google trends" bestätigt dieses Bild. Dabei gibt es immer mal wieder aufgrund konkreter Anlässe oder Debatten kleine Informationsspitzen (z.B. bei neuen Missionen wie Atalanta, 2008), die dann aber wieder schnell abflachen.

Die Debatten um die „richtigen" Sicherheitsmaßnahmen werden in Form von Pressekonferenzen, Interviews und Ausschnitten aus Reden in den Medien dargestellt. Im Vordergrund stehen die prominenten Politiker und Entschei-

---

[10] Vgl. Reeb, Hans-Joachim, Sicherheitskultur als kommunikative und pädagogische Herausforderung. Der Umgang in Politik, Medien und Gesellschaft, Berlin 2011, S. 147.
[11] Vgl. Galtung, Johan, Friedensjournalismus: Warum, was, wer, wo, wann? In: Wilhelm Kempf, Irena Schmidt-Regener (Hrsg.): Krieg, Nationalismus, Rassismus und die Medien, Münster 1998, S. 12.
[12] Vgl. Krüger, Udo Michael, Zapf-Schramm, Thomas, InfoMonitor 2016: Nachrichtenprofile langfristig stabil. In: Media Perspektiven Nr. 2/2017 S. 74ff.

dungsträger, die Vertreter von Interessengruppen oder Experten. Die Berichterstattung folgt meist diesen Statements. Gibt es kontroverse Standpunkte, werden diese gerne in einen Gegensatz dargestellt. Alternative Stimmen und diskursive Elemente sind weniger verbreitet.

Insgesamt finden sich in den Massenmedien wenige Hintergründe und eine geringe problemorientierte Betrachtung. Dagegen werden häufig plakative Schlagworte verwendet und Sachverhalte vereinfacht dargestellt (Piratenjagd, Terrorbekämpfung). Tendenziell überwiegt ein regierungskonformer Journalismus („etatistische Inszenierung") gegenüber der Darstellung divergierender Interessen

Das Framing von Themen in eine gewünschte Richtung begünstigt die Versicherheitlichung[13]. Sie liegt dann vor, wenn ein gesellschaftliches Problem aus seinem ursprünglichen Zusammenhang gelöst und dann als ein Sicherheitsproblem behandelt wird[14]. Betrachtet wird dabei, was und wie verschiedene Akteure eine Problematik als bedrohlich wahrnehmen oder interpretieren. Ist ein Thema erst einmal als sicherheitsrelevant in den Medien benannt worden, wird es in der Öffentlichkeit anders als bisher wahrgenommen. Eine Versicherheitlichung durch ein mediales Framing lässt sich anhand der Debatte um Flüchtlinge in Europa erkennen. Zunächst wurden sie als Opfer von Krieg und Gewalt dargestellt. Aufgrund spektakulärer Ereignisse (z.B. Silvester 2015 in Köln, Terroranschläge und Straftaten durch Flüchtlinge in mehreren europäischen Staaten) und eine entsprechende Berichterstattung wird die (irreguläre) Migration selbst als ein Risiko angesehen, das konkret die Sicherheit gefährden kann[15].

Eine nüchterne und sachliche, meist textorientierte Darstellungsform gehört in allen Mediensorten der Vergangenheit an. Der Begriff „Infotainment" beschreibt diese Symbiose. Was für die einen eine notwendige „Übersetzung" von Sachthemen für ein breites Publikum darstellt, ist für die anderen eine Entpolitisierung der „seriösen" Berichterstattung. Am Beispiel der Talkshows kann diese Kontroverse gut nachgezeichnet werden.

---

[13] Vgl. Glaeßner, Gert-Joachim, Freiheit und Sicherheit. Eine Ortsbestimmung, Bonn 2016, S. 112.
[14] Vgl. auch Rüger, a.a.O., S. 83.
[15] Vgl. Wendekamm, Michaela, Die Wahrnehmung von Migration als Bedrohung. Zur Verzahnung der Politikfelder Innere Sicherheit und Migrationspolitik, Wiesbaden 2015, S. 208.

Ein weiteres Kennzeichen des heutigen Journalismus ist die sog. Beschleunigung. Schnelligkeit geht hierbei vor Korrektheit. Nach der ersten Meldung über ein Ereignis müssen möglichst in Echtzeit schnell neue erfolgen. Sobald ein noch spektakuläreres Ereignis eintritt, verdrängt es alle anderen in der Berichterstattung. Letztendlich wird hierdurch eine Einordnung und Bewertung des Sachverhalts erschwert. Die Berichterstattung bleibt oberflächlich. Tiefgründiges entfällt oder wird später nicht mehr wahrgenommen. Mittlerweile beeinflusst der Beschleunigungseffekt auch die Art der politischen Steuerung.

Regelmäßig reichen der Text oder das gesprochene Wort nicht mehr aus. Visualisierung ist gefragt und bricht den Sachverhalt unter Verdrängung des Textes auf einzelne Bilder (Ikonen) oder grafische Darstellungen herunter. Durch die Hervorhebung des Informationsgehalts auf einzelne Fotografien wird eine Emotionalisierung begünstigt.

Neben den Bildern ist es die Sprache, die Botschaften und Slogans kreiert, um einen komplexen Zusammenhang unsachgemäß zu verkürzen und dabei Stereotype und Vorurteile anstelle von Nachdenklichkeit erzeugt. Als Feindbild erscheint in Europa mittlerweile der Islam, auch wenn nur seine fundamentalistischen Ausprägungen die Sicherheit gefährden.

Für die Sicherheitskommunikation ist die Weiterentwicklung der Anwendungsprogramme von noch größerem Interesse. Als Web 2.0. oder Social Media werden die Möglichkeiten im Internet benannt, die die Kommunikation zwischen allen Nutzern erleichtern sollen[16].

Die Sozialen Medien folgen eigenen Kommunikationsmodalitäten, die nicht einfach eine Addition von personeller Kommunikation und Massenkommunikation ist. Es verschränken sich technische Rahmenbedingungen, soziale Motive und spezielle Informationsverfahren.

In der vernetzten Öffentlichkeit gibt es eine andere Logik der Selektion und Verbreitung von Informationen als im journalistischen System. Als Hauptauswahlkriterium gilt die persönliche Relevanz der Information, die in Art eines Gesprächsangebots an das ausgewählte Publikum gerichtet wird, um dadurch eine Anschlusskommunikation auszulösen.

Neben dem sozialen Beziehungsgeflecht an Kontakten entsteht parallel ein Verbund an Informationen und Texten aller Art auf verschiedenen techni-

---

[16] Vgl. Taddicken, Monika, Schmidt, Jan-Hinrik, Entwicklung und Verbreitung sozialer Medien. In: Jan-Hinrik Schmidt, Monika Taddicken (Hrsg.), Handbuch Soziale Medien, Wiesbaden 2017, S. 8.

schen Wegen (z.B. Hyperlinks, Abfolge von Texten und Kommentaren, Verknüpfungen in Datenbanken)[17].

Die von den Anwendern eingegebenen Informationen werden durch die o.g. technischen Programme der Plattform unterstützt und damit in spezielle Richtungen gelenkt. Dazu werden zur Orientierung Algorithmen z.B. zum Auffinden von Suchbegriffen, zum Messen und Bewerten von Personen, Produkten und Dienstleistungen, zum Tagging (freie Verschlagwortung) oder Kollaborationssoftware für die Teilnahme an Wikis eingebaut.

Mit Blick auf das Sicherheitsthema können einige (negative) Phänomene in der Kommunikation mit Sozialen Medien benannt werden. Diese treten erstens als Effekte aufgrund der besonderen Kommunikationsmodi (Algorithmen), zweitens durch deren bewusste, missbräuchliche Ausnutzung (Einflussnahmen, Identitätstäuschung) oder drittens im Zusammenhang mit kriminellen Handlungen (Hacking) auf. Spezifische Kommunikationsphänomene sind der Shitstorm oder Internet-Tsunami, das Entstehen von und Kommunizieren in Filterblasen bzw. Echo-Kammern oder die Generierung von Big Data für eigennützige Zwecke.

Spezielle Ausprägungen werden zu Zwecken der Propaganda und der Desinformation genutzt. Zu erwähnen sind „Trolle", „Fake News", „Social Bots" auch im Zusammenhang mit der Verwendung illegal und missbräuchlich erworbener Daten. Im sicherheitspolitischen Kontext wird häufiger Russland als Akteur genannt[18].

Die Sozialen Medien begünstigen diese Kommunikationsphänomene, die eine hohe Wirkungskraft entfalten können, obwohl sie nicht den Kriterien Authentizität, Wahrheit und Offenheit entsprechen müssen.

Soziale Medien müssen im Zusammenwirken mit den Massenmedien gesehen werden, denn in diesen Wechselbeziehungen gestaltet sich die öffentliche Kommunikation neu. Es erfolgt ein Austausch von Informationen und Meinungen zwischen den klassischen Massenmedien und den Sozialen Medien, die in beiden Bereichen zu einer größeren und beschleunigten Verbreitung und Verstärkung von bzw. Fokussierung auf Themen führen kann[19]. Das Publikum

---

[17] Vgl. ebd., S. 52.
[18] Vgl. Van Herpen, Marcel H., Propaganda und Desinformation. Ein Element „hybrider" Kriegführung am Beispiel Russland. In: Aus Politik und Zeitgeschichte Nr. 35-36/2016, S. 16-21.
[19] Vgl. Schmidt, Jan-Hinrik, Social Media, Wiesbaden 2013, S. 48.

dient dabei als Multiplikator. Der Journalismus verliert sein bisheriges Monopol als Gatekeeper und passt sich (unbewusst) den neuen Kommunikationsbedingungen an.

Ergebnisse

Aufgrund der genannten Rahmenbedingungen ist es weder möglich noch zweckmäßig, eine groß angelegte Medienanalyse durchzuführen. Ein entsprechendes Datenwerk besitzt keine weitergehende Aussagekraft.

Daher wurden hier exemplarisch die Online-Seiten einer öffentlich-rechtlichen Nachrichtensendung (Tagesschau) sowie einer Tageszeitung (Tagesspiegel) nach thematischen Schwerpunkten in den Jahren 2016 bis Ende August 2017 ausgewertet. Die Ergebnisse können als Indiz für die bereits oben festgestellten Erkenntnisse gewertet werden.

Im Durchschnitt liegt je nach Medium maximal ein Beitrag pro Woche vor. Da es Konzentrationen auf einzelne Schwerpunkte gibt, lässt sich daraus schließen, dass es sich um ein präsentes Thema handelt, das aber eher für die hinteren Seiten geeignet ist. Es findet insgesamt wenig Beachtung und hat „Seltenheitscharakter"[20].

Die inhaltliche Auswertung ergibt, dass sich die Thematik „Verteidigung Europas in den Medien" prinzipiell auf die aktuellen Ereignisse und Informationen fokussiert. Dabei stehen institutionelle Aspekte im Vordergrund, die wiederum aus der Agenda der Bündnisse abgeleitet werden. Diese spiegeln ihrerseits zwei der typischen Nachrichtenfaktoren wider, nämlich Konflikte und Personen.

Unter diesen Bedingungen erfolgt eine Medienberichterstattung als Folge von politischen Debatten, ist also reaktiv ausgerichtet, auch wenn neben der Darstellung einzelne analysierende und kommentierende Beiträge erscheinen. Investigative Elemente spielen dagegen in diesem Politikfeld kaum eine Rolle.

Bereits Rüger stellte in ihrer Studie fest, dass die Routineberichterstattung vorherrscht. Es werden in erster Linie ereignisbezogene Themen wie z.B. Gipfeltreffen oder Wahlen aufgegriffen, wenig Hintergründiges berichtet und dabei die nationale Sicht bevorzugt. „Eine große Salienz in den europäischen Medien ist nicht gegeben"[21].

---

[20] Rüger, a.a.O., S. 38.
[21] Ebd., S. 249.

Wesentliche Ursachen für die geringe Medienpräsenz bestehen in der Inkompatibilität im Dreieck zwischen Kenntnissen und Interessen der Rezipienten, Sperrigkeit des Themas sowie den heutigen Bedingungen der Medienproduktion.

Greift man nunmehr die konkreten Inhalte unter diesem Aspekt heraus, so wird europäische Verteidigung bezüglich der Nato einerseits und der Europäischen Union anderseits thematisiert.

Beim Thema Nato geht es seit Ende 2016 um die Lastenteilung in den transatlantischen Beziehungen sowie damit zusammenhängend um die Positionierung von US-Präsident Trump. Ihm wird – wie auch zu anderen Themen der Sicherheitspolitik – ein großer Raum in der Berichterstattung eingeräumt. Auch die Berichte über die Münchner Sicherheitskonferenz finden in diesem Zusammenhang eine entsprechende Aufmerksamkeit.

Die EU wird auch auf dem Feld der Verteidigung als ein Bündnis von souveränen Einzelstaaten dargestellt, das sich zu Entscheidungen durchringen muss. Dabei werden in den Medien immer wieder einzelne Staaten als „Störenfriede" oder „Anspruchssteller" hervorgehoben. Speziell in der Militärpolitik greifen die Journalisten Großbritannien (nach dem Brexit) als „Blockierer" einer Entwicklung zur „Europaarmee" an.

Im Zusammenhang mit der Flüchtlingskrise wird die Situation in Italien, Griechenland und Spanien dargestellt.

Als Personen stehen die Staatschefs und EU-Repräsentanten, insbesondere wenn sie neu sind (französischer Präsident Macron) und das Gesicht der Außenpolitik, Federica Mogherini, im Mittelpunkt.

Die Verteidigung Europas wird in den Medien aber auch als Abfolge von Krisen und Konflikten wahrgenommen. Neben den o.g. internen Friktionen treten in den letzten beiden Jahren zwei Themen in den Vordergrund, die terroristischen Anschläge sowie die Flüchtlingskrise. Beide Themen werden im Sinne der Versicherheitlichung geframt und daher mit militärischen, geheimdienstlichen und polizeilichen Aspekten in Zusammenhang gestellt. Solche spektakulären Einzelereignisse erzeugen eine hohe mediale Aufmerksamkeit. Ebenfalls kam es zu Berichten über die Verlegung von Nato-Truppen mit deutscher Beteiligung nach Lettland.

Schließlich beteiligen sich europäische Streit- und Polizeikräfte auch an verschiedenen Auslandsmissionen. Nach einer sehr hohen Medienaufmerksamkeit über die Einsätze im Kosovo Ende der 1990er Jahre und dem Afghanistaneinsatz im Zeitraum bis 2010 hat sich die Berichterstattung dort und in anderen Einsätzen (z.B. Mali) deutlich abgeschwächt.

Als neue Medienthematik haben sich die Cyberattacken in den letzten Jahren entwickelt. Allerdings ist dieses Thema von den Journalisten sicherheitspolitisch schwer zu fassen, da es meist keine Eindeutigkeit über die Herkunft und Motive gibt. Cyberattacken werden medial daher eher als Kriminalität geframt.

Insgesamt bleibt das Thema „Verteidigung Europas" in den Fachkreisen und Fachzeitschriften. Für die Politik besteht keine Befürchtung, dass die Medien auf diesem Feld die Tagesordnung bestimmen werden.

III Die Weiterentwicklung der Inneren Führung

Toxic leaders – auch in der Bundeswehr?
Reinhold Janke

Vorbemerkungen

Der Titel meines Beitrags ist als rhetorische Frage formuliert. Zumindest insinuiert er eine bestätigende Antwort. In der linguistischen Pragmatik besetzt die rhetorische Frage weniger eine informative als vielmehr eine persuasive Funktion. Mein Beitrag möchte aber mehr informieren als einreden. Toxic leaders – auch in der Bundeswehr? Allerdings, aber als evidentes Phänomen.

Denn Uniform schützt keineswegs vor toxic leadership – ganz im Gegenteil! Toxic leaders benötigen zu ihrer vollen Entfaltung ein zuträgliches oder zumindest neutral resonantes Umfeld („conducive environment"). Gerade die Bundeswehr mit ihren hierarchischen Strukturen, auf Befehl und Gehorsam ausgerichteten Denk- und Handlungsformen, immer noch unzureichend reflektierten Traditionen, intransparenten Nischen und exklusiven Überholspuren für Karrieristen bietet trotz Innerer Führung ein toxisches Terrain – individuell wie systemisch, teils unbewusst und ungewollt, teils geduldet oder aber sogar gewollt und gefördert.

Eine gute Führungs- und Organisationskultur kann nur überzeugend und erfolgreich sein, wenn sie sich auch mit diesem zweifellos vorhandenen Problem offen und ehrlich auseinandersetzt. Das ist nach meiner Beobachtung und Bewertung in der Bundeswehr leider noch kaum geschehen. Denn etliche ihrer ‚toxic leaders' sitzen auch in teilweise sehr hohen Führungspositionen. Sie haben keinerlei Interesse daran, in transparenter Form mit ihrem toxischen Führungsverhalten konfrontiert oder gar dafür sanktioniert zu werden.

Toxic leaders werden von Betroffenen umstandslos als „assholes" bezeichnet. Der Komplementärcharakter des Arschlochs ist der Arschkriecher. Beide leben in einer Art Symbiose und profitieren voneinander. Denn der Arschkriecher versucht, seinen eigentlichen Opferstatus dadurch zu kaschieren und abzumildern, dass er sich selbst zum Mitläufer und Erfüllungsgehilfen des toxic leaders instrumentalisiert. Beide bilden gemeinsam ein toxisches Umfeld, in dem es einen faulen Interessenausgleich zu Lasten vieler anderer Opfer gibt.

Toxic leaders demotivieren, beeinträchtigen, verletzen und zerstören andere Menschen häufig wissentlich und willentlich. Sie nehmen es zumindest billigend in Kauf. Nachsicht oder Mitleid mit dieser Spezies sind daher nicht angebracht! Entsprechend deutlich beschreibt und bewertet mein Beitrag das Phänomen ‚toxic leadership' in seinen konkreten oder abstrakten Ausprägungen, personell, strukturell und systemisch, insbesondere an selbst erlebten Beispielen. Im Übrigen schreibe ich diesen Beitrag nicht im Vollgefühl der Selbstgerechtigkeit, sondern durchaus selbstkritisch und im Bewusstsein meiner eigenen Defizite und Führungsschwächen.

Um aber einem Missverständnis von Vorneherein vorzubeugen: es gibt auch zahlreiche toxische Mitarbeiter und Untergebene, die im Projektionsmodus ihrerseits missliebige Vorgesetzte als ‚toxic leaders' disqualifizieren, wenn sie von diesen einmal kritisiert oder sanktioniert wurden. Wer als Vorgesetzter mit Beispiel und Haltung, Überblick und Dienstaufsicht, Fürsorge und gebotener Strenge dafür sorgt, dass Aufträge gerecht verteilt und auch ausgeführt werden, ist jedoch noch lange kein ‚toxic leader', solange er seine Dienstpflichten nicht verletzt und keine fragwürdigen eigenen Ziele auf Kosten anderer verfolgt.

Ein Problemaufriss mit Lösungsanspruch kann in drei wesentliche Kategorien gefasst werden: Phänomen, Perzeption und Prävention. 1. Die Beschreibung eines Phänomens: Unter welchen Erscheinungsformen tritt das Problem auf? 2. Die Beschreibung der Wahrnehmungsmuster: Wie wird das Problem gesehen oder aber auch ignoriert? 3. Das Aufzeigen präventiver Maßnahmen: Mit welchen Methoden kann einem Problem prophylaktisch begegnet werden? In vorliegendem Beitrag liegt der Schwerpunkt zunächst auf der Darstellung des Phänomens und der Beschreibung der Perzeption. Die Möglichkeiten der Prävention sind aus Umfangsgründen einem Folgebeitrag vorbehalten. Mein Beitrag erhebt keinen wissenschaftlichen Anspruch und gibt ausschließlich meine eigene Meinung wieder.

Was versteht man unter toxic leaders und toxic leadership?

Nicht nur der Jahresbericht des Wehrbeauftragten des Deutschen Bundestages dokumentiert immer wieder Mängel und Fehlleistungen im Führungsverhalten. Die allermeisten Angehörigen der Bundeswehr werden in ihrer oft langjährigen Dienstzeit wiederholt auf Vorgesetzte gestoßen sein, deren Führungsverhalten zumindest grenzwertig war: in Einzelsituationen oder als durchgängige Praxis. Wenn es sich jedoch um ein Führungsverhalten handelt, das andere Menschen nach einem erkennbaren Muster erheblich und nachhaltig beeinträchtigt oder beschädigt, spricht man von toxic leadership. Führungsgestalten, die derartige Praktiken ausüben, werden dementsprechend als toxic leaders bezeichnet. Die US-amerikanischen Streitkräfte haben sich bereits vor etlichen Jahren mit diesem Phänomen und Problem in ihren eigenen Reihen auseinandergesetzt. Lieutenant General (ret.) Walter F. Ulmer jr. liefert als griffige Definition: „Toxic leaders are individuals whose behavior appears driven by self-centerd careerism at the expence of their subordinates and unit, and whose style is characterized by abusive and dictatorial behavior that promotes an unhealthy organizational climate."[1]

Der Begriff toxic leadership ist nur einer der geläufigsten zur Beschreibung dieses komplexen und offensichtlich verbreiteten Phänomens. Synonyme Attributierungen und ähnlich pejorative Begriffsprägungen lassen sich mittlerweile im Dutzend aufzählen: Abusive leadership, bad leadership, corrupt leadership, despotic leadership, destructive leadership, evil leadership, harassing leadership, ideological leadership, incompetent leadership, insular leadership, narcissist leadership, tyrannical leadership – aber auch Termini wie: strategic bullying, counterproductive workplace behaviour, maladaptive managerial style und zahlreiche weitere Begriffsverknüpfungen, die mehr oder weniger deutlich auf Einzelaspekte, Problemfelder, Wirkmechanismen, Wahrnehmungsformen und Bewertungen dieses Phänomens hinweisen.

Betroffene und Leidtragende von toxic leadership in den US-Streitkräften und in zivilen Organisationen bezeichnen ihre toxic leaders unter anderem als ‚Little Hitler', ‚Manager from Hell', ‚Toxic Boss', ‚Boss from Hell' oder schlichtweg als ‚Asshole'. Derartige Reaktionen zeigen, was toxic leadership bewirkt: Sie verweisen einerseits auf die Ohnmacht und Hilflosigkeit, andererseits aber auch auf die Aggressivität und den Selbststeuerungsverlust, die sich in solchen Verbalinjurien äußern. Toxic leadership kann damit auch bei Betroffenen zu sprachlicher, sozialer und sittlicher Verrohung führen.

Toxic leadership geschieht, weil sich Führungskräfte persönliche Vorteile versprechen und verschaffen und weil es von Betroffenen zugelassen wird; ebenso wie es oft von dritter Seite zwar wahrgenommen wird, aber ebenso oft ausgeblendet, verdrängt, verleugnet oder interessegeleitet sogar noch gefördert wird. Auch die Bundeswehr als System und Organisation ist davon nicht freizusprechen. Toxic leaders gelingt es in einem auf ihre persönlichen Bedürfnisse optimierten und damit vergifteten System immer wieder oder sogar vermehrt, Karriere zu machen und sich einen weiteren Streifen oder (auch goldenen) Stern zu holen. Wenn es beurteilende Vorgesetzte und, auf deren Beurteilungen auf-

---

[1] Walter F. Ulmer: Toxic Leadership. What are we talking about? In: Army. The Magazine of the Association of the United States Army, Arlington/VA, June 2012, p. 48.

bauend, die Personalführung durch unglückliche oder falsche Auswahlentscheidungen zugelassen haben, dass sich toxic leaders im System festsetzen und sich im Netzwerk aus Beziehungen, Lobgemeinschaften, Karrierekartellen und sogenannten ‚Flaschenzügen' („Eine Flasche zieht die andere hoch!") etablieren konnten, dann wird es sehr schwer, wenn nicht unmöglich, dieses toxische „Pilzgeflecht" in seiner gesamten Ausdehnung auszuloten, freizulegen und unschädlich zu machen.

Wie äußert sich toxic leadership?

Toxic leadership ist der Gegensatz von guter Führung. Merkmale wie Menschenfeindlichkeit, Zynismus und Brutalität einerseits, Verlogenheit, Intrigantentum und Karrieregeilheit andererseits kennzeichnen viele toxic leaders. Das bedeutet jedoch keineswegs im Umkehrschluss, dass erfolgreiche Führungspersönlichkeiten nur dank solcher negativen Eigenschaften und Verhaltensformen Karriere machen könnten. Im Folgenden werden ohne Anspruch auf Vollzähligkeit einige toxische Typen exemplarisch skizziert.

Dazu zählt zunächst der altbekannte „Brecher", der ohne Rücksicht auf Verluste seinen Machtanspruch und Willen durchsetzt. Dieser traditionelle und eher tumbe Typus findet sich in allen Dienstgraden und Laufbahnen. Er agiert instinktiv, fast triebgesteuert, relativ offen und ist in seiner verlässlichen Brutalität und Primitivität sogar berechenbar. Er schafft es als Machtmensch und Misanthrop sogar bis zum General, wenn er gebraucht wird. Jeder kennt diesen cholerischen Charakter; man muss ihn hier nicht weiter beschreiben.

Der Typus des „intriganten Spalters" spielt demgegenüber lieber über Bande, instrumentalisiert andere und arbeitet nach dem alten Prinzip des ‚Divide et impera' (‚Teile und herrsche'). Die bayerische Sprache hat für diesen Charakter das treffliche Epitheton ‚hinterfotzig' geprägt. Dieser Typus hat eine geradezu diabolische Freude daran, andere geschickt gegeneinander auszuspielen, sie als Minenhunde nach vorne zu schicken und zu beobachten, wie sie sich zerlegen. Im Grunde sind sie ausgesprochen feige, hinterhältig und leider oft erfolgreich.

Auch die „graue Eminenz", die viele Eigenschaften des intriganten Spalters besitzt, agiert eher im Hintergrund, von wo aus sie geschickt ihr Netzwerk bedient, ihre Fäden zieht, ihre Beziehungen spielen lässt und dafür sorgt, dass meist andere die Drecksarbeit machen. Als heimliche, informelle Führungsfigur hinter den Kulissen schiebt sie den offiziellen oder formalen Führer als Sprechapparat bei Bedarf auf die Bühne, sobald sie den Ahnungslosen mit ihren eigenen Botschaften aufmunitioniert hat. Sie sorgt ansonsten gerne dafür, dass dieser sich in seiner Komfortzone um nichts kümmern muss, auch wenn dies zu seiner Führungsverantwortung gehört. Mit einer schleichenden Kokonisierung wird der formale Führer zunehmend „gepampert" und in ein Geflecht aus Wohlfühlelementen eingesponnen, die die „graue Eminenz" mithilfe des Mitarbeiterstabes aufwendig erarbeiten lässt. Die Kokonhülle ist schließlich so dicht gewebt, dass kaum noch Osmose nach drinnen oder draußen stattfinden kann. Der Führer ist fast völlig isoliert, die „graue Eminenz" kontrolliert die letzten verbliebenen Ventile und bestraft jeden, der diese kontrollierte, kommunikative Einbahnstraße zu umgehen versucht. Diese Methode ist im Grunde vom Erbschleicher übernommen, der ebenso vorgeht, um den potentiellen Erblasser völlig isolieren und ungestört manipulieren zu können. Der wesentliche Lohn für die „graue Eminenz" liegt in der großen Dankbarkeit, die ihr der Führer z.B. in Form einer förderlichen Spitzenbeurteilung entgegenbringt.

Derart durch die „graue Eminenz" entmündigte und gesteuerte Schatten- oder Pseudoführer sind oft vordergründig erfolgreich, weil sie mangels geforderter eigener Führungsleistung keine eigenen Fehler machen können. Sie leben in der Illusion, den nächsten Stern durch eigene Führungskompetenz erworben zu haben, ohne zu realisieren, dass sie nur als Marionetten auftraten oder wie narkotisierte Nichtstuer wirkten. Ihre Toxizität liegt in ihrer Untätigkeit.

Wieder völlig andere Typen sind der „Bildungsblender" und der „aggressive Narzisst", die mit ihrem Egozentrismus und Narzissmus ihre Mitarbeiter und Untergebenen als bloßes Spiegelbild und Projektionsfläche für die vermeintliche eigene Genialität, Großartigkeit, Einzigartigkeit und Vorzüglichkeit missbrauchen und damit das Arbeits- und Betriebsklima gleichsam vergiften; hier passt der Begriff ‚toxisch' am besten. Der Narzisst und der Bildungsblender, auf die ich noch genauer eingehen werde, treten oft in Personalunion auf, wie es überhaupt meist keine Typen in Reinform, sondern in wechselnden Amalgamierungen gibt.

All diese Wichtigtuer, Hektiker, Karrieristen, Selbstdarsteller und Veränderungsfetischisten, die ungeachtet kurzer Verwendungsdauer an jeder Dienststelle zwanghaft das Rad neu erfinden müssen, kaschieren doch unter dem Deckmantel von Ordnung, Organisation und Optimierung oft nur ihre Unsicherheit und Versagensangst oder verfolgen egomanisch ihre dubiose ‚hidden agenda'. Viele toxic leaders zelebrieren unangefochten ihr krankhaft übersteigertes Selbstbewusstsein und „Sendungsbewusstsein" oder leben ihre peinlichen Auserwähltheitsphantasien aus, weil ihnen niemand Einhalt gebietet. Dabei missbrauchen sie ihre Untergebenen regelmäßig und ungeniert als Therapiebegleitpersonal für ihre mit satten Dienstbezügen alimentierten Selbstfindungsprozesse und Profilneurosen.

Diese toxische Spezies müsste zur Behebung ihrer Hybris das Büchlein ‚Muße und Kult' von Josef Pieper zur Pflichtlektüre erhalten, um zunächst für sich selbst „über die Stillung der äußersten Notdurft hinaus, auch die Neuordnung des geistigen Besitzstandes"[2] noch vor der personellen, strukturellen und organisatorischen Neuordnung ihres Verantwortungsbereichs zu schaffen. Der Selbsterkenntnisgewinn wäre garantiert! Denn auch in der Bundeswehr gelingt eine wirkungsvolle und verantwortliche ‚vita activa' nur auf dem Fundament einer kultivierten ‚vita contemplativa'. Doch davon sind wir heute trotz Innerer Führung mit ihrem Reflexions- und Bildungsanspruch himmelweit entfernt.

In Friedenszeiten mag manches, was toxic leadership anrichtet, noch hingehen. Doch in Ausnahmesituationen, in Krisen- und Kriegszeiten entfaltet sich eine fatale Wirkung, weil dann viele Kontrollmechanismen abgeschwächt werden oder ganz wegfallen. Doch das ist die wirkliche Spielwiese für toxic leaders. Die Kriegsgeschichte ist voll von diesen Exzentrikern und Exzessen. Für ihre Hybris findet sich bereits im Alten Testament ein Musterbeispiel. König David beobachtet die schöne Batseba beim Baden, befiehlt sie in seinen Palast und schwängert sie. Da sie aber mit einem seiner Soldaten, dem Hetiter Urija verheiratet ist, lässt David den tapferen, gottesfürchtigen und loyalen Urija bei der Belagerung der ammonitischen Stadt Rabba so exponiert einsetzen, dass dieser fällt (Zweites Buch Samuel: 11. Kapitel). Jahwe bestraft David, indem er das aus dieser toxischen Verbindung entstandene Kind sterben lässt. Erst mit der Geburt des zweiten Sohnes Salomon wird die Verbindung göttlich legitimiert. Jahwe lässt Salomon durch den Propheten Natan den Ehrennamen Jedidja (=Liebling des Herrn) verleihen. Die Praxis, missliebige oder lästige Untergebene durch ‚Himmelfahrtskommandos' aus dem Weg zu räumen, stellt einen militärhistorischen Topos dar. Diese Intrige wurde explizit Generälen zugesprochen: „Generäle betrügen (…) 2) Wenn sie diejenigen Regimenter, deren Eigenthums-Herren oder Commendanten sie nicht wohl wollen, auf die gefährlichste Posten commandiren, wo sie leicht von dem Feinde überrumpelt

---

[2] Josef Pieper, Muße und Kult, München 1948, S. 13.

oder aufgehoben werden können."³ Weitere Betrugsmanöver waren Konspiration mit dem Feind, eigennützige Vorteilsgewährung einerseits, schikanöse Benachteiligung andererseits, Protektion verdienstschwacher Offiziere sowie andere Unregelmäßigkeiten. Als verblüffend einfaches, offensichtlich noch ungenutztes Gegenmittel empfahl Hönns Betrugslexikon, das neben den Generälen auch die Obristen als Tätergruppe behandelt: „Die Kriegs-Articul auch auf solche hohe Befehlshabere und vorerzehlte Betruegereyen zu extendiren."⁴ Die Ignoranz der politischen und militärischen Führung gegenüber aufgezeigten Missständen und die fehlende Bereitschaft, die Militärverfassung und Disziplinierungspraxis entsprechend anzupassen, scheint ein zeitloses Phänomen darzustellen. In Wehrbeauftragtenberichten wurde bereits darauf hingewiesen, dass es dienstgradspezifische Unterschiede bei der Sanktionierung von Vergehen gibt, gemäß den beiden Sprichwörtern „Eine Krähe hackt der anderen kein Auge aus" und „Die Kleinen hängt man, die Großen lässt man laufen." Derartige Tendenzen verweisen auf eine zumindest partielle Toxizität eines Systems.
Alte Hasen kennen auch den Typus von Vorgesetzten, wie ihn Franz von Schmidt in seinem Buch ‚Avantgarde' aus den Aufzeichnungen seines Großvaters zitiert, worin dieser ‚Allgemeine Regeln' für Kavallerieoffiziere aufstellt. Die Regel Nr. 15 unterteilt die Dienstgradgruppe der Offiziere in sechs Grundtypen. Als dritten Typus charakterisiert er „die Selbstsüchtigen, von ihrer Vorzüglichkeit durchdrungen, die so viel Selbstüberschätzung besitzen, dass sie der Truppe, die sie kommandieren, gleich am ersten Tage schon ihr Ingenium, ihr Siegel aufdrücken wollen, damit sie (in ihren Augen) vorzüglich ist."⁵ Es gibt sie bis heute, diese Offiziere, die glauben, ihre Aufgabe bestünde darin, sofort alles „auf links drehen" zu müssen; die sich nicht entblöden, coram publico zu bekunden, dass es die Erwartungshaltung an einen Generalstabsoffizier sei, auch Bewährtes sogleich zu hinterfragen und zu verändern. Wie absurd ein solcher Anspruch ist, zeigt sich darin, dass der Vorgänger oft von demselben Ka-

---

[3] Betrugs-Lexicon, worinnen die meisten Betruegereyen in allen Staenden, nebst denen darwider guten Theils dienenden Mitteln, entdecket von Georg Paul Hönn, D. F. S. G. Rath und Amtmann in Coburg. Zweyte neue und verbesserte Auflage. Verlegts Johann Carl Findeisen. Coburg 1761. Als Reprint neu hrsg. und mit einem Nachwort versehen von Henri Herbedé. Verlag Rogner & Berhard. München 1977, S. 106.
[4] Ebenda, S. 107.
[5] Franz von Schmidt, Avantgarde. Weg und Welt eines preußischen Reitergenerals. Nach Urkunden, Briefen und Berichten, Berlin 1941, S. 332f.

liber und mit derselben toxischen Anmaßung angetreten war. Leidtragende sind stets die wiederholt Betroffenen.

In ihrem von krassem Eigennutz geprägten Veränderungswahn gleichen toxic leaders Computerviren. Sie dringen in ein System ein und bemächtigen sich dieses Systems, um es zielgerichtet nach den eigenen Bedürfnissen umzuformen. Sie benutzen das vorhandene System als Matrix, auf die sie ihre persönlichen Vorstellungen und Interessen projizieren. Damit zerstören oder manipulieren sie das vorhandene Betriebssystem, um ihr eigenes Regime etablieren zu können. Dieses parasitäre Konzept ist regelmäßig erfolgreich, da das System dem Eindringling kein entsprechendes Eigenkonzept entgegensetzen kann oder sogar glaubt, dass die eintretenden Veränderungen das System optimieren würden. Doch oft genug ist ein Systemabsturz die zwangsläufige Folge.

Hat sich ein toxic leader in der neuen Umgebung erst festgesetzt, geht es gleich an das Aufräumen. So wie manche Raubkatzen die Jungen ihrer Vorgänger und Konkurrenten instinktiv töten, wenn sie ein Rudel übernommen haben, so machen sich viele toxic leaders oft ohne Schamfrist daran, möglichst alles zu tilgen, was durch den Vorgänger an der Dienststelle an Formen, Symbolen, Traditionen, Gebräuchen und anderen Manifestationen seines Führungswillens initiiert und etabliert worden war. In einem typischen toxic leader ist diese animalische Seite besonders ausgeprägt: er versteht und geriert sich ja schließlich auch als Alphatier. Die Duftmarken des Vorgängers müssen im Revier systematisch überspritzt werden! Diese Revierübernahmen und Bilderstürmereien werden entweder in Nacht- und Nebelaktionen als Überrumpelungstaktik durchgeführt oder unter dem Deckmäntelchen einer vermeintlich notwendigen Reorganisation und Erneuerung. Haushaltsmittel spielen dabei solange keine Rolle, wie sie durch den Dienstherrn bereitgestellt werden können. In der Finanzbeschaffung entwickeln toxic leaders oftmals eine erstaunliche Kreativität und Hartnäckigkeit, achten aber penibel darauf, dass bei einer künftigen Überprüfung ihres Haushaltsmitteleinsatzes möglichst Subalterne kraft ihrer geleisteten Unterschrift verantwortlich gemacht werden können. Denn konsequente Übernahme von Verantwortung ist keine Stärke dieser karrierezentrierten Typen. In seinem Buch ‚Psychopathen' charakterisiert der Psychologe Kevin Dutton die permanent von Umstrukturierungen geprägte Wirtschaftswelt geradezu als „Gewächshaus für Psychopathen"[6]. Er verweist darin auf den Wirtschafts-

---

[6] Kevin Dutton, Psychopathen. Was man von Heiligen, Anwälten und Serienmördern lernen kann, München 2014, S. 136.

psychologen Paul Babiak, der Change Management geradezu als hochbezahlte Spielform für pathologische Existenzen bewertet: „Der Psychopath hat keine Schwierigkeiten, mit den Folgen schnellen Wandels fertig zu werden. Im Gegenteil, er blüht geradezu auf. (…) Organisationschaos bietet nicht nur den notwendigen Stimulus für den psychopathischen Erlebnishunger, sondern auch eine ausreichende Tarnung für Manipulation und missbräuchliches Verhalten."[7]

Fatal wirkt dabei auch der Nachahmungseffekt, den erfolgreiche toxic leaders bei ihren Jüngern, Günstlingen, Nachbetern und Unterstützern erzeugen. Bereits Aristoteles beschreibt einleitend in seiner Poetik in einer etwas apodiktischen Anthropologie diesen mimetischen Wirkmechanismus zwischen Akteuren und ihren Nachahmern: „Denn die Nachahmer ahmen handelnde Personen nach. Notwendigerweise sind diese entweder gut oder schlecht. Denn die einzelnen Charaktere fallen fast immer unter eine dieser beiden Kategorien. In Hinblick auf Schlechtigkeit und Tugendhaftigkeit unterscheiden sich alle." (Aristoteles: Peri Poietikes, 1448a; Übersetzung des Verfassers.) Aristoteles schließt daraus, dass schlechte Menschen ein schlechtes Beispiel geben, während tugendhafte Zeitgenossen regelmäßig einen positiven Nachahmungseffekt bewirken. Dieser etwas krude Dualismus in der Etikettierung von Charakteren wird in der Bundeswehr durch einen Erwartungshorizont im Soldatengesetz relativiert, der den Vorgesetzten zum „Beispiel in Haltung und Pflichterfüllung" (§ 10 Soldatengesetz) deklariert. Toxic leaders verstoßen regelmäßig und häufig in voller Absicht gegen diese Norm, meist ohne dafür sanktioniert zu werden.

Auch systematisches Lügen gehört zum Instrumentarium von toxic leaders. Das reicht vom Zurückhalten und Verschweigen wichtiger Informationen über leere Versprechungen und die Verbreitung von Halbwahrheiten bis zur gezielten, skrupellosen Lüge, um bestimmte Ziele zu erreichen. Ich habe hier als Musterbeispiel aus dem Bereich der zentralen Personalführung einen längst pensionierten Oberst vor Augen, der seinen kreativen Wahrheitsbegriff zu einem erfolgreichen Geschäftsmodell machte. Er wurde allerdings von seiner Klientel nur noch als „Lügen-(Vorname)" tituliert. Jorge Bucay hat das Rational des notorischen Lügners auf den Punkt gebracht: „Der Lügner hat sich schon selbst verurteilt und bestraft. (..) Wer lügt, versteckt sich vor seinem ei-

---

[7] Alan Deutschman, Is Your Boss a Psychopath? In: Fast Company Magazin. 01.Juli 2005.

genen Urteil, seiner eigenen Bestrafung und seiner eigenen Verantwortung."[8] Bucay zeigt, dass der Lügner mit seinem toxischen Konstrukt im Grunde nur ein Ziel verfolgt, nämlich Kontrolle und Machtausübung: „Ich bin der, der die Wahrheit kennt. Ich ziehe die Fäden. Ich täusche dich. Ich betrüge dich. Ich ärgere dich. Eine erbärmliche Macht, aber immerhin Macht."[9] Dieses Lügengebäude wird mit einer fatalen Energiebilanz betrieben. Denn dem enttarnten Lügner droht Gesichtsverlust und Gesichtsverlust bedeutet stets auch Machtverlust. Unangefochten glaubt er am Ende selbst so sehr an seine eigenen Lügen, dass er sie mit Selbstbewusstsein und Überzeugungskraft wiederholen und verbreiten kann. Friedrich Nietzsche hat diesen Mechanismus der Selbstrechtfertigung treffend beschrieben: „Das habe ich getan, sagt mein Gedächtnis. Das kann ich nicht getan haben, sagt mein Stolz und bleibt unerbittlich. Endlich – das Gedächtnis gibt nach."[10]

Toxic leaders bleiben neben ihren gleichgesinnten Nachahmern gleichwohl auf eine Kongruenz und Komplementarität im Unterstellungsbereich angewiesen. Ein cholerischer Chef baut seine Macht auch auf seinen verängstigten Untergebenen auf. Ein Chaot in Führungsposition überlebt nicht zuletzt dank der Ordnungsliebe und Pedanterie seiner Mitarbeiter. Dieses mehr oder weniger verdeckte Abhängigkeitsverhältnis gilt vor allem für Blender. Denn gerade Blender und insbesondere Bildungsblender brauchen Menschen in ihrer Umgebung, die ihnen als Projektionsflächen und Bestätigungsstatisten für ihr Blendwerk dienen. Das sind im Regelfall die vielen Unbedarften, die gar nicht merken, wie und wozu sie missbraucht werden, oder diejenigen, die sich aus Karrierekalkül bewusst dafür hergeben und schamlos erniedrigen, freilich in der Erwartung, mithilfe des Blenders selbst einmal aufzusteigen.

Bildungsdefizite stellen für toxic leaders stets eine offene Flanke dar, die nur schwer abgeriegelt werden kann. Im Notfall versucht man es mit Tarnen, Täuschen und hemmungslosem Einsatz von Blendmitteln. Ältere Offiziere ohne Studium kaschierten seinerzeit ihre mitunter schmerzlich empfundenen Bildungsdefizite gegenüber studierten Jüngeren entweder mit antiakademischer Arroganz oder mit Verweis auf die größere Lebens- und Diensterfahrung. Das

---

[8] Jorge Bucay, Komm, ich erzähl dir eine Geschichte. Aus dem Spanischen von Stephanie von Harrach, Frankfurt am Main 2008, S. 252 f.
[9] Ebenda: 254 f.
[10] Friedrich Nietzsche: Jenseits von Gut und Böse. Viertes Hauptstück. Sprüche und Zwischenspiele. Nr. 68. In: Werke in sechs Bänden. Hrsg. von Karl Schlechta, München / Wien 1980, Band 4, S. 626.

war noch erträglich. Doch auch ein erfolgreich absolviertes Studium bietet keineswegs die Gewähr für den Bildungsanspruch, wie er einst von preußischen Bildungsreformern und heute von der Inneren Führung postuliert wird. Der Bildungsblender insinuiert und instrumentalisiert daher sein angemaßtes Bildungsniveau zur Selbst(bild)aufwertung und Imagepflege. Er „simuliert das Leben eines Intellektuellen schon so lange, er hat sich die Geschichte seiner vermeintlichen Bildungsansprüche schon so oft erzählt, dass er selbst der Meinung ist, sie seien Realität. Man erkennt ihn erst auf den zweiten Blick, weil seine Mittelmäßigkeit weniger offensichtlich, seine Mediokrität deutlich besser getarnt ist."[11]

Doch hat der Bildungsblender nur in einem Umfeld Erfolg, in dem seine tatsächliche Mediokrität mangels eines besseren Bildungsstandes seitens anderer erst gar nicht bemerkt wird. So kommentierte ein notabene als „Philosoph" apostrophierter General seine Rückkommandierung an die alte Dienststelle mit dem hochtrabenden Satz: „Ich bin – um mit Ernst Jünger zu sprechen – ein Wanderer zwischen den Welten!" Dass der bemühte Buchtitel jedoch korrekt ‚Der Wanderer zwischen *beiden* Welten' heißt und nicht von Ernst Jünger, sondern selbstverständlich von Walter Flex stammt, fiel – nach prüfendem Blick in die Runde – offenbar nur mir auf. Mich fremdschämend biss ich mir damals auf die Lippen, um keinen sofortigen Gesichtsverlust des Generals zu provozieren, der alten Pennälerweisheit in zweifacher Richtung folgend: ‚Si tacuisses, philosophus mansisses.' Doch das Prinzip wird an diesem Beispiel deutlich: der Bildungsblender jongliert schamlos mit seinen rudimentären Bildungsversatzstücken und darf solange auf Beifall setzen, wie seine Bälle halbwegs in der Luft bleiben. Denn wer haut einem Hobbyjongleur schon auf die Finger, ohne sich den Unmut des ebenso dilettantischen Publikums zuzuziehen? Hans Christian Andersen hat die Dialektik dieses Doppelspiels in seinem Märchen ‚Des Kaisers neue Kleider' wunderbar dargestellt. Die Eitelkeit und Unsicherheit des Kaisers korrespondiert darin mit der Dreistigkeit und Geschicklichkeit der betrügerischen Weber ebenso wie mit der Unterwürfigkeit und Feigheit des Hofstaates. Warum? Weil sich niemand eine Blöße geben will, Schwierigkeiten aus dem Weg geht oder weil er hofft, selbst davon profitieren zu können. Es bedarf der Naivität eines Kindes – „Hört die Stimme der Unschuld!", um den

---

[11] Roman Maria Koidl, Blender. Warum immer die Falschen Erfolg haben, München 2013, S. 90.

ganzen Schwindel zu entlarven und den prunkvollen Aufzug als eine einzige Farce zu demaskieren. Denn am Ende werden immer Masken heruntergerissen. Lukrez schreibt in ‚De rerum natura' (3, 58): „... eripitur persona, manet res." (Die Maske fällt, die Sache bleibt.) Zurück bleiben Spott und Beschämung. Andersens Märchen sollte in der Führerausbildung und dem für die Führerauswahl mitverantwortlichen Personalmanagement zur Pflichtlektüre gemacht werden!

Mit einem toxic leader ist eine gelingende Kommunikation kaum möglich. Wer sich selber am liebsten reden hört, hat Schwierigkeiten, anderen wirklich zuzuhören, insbesondere dann, wenn sie nicht auf Augenhöhe gesehen werden. Wer außerstande ist, sein defizitäres Kommunikationsverhalten und beschränktes Reflexionsniveau halbwegs objektiv zu bewerten, wird sich nicht scheuen, ebendieses Defizit im Projektionsmodus anderen unterzuschieben. Er wird anderen mangelnde Selbstreflexion vorhalten, weil sie nicht bereit sind, seinen wirren Gedankengängen, Glückskekssprüchen, überdrehten Visionen, peinlichen Ansprachen, fadenscheinigen Argumenten und Fehleinschätzungen kritiklos zu folgen. Fritz Reuter hat aus der politischen Phänomenologie der Revolutionszeit um 1848 eine probate Methode überliefert, die sich uneingeschränkt auf diesen Typus des Bildungsblenders übertragen lässt: „Sie haben ein gutes Mittel, die Flachheit und Unbedeutendheit solcher Herrn zu erkennen, wenn Sie dieselben zu einer verständigen und verständlichen Erklärung ihrer geschraubten Redensarten gefälligst auffordern wollten. Sie würden dann sehen, dass entweder nur ein sehr mittelmäßiger Gedanke sich dahinter verkrochen hat oder, was noch vielleicht öfter der Fall sein kann, dass gar keine Gedanken dahinter sind und das Ganze nichts ist als eine Art politischen Abrakadabras."[12]

Toxic leaders haben zwar theoretisch verstanden, dass ein Mindestmaß an sozialen Standards einen reibungsarmen Dienstbetrieb unterstützt. Echte Sympathie und Empathie werden jedoch meist durch offenkundige Floskeln und Formalismen ersetzt. Denn aufrichtige Anteilnahme und unverkrampfte Kommunikation sind dem toxic leader nicht in die Wiege gelegt. So berichtete mir ein Oberstabsfeldwebel, dass er an seinem Geburtstag eine von der Vorzimmerdame administrierte Glückwunschkarte seines Kommandeurs in der Post fand. Als ihm der Kommandeur kurz darauf alleine auf dem Flur entge-

---

[12] Fritz Reuter: Über die politische Eitelkeit. In: Autobiographische Romane,. München 1978, S. 484.

genkam, grüßte ihn der Oberstabsfeldwebel dankbar und erwartungsfroh. Der Kommandeur ging jedoch wort- und grußlos an ihm vorbei – „den Blick auf zwölf Uhr arretiert" (Originalton). Die Geburtstagskarte landete kurz darauf im Abfalleimer. Toxic leaders entwerten das Potential wertvoller Mitarbeiter durch fehlende oder schlecht vorgetäuschte Wertschätzung, auch wenn sie ständig von Anerkennung und Wertschätzung reden. Die spannende Frage bleibt, ob sie sich ihrer schizophrenen Verhaltensweise überhaupt bewusstwerden. Sollte dies so sein, zeugte es von einem gerüttelt' Maß an Zynismus und Menschenfeindlichkeit.

Das Laster der Eitelkeit wird in der antiken Mythologie durch die Figur des Narziss' verkörpert. Freud hat daraus das psycho(patho)logische Konzept des Narzissmus' konstruiert. Die tragikomische Rolle des Schönlings Narziss hat Honoré Daumier in seiner Karikaturenserie ‚Histoire Ancienne' für die Ausgabe des ‚Le Charivari' vom 28. August 1842 wunderbar charakterisiert. Als inkorporierte Selbstverliebtheit krümmt sich ein spindeldürrer Jüngling über sein Spiegelbild im Wasser. Der Begleittext führt aus: „Für die Selbstliebe des Narziss' ist nach Daumier kein rechter Grund gegeben: Es ist die Grimasse der Eitelkeit, die sich hier im Wasser zur Fratze steigert. Dabei ist Narziss dürr und, wie die Berlinerin sagt, spak von Gestalt: Für die Liebesstellung, in der er lächelnd verharrt, hat er keine Partnerin; so bleibt ihm zu seiner Befriedigung auf dem nackten Fels nur das ‚Echo' seiner selbst, das sich ihm im Wasser zeigt."[13]

Narzissten benötigen andere Menschen in erster Linie als Projektionsfläche für ihre Selbstbespiegelung und als Resonanzraum für ihre Selbstbestätigung. Wenn Menschen in ihrer Umgebung nicht dazu bereit sind, werden sie ignoriert, kleingemacht, neutralisiert oder entfernt und durch willfährigere Statisten ersetzt. Einen kritisch-distanzierten Blick auf sein narzisstisch gepflegtes Selbstbild kann ein toxic leader nicht dulden. Denn sein Spiegelbild ist ebenso fragil wie die Wasseroberfläche, auf der sich Narziss selbstgefällig betrachtet. Schon das kleinste Steinchen zerstört das geliebte Selbstbild.

Als Regimentskommandeur riet mir mein damaliger Vorgesetzter, ein vorzüglicher General und Menschenkenner: „Schauen Sie sich bei Ihrer Dienstaufsicht die Dienstzimmer Ihrer Soldaten an. Da lernen Sie die einzelnen Charaktere kennen!" Er hatte Recht. Das „Chefbüro" ist oft mit den traditionellen Statussymbolen der Macht wie großem Schreibtisch, repräsentativer Sitzgruppe,

---

[13] Honoré Daumier, Antike Geschichte. Übersetzt, kommentiert und hrsg. von Wolfgang Drost und Karl Riha, Frankfurt am Main 1983, S. 57.

Chefsessel und (entliehener) moderner Kunst bestückt. In vielen Dienstzimmern gibt es auch die legendäre „Hab-mich-lieb-Ecke", in der Auszeichnungen, Urkunden, Wappen, Einsatzsouvenirs und Reliquien vergangener Machtfülle wie Bataillonswimpel oder Fahrzeugstander ihren Ehrenplatz finden. Denn zuhause werden diese nicht immer stilsicheren Insignien der Pflichterfüllung und Macht oft nicht geduldet. Die Verliebtheit in das eigene Bild zeigt sich bei toxic leaders auch in der Ausgestaltung ihrer Dienstzimmer und in einer darin oft aufwendig zelebrierten Selbstdarstellung. Da der Narzisst letztlich ja nur sich selbst (lieb) hat, will er auch nichts Anderes darstellen als eben sich selbst. Er gestaltet seine „Hab-mich-lieb-Ecke" zum pseudosakralen Hochaltar, auf dem er dem staunenden Besucher „sich zur Feier" einen prunkvollen Ich-Kult präsentiert, als sein eigener hoher Priester. Der Wandbereich ist über der Sitzgruppe wie eine Ikonostase mit mehreren Selbstporträts in Bedeutsamkeit erheischenden Posen dekoriert. So wird der Betrachter wie im Spiegelkabinett von dem lebendigen Original unter Zuhilfenahme multiplizierter Konterfeis eingenommen und schier geblendet. Dass für die Zurschaustellung dieser Kalokagathie auch dienstliches Personal, Material und Geld großzügig eingesetzt waren, gibt der Sache eine weitere pikante Note. Wen verwundert es, dass bei einer Mitarbeiterbefragung in einer Dienststelle eine Bewertung lautete: „Betriebsklima ist schlechter, da sich nicht mit Innerer Führung, sondern Darstellungsideen und Selbstverwirklichungsphantasien des Kommandeurs beschäftigt wird." Dem ist nichts hinzuzufügen! Diese pathologische Selbstverliebtheit und obsessive Bildbezogenheit, als Selfie-Wahn ein allgemeines Signum unserer Zeit, ist Ausdruck einer unreifen Persönlichkeit.

Der Philosoph (und ehemalige Soldat) Erwin Reisner (1890-1966) hat der Bildermacht des Dämonischen und der Dämonie des Bilderwahns in seinem erstmals 1947 erschienenen Buch ‚Der Dämon und sein Bild' ein Denkmal gesetzt. Reisner geißelt den aus der Selbstauslieferung der Seele an das Bild entstehenden Dogmatismus als einen letztlich nekrophilen Kult: „Wo immer Bilder in den Mittelpunkt des religiösen Kultes treten, ist der Schritt zur Dämonie unvermeidlich. Im Bild, im Namen, im Wort, im Dogma festgehalten, wird das Göttliche dämonisch. Dem Toten, und tot ist alles in der Form Bestandene, entzieht sich das Lebendige. Wer ein Bild, ein Schriftwort, ein Gebot, einen Lehrsatz anbetet, betet den Tod als Leben an, und der in der Maske des Lebens auftretende Tod ist der Dämon."[14]

---

[14] Erwin Reisner, Der Dämon und sein Bild, Frankfurt am Main 1989, S. 263.

Der Narzisst, der seine Selbstanbetung in Gestalt seines Selbstbildes zelebriert, ist im Grunde eine Art Zombie. Da er als Gefangener seines Solipsismus' an der Lebenswirklichkeit und Vitalität seiner Umgebung nur in der gebrochenen Form des eigenen Trugbildes partizipiert, kann er diesem Teufelskreis nur schwerlich entkommen. Auch seine vermeintliche Selbstreflexion ist nur eine bedauerliche Trugwahrnehmung, weil sie keine lebendige Osmose zwischen Ich und Du zulässt, sondern nur die starre Widerspiegelung des Ichs am Du duldet. Als toxic leaders missbrauchen Narzissten ihre Mitmenschen als kritiklos verstummte Selbstbespiegelungsflächen. Sie tun es skrupellos, weil diese Menschen ihnen kraft der verliehenen Machtfülle ausgeliefert sind. Doch auch solche Spiegel sind zerbrechlich.

Toxic leaders denken häufig in Kategorien dualistischer Machtmodelle, die einer humanen, demokratisch und partizipativ geprägten Sozialstruktur Hohn sprechen. Menschen werden von ihnen nicht als souveräne Individuen wahrgenommen, sondern grob zwei Klassen zugeordnet. Dieser utilitaristisch determinierte Dualismus unterteilt in ‚oben' und ‚unten', ‚nützlich' und ‚nutzlos' oder ‚ergeben' und ‚widerständig'. Dahinter steht ein fragwürdiges Menschenbild, das die Menschenwürde und Autonomie anderer Individuen dem eigenen Machtanspruch unterordnet. Ein kooperativer Führungsstil, der das Prinzip eines ‚primus inter pares' duldet, ist kein erstrebenswertes Führungsideal für toxic leaders. Sie fordern die Unterordnung ihres Rudels unter ihren Führungsanspruch und im Konfliktfall auch die kompromisslose Unterwerfung. Diese Dichotomie im Denken, Urteilen und Handeln („Wer nicht für mich ist, ist gegen mich!") befleißigt sich einer verräterischen Sprache. Die bevorzugte Verwendung des Ausdrucks „master or slave" ist ein treffliches Beispiel für toxisches Denken und Sprechen. In der Datentechnik bezeichnet der Begriff lediglich ein Abhängigkeitsverhältnis in Administrationshierarchien. Als ideologisches Schlagwort im anthropologischen Kontext wirkt er eindeutig toxisch. Er wurde, vermutlich vermittelt über gemeinsame Auslandseinsätze, aus dem Sprachgebrauch der US-Streitkräfte übernommen, die bekanntlich ein Riesenproblem mit toxic leadership haben. Dieser Dualismus stammt wohl noch aus der Sklavenhaltertradition der alten Südstaaten und unterteilt Menschen in eine Herrenrasse und eine unterprivilegierte Schicht von Sklaven. Ich habe diesen Ausdruck unter Zeugen bei verschiedenen Gelegenheiten aus dem Mund eines deutschen Generals gehört, der damit jeweils verdeutlichte, dass er für sich selbst stets den uneingeschränkten ‚Master'-Status beanspruche. Dieser Anspruch wurde wiederholt gegenüber übergeordneten, insbesondere ministerilen Dienststellen erhoben (wenngleich tunlichst nie in Gegenwart ihrer Vertreter). Dieser an Hybris grenzende Selbstanspruch impliziert auch, dass damit alle anderen zu ‚Sklaven', sprich unfreien und rechtlosen Untertanen deklassiert werden. Hartmut Zwahr hat im Wendejahr 1989 seine große kulturhistorische Studie ‚Herr und Knecht. Figurenpaare in der Geschichte' abgeschlossen. In seiner Vorbemerkung, die auf die damals gerade überwundene SED-Diktatur rekurriert, schreibt er: „Was ich über HERR und KNECHT, einen Gegenstand dialektischer Sozialgeschichte, schrieb, hat immer auch mit der Freiheit des Menschen zu tun."[15] Das Menschenbild des Grundgesetzes und das Leitbild der Inneren Führung kennen weder ‚master' noch ‚slave'. Sie setzen auf die freie, souveräne Persönlichkeit des Einzelnen und seine Menschenwürde.

Eine halbversöhnliche Schlussbemerkung

Jegliche Charakterisierung und Bewertung von Menschen, insbesondere wenn pathologische Phänomene berührt sind, ist hochproblematisch – immer droht dabei die berüchtigte Schublade! Toxische Charaktere und Typen treten nie in Reinkultur auf. Der Phänotyp ‚toxic leader' in absoluter Negativausprägung ist eine Fiktion, die wir nur aus schlechten Filmen kennen. Gleichwohl haben wir aber auch Führungspersönlichkeiten vor Augen, die eindeutige Merkmale von toxic leadership aufweisen. Koidl konstatiert: „Wir alle tragen verschiedene Persönlichkeitsaspekte von schizoiden, hysterischen, depressiven und zwanghaften Tendenzen in uns. Das ist für sich gesehen weder krankhaft noch besonders ungewöhnlich. Auf die Mischung kommt es jedoch schon an und darauf, wie stark die einzelnen Charaktereigenschaften ausgeprägt sind."[16] Nun habe ich gottlob, wie sicherlich die meisten anderen Angehörigen der Bundeswehr auch, im Laufe meiner langen Dienstzeit eine große Anzahl von Menschen kennen gelernt, die mir in ihrer Rolle als Vorgesetzte, als Führer, Erzieher, Ausbilder und Kameraden ausgesprochen imponiert haben. Sie beeindruckten mich vor allem als gute Menschenführer und als fähige Vorgesetzte mit einer harmonischen Mischung aus fachlichem Können, bemerkenswerter Allgemeinbildung und großer Herzensbildung. Es waren feine und integre Charaktere, die sich durch Menschenkenntnis, Menschenverstand und Men-

---

[15] Hartmut Zwahr, Herr und Knecht. Figurenpaare in der Geschichte, Berlin 1990, S. 8.
[16] Roman Maria Koidl: Blender. Warum immer die Falschen Erfolg haben, München 2013, S. 172 f.

schenliebe auszeichneten. Sie waren fürsorglich, gerecht, geistvoll, gebildet, humorvoll und trotz oder gerade wegen ihrer Dienststellung und trotz des erreichten Dienstgrades selbstkritisch, bescheiden und umgänglich. Sie zeigten ein notwendiges Maß an Konsequenz, Strenge und Härte nur dann, wenn es wirklich geboten war. Man sah ihnen dann an, dass sie sich in dieser Ausnahmerolle nicht wohl fühlten. Sie blieben auch in schwierigen Situationen und trotz mancher Enttäuschung den ihnen anvertrauten Menschen stets zugewandt, ohne sie für eigene Ziele zu instrumentalisieren. Denn sie waren in erster Linie der gemeinsamen Sache verpflichtet. In diese Laudatio schließe ich viele Generale, Admirale und Generalärzte ebenso ein wie all die beispielgebenden Offiziere, Unteroffiziere und Mannschaften, unter denen und mit denen ich gemeinsam dienen durfte und von denen ich viel für meinen Beruf und für mein Leben gelernt habe. Doch umso deutlicher stechen davon leider auch etliche toxic leaders aller Dienstgradgruppen ab. Sie sind nicht wegzuleugnen, sie stellen eine Realität dar, vor der wir unsere Augen nicht verschließen dürfen. Und wir sollten selbstkritisch prüfen, ob wir selbst nicht auch toxische Elemente aufweisen. Auch die Bundeswehr leidet unter dem Phänomen toxic leadership. Es ist höchste Zeit, dass wir uns ehrlicher und stärker darum kümmern.

In einem Folgebeitrag werde ich darstellen, wie man mutig und wirkungsvoll gegen diese Verräter an der Inneren Führung vorgehen kann, wenn man es tatsächlich will: konsequent, systematisch und vor allem präventiv.

Literatur

Aristoteles: Poetik (Peri Poietikes). Griechisch und Deutsch. Übersetzt und hrsg. von Manfred Fuhrmann. Philipp Reclam Junior. Stuttgart 1982.

Betrugs-Lexicon, worinnen die meisten Betruegereyen in allen Staenden, nebst denen darwider guten Theils dienenden Mitteln, entdecket von Georg Paul Hönn, D. F. S. G. Rath und Amtmann in Coburg. Zweyte neue und verbesserte Auflage. Verlegts Johann Carl Findeisen. Coburg 1761. Als Reprint neu hrsg. und mit einem Nachwort versehen von Henri Herbedé. Verlag Rogner & Berhard. München 1977.

Lisa Beum: Toxic Leadership Affects Soldiers at All Levels. In: Infantry. July - September 2015, S. 44 - 49.

Jorge Bucay: Komm, ich erzähl dir eine Geschichte. Aus dem Spanischen von Stephanie von Harrach. Fischer Verlag. Frankfurt am Main 2008.

Honoré Daumier: Antike Geschichte. Übersetzt, kommentiert und hrsg. von Wolfgang Drost und Karl Riha. Insel Verlag. Frankfurt am Main 1983.

Alan Deutschman: Is Your Boss a Psychopath? In: Fast Company Magazin. 01.Juli 2005 (Aufruf vom 6. Februar 2013).

Kevin Dutton: Psychopathen. Was man von Heiligen, Anwälten und Serienmördern lernen kann. (Originaltitel: The Wisdom of Psychopaths. Lesson in Life from Saints, Spies and Serial Killers). Aus dem Englischen von Ursula Pesch. Deutscher Taschenbuch Verlag. München 2014.

Erich Fromm: Anatomie der menschlichen Destruktivität. Rowohlt Verlag. Reinbek bei Hamburg 1997.

Reinhard Haller: Die Narzissmus-Falle. Anleitung zur Menschen- und Selbstkenntnis. Ecowin Verlag. Salzburg 2013.

Claudia Harss / Karin Maier: Tapferkeit vor dem Chef. So behaupten Sie sich im Berufsleben. Walhalla und Praetoria Verlag. Regensburg 1996.

Barbara Kellerman: Bad Leadership. What it is, how it happens, why it matters. Harvard Business School Press. Boston / Massachusetts 2004.

Roman Maria Koidl: Blender. Warum immer die Falschen Erfolg haben. Wilhelm Goldmann Verlag. München 2013.

Mitchell E. Kusy / Elizabeth L. Holloway: Toxic Workplace! Managing Toxic Personalities and Their Systems of Power. Jossey-Bass. San Francisco 2009.

Jean Lipman-Blumen: The Allure of Toxic Leaders. Why We Follow Destructive Bosses and Corrupt Politicians – and How We Can Survive Them. Oxford University Press. New York 2005.

Craig Malkin: Der Narzissten-Test. Wie man übergroße Egos erkennt … und überraschend gute Dinge von ihnen lernt. DuMont Buchverlag. Köln 2017.

Jennifer Mattson: Battling Toxic Leadership. In: NCO Journal, June 2012, S. 12-13.

Friedrich Nietzsche: Jenseits von Gut und Böse. Viertes Hauptstück. Sprüche und Zwischenspiele. Nr. 68. In: Werke in sechs Bänden. Hrsg. von Karl Schlechta. Carl Hanser Verlag. München / Wien 1980. Band 4, S. 626.

Art Padilla / Robert Hogan / Robert B. Kaiser: The toxic triangle: Destructive leaders, susceptible followers, and conducive environments. In: The Leadership Quarterly 18, 2007, S. 176 – 194.

Josef Pieper: Muße und Kult. Hegner-Bücherei. Kösel-Verlag München 1948.

George E. Reed: Tarnished: Toxic Leadership in the U.S. Army. Lincoln, University of Nebraska Press, Potomac Books. Washington, DC 2015.

Erwin Reisner: Der Dämon und sein Bild. Suhrkamp Verlag Frankfurt am Main 1989.

Fritz Reuter: Über die politische Eitelkeit. In: Autobiographische Romane. Deutscher Taschenbuch Verlag. München 1978.

Franz von Schmidt: Avantgarde. Weg und Welt eines preußischen Reitergenerals. Nach Urkunden, Briefen und Berichten. Propyläen-Verlag. Berlin 1941.

Walter F. Ulmer: Toxic Leadership. What are we talking about? In: Army. The Magazine of the Association of the United States Army, Arlington/VA, June 2012, pp. 47-52.

Hartmut Zwahr: Herr und Knecht. Figurenpaare in der Geschichte. Urania-Verlag. Leipzig, Jena, Berlin 1990.

Tradition und Innere Führung
Donald Abenheim

Sicherlich ist es nicht alltäglich, dass ein Amerikaner, ein Angehöriger der US-Streitkräfte, über Tradition und Innere Führung des <u>deutschen</u> Soldaten und des <u>deutschen</u> Militärs spricht.

Eben weil ich Angehöriger der US-Streitkräfte bin, darf ich darauf hinweisen, dass ich Ihnen einzig und allein meine „Sicht von außen" präsentiere. Es handelt sich weder um eine offizielle Position der US Regierung noch des US Verteidigungsminsiteriums oder der US Marine.

Meine Bemerkungen beinhalten einige Gedanken zur Überarbeitung des Traditionserlasses. Ich stehe hier aus tiefer Verbundenheit zu Deutschland, der Bundeswehr und allen Soldatinnen, Soldaten und zivilen Mitarbeitern. Ich arbeite nun schon seit Jahrzehnten eng mit Ihnen zusammen. Es ist für mich Freude und Ehre und zugleich auch Antrieb, mich in diesen wichtigen Prozess mit all meiner Kraft einzubringen.

Sicherlich haben viele schon einmal etwas von der „wunderlichen Dreifaltigkeit" gehört. Damit beschrieb Clausewitz drei gleichberechtigte Tendenzen des Krieges: Gewaltsamkeit, das Spiel der Wahrscheinlichkeit mit dem Zufall sowie die Natur des Krieges als politisches Werkzeug.

Ich spreche heute zu Ihnen ebenfalls in einem Dreiklang und zäume dazu das Thema meines Vortrages von hinten auf.

Zunächst erkläre ich was „eine Sicht von außen" in meinem Fall bedeutet. Ich habe die Debatte der vergangenen Monate und all die Ereignisse, die uns heute hierher geführt haben, vor Ort und aus Kalifornien verfolgen können. Ich muss leider zugeben, manchmal auch mit einem Kopfschütteln. Der thematisch undifferenzierte Umgang mit der Materie hat mich als Schüler dieses Hauses und Zeitzeuge der Traditionsdebatte der 80er Jahre schon sehr geschmerzt.

Zweitens spreche ich zum Thema Identität und ihrer Beziehung zur Tradition. Ich schöpfe dazu aus meiner Erfahrung aus über vier Jahrzehnten in Lehre und Forschung, aber auch aus der praktischen Arbeit mit Streitkräften vor allem in Mittel -und Osteuropa.

Drittens beleuchte ich die wesentlichen Missverständnisse über soldatische Tradition. Besonders wichtig ist mir hierbei die Unterscheidung zwischen Tradition und Traditionspflege. Damit meine ich die Unfähigkeit, *nicht* zwischen Werten, Prinzipien und Ideen auf der einen Seite und der „Dinglichkeit", also Gegenständen, auf der anderen Seite zu unterscheiden.

Bei der Inneren Führung als Führungsprinzip geht es um Pflichtbewusstsein, Treue, Moral und militärisches Können. In erster Linie also um Werte, Prinzipien und Ideen. Und diese Werte schweben keinesfalls im luftleeren Raum, sondern sie bewegen sich im Spannungsfeld zwischen staatsbürgerlichen Pflichten, Gewaltenteilung und Befehl und Gehorsam in Frieden, Krise und Krieg. Ich bin fest davon überzeugt, dass die Innere Führung in ihrem Wesenskern in diesem Spannungsfeld bestehen kann – auch im Angesicht veränderter Konfliktbilder und rasantem gesellschaftlichen Wandel.

Es mag Ihnen nicht aufgefallen sein, aber die Veranstaltungen zur Erarbeitung eines neuen Traditionserlasses sind bereits Ausdruck der Tradition des deutschen Soldaten und Teil Ihrer politischen und strategischen Kultur. Eine ganz ähnliche Debatte führten nämlich bereits die Gründerväter der Inneren Führung. Etwas westlich von hier, im Kloster Himmerod, suchten Wolf Graf von Baudissin und Johann Adolf Graf von Kielmansegg bereits im Herbst 1950 nach einem grundlegend neuen Geist und Bild für die westdeutschen Streitkräfte in einer Europaarmee. Im Amt Blank trieb Graf Baudissin seine Bemühungen mit der berühmten Siegburger Tagung im Jahr 1952 weiter. Ein Blick in die vom BMVg herausgegebene sechsbändige Reihe „Schicksalsfragen der Gegenwart" zeigt, dass die bekanntesten und klügsten Köpfe der Bundesrepublik während dieser Tagungen vortrugen. Das ist ein Wesensmerkmal sowohl der Inneren Führung als auch des Traditionsverständnisses der Bundeswehr: Soldaten suchen den Dialog mit Politik, Gesellschaft und Wissenschaft.

Graf Baudissins Wirken erreichte den ersten Höhepunkt mit dem ersten offiziellen Lehrgang für Innere Führung in der ehemaligen NS Partei-Kaderschule in Sonthofen, die gerade von den US-Amerikanern zurückgegeben worden war. Die Wahl dieses Ortes ist wohl eine Ironie der Geschichte. Die ersten Offiziere der Bundeswehr lernten Innere Führung an einem Ort, der für genau das Gegenteil von allem steht, wofür die künftigen Soldaten der Bundeswehr eintreten sollten. Dieser Ort symbolisiert aber auch, dass Tradition und Identität nicht ohne die „wertorientierte" Auseinandersetzung mit der deutschen Geschichte und insbesondere der Geschichte der Wehrmacht gedeihen können.

1956 wurde die Schule der Bundeswehr für Innere Führung gegründet. Und wie damals denken wir heute über den Charakter und Geist des Staatsbürgers und Soldaten nach. Das geschieht, wie bei Clausewitz, im Spannungsfeld zwischen Gewalt, dem Spiel des Zufalls und den Zwängen der Politik. Und es ist dringend nötig, denn es besteht das Risiko, dass das Bild des Soldaten in der Öffentlichkeit zum Spielball von Populisten und Demagogen wird. Wir haben die ersten Anzeichen bei denjenigen gesehen, die in der Debatte der letzten Monate die Bundeswehr in die Tradition der Wehrmacht rücken wollten.

Ein Blick von Außen

Für die Deutschen ist es heute wichtig, wie sie in der Welt wahrgenommen werden. Diese Fremdsicht ist Teil des deutschen Wesens und der politischen Kultur. Das war früher so und hat sich heute nicht verändert. Von Tacitus „Germania" über Madame de Staels „Über Deutschland" bis zu meinem hoch geschätzen Kollegen Sir Christopher Clarks „Preussen: Aufstieg und Niedergang". Nicht zu vergessen meine Doktorväter Professor Gordon Craig und Professor Peter Paret. Paret eine weltweit anerkannte Autorität zum Thema Clausewitz und Experte für Kunst, Politik und Gesellschaft im Deutschland des 18. und 19. Jahrhunderts. Ich bin sein Schüler und das schon seit 1973, als ich das erste Mal an die Stanford Universität kam.

Ende der 1970er Jahre rückte das Thema Bundeswehr und Tradition in die Schlagzeilen. Damals befand sich das geteilte Deutschland auf dem Weg von der Entspannungspolitik hin zu einer neuen Konfrontation zwischen Ost und West. Parallel dazu fand ein tiefgreifender sozialer Wandel statt. Gordon Craig überzeugte mich davon, meine Doktorarbeit über die Bundeswehr zu schreiben.

Das Schicksal brachte mich dann in die Pfalz. Zunächst war ich dort Beamter der US-Armee für Host Nation Support. Bald jedoch öffneten sich für mich wie durch ein Wunder die Tore zum Zentrum Innere Führung, gerade als der 1965er Traditionserlass durch den 1982er Erlass ersetzt wurde. Von da an wurde ich ein ‚Lehrbursche' dieses Hauses. Das damalige Personal hier am Zentrum empfing mich mit offenen Armen, und ich bekam Zugang zu Dokumenten, die ich wohl andernorts nie zu Gesicht bekommen hätte.

Hier habe ich Innere Führung von der Pike auf gelernt, während ich von 1983 bis 1985 für meine Doktorarbeit forschte, und welche im November 1989 veröffentlicht wurde.

Mit dieser beispielhaften Unterstützung hatte ich aber auch die einmalige Chance, viele der Schlüsselfiguren der Inneren Führung und Gründerväter der Bundeswehr persönlich kennen zu lernen. Faktisch stand ich den größten Teil der 1980er Jahre in einem permanenten Austausch mit diesen Persönlichkeiten. Zu meiner Überraschung wurde dieses Buch ein Erfolg, wohl auch wegen der langen Interviews mit den Gründervätern der Bundeswehr. Danach habe ich andere Bücher geschrieben, aber ich bin immer wieder zurück zum Ursprung, der Inneren Führung gekommen.

Wenn man sich jetzt meine Geschichte so anhört, dann könnte man mich als hoffnungslosen Traditionalisten, als Bewahrer des Althergebrachten abstempeln. Alles soll so bleiben wie bisher. Wir müssen die Innere Führung als Leitgedanke der bundeswehreigenen Tradition pflegen. Meine Damen und Herren, Innere Führung ist der Kern <u>Ihres</u> gültigen Erbes! Sie ist heute wichtiger denn je. Die Schlagzeilen zeigen, warum das so ist.

Mein erstes Buch habe ich damals in Bonn genau eine Woche nach Öffnung der Mauer veröffentlicht. In kurzer Zeit danach haben meine Kollegen hier am Zentrum Innere Führung eine wichtige Rolle bei der Entstehung einer Bundeswehr der Einheit gespielt. Ich nenne hierbei zwei meiner ehrenwerten Kollegen, General Werner von Scheven, der meine Arbeit in den 1980er Jahren von der Hardthöhe aus unterstützte. Von Scheven beschäftigte sich mit der Geschichte der Auftragstaktik und war einer der Hauptautoren des Traditionserlasses von 1982. Weiter denke ich an meinen Mentor und späteren Freund, General Dr. Dietrich Genschel. Er schrieb als junger Mann die erste wissenschaftliche Abhandlung zum Thema Innere Führung, eine Grundlagenarbeit, die Maßstäbe setzte.

Es war hier, an diesem Ort, an dem ich 1990 meine ersten dienstlichen Begegnungen mit ehemaligen Offizieren der Nationalen Volksarmee der DDR hatte. Und dabei ging es um Identität, soldatisches Erbe, Tradition sowie Kontinuität und Diskontinutität im Selbstbild des deutschen Soldaten im 20. Jahrhundert.

Ein paar Monate später unterrichtete ich hier an diesem Ort ehemalige NVA Stabsoffiziere, die nun die Uniform der Bundeswehr trugen, darüber, wie ihr zukünftiger Dienst in den Streitkräften in einer Welt nach 1990 aussehen würde.

Mein „Blick von außen" ist also in Wahrheit geprägt durch meine Zusammenarbeit mit der Bundeswehr, ganz besonders mit dem Zentrum Innere Führung und dem MGFA/ZMSBw, wodurch ich einen tiefen Einblick in die Bundeswehr gewinnen konnte.

Vor diesem Hintergrund beanspruche ich für mich, dass ich die aktuelle Traditionsdebatte durchaus in einen historischen und gesellschaftlichen Kontext einzuordnen weiß. Und ich sage Ihnen gleich, dass ich nicht mit allem einverstanden bin, was in den vergangenen Monaten so passiert ist. Der aktuellen Debatte fehlt es an Tiefe. Sie sollten sich hüten, in eine Neubearbeitung des Tratitionserlasses einzusteigen, ohne den historischen Kontext seiner Entstehung zu würdigen.

Identität des deutschen Soldaten, Ursprung und Entwicklung

Worauf fußt die Identität des deutschen Soldaten, wo sind die Ursprünge und wohin geht es? Die Bundesrepublik Deutschland hat als Nation in einem vereinten Europa der Sicherheit, des Wohlstandes und der Freiheit politisch und militärisch vorbildlich gehandelt. Im Jahr 1955 hegten die Abgeordneten der jungen Bonner Republik, quer durch alle Parteien, die Hoffnung, dass dieses Land nicht nur eine mustergültige Demokratie, sondern auch wieder eine schlagkräftige Armee zum Schutz dieser Demokratie aufbauen könnte. Das, was wir heute hier tun, ist Ausdruck dieses Strebens, im Angesicht vielfacher politischer und gesellschaftlicher Herausforderungen genau dieser ursprünglichen Idee nachzukommen.

Im Zentrum aller Überlegungen stand und stehen die Innere Führung und der Staatsbürger in Uniform als Kernelemente der Identität des Deutschen Militärs. Seinen Ursprung hat die Debatte bereits im Zeitalter der Aufklärung. Die Grundprinzipien einer Armee im Staat und die Einheit von soldatischen Tugenden im Kampf mit dem Staatsbürgertum werden seitdem intensiv und kontrovers diskutiert. Leider begründen viele Soldaten und Zivilisten die Identität ihrer Streitkräfte wie auch das Ethos des Soldaten mit Quellen, die von Gesellschaft und Politik *entkoppelt* sind. Diese Leute zelebrieren, wie sie es nennen, *zeitlose soldatische Werte und Tugenden*.

Auf Grundlage meiner Forschung und Erfahrungen in diesem Feld akzeptiere ich das Argument zeitloser soldatischer Tugenden nicht ohne Vorbehalt! Es ist doch gerade das Verdienst der deutschen Philosophie, vor allem der philosophischen *Hermeneutik*, dass sie die historische Bedingtheit menschlichen Verstehens nachgewiesen hat. Erst recht akzeptiere ich zeitlose soldatische Tugenden nicht, wenn sie auch noch von zivilen Werten und dem politischen Kontext entkoppelt sind. Das ist falsch! Machen Sie diesen Fehler nicht! Die Identität von Streitkräften und soldatischen Werten kann einzig und allein in der Gesellschaft und im politischen System verwurzelt sein, in dem die Wahrung der Menschenwürde und Gewaltenteilung oberste Leitprinzipien sind.

Ich rate Ihnen deshalb dringend, dass Sie sich auf Ihrer Suche nach dem soldatischen Erbe unbedingt mit den Idealen von klassischer Erziehung, Bildung und Humanismus auseinandersetzen. Sie sind Grundlage für Bildung, Staatsbürgerschaft und Soldatentum. Die Gründerväter der Bundeswehr haben eben genau das bei der Entwicklung der Inneren Führung auf ihrer Suche nach einem gültigen Erbe getan. Sowohl am Ende der 1950er wie auch am Ende der 1970er Jahre.

Die Begründer der Inneren Führung folgten dabei dem Vorbild der Preussischen Heeresreformer. Nach der Niederlage im Jahre 1806 und dem Bruch mit den Traditionen absolutistischer Herrschaft in Staat, Gesellschaft und Armee waren es gebildete Soldaten wie Scharnhorst, Gneisenau und Clausewitz, die wichtige Reformen anstießen. Daraus lernen wir, dass eine Armee in Staat, Gesellschaft und Kultur eingebettet sein muss. Sie darf eben gerade nicht eine davon losgelöste oder gar eine verfassungsneutrale oder -feindliche Tradition entwickeln.

Zweitens, wenn wir über Identität sprechen, dann sind Soldaten, im Guten wie im Schlechten, ein integraler Teil des modernen Staates. Und ich meine Soldaten, nicht Krieger, Kämpfer, Söldner oder Warriors. Natürlich ist das eine kontroverse Position in den Augen vieler Menschen, denn es gibt viele, die alles Soldatische und Militärische konsequent ablehnen. Sie würden die Bundeswehr am liebsten aus der Gesellschaft verbannen. Die Ablehnung trägt aber meistens nur so lange, bis man die Streitkräfte wieder braucht, sei es im Fluteinsatz an der Oder oder zur Bewältigung der Flüchtlingskrise. Dieser Geist des „ohne mich" war ein zentraler Gedanke in den Jahren 1950 bis 1955 in der alten Bundesrepublik und war der Geburtshelfer für die Innere Führung.

Skepsis gegenüber soldatischen Werte und deren Verhaftung in der esellschaft ist heute so normal wie vor über 60 Jahren und markiert den Startpunkt nserer Debatte. Wir können diese Skepsis aber nicht für immer und ewig ausblenden!

Drittens, Ihre jungen Soldaten kämpfen Seite an Seite mit ihren Verbündeten und werden mit dem konfrontiert, was unsere Partner – beispielsweise Amerikaner, Franzosen, Briten oder Polen – als soldatische Traditionen ansehen. Es ist also nicht verwunderlich, dass sich deutsche Soldaten nach militärischem Geist, Glanz und Gloria und Zeremoniell sehnen, wie sie es in zig Beispielen im Realen und in sozialen Medien tagtäglich erleben. Aktuelle Kritik an der Inneren Führung, wie beispielsweise im Band *Armee in Aufbruch*, scheint genau dieses Defizit sowie die mangelnde Wahrnehmung und Wertschätzung des soldatischen Dienens in der Gesellschaft anzuprangern. Der Wunsch der jungen Soldaten nach Korpsgeist und schicker Uniform, wie in anderen europäischen Demokratien und den Vereinigten Staaten, ist absolut nachvollziehbar und legitim! Dieser Wunsch, für den auch ich Sympathien hege, darf aber nicht dazu führen, dass militärisches Zeremoniell und Symbole zu einen Fetisch hochstilisiert und zu einem kultartigen Selbstzweck werden. Das ist gefährlich!.

Die Sehnsucht nach einem stärkeren Korpsgeist, nach militärisch aufgeladenen Symbolen und Ritualen lässt sich aber nicht verbieten und auch nicht verbannen. Sie müssen eine Alternative anbieten! Diese muss aber in den Werten und Prinzipien des Grundgesetzes, den Prinzipien Europas und der NATO verhaftet sein.

Es bleibt die Frage nach der Tradition

Per Definition ist Tradition „das gültige Erbe der Vergangenheit" und entsteht durch die "wertorientierte Auseinandersetzung mit der Vergangenheit." Das ist der Kern des 1965er und auch des 1982er Erlasses. Und ich empfehle dringend die Befassung mit diesen Dokumenten! Denn trotz der intensiven Kritik enthalten die beiden Texte, die gedanklich zusammengehören, viel Richtiges. Sie bilden eine bewunderswerte Reflexion eines immens schwierigen Themas, indem sie die für uns gültigen Werte herausstellen und damit die Grundlage für den Dienst in einer pluralistischen Gesellschaft bilden.

In diesem Zusammenhang weise ich noch auf zwei „No-Goes" hin. Erstens, die Vermischung von Tradition und Traditionspflege. Kritiker bemängeln oft militärische Gebräuche, Abzeichen, Symbole und Rituale und alles, was mit soldatischem Leben zu tun hat. Zum Beispiel die Verwendung des Eisernen Kreuzes. Ein weiteres Beispiel ist die Debatte über Kasernennamen. Einige Verwirrte lehnen grundsätzlich zivile Werte und Gepflogenheiten ab, überhöhen und zelebrieren das Erbe der Namensgeber und würden am liebsten die Gesellschaft militarisieren. Für diese Leute sind Waffen, Flaggen, Uniformen, Abzeichen, Fahrzeuge und militärische Bräuche ein Fetisch, der sie in ihren kruden Ansichten stützt. Sie tun damit demokratischen Regierungen und ihren Streitkräften keinen Gefallen. Für die Masse sind diese Gegenstände aber lediglich tote Objekte, die aus persönlichem oder technischem Interesse gesammelt werden, ohne ideologische Auflademessen. Der 1982er Erlass bietet die Lösung. Diese Objekte müssen in den historischen Kontext gestellt werden und sich unseren Werten, Prinzipien und Ideen unterordnen.

In den frühen 1950er Jahren war es Konsens zwischen Parlamentariern, Ex-Soldaten und den Vätern der Bundeswehr, dass die Innere Führung eine Mittlerrolle einnehmen sollte, um genau diesem Druck, der sich aus dem militärischen Kult des späten 19. Jahrhunderts bis zum Dritten Reich ergab, entgegenzuhalten. Ziel war eine *Armee ohne Pathos*.

Eng verbunden mit dieser Idee war *Graf von Baudissin*. Er fühlte sich vom Traditionalismus des Infanterieregiments 9, das wegen seines hohen Anteils adeliger Offiziere auch „Graf 9" genannt wurde, abgestoßen. Er wusste um die Schattenseiten von Ritualen, Abzeichen und Zeremoniell, denen dann im Dritten Reich ein nationalsozialistischer Stempel aufgedrückt worden war. Im Gegensatz zur Überbetonung von Formalien, Disziplin und Kragenspiegeln legt die Innere Führung deshalb den Schwerpunkt auf die Ideale von Führung, Dienst, Treue und Moral. Die Innere Führung hat sich immer der Geschichte gestellt und daraus in einer wertorientieren Auseinandersetzung die gültige Tradition herausdestilliert. Das war und ist heute noch kein einfacher Prozess.

Zweitens, Tradition und Geschichte sind zwei unterschiedliche Phänomene, die eng miteinander verknüpft sind. Diese Einsicht stammt von einem weiteren Vater der Inneren Führung, Oberst Dr. Hans Meier-Welcker. Er gründete das Militärgeschichtliche Forschungsamt. Im Jahr 1959 schrieb Meier-Welcker ein Papier für den damaligen Verteidigungsminister Franz Josef Strauss. Darin stellte er heraus, dass die Unterscheidung zwischen Tradition und Geschichte sehr schwierig sei. Besonders für eine Nation, in der soldatische Traditionen als politische Waffe missbraucht worden waren. Heute ist es unsere Auftrag, ein so wichtiges und auch richtiges Dokument wie den 1982er Traditionserlass zu aktualisieren.

Der aktuelle Traditionserlass hat zum guten Ruf und zur Beständigkeit der Bundeswehr und des deutschen Soldaten beigetragen. Die Geschichte des deutschen Militärs und der Soldaten enthält jedoch viel mehr als nur die Geschichte der Bundeswehr. Geschichte muss, und so hat die Bundesministerin der Verteidigung formuliert, „ausgehalten werden". Wir können sie nicht ausblenden oder verbieten. Wir müssen daraus die richtigen Konsequenzen ziehen und sie in den Kontext der aktuellen gesellschaftlichen Herausforderungen stellen.

Zum Schluss

Sie haben sicherlich gemerkt, dass ich ein Verfechter der Inneren Führung bin. Ich hoffe, dass ich etwas von der Überzeugung weiter reichen kann, die ich eben hier gelernt habe und immer noch täglich vorlebe. Damals waren es ehemalige Reichswehr- und Wehrmachtsoffiziere und dann Offiziere der Bundeswehr, die mich als jungen Beamten der US-Streitkräfte mit ihrem Verständnis der Inneren Führung und des soldatischen Dienstes vertraut machten. Das Denken und Handeln der Aufbaugeneration der Bundeswehr ist aus meiner Sicht ein ganz wesentlicher Teil der bundeswehreigenen Tradition.

Skandal und Struktur. Erziehung in der Bundeswehr – Erziehung der Bundeswehr
Angelika Dörfler-Dierken

Bundeswehr und deutsche Öffentlichkeit sind sehr sensibel, was die Achtung der Menschenwürde anbelangt.[1] Soldatinnen und Soldaten geraten immer wieder in den Blick der Medien, wenn sie Verhaltensweisen zeigen, die (möglicherweise) gegen die Menschenwürde verstoßen.[2] Dabei geht es nicht nur darum, dass solch ein Verhalten in der Kameradengruppe – wenn es denn zur Kenntnis der Verantwortlichen im BMVg oder gar zur Kenntnis der Öffentlichkeit gelangt – streng geahndet wird. Es geht jeweils auch darum, dass den Soldatinnen und Soldaten durch die Skandalisierung mancher Verhaltensweise, die ihnen auf den ersten Blick vielleicht gar nicht als ein Verstoß gegen die Menschenwürde erscheinen mag, Grundsätze zwischenmenschlichen Verhaltens im Dienst eingeschärft werden. Öffentliche Skandalisierung bundeswehrinterner Vorfälle hat also ein organisations- und volkspädagogisches Ziel. Dabei ist immer wieder zu beobachten, dass dasjenige, was vor wenigen Jahren noch „normal" schien, nach Entstehung einer neuen Sensibilität, manchmal auch nach einer neuen Rechtslage, als nicht länger hinnehmbar eingeschärft wird.

Als Beispiel sei erinnert an diejenige Soldatin, die einen Kameraden anzeigte, weil er vor ihr seine Muskeln hatte spielen lassen, sie zum Sex aufgefordert und ihr an das Gesäß gegriffen hatte. Der beschuldigte Soldat ist freigesprochen worden von einem zivilen Gericht. Sein Verhalten zeige typisch männliches Imponiergehabe und sei nicht als sexuelle Belästigung zu bewerten, so urteilte die Richterin. Der Beschuldigte hätte sein Interesse an der Soldatin zum Aus-

---

[1] Vgl. Zentrale Dienstvorschrift Innere Führung A 2600-1, Ziff. 104, 106 u.ö. Ich unterscheide im folgenden zwischen Vorfällen, die dem rechten oder rechtsextremen Spektrum angehören, in der Mehrzahl sogenannte Propagandadelikte, und Delikten, die weniger mit einer bestimmten Ideologie zu tun haben als mit der Belästigung einzelner Personen durch sexuelle konnotierte Verhaltensweisen oder Übergriffe gegen die sexuelle Selbstbestimmung.

[2] Vgl. die folgenden Skandale aus den letzten Jahren bei der Bundeswehr: Bad Reichenhall (hier auch Tierschutzfragen, http://www.berliner-kurier.de/news/politik---wirtschaft/naechster-skandal-bei-der-bundeswehr-gebirgsjaeger-toeteten-maeuse-mit-luftgewehr-26241636, letzter Zugriff am 3.7.2017) Zuletzt machte die Kampfsanitäter-Ausbildung in Pfullendorf Schlagzeilen. Vgl. Matthias Gebauer, Konstantin von Hammerstein, Klaus Wiegrefe: „Wehrmacht Kaffee?" Der Spiegel, Nr. 25, 17. Juni 2017, S. 30-33.

druck bringen, nicht sie beleidigen wollen. Mit dieser Einschätzung brachte das zivile Gericht einer Soldatin gegenüber letztendlich zum Ausdruck, dass sie sich übergriffiges und unverschämtes Verhalten von Kameraden gefallen lassen müsse, weil das darin zum Ausdruck kommende Verhalten „nach vorwiegend männlichem Verständnis" nicht beleidigend gemeint sei. Der Fall hatte sich zugetragen vor der Verschärfung des Sexualstrafrechts im November 2016. Das Urteil führte dazu, dass die Bundesministerin der Verteidigung, Frau Dr. Ursula von der Leyen, am 21. Januar 2017 einen offenen Brief an alle Angehörigen der Streitkräfte auf der Homepage des BMVg veröffentlichte. Hier führte sie aus: „Solche Interpretationen sind abenteuerlich und aus der Zeit gefallen. Denn sie machen den Mut zunichte, sich gegen sexuelle Belästigung zu wehren, und zerstören das Vertrauen von Opfern sexueller Übergriffe, an übergeordneter Stelle Verständnis und Schutz zu finden. Und es signalisiert potenziellen Tätern, dass Übergriffe schon okay sind, wenn es >nur< darum geht, >Interesse< an einer Frau oder einem Mann zu bekunden."

Die ministerielle Urteilsschelte begründet sich aus der Vorstellung, wie der Umgang der Geschlechter in der Bundeswehr sein soll : „Wir wollen sicherstellen, dass wir in der Bundeswehr respektvolle und menschenwürdige Umgangsformen pflegen; dass wir ein Umfeld schaffen, in dem sich alle wohl und respektiert fühlen, ob Soldatin oder Soldat, zivile Mitarbeiterin oder ziviler Mitarbeiter." Interessant ist, dass hier ein bestimmtes Verhalten für die Bundeswehr zurückgewiesen wird, obwohl es nicht justiziabel ist. D.h. Soldatinnen und Soldaten sollen mehr tun, als die jeweils geltenden Gesetze einhalten. Sie sollen Respekt gegenüber anderen zum Ausdruck bringen und dafür sorgen, dass sich ihre Kameraden in Uniform wie auch die bei der Bundeswehr tätigen Zivilisten „wohlfühlen". Auch wenn Spötter sagen mögen, Streitkräfte seien keine „Wohlfühloase" – dieser hohe Anspruch ist kennzeichnend für die gegenwärtige Diskussion in der Bundeswehr. Delegitimiert wird durch den ministeriellen Brief auch eine Form militärischer Ausbildung und militärischen Lebens, die von befohlener Selbstüberwindung geprägt ist – etwa solcherart: die Bundeswehr sei eine Schule für harte Einsätze von Kampftruppen, deshalb müsse die Einübung in Selbstüberwindung und Härte verlangt werden, denn das sei „wesentliche Voraussetzung dafür, dass sie auch unter den Härten der Einsatzrealität bestehen können. Wenn es in den deutschen Streitkräften eine unbestrittene Lehre des Kampfeinsatzes in Afghanistan gibt, dann diese. (…) Kampfgemeinschaften können im Ernstfall nur dann effektiv funktionieren, wenn sie eine starke Bindung und Geschlossenheit entwickeln."[3] Dafür brauche es – wie es manchmal heißt – „harte und fordernde Ausbildung".[4] Und solche Ausbildung kann dann auch provokante Verhaltensweisen einschließen, die gegebenenfalls als sexuell übergriffig erscheinen. Öffentlich geäußert zur Frage notwendiger Härte in der Ausbildung haben sich bisher nur wenige Uniformträger.[5] Insbesondere die Offiziere mit höherem Dienstgrad schwiegen in der Öffentlichkeit, bis letztens die Staatsanwaltschaft Hechingen mit Bezug auf die Vorkommnisse in Pfullendorf festgestellt hatte, dass es keine sexuell motivierten Übergriffe bei der Ausbildung von Kampfsanitätern gegeben habe. Jetzt hat ein entlassener General eine Beschwerde beim Wehrbeauftragten eingereicht. Interessanterweise hat der Generalinspekteur der Bundeswehr, General Volker Wieker, öffentlich zugegeben, dass mit den Vorfällen von Pfullendorf und andernorts innermilitärisch nicht angemessen umgegangen worden sei, weil er nur auf unteren Ebenen abgearbeitet und nicht an die höheren militärischen Führungsebenen und an die politische Leitung des BMVg gemeldet worden war.[6] Das Heer vertritt dagegen öffentlich die These, die Ministerin habe sich voreilig in laufende disziplinarische Ermittlungen eingeschaltet.

These 1: Soldatinnen und Soldaten werden nicht nur von ihren Disziplinarvorgesetzten „erzogen", sondern auch durch den öffentlichen und medialen Diskurs – durch den Diskurs innerhalb der Bundeswehr ebenso wie durch den zwischen Bundeswehrangehörigen und Gesellschaft.

Der Skandal von Pfullendorf

Im Ausbildungszentrum Spezielle Operationen im baden-württembergischen Pfullendorf[7] sind bei der Ausbildung zum Combat First Responder, zum

---

[3] Marcel Bohnert: Fremde Federn: Über Korpsgeist und Kampftruppen, FAZ 23. April 2017.
[4] Ebd.
[5] Im Blog von Thomas Wiegold: Augen geradeaus, schreibt ein ehemaliger Soldat, der sich Hauptgefreiter nennt, am 1. 2. 2017 um 15.12 Uhr, dass sich seit 1963 – Nagold – nichts geändert habe bei der Ausbildung in der Bundeswehr. Die jungen Ausbilder würden dasjenige wiederholen, was sie selbst in der Ausbildung erfahren hätten, und da gelte der Leitspruch: „Was nicht tötet, härtet ab."
[6] Am 1. 2. 2017 hat der GI Pfullendorf besucht. Vgl. Bericht dazu auf der Bw-homepage unter der Überschrift „Der Generalinspekteur der Bundeswehr besuchte das Ausbildungszentrum Spezielle Operationen in Pfullendorf."
[7] Das Ausbildungszentrum Spezielle Operationen ist entstanden aus der früheren Fernspähschule der Bundeswehr. Hier werden vor allem Sanitäter für den Kampfeinsatz ausgebildet, zudem Spezialkräfte der Teilstreitkräfte wie nationale Spezialkräfte und Spezialisierte Kräfte

Kampfsanitäter – eine Ausbildung, die Spezialkräfte, Kampfretter der Luftwaffe und einige Fallschirmjäger erhalten –, so der Vorwurf, sexuell motivierte erniedrigende Methoden üblich gewesen. Die Staatsanwaltschaft Hechingen, die nach den Medienberichten selbständig ermittelnd tätig geworden ist, hat allerdings festgestellt, dass es keinen Anfangsverdacht für strafrechtliche Ermittlungen gebe. Die Staatsanwaltschaft Hechingen hat ihre Prüfung „auf die Frage beschränkt, ob es zu strafrechtlich relevanten Verhaltensweisen gekommen ist, die selbst unter Berücksichtigung der verfolgten dienstlichen Belange nicht mehr vertretbar waren, etwa indem auf Soldatinnen oder Soldaten die Grenze zur Nötigung überschreitender Druck ausgeübt wurde, sich bestimmten Ausbildungspraktiken zu unterwerfen, oder wenn Ausbildungsbelange nachweislich nur vorgeschoben wurden, um unter diesem Deckmantel tatsächlich sexuelle Motive zu verfolgen und entsprechende Handlungen vorzunehmen. Zureichende tatsächliche Anhaltspunkte für derartige Verhaltensweisen, die gem. § 152 Abs. 2 Strafprozessordnung die Einleitung eines strafrechtlichen Ermittlungsverfahrens rechtfertigen würden, sind jedenfalls derzeit nicht ersichtlich."[8] Das ist von vielen Soldaten als Freibrief aufgefasst worden. Tatsächlich aber sind disziplinare Ermittlungen davon unberührt.[9] Was in den Medien hohe Wellen geschlagen hat, wurde von einem unabhängigen deutschen Gericht als strafrechtlich nicht relevant eingestuft.

Die Vorkommnisse, soweit sie öffentlich bekannt geworden und über den Blog „Augen geradeaus" von Thomas Wiegold verbreitet worden sind:

28. Juli 2016: Frau Leutnant E. (damals noch im Dienstgrad Oberfähnrich), Hörsaalleiterin in der II. Inspektion des AusbZSpezlOp schildert dem Stellvertr. Kdr. AusbZSpezlOp Missstände in ihrer Einheit: Mobbing und „Poledance" als Aufnahmeritual für sie.

---

des Heeres sowie Feldwebel der Fallschirmjägertruppe und des Kommandos Spezialkräfte in den Bereichen Sanitätsdienst, Schießlehre und –technik, Vorgehen im urbanen Gelände, Überleben und Verhalten in Gefangenschaft.

[8] Augen geradeaus.

[9] https://tinyurl.com/zut7ha8 = Artikel des GI im Internet des Deutschen Heeres vom 1.2.2017. Ein Kommentator im Blog von Thomas Wiegold, Georg@Koffer, schrieb am 8. 2. 2017 um 9.18 zu diesem Bericht: „Hier wird so neutral wie irgend möglich geschrieben. Keine Schuldzuweisung, kein Appell, was künftig nichtmehr vorkommen darf, keine >Asche auf unser Haupt<, hier ist etwas gehörig gegen unser Konzept der >Inneren Führung< und gegen die Menschenwürde gelaufen, keine Selbsterkenntnis, keine Reue, kein Bedauern gegenüber der Petentin, lediglich Technokraten-Deutsch mit nichtssagenden Aussagen."

22. August 2016: Frau Leutnant E. informiert die stellvertr. militärische Gleichstellungsbeauftragte des AusbKdo über aus Ihrer Sicht herabwürdigende Methoden in der Sanitätsausbildung (Abtasten der unbekleideten Brust, Abtasten des unbekleideten Genitalbereichs mit nicht behandschuhter Hand und anschließender Geruchsprobe, Öffnen der Gesäßbacken zur Inspizierung des Afters, Tamponieren des Gesäßes und rektale Fiebermessung, entwürdigende bildliche Darstellung der Ausbildungspraktiken als Unterrichtsmaterial, Einfordern einer Einverständniserklärung der Lehrgangsteilnehmer bzw. -teilnehmerinnen, sich u.a. als Übungs- und Anschauungsobjekt zur Verfügung zu stellen).

Noch im August 2016 wurden intern Folgerungen aus diesen Beschwerden gezogen: Die beanstandeten Ausbildungspraktiken wurden ausdrücklich untersagt, disziplinare Ermittlungen durch einen Rechtsberater wurden aufgenommen.

20. September 2016: Mutter der betroffenen Soldatin an wendet sich an den Wehrbeauftragten und schildert Ausbildungspraktiken und umfängliches Mobbing ihrer Tochter.

Oktober 2016: Die Soldatin wendet sich direkt an die VM und legte die Eingabe ihrer Mutter bei.

27. Oktober 2016: Auftrag der IBuK an den GI, den Vorwürfen unverzüglich nachzugehen.

Interessanterweise widersprach einer der Beschuldigten in einer eigenen Eingabe an den Wehrbeauftragten im November 2016 den Vorwürfen: Die Ausbildungspraxis sei dem Kommandeur der Division Schnelle Kräfte, dem Generalarzt des Heeres und dem Kommandoarzt sowie dem Kommandeur des Ausbildungskommandos bei Lehrvorführungen gezeigt worden, Kritik habe es daran nicht gegeben. Dem wiederum widersprachen die genannten Kommandeure in dienstlichen Erklärungen einmütig: Alle Auszubildenden wären bekleidet gewesen und die Untersuchungen des Intimbereiches seien nur angedeutet worden. Das sagten wenig später auch die befragten Lehrgangsteilnehmer bzw. –teilnehmerinnen aus. Ihnen sei empfohlen worden, zwei Lagen Unterwäsche (sic!) anzuziehen, so dass sie niemals wirklich an den Genitalien hätten berührt werden können. Dieses Eingeständnis einer Empfehlung ist durchaus verräterisch zu nennen, denn niemand würde sagen, durch das Übereinanderziehen von zwei baumwollenen Feinrippunterhosen sei Unempfindlichkeit im Genitalbereich zu erreichen.

Aus Pfullendorf sind schon mehrfach besondere Vorfälle über die Presse bekannt geworden: Erst 2014 hatte es Beschwerden einer Soldatin über frauenfeindliches Verhalten an diesem Ausbildungszentrum gegeben, die allerdings nicht für disziplinarische Maßnahmen ausreichten. Im Zusammenhang mit den Ermittlungen bei der Kampfsanitäterausbildung im Jahr 2017 kamen dann auch entwürdigende Aufnahmerituale bei dort stationierten Mannschaftssoldaten ans Tageslicht, die gegenwärtig strafrechtlich verfolgt werden.[10]

Die Staatsanwaltschaft Hechingen führte die unterschiedlichen Einschätzungen der Vorkommnisse bei der Kampfsanitäterausbildung auf die Unkenntnis der Mutter der betroffenen Soldatin zurück, die in ihrem Schreiben an den Wehrbeauftragten den Begriff „sexuelle Nötigung" verwendet hatte, und darauf, dass der Parlamentarische Staatssekretär in seinem Bericht an den Verteidigungsausschuss vom 13. Februar 2017 die Sachlage verkürzt dargestellt hätte. Die Frau Oberleutnant hat inzwischen ihre Vorwürfe deutlich abgeschwächt.

Ist also alles in Butter?

Eine sensationsgeile Öffentlichkeit, die ihre Vorurteile gegen die Bundeswehr bestätigt sieht?

Eine Ministerin, die sich auf Kosten ihres eigenen Bereichs als Aufklärerin der Nation profiliert?

Ein neuer Versuch, die Bundeswehr an die Kandarre zu nehmen?

Im Soldatenblog von Thomas Wiegold und beim Deutschen Bundeswehrverband sind das die vorherrschenden Deutungen. Man kann aber auch fragen: Handelt es sich hier um bedauerliche Einzelfälle oder um systemisches Versagen?

These 2: Was in Pfullendorf wirklich passiert ist, bleibt der Öffentlichkeit weitgehend unbekannt und scheint nicht justiziabel zu sein. Trotzdem sind die angeblichen Vorfälle lehrreich, weil man an ihnen seine Theorien über das Militär schärfen kann.

---

[10] Aktenkundig sind drei Daten von Misshandlungen (Freiheitsberaubung, gefährliche Körperverletzung) in Zusammenhang mit Aufnahmeritualen in Pfullendorf innerhalb eines halben Jahres, der letzte Vorfall datiert vom 24. 1. 2017. Unklar ist bisher, wann die früheren Fälle passierten, wann disziplinare Ermittlungen angestellt wurden, wie sie verliefen etc. Inzwischen ist der Fall an die Staatsanwaltschaft abgegeben worden. Vgl. http://augengeradeaus.net/2017/01/misshandlungen-in-pfullendorf-neuer-skandal-erschuettert-die-bundeswehr, letzter Zugriff am 9.6.2017.

Täter und Theorien

Es fällt an diesen Vorkommnissen in Pfullendorf Mehreres auf:
- Von Bedeutung dürfte der Ort sein: eine Eliteausbildungseinrichtung der Bundeswehr, die speziell auf Kampfeinsätze vorbereitet.
- Die Ausbildung selbst: Es geht um Kampfsanitäter, also solche, die für das Überleben der eigenen Kameraden nach Beschuss sorgen sollen.
- Die Täter waren Angehörige der Dienstgradgruppen Mannschaften und Unteroffiziere, ihre Vorgesetzten haben erst nach der Meldung eines jungen weiblichen Offiziers die Ausbildungsinhalte genauer festgelegt.

Gerade bei Mannschaften und Unteroffizieren ist die Kenntnis der Zentralen Dienstvorschrift, welche die Bedeutung von Menschenwürde in den Streitkräften einfordert, kaum verbreitet. So ergab die Streitkräftebefragung 2013 vom ZMSBw, dass 78 Prozent der befragten Mannschaften die Zentrale Dienstvorschrift A 2600-1 Innere Führung, die den Dienst in der Bundeswehr und die Kameradschaftsverhältnisse prägen soll, nicht bekannt war, oder dass sie nichts Konkretes darüber wussten. Bei den Unteroffizieren ohne Portepee waren es 60 Prozent, bei denen mit Portepee immerhin noch 34 Prozent, die angaben, die Vorschrift nicht zu kennen, oder doch nicht genau zu kennen.[11] Wer die Vorschrift nicht kennt, der schätzt sie nicht – und selbst, wer sie kennt und schätzt, der neigt doch zu der Vermutung, dass die Mehrheit der Kameraden der eigenen Dienststelle sie weniger schätzt.[12]

Die Bundeswehr hat also bei der Erziehung und Ausbildung der Mannschaften und Unteroffiziere (noch) nicht die gewünschten Ergebnisse erzielt. Zu fragen ist allerdings, wie man Achtung der Menschenwürde ausbilden kann – schließlich handelt es sich dabei immer auch um Prozesse der Selbsterziehung, die initiiert und kritisch begleitet werden müssen. Und solche Selbsterziehung mag mühsam sein. Auffällig ist jedenfalls, dass es bisher weder besondere Angebote zur Selbstbildung in grundlegenden *softskills* für Mannschaften und Unteroffiziere gibt und auch kaum Seminare oder Lehrgänge. Fast alle Bildungsangebote der Bundeswehr richten sich an Offiziere, weil die als Führer in den Streitkräften gesehen werden.[13] So richtig die Konzentration auf den militärischen Führer in einer hierarchischen Organisation auch sein mag, es bleibt doch das

---

[11] Dörfler-Dierken, Angelika und Robert Kramer: Innere Führung in Zahlen. Streitkräftebefragung 2013. Berlin 2014, S. 20.
[12] Ebd., S. 34.
[13] Zehn Gebote für militärische Führer, ZDv A 2600-1 Anlage 1.

Problem, dass der Geführte, wenn er aus dem Blickfeld des Führers verschwindet, sich gleichsam ethisch verselbständigt. Zur Veranschaulichung der Bedeutung von Mannschaften und Unteroffizieren für die Bundeswehr sei kurz an die Zahlen erinnert:

Mannschaften	43 556 Personen
Unteroffiziere o.P.	33 836 Personen
Unteroffiziere m. P.	62 637 Personen
Offiziere	22 314 Personen
Stabsoffiziere	11 465 Personen (Stand 2016)

Mannschaften und Unteroffiziere stellen also mehr als drei Viertel aller Soldatinnen und Soldaten. Sie sind in wenig perspektivreichen Laufbahnen tätig. Ihr Selbstbild als selbstwirksame, für sich selbst und für ihr Tun verantwortliche Persönlichkeiten kann dadurch eingeschränkt sein, dass sie sich in ihrem täglichen Dienst vor allem als Geführte erleben und nur in einem sehr eingeschränkten Maße als eigenverantwortlich und gestaltend. Die Sozialpsychologie beschreibt zwar einerseits die Angst der Menschen vor Einsamkeit als Grund für ihre Anpassung an die Gruppe, sie beschreibt auch die Lust vieler Menschen an Einordnung und die Befriedigung, die aus Unterordnung gewonnen werden kann, sie betont aber andererseits auch das Bedürfnis der Menschen nach Gestaltungsfreiheit, das gerade dann zunimmt, wenn ihre materiellen Grundbedürfnisse befriedigt sind (Clayton P. Alderfer). So ist etwa für freiwillig Wehrdienst Leistende (die bleiben bis zu höchstens 23 Monaten bei der Bundeswehr) bekannt, dass sie "in der Regel hoch motiviert und leistungsbereit"[14] sind, sich aber ihren Stammeinheiten meist weder intellektuell noch physisch angemessen gefordert fühlen. Der Einsatzbereich und das mit dem jeweiligen Dienstposten verbundene Anspruchsniveau sind häufig niedriger als ihre Fähigkeiten und Potentiale. Unterforderung bei den täglichen Dienstaufgaben wirkt sich "durchgehend negativ auf die Zufriedenheit"[15] mit dem Dienst aus. Zu beachten ist in diesem Zusammenhang auch, dass 97 Prozent der Befragten freiwillig Wehrdienst Leistender 2012 unter 25 Jahre alt waren – das ist heute

---

[14] Kramer, Robert: Sozialwissenschaftliche Begleitstudie zur Evaluation des Freiwilligen Wehrdienstes. Ergebnisse der Zweitbefragung der Freiwilligen Wehrdienst Leistenden mit Diensteintritt im Zeitraum von Juli 2011 bis April 2012. (Zentrum für Militärgeschichte und Sozialwissenschaften der Bundeswehr, Forschungsbericht 108) Potsdam April 2014, S. 2.
[15] Kramer, S. 7.

auch nicht anders –, dass jeder vierte von ihnen seinen Dienst als "langweilig", jeder fünfte ihn als "demotivierend", jeder sechste ihn als "chaotisch" und ebenso viele ihn als "frustrierend" empfanden.[16] Man kann also fragen, ob in der Kampfsanitäterausbildung eingesetzte Mannschaften möglicherweise ihre eigenen ‚Spielchen' erfunden haben, weil ihre dienstliche Aufgabe sie nicht ausgelastet hat – oder weil sie Freude an der Erfahrung elementarer Macht über andere Menschen hatten. Das ist eine Hypothese, Forschungen dazu liegen nicht vor.

Die einschlägige deutsche (anders in den USA) militärsoziologische Literatur hat sich des Themenfeldes Verstöße gegen Menschenwürde und sexuelle Selbstbestimmung in militärischen Organisationen noch kaum angenommen. In den letzten Jahren haben sich allerdings einige meiner Kollegen aus dem Forschungsbereich Militärsoziologie am Zentrum für Militärgeschichte und Sozialwissenschaften der Bundeswehr zu dem Themenfeld geäußert. Die jüngsten Überlegungen will ich kurz vorstellen:

1. Der Organisationspsychologe Prof. Dr. Martin Elbe begreift gegen die Menschenwürde verstoßendes Verhalten in Soldatengruppen als Inszenierung eines Geheimnisses, das die Funktion hat, die Gruppe durch das Wissen um den gemeinsamen Tabubruch eng zusammenzuschweißen. Zudem werde durch die geheim vollzogene Handlung die faktische Bedeutungslosigkeit des militärischen Unterführers, des Unteroffiziers, kompensiert. In der militärischen Hierarchie weitgehend bedeutungslose Unterführer erleben sich durch ihre Selbstinszenierung im Ritual als unangefochtene Führer ihrer Gruppe, indem sie – unter den Augen der Offiziere und denen doch verborgen – sich selbst als die eigentlichen Führer im Militär darstellen. Zu dieser Sichtweise passt, dass die früher als „Rückgrat der Armee" gelobten Unteroffiziere in den letzten Jahrzehnten einen gewissen Bedeutungsverlust hinnehmen mussten. Für diese Deutung von Martin Elbe ist es gleichgültig, dass die Probleme sich in einem gemischtgeschlechtlichen Umfeld an einer Eliteeinrichtung vollziehen. Es geht um Führung, um die Inszenierung eines Führungsanspruchs jenseits der offiziellen Hierarchie.
2. Ein ganz anderer Deutungsversuch ergibt sich aus den Untersuchungen von Dr. Gerhard Kümmel. Er beschäftigt sich mit sexistischem Verhalten in der Bundeswehr. In seiner Studie „Truppenbild ohne Dame" hat er festgestellt, dass die knapp 10 Prozent weiblicher Bundeswehrsoldaten fast 100

---

[16] Kramer, S. 12.

Prozent sexistischer Bemerkungen, unerwünschter körperlicher Berührungen und Übergriffe gegen die sexuelle Selbstbestimmung durch Vorgesetzte und Kameraden erleiden. Zwar sind manchmal auch Soldatinnen Täter, aber doch in weitaus geringerem Umfang als Soldaten. Kümmel interpretiert seine Ergebnisse als Folge der Tatsache, dass nicht mehr Frauen in den Streitkräften dienen. Es handele sich um gewissermaßen normale Integrationsprobleme von Frauen in einer Männerwelt, die sich dann geben würden, wenn Frauen und Männer in der Armee gleich sichtbar sind (Tokenism-Konzept). Damit kann aber nicht erklärt werden, dass beim Vergleich der Bundeswehr-Zahlen mit denen in anderen Armeen, in Unternehmen und in der Gesellschaft deutlich wird, dass bei einer größeren Sichtbarkeit von Frauen deren Probleme durchaus nicht verschwinden. Zudem stellen gerade im Sanitätsdienst der Bundeswehr Frauen die Mehrheit. Nicht in den Blick kommt bei dieser Deutung zudem, dass sexistische Vorkommnisse sich häufiger in Eliteausbildungseinrichtungen und bei Kampfsoldaten ereignen als anderswo.

3. Ein Deutungsansatz aus der historischen Geschlechterforschung könnte deshalb auch in Anschlag gebracht werden: In allen historischen Gesellschaften war gerade die Gruppe der jungen Männer, die sich sexuelle Aktivitäten aus finanziellen oder sozialen Gründen noch verkneifen musste, besonders aktiv beteiligt an Ersatzhandlungen für unmittelbare sexuelle Aktivitäten. Gruppen junger Männer verbünden sich untereinander und suchen Ventile für ihre unbefriedigten sexuellen Gelüste. Aber auch dieser Ansatz von Gunnar Heinsohn kann nicht völlig überzeugen. Schließlich können alle Mannschaften und alle Unteroffiziere problemlos soziale und sexuelle Beziehungen zu anderen Menschen eingehen – über das nötige Geld für eine Familiengründung verfügen sie jedenfalls. Ich tendiere deshalb dazu, andere Faktoren in den Fokus zu rücken.

4. Wenn eine bessere Erklärung gesucht wird, dann müsste man meiner Meinung nach vom Charakter der Ausbildungseinrichtung ausgehen: Sie ist auf den Kampf bezogen, einen Kampf, dem sich die Bundeswehr zum ersten Mal nach Ende des Zweiten Weltkrieges in Afghanistan stellen musste. Seit den Gefechten von 2008, seit den darauf folgenden Diskussionen um die Frage, ob die Bundeswehrsoldaten dort <u>Krieg</u> führen, hat sich die Bundeswehr verändert. Das K-Wort gehört wieder zur Soldatensprache. Die in Afghanistan Getöteten und Verwundeten prägen die Mentalität vieler Soldaten – Soldaten bereiten sich, so heißt es jetzt wieder auf allen Ebenen,

auf das Töten und Getötet-werden für Deutschland vor. Das stehe zwar so nicht im Grundgesetz und auch nicht in den Rules of Engagement – sei aber die Wahrheit. Nur der Zimperlichkeit der deutschen Öffentlichkeit sei es geschuldet, dass das kein Politiker laut zu sagen wage. Dazu kommt, dass die Selbstwahrnehmung vieler Männer in der Bundeswehr (gerade derjenigen in den Kampfverbänden) geprägt ist von der Idee, dass Frauen keine Kämpfer seien. Wenn sie auf dem Gefechtsfeld auftauchen, dann ausschließlich in der Rolle von Florence Nightingale. Immer wieder werden Geschichten kolportiert, die sich wie Wanderlegenden ausbreiten, dass die junge Ärztin oder die Sanitätssoldatin im entscheidenden Moment – als sie eigentlich hätten Leben retten sollen – in Ohnmacht gefallen seien. Auf Frauen kann man sich, so die unausgesprochene *message*, kaum verlassen. Deshalb muss man ihnen schon in der Ausbildung klar vor Augen stellen, dass sie nicht geeignet sind für ihren Job. Übergriffe gegen die Menschenwürde und das sexuelle Selbstbestimmungsrecht bringen ein zutiefst misogynes Selbstbild zum Ausdruck, das von klaren Geschlechterstereotypen bestimmt ist. Ein weiterer Gesichtspunkt wird zudem meiner Meinung nach zu wenig beachtet: Auf Kohäsion und Homogenität kommt es insbesondere bei der sogenannten kleinen Kampfgemeinschaft an. Die soll angeblich dann am besten herzustellen sein, wenn die Beteiligten sich möglichst ähnlich sind. Scham- und Ekelerfahrungen machen aus Fremden miteinander Vertraute.

Ich frage mich: Warum greifen in den Ausbildungsgruppen selbst keine hemmenden Mechanismen? Warum fragt niemand nach, ob bestimmte Ausbildungsszenarien gegen die Menschenwürde verstoßen?
These 3: Die Erfahrungen der Bundeswehr in Afghanistan, die unter Verteidigungsminister Guttenberg als Krieg gedeutet wurden, haben langfristige und noch kaum erforschte Folgen für das soldatische Selbstverständnis, insbesondere bei den Soldaten sich in sogenannten Kampftruppen.

Strukturen zur Bearbeitung von Skandalen in der Bundeswehr
Zunächst einmal sollen sich die Vorgesetzten kümmern um dasjenige, was bei ihren Untergebenen geschieht. Dann sollen die Vertrauensleute und auch der Militärpfarrer bzw. die Militärpfarrerin als Ansprechpartner zur Verfügung stehen. Bundeswehrintern ist der Beauftragte für Erziehung und Ausbildung des

Generalinspekteurs der Bundeswehr tätig. Er macht Besuche bei allen Truppenteilen und Dienststellen, spricht mit allen Dienstgraden und spürt im Auftrag des Generalinspekteurs der Bundeswehr problematische Entwicklungen im Vorfeld auf und macht Vorschläge zu deren Abstellung. Am Zentrum Innere Führung in Koblenz wird überdies eine Datenbank zur Inneren und sozialen Lage der Bundeswehr betrieben, die ISOLA, die der militärischen Führung dazu dienen soll, ein umfassendes Lagebild über Verstöße gegen die Innere Führung zu erhalten. Auch Wehrpsychologen und Militärsoziologen gewinnen Erkenntnisse zur Truppe. Als einflussreichster Ansprechpartner für Soldatinnen und Soldaten ist der Wehrbeauftragte des Deutschen Bundestages anzusehen, dessen Adresse in allen Dienststellen der Bundeswehr am Schwarzen Brett hängt. Zusätzlich wurde im Februar 2017 im BMVg das Stabselement Chancengerechtigkeit, Vielfalt und Inklusion installiert. Hier wurde ein sehr niedrigschwelliges Angebot aufgebaut: eine täglich von 8 bis 18 Uhr besetzte telefonische Hotline für Geschädigte von Diskriminierung und sexueller Gewalt in der Bundeswehr. Diese Stelle soll sowohl für den militärischen wie den zivilen Bereich tätig sein. Dass diese Stabsstelle eingerichtet wurde, verdankt sich nach Auskunft der Bundesministerin der Verteidigung der Erfahrung, dass manchmal „der Dienstweg versagt, verharmlost oder verschleppt" wird. Im Januar 2017 machte die Ministerin bei dem Workshop „Sexuelle Orientierung und Identität in der Bundeswehr" deutlich, dass sie ein Klima der Angst, in dem Betroffene mit ihren Problemen und Erfahrungen sich nicht trauen, diese anzusprechen, abgebaut sehen will: „Wer sich nicht outen kann, hat Angst und Angst lähmt." Das Thema Angst im militärischen Bereich in dieser Weise zur Sprache zu bringen, ist aus sozialpsychologischer Perspektive sehr interessant – denn es ist nicht die Angst vor dem Feind, sondern die vor Kameraden und Vorgesetzten, die hier angesprochen wird.

These 4: Worauf es gegenwärtig ankommt, das sind nicht nur Vorgesetzte, die lernen, dass sie gegebenenfalls versetzt werden, wenn sie kein Auge auf mögliche Verletzungen der Menschenwürde haben. Es kommt auch auf die Mannschaftssoldaten und auf die Unteroffiziere selbst an, die ermuntert werden müssen, ihr soldatisches Selbstbild und Berufsethos zu überprüfen.

Was ist der Bundeswehr abschließend zu raten:

Querulantismus fördern!

Militärische Organisationen basieren auf Kameradschaft. Die entwickelt sich am leichtesten in homogenen Gruppen. Gelegentlich wird von denjenigen, die Kameradschaft hoch schätzen und einfordern, versäumt, auf den Unterschied zwischen Kameradschaft und Kameraderie hinzuweisen. Während erstere dabei hilft, sich auf die Menschen in der Uniform der eigenen Armee positiv zu beziehen und eine funktionierende Gruppe zu bilden, die sich untereinander vielerlei Hilfe zukommen lässt, ist Kameraderie pejorativ besetzt. Kameraderie bezeichnet das Beschweigen und Bemänteln von Taten, die man eigentlich nicht hätte begehen sollen.

Ein Beispiel: Als ich an der Universität der Bundeswehr in Hamburg unterrichtet habe, haben die jungen Offiziere einmal von einer Dilemma-Erfahrung erzählt: Soll man den männlichen Kameraden bei den Vorgesetzten verpfeifen, der nachts eine unsportliche Kameradin erschreckt hat, um ihr 'mal ‚Beine zu machen'. Das Dilemma für meine Studierenden bestand darin, dass der junge Offizier ja Recht hatte damit, von der dienstgradgleichen Frau eine bessere Leistung zu fordern. Er hatte Recht, ihr deutlich zu machen, dass wegen ihrer schlechten Leistung die Gruppenleistung insgesamt schlecht ausfiele. Damit sie das kapiere, müsse man halt auch 'mal zu drastischen Mitteln greifen.

Es gab nur einen jungen Offizier, der diese Logik angezweifelt und seinen Kameraden widersprochen hat. Die Leistungsorientierung sei falsch, der Wettbewerb letztlich unwichtig. Es gehe vielmehr darum, ein Gruppenklima herzustellen, in dem alle freiwillig und gerne mitarbeiten. Eine Frau nachts zu erschrecken, sei deshalb dysfunktional, weil es ihr Angst mache und sie beschäme. Die anderen Soldaten empfanden diesen einen Kameraden als Querulanten, also als einen, der das Selbstverständnis der Gruppe – wir können 'was leisten und wir wollen 'was leisten – nicht mittrug.

Und doch: Meiner Meinung nach hatte gerade dieser Soldat eine wichtige Funktion für die ganze Gruppe: Er forderte sie zum Nachdenken auf. Ich bestreite damit nicht, dass es auch eine pathologische Form von Querulantismus gibt – aber gemeint ist hier ein Umgang miteinander, der auf kritischer Nachfrage und Nachdenken trotz Gruppendrucks und angeblich funktionaler Erfordernisse beruht. Das scharfe Wort Querulant kann darauf aufmerksam machen. Solches selbst- und gruppenkritische Mitdenken und Nachfragen wünsche ich mir auch von Mannschaften und Unteroffizieren.

Solange es in der Bundeswehr angepasste Mittäter gibt, die nicht nach dem Sinn und der Funktionalität von Ausbildungen fragen, die nicht kritisch nachfragen, wie man im Sanitätsdienst das Tamponieren einübt, warum eine Stange zwischen Decke und Fußboden in einem Aufenthaltsraum angebracht ist, warum Neuankömmlinge entwürdigende Rituale über sich ergehen lassen müssen – solange kann ein bisschen Querulantismus nicht schaden. Die im Anhang an die Zentrale Dienstvorschrift A 2600/1 Innere Führung abgedruckten Leitsätze für Vorgesetzte sollten also um einen elften Satz ergänzt werden:

Ich ermuntere meine Soldatinnen und Soldaten dazu, kritisch nachzufragen und mir selbst sowie den anderen Gruppenmitgliedern zu widersprechen.

Das Kommando Spezialkräfte, eine Reportage und ein Thread. Eine Analyse der Zuschauerreaktionen auf der *Facebook*-Seite von „*Panorama*"
Gerhard Kümmel

Das Feature von „*Panorama*" in der ARD

Am 17. August 2017 kündigt das Nachrichtenmagazin „*Panorama*" des Norddeutschen Rundfunks (NDR) in einer Pressemitteilung und auf seiner *Facebook*-Seite ein Feature über mutmaßliches Fehlverhalten von Soldaten des Kommandos Spezialkräfte (KSK) der Bundeswehr (zum KSK vgl. Rose 2009: 222-250; Gaschke 2010) an und stellt erste Informationen zur Verfügung. Der knapp neunminütige Beitrag wird unter dem Titel „Hitlergruß? Ermittlungen gegen Kompaniechef" dann am Abend des gleichen Tages in der Sendung „*Panorama*" ab 21:45 Uhr in der ARD ausgestrahlt (Grabler/Leiffels/Jolmes 2017).

Dieser Beitrag erzählt die folgende Geschichte: Im April 2017 wendet sich eine Frau, die in der Dokumentation unter dem Pseudonym „Anna" vorgestellt wird, an die Redaktion des Nachrichtenmagazins und schildert deren Mitgliedern ihre Erlebnisse während einer recht bizarr anmutenden Verabschiedungsfeier in einer der insgesamt vier Kompanien des Kommandos Spezialkräfte. Im Vorfeld der Feier wird sie von einem Soldaten dieser Kompanie kontaktiert, der sie bereits von einem Datingportal her kennt und aus seinen bisherigen Kontakten mit ihr weiß, „dass sie auf harten Sex mit Männern steht" (Grabler/Leiffels/Jolmes 2017: 01:15). Er versucht, „Anna" dafür zu gewinnen, als Abschiedsgeschenk und voraussichtliches Sexobjekt für den zu verabschiedenden Kompaniechef Oberstleutnant Pascal D.[1] zu fungieren, nachdem sich dieser in einem Parcours bewährt hat. Eine finanzielle Vergütung für ihre Dienstleistungen ist offenbar nicht im Gespräch. „Annas" Teilnahme an der Feier soll lediglich durch Aussicht auf Erfüllung ihrer sexuellen Wünsche und Fantasien erwirkt werden. Dabei preist der Soldat die Vorzüge seines Kompaniechef mit folgenden Worten an: „Zwei Meter groß und fickt alles, was ihm in den Weg kommt. Hände wie Klodeckel und tätowiert. Das könnte, was dunkle, sexuelle

---

[1] Dienstgrad und Name hier nach Gebauer/Lehberger (2017). In Leiffels/Grabler/Jolmes (2017) hingegen wird als Dienstgrad Major angegeben.

Ausschweifungen angeht, der Abend deines Lebens werden." (Grabler/Leiffels/Jolmes 2017: 01:22 – 01:33) Auch ein Video, in dem der Kompaniechef bei einem Kickboxkampf im Ring zu sehen ist, lässt er ihr zukommen.

„Anna" lässt sich tatsächlich auf die Anfrage ein und fliegt am 27. April 2017 von Hamburg nach Stuttgart, wo sie von zwei Soldaten der Kompanie abgeholt und zu der Standortschießanlage „Im Bernet" direkt an der A8 bei Sindelfingen[2] gebracht wird. Als sie dort zwischen 21:00 und 22:00 Uhr eintrifft, ist die Feier mit rund 60 Angehörigen des Kommandos Spezialkräfte bereits in vollem Gang. Auch die ‚Prüfungsaufgabe', das Durchlaufen des Parcours, hat schon begonnen. Zu dem Parcours gehören nach „Annas" Angaben ein Hindernislauf und der Weitwurf mit Schweineköpfen. Nach dem Absolvieren des Parcours wird „Anna" zu dem Kompaniechef getragen, dessen Hände noch mit Schweineblut besudelt sind. Sie geleitet den Kompaniechef in ein entsprechend hergerichtetes Zelt, in dem es dann zu sexuellen Handlungen kommen sollte. Dies geschieht dann aber nicht, weil der Kompaniechef übermäßig Alkohol konsumiert hat und betrunken ist.

„Annas" Ausführungen stoßen zunächst auf ungläubiges Erstaunen in der Redaktion von „*Panorama*", doch dann lässt diese durch Mitglieder des journalistischen Netzwerkes „*Y-Kollektiv*" (vgl. hierzu http://presse.funk.net/format/y-kollektiv/) weitere Nachforschungen durchführen. Dieses Rechercheteam besteht aus Dennis Leiffels, der als Head of Content das „*Y-Kollektiv*" leitet (http://tincon.org/speaker/dennis-leiffels/), Jochen Grabler von „*Radio Bremen*" und Johannes Jolmes von der „*Panorama*"-Redaktion selbst (vgl. hierzu detailliert Leiffels/Grabler/Jolmes 2017). Im Zuge ihrer Ermittlungsarbeiten richtet das „*Y-Kollektiv*"-Team schließlich auch eine Anfrage zu den mutmaßlichen Vorfällen an die Bundeswehr. Das Kommando Heer der Bundeswehr in Strausberg lehnt zwar ein Interview ab, antwortet jedoch über Email. Zur Überraschung der Journalisten bestätigt diese elektronische Antwort des Kommandos Heer in Teilen die Ausführungen der Informantin und liefert weitere Details. So habe dieser Parcours „unter dem Motto ‚römisch-mittelalterliche Spiele'" gestanden und „Bogenschießen, das Zerteilen von Melonen und Ananas mit einem Schwert, (…) [und] das Werfen von Schweineköpfen" beinhaltet. (Grabler/Leiffels/Jolmes 2017: 04:17 – 04:27) Auch die Durchtrennung eines Holzstammes mit einer Axt und die Überwindung einer Hinderniswand sollen Bestandteile des Parcours gewesen sein (*bundeswehr-*

---

[2] Diese Ortsangabe nach Gebauer/Lehberger (2017).

journal 2017). Die Ermittlungen der Bundeswehr bestätigen zudem die Angaben der Informantin, wonach es nicht zu sexuellen Handlungen zwischen ihr und dem Kompaniechef gekommen ist.

Bei dem makabren Parcours ist es indes mutmaßlich nicht geblieben. So gibt „Anna" in der Dokumentation an, beobachtet zu haben, dass die Feiernden während der Feier mehrfach und auch nach Aufforderung des Kompaniechefs den Hitler-Gruß zeigen und lautstark bei der laufenden rechtsradikalen Musik mitsingen. Bestimmte einschlägige Textzeilen der Lieder, welche die ‚Ermordung Deutschlands' besingen, bleiben „Anna" in Erinnerung. Diese Liedzeilen kann sie am folgenden Tag der Rechtsrockgruppe „*Sturmwehr*" zuordnen. Der hierzu in dem Sendebeitrag befragte Dr. Matthias Quent, seines Zeichens Direktor des Instituts für Demokratie und Zivilgesellschaft in Jena, erläutert, dass sich die Rede von Deutschlands Ermordung auf den Untergang des nationalsozialistischen Deutschlands bezieht und der Song folglich in einem rechtsextremen Kontext verortet werden muss.

Die Angaben der Informantin zu den entbotenen Hitler-Grüßen und der laufenden rechtsradikalen Musik können von dem Kommando Heer nach den bisherigen internen Ermittlungen nicht bestätigt werden. Den Befragungen der Teilnehmer der Feier zufolge „sei zu keinem Zeitpunkt der Hitler-Gruß gezeigt worden, vielmehr habe man sich entsprechend dem Motto der Party mit ‚Ave Cäsar'-Gesten begrüßt und dazu den rechten Arm gehoben." (zit.n. Gebauer/Lehberger 2017)[3] Diese Befragungen hätten somit bislang „keinerlei Hinweise auf strafrechtlich relevantes Fehlverhalten" ergeben. Ob die beteiligten Soldaten dienstrechtliche Konsequenzen befürchten müssen, sei noch offen. So könne „das Bestellen einer Escort-Dame (…) auf den ersten Blick die Anstandspflicht (…) verletzen." (zit.n. Gebauer/Lehberger 2017)

Bereits kurz nach Bekanntwerden des Vorgangs teilt allerdings ein Sprecher der Tübinger Staatsanwaltschaft mit, dass Ermittlungen zu diesen Vorfällen eingeleitet würden (Gebauer/Lehberger 2017). Wenig später wird berichtet, dass die Staatsanwaltschaft in Stuttgart ein Verfahren wegen des Verdachts des Verwendens von Kennzeichen verfassungswidriger Organisationen eingeleitet und entsprechende Ermittlungen aufgenommen habe (Gebauer 2017). Auch die Autoren des „*Panorama*"-Features sehen ernstzunehmende Indizien, die für

---

[3] In den Posts wird dies ebenfalls aufgegriffen. So schreibt Roland Fleischmann am 22. August um 09:37 Uhr: „Wenn die gereckten Arme Ave Caesar bei einer Römerfete waren, dann gilt sehr demokratisch in dubio pro reo."

rechtsextreme Entgleisungen bei dem Kommando Spezialkräfte sprechen. So liefert der Soldat, der den Kontakt zu „Anna" hergestellt hat, eine indirekte Bestätigung ihrer Schilderungen über den gezeigten Hitlergruß, wenn er „Anna" später schreibt, dass er „nicht konform mit Hitlergrüßen" gehe und nicht gewusst habe, „wie der Hase läuft" (zit.n. Grabler/Leiffels/Jolmes 2017: 07:53 – 07:57). Des Weiteren trägt der fragliche Kompaniechef den Nachforschungen von „*Y-Kollektiv*" zufolge ein großes Tattoo, das eine Tschetnik-Fahne mit der in serbischer Sprache verfassten Inschrift „Mit dem Glauben an Gott und Freiheit oder Tod" zeigt. Diese Fahne wiederum sei bei einer Gruppe radikaler Serben sehr beliebt gewesen, die im Krieg auf dem Balkan unter anderem an Massakern an bosnischen Muslimen beteiligt gewesen sein soll. (Leiffels/Grabler/Jolmes 2017: 10:37 – 11:05) Zudem bezweifelt man im Team von „*Y-Kollektiv*", dass die Soldaten einer militärischen Eliteeinheit mit starkem Korpsgeist, die auch darauf trainiert werden, Befragungen nach einer möglichen Gefangennahme durchzustehen, bei den internen Ermittlungen der Bundeswehr tatsächlich ein Fehlverhalten eingestehen würden: „Ich kann mir nicht vorstellen, dass irgendeiner dieser auf solche Befragungen geschulten Soldaten irgendwie zugibt, den Hitler-Gruß gezeigt zu haben oder Rechtsrock gehört zu haben. Damit würden sie sich nur selber schaden und der Truppe schaden. Das würden sie im Leben nicht machen." (Leiffels/Grabler/Jolmes 2017: 12:05 – 12:18)

Hinzu kommt, dass am Tag nach der Ausstrahlung des „*Panorama*"-Beitrages berichtet wird, dass aufgrund der Beschwerde einer Zivilangestellten des Kommandos Spezialkräfte gegen deren stellvertretenden Kommandeur Oberst Thomas B. wehrdisziplinarrechtlich ermittelt worden ist, weil er sich dieser Angestellten gegenüber sexistisch und frauenfeindlich geäußert und sie bedroht haben soll, und nach den Nachforschungen seine Versetzung erfolgt war (Gebauer 2017).

Die von „Anna" berichteten Vorkommnisse im Kommando Spezialkräfte werfen die Frage auf, ob es in der Bundeswehr und vor allem im Kommando Spezialkräfte möglicherweise ein Problem mit Fehlverhalten und rechtsextremen Tendenzen gibt (vgl. auch Gessenharter/Fröchling/Krupp/Nacken 1978; Wiesendahl 1998). So kommentiert „*Die ZEIT*", dass „in den vergangenen Monaten mehrere Vorfälle [in der Bundeswehr] bekannt geworden [sind], bei denen rechtsextreme Tendenzen, Mobbing oder sexuelle Belästigung eine Rolle gespielt haben." Explizit erwähnt werden die Affäre um den rechtsextremen Bundeswehrsoldaten Franco A., der der Vorbereitung eines Anschlages verdächtigt wird, aber auch die Meldungen über Pfullendorf und Bad Reichenhall. „*Die ZEIT*" (2017) weist ebenfalls darauf hin, dass es „Rechtsextremismusvorwürfe gegen die [sic!] KSK (…) schon länger [gibt]", und erinnert in diesem Kontext an Brigadegeneral a.D. Reinhard Günzel, den ehemaligen Kommandeur des Kommandos Spezialkräfte. Dieser war 2003 von dem damaligen Verteidigungsminister Peter Struck (SPD) seines Amtes enthoben worden, „nachdem er einer als antisemitisch kritisierten Rede des Ex-CDU-Mitglieds Martin Hohmann applaudiert hatte." („*Die ZEIT*" 2017). Auch in der Folge fiel Brigadegeneral a.D. Günzel einschlägig auf. So hat er in seinem Beitrag über das Kommando Spezialkräfte in dem von ihm mitverantworteten Bildband „Geheime Krieger" das Selbstverständnis der Eliteeinheit der Bundeswehr in den Bildunterschriften in eine seit dem Zweiten Weltkrieg ungebrochene Kontinuität deutscher Kommandotruppen gestellt und das Kommando Spezialkräfte in einer Traditionslinie mit den „Brandenburgern", einer zweifelhaften Sondereinheit der Wehrmacht (Günzel/Walther/Wegener 2006; Teidelbaum 2008: 11), gesehen. Folgerichtig kam dann Oberstleutnant Hans-Günther Fröhling (2008) in seinem Beitrag für das Bundeswehrmagazin „*IF – Zeitschrift für Innere Führung*" zu dem Schluss: „Da Günzel drei Jahre diesen Verband führte, setzt er selbst mit derartigen Äußerungen das KSK dem Verdacht aus, dass zumindest in diesem Zeitraum die Angehörigen des Verbandes möglicherweise in einem Geist sozialisiert wurden, der im Widerspruch zur Inneren Führung steht."

Im Folgenden soll es nun nicht darum gehen, wie substantiiert die gegen das Kommando Spezialkräfte erhobenen Vorwürfe mutmaßlichen rechtsextremen Verhaltens sind, zumal die Ermittlungen zum Zeitpunkt der Niederschrift dieser Zeilen noch nicht abgeschlossen sind. Vielmehr stehen hier im Weiteren die öffentlichen Reaktionen auf das Feature von „*Panorama*" im Mittelpunkt, wozu der entsprechende Thread auf der *Facebook*-Seite von „*Panorama*" betrachtet und analysiert wurde.

Der Thread von „*Panorama*" auf *Facebook*

Die Reaktionen der Zuschauer auf die Ausstrahlung des Fernsehbeitrags in der ARD auf der *Facebook*-Seite von „*Panorama*" waren im Vergleich zu anderen Beiträgen überaus zahlreich (Stand: 29. August 2017). So wurden das Feature selbst und ein gekürzter Clip über 224.000 Mal aufgerufen und binnen weniger Tage 304 Mal kommentiert. Die letzten Kommentare wurden am 23. August 2017 gepostet. Drei weitere Beiträge des Threads wurden über 85.000 Mal aufgerufen (https://www.facebook.com/panorama.de/videos/1095337790603890/?comment_id=1095342977270038&comment_tracking=%7B%22tn%22%3A%22R0%22%7D; zuletzt abgerufen am 29. August 2017).

Im Vergleich dazu zog das in der gleichen Sendung ausgestrahlte Feature „Überforderte Richter: Kein Prozess, kein Urteil, keine Strafe" gerade einmal 44 Kommentare nach sich (https://www.facebook.com/panorama.de/posts/1095022760635393; zuletzt abgerufen am 29. August 2017).

Bei den Kommentaren der Zuschauer ist zu beachten, dass oftmals nur schwer auszumachen ist, ob der angegebene Name des Absenders ein Klarname oder ein Alias ist. Einige wenige Kommentatoren berichten offen, selbst einmal als Soldat bei der Bundeswehr gewesen zu sein. Bei manchen kann man einen militärischen Hintergrund vermuten. Bei den meisten ist indes kaum mit Bestimmtheit zu entscheiden, ob ein soldatischer oder militärischer Bezug vorliegt und welcher Art er gegebenenfalls ist. Dies desavouiert indes keineswegs eine Inhaltsanalyse dieser Kommentare, deren Ergebnisse im Folgenden präsentiert werden. Aufgrund dieser Inhaltsanalyse lassen sich die folgenden fünf thematischen Felder identifizieren: Zweifel an dem Berichteten, Respekt/Nachsicht, Betroffenheit/Sorge, Person der Ministerin/ihre Amtsführung sowie Tradition/Identität.[4]

Zweifel an dem Berichteten

Eine sehr große Anzahl von Posts äußert massive Zweifel an dem Realitätsgehalt der Nachricht. „Das ist der unglaubwürdigste Mist, den ich seit langem gelesen habe.", schreibt etwa Jan Hammel kurz und bündig am 18. August um 02:03 Uhr. Die Kritik beginnt bereits bei der Person der Zeugin, deren Redlichkeit in Frage gestellt wird: „Alle reden hier von Nazis und Hitlergruß. Es ist doch noch gar nicht bewiesen, dass das so war. Es gibt eine Aussage. Aber wer sagt denn, dass diese Dame sich nicht etwas hinzugedichtet hat?" (Arne Rosenow, 17. August, 14:48 Uhr) Diese Frage stellt sich umso stärker, je mehr das Verhalten der Zeugin als moralisch verwerflich angesehen wird. So formuliert Anja Baffour am 17. August um 13:04 Uhr noch recht diplomatisch: „Über die

---

[4] Die im Folgenden zitierten Posts wurden in Bezug auf Rechtschreibung und Orthographie modifiziert.

junge Dame kann ich mich (...) wirklich nur wundern." Auch Dagobert Engelhardi konstatiert am gleichen Tag um 15:18 Uhr ob der Freiwilligkeit von „Annas" Teilnahme an der Verabschiedungsfeier ein „sehr, sehr merkwürdiges Verhalten." Margith Turner wiederum wird schon etwas deutlicher, wenn sie sich und ihre Leserschaft in ihrem Post vom 17. August, 13:39 Uhr, fragt, „[w]elche anständige Frau (...) sich darauf ein[lässt], als Sexgeschenk zu dienen?" Für eine ganze Reihe von Posts werden „Annas" Angaben somit schlicht unglaubwürdig und in der Folge als Reaktion auf ihre Erwartungsenttäuschung gedeutet: „Naja, alles etwas merkwürdig. Aber vielleicht war es auch der Frust, weil sie unbefriedigt blieb. Wie man sich auch als Gespielin bei so was zum Verkehr vorführen lassen kann, bleibt mir unverständlich. (Sven Hoerl, 17. August, 20:15 Uhr) Arian Richter äußert sich ähnlich, wenn er am 19. August um 01:20 Uhr in seinem Post die Frage aufwirft, „[w]as (...) das denn für eine Frau [ist]? Sie ist doch angereist, um vom Kommandanten hart ‚beglückt' zu werden. Weil er zu besoffen war und sie nicht befriedigt hat, meldete sie Nazi-Parolen. Solche Frauen sind schlimmer als die Soldaten, die Nationalstolz zeigten." Für Uwe Vetter, der seinen Post am 17. August um 12:59 Uhr abschickt, steht ganz eindeutig fest: „Warum macht sie das? Enttäuscht, weil er besoffen war." Am ausführlichsten äußert sich Holger Rogge am gleichen Tag um 16:45 Uhr: „Eine Frau, die bekannt dafür ist, gern von harten Jungs unentgeltlich gevögelt zu werden, wird von einem KSK-Soldaten zu einem Abschiedsfest des Kommandanten eingeladen, um diesem sexuell gefällig zu sein. Der Kommandant ist zu besoffen, um es der notgeilen Dame zu besorgen. Diese frustrierte Frau ‚öffnet' sich einem Team von Journalisten denen, die Bundeswehr suspekt ist. Heraus kommt eine Story, die lediglich auf der Aussage o.g. Frau fußt. Das ist für mich nicht glaubwürdig."

Die Bedenken in Bezug auf die Zeugin rufen somit massive Zweifel an der Validität des gesendeten Berichtes und der veröffentlichten Informationen hervor und verbinden sich mit einer Skepsis gegenüber der Qualität der ihnen unterliegenden journalistischen Arbeit. So erscheint Diemut Schmidt in seinem Post vom 18. August um 01:20 Uhr noch recht allgemein bleibend „der Medienhype um diese Veranstaltung (...) höchst zweifelhaft und der Saure-Gurken-Zeit geschuldet. (...) Es gibt doch weiß Gott genügend echte Probleme. Haben wir es nötig, Gerüchte aufzublähen?" Konkreter wird demgegenüber Markus Gebauer am 19. August um 00:27 Uhr: „Schlechter Beitrag, nachgestellte Szenen, billige Comic-Bilder. Das sind keine fake, sondern fucking news. Und von solch einem Unsinn soll ich meine Sicht auf das Weltgeschehen bekommen?" Und

Tobias Ruppert postet am 19. August um 01:46 Uhr: „Mal kurz zusammengefasst: Es gab diesen Parcours, der bei einer eher privaten Abschiedsfeier sicherlich keine dienstliche oder strafrechtliche Verfehlung darstellt. Und die Aussage der jungen Dame ist zumindest mehr als fragwürdig, was den Teil mit dem Rechtsrock (geschmacklos, aber nicht verboten) und dem Heben des rechten Arms angeht. Bleibt ein mäßig recherchierter Beitrag, der für den gemeinen empörten Bürger wie gemacht ist. Und solch einen Mist bezahle ich mit meinen Gebühren?" Margith Turner wiederum empfindet das Feature als „Sensationsjournalismus" und beklagt sich darüber, „dass der Staat mich zwingt, diese Farce noch zu finanzieren." (17. August, 13:39 Uhr) Tine Jänschke spricht am 17. August um 13:37 Uhr ironisch von „Topjournalismus" und schreibt mit ebenso ironischem Unterton dem Team von „*Panorama*": „Ich bin stolz auf Euch." Und auch Hans-Jürgen Lemke äußert am 17. August um 13:16 Uhr seine Zweifel an der Arbeit der Journalisten: „,*Panorama*' bauscht (…) irgendwelchen Dreck auf. Das, was da gebracht wurde, ist doch alles Spinnerei." Entsprechend wird „*Panorama*" zu nüchterner und zurückhaltender Berichterstattung aufgefordert. Das Magazin „sollte nicht auf Sensationsheischerei setzen wie das Blatt mit den vier Buchstaben. Zuerst die Unschuldsvermutung, bitte. Das sollte auch in den Medien klar sein." (Arne Rosenow, 17. August, 4:48 Uhr)

So fragt sich auch Thomas Johannes Schmidt am 17. August um 13:09 Uhr: „Was ist denn eigentlich passiert? Harte Kerle, von denen erwartet wird, dass sie ihr Leben riskieren, machen eine Abschiedsfeier. Und dabei singen sie nicht ,Herr, deine Liebe', sondern sie werfen Schweineköpfe. Das ist wirklich ein Skandal. Sie laden eine Frau ein, die genau weiß, worauf sie sich einlässt. Skandalös! Pfui, pfui, pfui. Na, ist ja nichts passiert, der Kerl war zu besoffen. Und jetzt – das ist, was von der spektakulären Geschichte übrig bleibt: Die haben ein rechtsradikales Lied gehört, vielleicht sogar mitgegrölt, und den Hitler-Gruß gezeigt. Entschuldigung: Dafür, dass die Geschichte den ganzen Tag in den Medien gelaufen ist, ist das doch wirklich ein ziemlich dünnes Süppchen."

Andere gehen noch einen Schritt weiter, stellen die journalistische Integrität von „*Panorama*" massiv in Frage und bezichtigen das Team einer tendenziösen Berichterstattung mit politischen Absichten. René Beer beispielsweise formuliert eine solche Kritik am 17. August um 15:05 Uhr wie folgt: „Was schreibt ihr mir für Sachen hier? Bei ,*Panorama*' weiß man, was man hat: Linke Nachrichtenkultur, die gegen Patrioten gerichtet ist. (…) Hetze gegen patriotische Bürger, die unserem Lande dienen. Eine Schande, wie weit es hier gekommen ist." Markus Köckert schließt sich diesem Vorwurf am gleichen Tag um 19:30 Uhr an: „Weil Soldaten mutmaßlich die ‚falsche' Musik gehört haben und im SUFF den falschen Arm mutmaßlich gehoben haben könnten, wird hier ein bunt illustrierter Sonderbeitrag ausgestrahlt? Ich habe den Beitrag gesehen, und insbesondere die zynischen Kommentare der Reschke hatten für mich aber eindeutig den Eindruck gemacht, als geht es hier nur um blinde Stimmungsmache gegen unsere Einsatzkräfte." (Markus Köckert, 17. August, 19:30 Uhr) Carmen Knut schließlich postet am 17. August um 13:17 Uhr: „Die Ermittlungen sind noch gar nicht abgeschlossen, und ihr habt die Schuldigen schon ausgemacht. Die Frau war wahrscheinlich enttäuscht, dass sie nicht ... Und lässt sich dann so was einfallen. Was habt ihr ihr bezahlt? Das muss man sich fragen." Für sie ist es „[e]ine Unverschämtheit, unsere Elite-Soldaten in den Dreck zu ziehen. Ihr könnt euch nicht mal ausmalen, was die durchmachen müssen. Berichtet über unsere neuen Mitbürger, da passen die Karikaturen wenigstens. Recherchiert lieber mal, wie viele Terroristen hier in unser Land illegal eingereist sind. Vor denen kann uns keiner mehr retten, auch das KSK nicht mehr."

Respekt und Nachsicht

An den zuletzt genannten Posts zeichnet sich bereits das zweite thematische Feld ab, der Respekt und die Anerkennung für das, was die Angehörigen des Kommandos Spezialkräfte für Deutschland und die deutsche Gesellschaft leisten. Holger Seiz etwa postet am 17. August um 14:10 Uhr: „Ich für meinen Teil bin stolz auf diese Männer und ihren Einsatz für Deutschland." Und Mark Us Vel rät am 17. August um 13:12 Uhr zu beachten, „dass die KSK keine Truppe ist, die im Ernstfall im Sandkasten spielt! Diese Männer sind auch im Training mitunter täglich in Lebensgefahr, im Einsatz sowieso! Wofür? FÜR DEUTSCHLAND! Sie verteidigen unser Land!" Darin schwingt folglich unübersehbar eine gewisse Toleranz und Nachsichtigkeit gegenüber einem möglicherweise nicht ganz hundertprozentig den Vorgaben entsprechenden Verhalten von Angehörigen des Kommandos Spezialkräfte mit. So schreibt Max Sunwell am 17. August um 13:36 Uhr: „Mit Informatikern und Muttersöhnchen kann man keinen Krieg gewinnen!!! (…) Lasst die Jungs in Ruhe!!! Undankbares Pack." Auch Ines Brumm äußert am gleichen Tag um 13:07 Uhr ihr Verständnis: „Ihr geilt Euch an solcher Scheiße auf, das ist geradezu lächerlich. Lasst die Jungs feiern, wie sie wollen. Traurig genug, dass die Bundeswehr bald nur noch aus rosa Rüschen tragenden Warmduschern bestehen wird, die im

Leben nicht in der Lage sein werden, die Heimat unter Einsatz Ihres Lebens zu beschützen. Heimat – darf man das sagen, oder ist das auch ein Relikt aus der Nazizeit?" Und Wolfgang Hansert postet um 13:52 Uhr seine Gewissheit: „Und wenn: Es sind junge Männer. Das sind keine Nazis. Das ist nur Nationalstolz im Gedenken an unsere Soldaten. Wenn Sie für Deutschland im Auslandseinsatz sterben, regt sich keiner auf, ihr Heuchler." Roland Gillig, der seinen Post um 13:05 sendet, sieht dies ganz ähnlich: „Und wenn die Mottoparty unter römisch-mittelalterlich stand, gehört auch der Prätorianergruß dazu, hm ;-). Mich persönlich stört es nicht, dass beim Freizeitverein Y offenbar Patriotismus[2] bis hin zu Nationalismus verbreitet ist (erstaunlich – ich hätte ja gedacht, dass linksextreme Deutschlandhasser oder pazifistische Neu'69er sich verpflichten, aber es scheinen doch eher Menschen mit Nationalstolz zu sein)." Auch Bert Grönheim, der am 22. August um 11:27 Uhr schreibt, verweist auf das hohe Risiko und fordert Nachsicht ein: „Das sind Kräfte, die Einsätze mit hohem Tötungs- oder Verletzungsrisiko ausführen. Man sollte sie unbehelligt feiern lassen." Am ausführlichsten vertritt schließlich Ralph Bauer am 22. August um 19:42 Uhr diese Position: „Das ist eine Truppe, die laufend, ständig am Rande aller menschlichen Fähigkeiten, Grenzen, was psychische Extremsituationen angeht, fast täglich ein- und ausüben muss, um im Ernstfall mit absoluten Grausituationen professionell umgehen zu können. Alle Tötungsarten und Überlebensarten in Extremsituationen müssen sitzen. Das ist nicht der christliche, Moral- und humanistisch orientierte Haufen, den Fr. von der Leyen gerne hätte. Bei Tötungsmaschinen und Menschen, die töten müssen, um das Überleben der Landsleute zu sichern, sieht der alltägliche Humor und Sarkasmus etwas anders aus als beim normalen CDU-Bibelkreis und Ortsvereinsangehörigen. Wer unter Umständen in Afghanistan, Syrien, Mali [oder] Kosovo Dienst geschoben hat, sieht das Leben und den Tod und alles, was dazugehört, etwas realistischer als irgendwelche Schreiberlinge, die aus der Theorie heraus urteilen. Kriegstaktik, Kriegspsychologie usw. und das Einüben dessen ist immer am Rande des Normalen. Daher: Wenn solche bezahlten Killer und Tötungsmaschinen des Staates feiern, geht's halt derb zu. (...) Fr. von der Leyen steht Truppen vor, die ihr Land so lieben müssen, dass sie töten oder getötet werden für ein paar Euro, und absoluten Gehorsam leisten sollen, bedingungslos für's Vaterland, aber bitte christlich, nett, freundlich und humanistisch und moralisch ohne Beanstandungen. Liebe Leute, diesen Soldaten gibt's nicht. Und in Spezialtötungstrupps zweimal nicht. Doppelmoral. Wollt ihr solche

Storys und Bilder nicht, dann stellt eure Kriege ein und schafft Armeen und Soldaten ab."

Darüber hinaus könne von einem wirklichen Skandal auch keine Rede sein. „Hand aufs Herz: Nicht schön, aber auch kein Skandal.", postet Anja Baffour am 17. August um 13:04 Uhr. Dies gelte vor allem auch angesichts des Umstandes, dass Alkohol mit im Spiel war: „Mano! Ein bisschen Spaß muss erlaubt sein. Das war sicherlich kein Hitlergruß. Die Leute waren doch in Feierlaune und betrunken." (Dagobert Engelhardi, 17. August, 15:18 Uhr) Heinz Hellbach fordert am gleichen Tag um 14:43 Uhr ebenfalls zu mehr Toleranz auf: „Das einzige, was ich verwerflich finde, ist das Werfen mit Schweineköpfen. Ich habe großes Verständnis für diejenigen, unter anderen auch für unsere Polizei, die jeden Tag mit dem menschlichen Abschaum zu tun haben. Dass die auch mal ihren Spaß brauchen, um sich den ganzen angestauten Frust mit einem Saufgelage von der Seele zu spülen. Und was spielt es da für eine Rolle, wenn sie sich im Rausch auch mal ein bisschen daneben benehmen?" Und Kai Ullrich postet ebenfalls am gleichen Tag um 21:52 Uhr: „Ich möchte auch lieber von linken Sozialpädagogen aus dem zweiten Bildungsweg verteidigt werden! Es gibt Dinge, die muss man einfach mal hinnehmen und nicht in den Medien breitlatschen. Das sind Auftragskiller mit extremer Ausbildung, Herrgott! Da gibt es weder Transgenderdiskussion, noch hat irgendeine Küchenfee da an die Öffentlichkeit zu gehen."

Andere weisen zudem darauf hin, dass es schon früher ähnliche Begebenheiten gegeben habe, die keine weiteren Folgen gehabt hätten: „Verstehe diese ganze Aufregung nicht wirklich. Ich war 1978/80 bei einer Kampfeinheit (Panzergrenadier). Bei Zug- oder Kompaniefeiern nach Manövern blieb es dort auch nicht aus, dass mal das eine oder andere ‚verbotene' Lied gesungen wurde oder der ‚Hitlergruß' gezeigt wurde. Lasst doch diese Leute leben. Sie halten schließlich für unser Vaterland ihren Kopf hin. Ich für meinen Teil kann sie verstehen." (Ulrich Kesse, 19. August, 04:35 Uhr) Alexander May (22. August, 18:08 Uhr) schließlich bemüht in diesem Kontext das demokratische Recht auf freie Meinungsäußerung: „Wir müssen wieder dahin kommen, dass das, was viele geschmacklos finden, dennoch vom Recht auf Meinungsfreiheit gedeckt wird. Auch das Zeigen eines Hitlergrußes oder die undefinierbare sog. Hassrede sollten durch die Meinungsfreiheit gedeckt sein. So wie selbstverständlich die Gegenrede dazu."

Betroffenheit und Sorge

Für andere Kommentatoren wiederum ist der Bericht von „*Panorama*" keine echte Überraschung und in seinem Realitätsgehalt nicht zu bestreiten. „Das wundert mich nicht, dass es bei den KSK-Kräften solche Umtriebe gibt. Die wissen nicht, wofür sie stehen: eine demokratische Gesellschaft, die sich an den allgemeinen und unveräußerlichen Menschenrechten orientiert. Ich habe nicht den leisesten Zweifel daran, dass diese Vorwürfe stimmen." (Martin Armbrust, 17. August, 12:42 Uhr) Tom Meyers wiederum formuliert am 17. August um 21:22 Uhr: „Militär zieht die Rechten an wie ein Misthaufen die Fliegen. Das ist jetzt nicht gegen die Bundeswehr, man muss es nur wissen." Und Jonas Hortebusch fragt sich am gleichen Tag um 13:19 Uhr mit einiger Ironie: „Waaaaaas? Nazis bei der Bundeswehr? Ich bin schockiert! Jetzt sagt mir nicht auch noch, dass Elvis tot ist! Das wären zu viele ‚News' an einem Tag!" Ebenso ironisch äußert sich Tobi He am 18. August um 15:23 Uhr: „Was? Nazis bei der Armee? Das konnte ja niemand bei einem so sozialen und in seiner Struktur überhaupt nicht reaktionären Verein ahnen."

In diesem Kontext verweisen andere Posts auch auf frühere Vorfälle und vermuten ein strukturelles Problem. So äußert Niels Petring am 19. August um 04:38 Uhr mit großer Gewissheit: „Es ist eben das System ‚Militär', und es sind keine Einzelfälle!" Elio Bauer wiederum postet am gleichen Tag um 03:57 Uhr: „20 Jahre Einzelfälle? Seit Ende des 2. Weltkrieges wird mit Nazis Kuschelkurs betrieben. Eine richtige Aufarbeitung und Entnazifizierung hat es nie richtig gegeben, ob bei der Bundeswehr, Justiz, Politik, Wirtschaft usw.."

Für einige stellt der Bericht sogar lediglich die Spitze eines Eisberges dar: „Was bliebe von der ‚Truppe' noch übrig, wenn man alle Nazis entfernen würde? Leere Kasernen wahrscheinlich." (Matthias Wetzel, 17. August, 15:00 Uhr) Dabei spielt für einige Betrachter auch die Aussetzung der Wehrpflicht eine nicht zu unterschätzende Rolle, zeigten sich hier doch „die Schattenseiten einer Freiwilligen- und Berufsarmee. Nur: Dies war politisch so gewollt. Bei einer Wehrpflicht- und Berufsarmee hätte dies wegen einer anderen soziokulturellen Zusammensetzung der Streitkräfte vermieden werden können. Jetzt muss man öfters rigoros handeln. Weil der Nachwuchs oft nur in rechtsextremen Kreisen zu finden ist, wird es schwer, die richtigen Leute zu verpflichten." (Josef Theobald, 17. August um 22:54 Uhr) Red Mask pflichtet dem am 17. August um 13:10 Uhr bei und fragt sich, „‚warum' um Himmels Willen wundert sich denn da jemand?! Beim Bund gab es schon immer Nazis. Wenn man die Wehrpflicht abschafft, ist es doch mehr als ‚normal', dass ausschließlich Menschen mit ausgeprägter Heimatliebe sich zum Bund berufen fühlen. Zu meiner Zeit, anno 90, wurden die Faschos in der Kompanie als Sonderlinge eingestuft (…). Damals hat sich keiner der Nazis getraut, sich offen (mit Hitlergruß oder Devotionalien) zu seiner Gesinnung zu bekennen – heute, wo nur noch ‚Berufene' unter sich sind, wird das ‚Nationale' hemmungslos ausgelebt. Man bekommt halt immer das, was man sich erschafft." Schließlich formuliert auch Bernd Adrian am 19. August um 01:05 Uhr: „Es wird ja eher noch schlimmer, da die Wehrpflicht abgeschafft ist und somit nicht mehr ein Querschnitt der Bevölkerung bei der Bundeswehr ist, wie es bei uns noch war. Daher sammeln sich eben dort Waffenbegeisterte und auch viele Rechte. Die Tendenz bei den Zeitsoldaten war zu meiner Zeit schon da."

Überdies werden auch Versäumnisse im Verfahren der Eignungsfeststellung vermutet, die zu der beklagenswerten gegenwärtigen Situation beigetragen haben könnten. So weist Maxe Baumann am 17. August um 23:47 Uhr darauf hin, dass „[d]ie Herren (…) sich den Job beim KSK selbst ausgesucht [haben], und ich bin mir sicher, dass auch der eine oder andere rechte Spinner den Weg dorthin gefunden hat. Vielleicht sollte man beim Eignungstest etwas mehr auf ein moralisch gefestigtes Weltbild der Anwärter achten und nicht nur darauf, wie niedrig deren Hemmschwelle fürs Töten ist." Überdies wird auch den Vorgesetzten eine gewisse Mitverantwortung zugeschrieben, die „mit Sicherheit [wussten], wen sie da zu Killern ausbilden." (Matthias Wetzel, 17. August um 15:00 Uhr) Ähnlich äußert sich Christa Elli Schonscheck am 22. August um 10:16 Uhr: „Es ist eine Riesensauerei, und sowas passiert ja nicht von heute auf morgen. Solche Vorgänge haben doch eine Anlaufzeit, in der offenbar nie Kontrollen stattfanden."

Möglicherweise, so vermutet Daniel Lücking am 17. August um 13:11 Uhr, ist das Problem solcher Einstellungen sogar in den kämpfenden Bereichen besonders akzentuiert, fänden sich doch „[g]erade im Bereich der Kampftruppen (…) ‚Traditionalisten', die sich z.B. auf adlige Herkunft oder die Mitgliedschaft in einer schlagenden Verbindung aus Studienzeiten etwas einbilden. (…) Persönlich wundert es mich nicht, dass nun auch Offiziere betroffen sind. Das Gedankengut ist ja in den letzten Jahrzehnten immer wieder zu Tage getreten. Tun lässt sich dagegen wenig – insbesondere bei der KSK, die sehr aufeinander eingeschworen sind und eine geschlossene Gruppe bilden, aus der niemand auszuscheren hat. Da wird kein Untergebener den Chef verraten oder jemand anderen melden. Von derartig geschlossenen Gruppen gibt es in der Bundeswehr viele. Die, die offen zu Tage treten, machen mir allerdings weniger Sorgen als die Seilschaften von Leuten mit obskurem Traditionsverständnis. Kritik von außen ist von diesen Leuten nicht erwünscht, und wer von innen heraus kritisiert oder nicht dem traditionalistischen Weltbild entspricht, wird gemobbt."

Während sich in einigen dieser Posts eine Art lapidarer Zynismus zeigt, geben sich andere fatalistisch. So formuliert Konrad Struck am 17. August um 13:01 Uhr: „Die Bundeswehr wird das nie in den Griff kriegen. Ich möchte nicht wissen, was alles unter den Teppich gekehrt wird. Ich habe Anfang der 80er verweigert." Andreas Reymann zeigt sich in seinem Post vom 17. August, 13:42 Uhr, ähnlich skeptisch: „Heuchlerisch, wer glauben machen will, dass dies Ausnahmen in den unteren Rängen wären. Bundeswehr und auch Geheimdienste sind per se völlig anti-demokratisch, und darin liegt die Gefahr der heutigen Zeit, da alle Parteien im Bundestag die Neuausrichtung der deutschen Außenpolitik – gegen die mehrheitliche Meinung der Bevölkerung – unterstützen und sich dabei zunehmend auf diese Institutionen stützen, sie finanzieren und vor Kritik bewahren wollen, statt sie zu kontrollieren."

Die meisten derjenigen Kommentatoren, die den Wahrheitsgehalt der Dokumentation nicht bestreiten, sehen in dem berichteten Verhalten der KSK-Soldaten indes eine Gefahr für das demokratische politische System in Deutschland und fordern Konsequenzen. So fragt sich Klaus-Dieter Kroll am 17. August um 17:30 Uhr: „Unglaublich, und die sollen uns beschützen?" Matthias Dittmann wiederum betrachtet in seinem Post vom 17. August um 13:07 Uhr das Feature von „*Panorama*" als eine deutliche Warnung an die Politik, da es „der Bundesregierung zu denken geben [sollte], wenn selbst die Bundeswehrelite schon komplett anders denkt als die Demokraten es wünschen!" Walter Borgius, der seinen Post am gleichen Tag um 23:19 Uhr verschickt, findet deutlichere Worte und sieht nun die politische Führung des Landes in besonderer Weise gefordert: „Dass es Neonazis in der Bundeswehr gibt, schockiert mich wenig. Darum ist es aber umso wichtiger, ein Auge auf eben diese Kreise zu haben, die bewaffnet und politisch brandgefährlich sind."

In vielen Kommentaren erhebt sich deshalb der Ruf nach einer deutlichen Reaktion auf das mutmaßlich Vorgefallene. So postet beispielsweise Norbert Gesser am 17. August um 13:44 Uhr: „Rechtes Gedankengut hat bei der Bundeswehr nichts verloren. Und wo es sich illegal breit macht, gehören die Verantwortlichen bestraft." Karl Lochner pflichtet dem am gleichen Tag um 12:44 Uhr bei: „Wenn das stimmt, gehören alle vom Dienst suspendiert, und zwar ohne jegliche Abfindungen oder sonstige Ansprüche." Auch Andreas Mitterhofer kommentiert am 18. August um 01:30 Uhr: „Also für mich ist die Sache klar: Aus dem Dienst entfernen. Sicherlich muss jeder Elitesoldat vor Antritt seines Dienstes unterschreiben, für die demokratische Grundordnung einzutreten. Mit dem Hitlergruß ist das nicht vereinbar. Ganz einfach." Patricia Castañeda-Holmsve äußert sich am 17. August um 16:42 Uhr ganz ähnlich: „Vielen Dank für Ihren Bericht. Wenn die Äußerungen Ihrer Zeugin stimmen, und davon gehe ich aus, ist das Ganze beschämend. Die Gesinnung einiger Offiziere ist einfach nicht nachvollziehbar. Menschen, die diese Gesinnung vertreten, gehören nicht in die Armee. Und solche mittelalterlichen Spiele haben einfach nichts mehr mit Spaß zu tun, das ist krank. Hoffentlich hat diese Aktion Konsequenzen." In Teilen begegnet man in den Posts in diesem Zusammenhang auch einem Unverständnis gegenüber dem in dem Thread vielfach geäußerten Verständnis: „Die Zeugin scheint auf jeden Fall glaubhaft. Die, die jetzt behaupten, dass die Soldaten außerhalb der Dienstzeit solche Parolen legitim äußern dürften, haben die Verantwortung eines Staatsorgans missverstanden. Mensch, die haben eine Vorbildfunktion, auch gegenüber nachfolgenden Generationen. Da hat ein Hitlergruß nix zu suchen, auch privat nicht. Soviel Disziplin sollte man erwarten dürfen, schließlich werden jene auch von Steuergeldern bezahlt." (Mike Zeh, 17. August, 13:10 Uhr) Entsprechend müsse, so formuliert es Axel Wellinghausen in seinem Post vom 18. August, 00:03 Uhr, „[d]er Sachverhalt (…) gründlich ermittelt werden. Ermittelnde Behörden sollten vor allem ihre Arbeit machen dürfen, nicht behindert werden. Sofern disziplinarische und/oder strafrechtliche Verfehlungen bewiesen werden können, gehören diese auch in letzter Konsequenz verfolgt. Ich wehre mich gegen Vorverurteilungen genauso wie gegen das Herunterspielen oder das ‚Unter-den-Tisch-Kehren' von Fakten. Ich hoffe, dass die eingesetzten, zumeist gut motivierten Ermittler der beteiligten Sicherheitsbehörden ihre Arbeit machen dürfen."

Schließlich findet sich in den Posts an gleicher Stelle bisweilen noch ein ausdrückliches Lob für die journalistische Arbeit, die quasi als Teil der Ermittlungsarbeit begriffen wird: „Sehr guter Beitrag von Panorama. Der Hass und Unsinn hier in den Kommentaren sollte sie nur ermutigen, weiter kritischen Journalismus zu betreiben. Danke für eine Pressearbeit, an der sich offenbar viele Menschen reiben und die so einen wichtigen Beitrag zur Meinungs- und Pressefreiheit leistet. Vielen Dank dafür." (Walter Borgius, 17. August, 23:19 Uhr)

Die Person der Ministerin und ihre Amtsführung

Am frühen Abend des 30. April 2017 hat das ZDF-Magazin „*Berlin direkt*" im Zusammenhang mit der Affäre um den mutmaßlich rechtsterroristischen Soldaten Franco A. ein Interview mit Bundesministerin für Verteidigung Dr. Ursula von der Leyen ausgestrahlt, dessen Nachhall noch in die Gegenwart hinein anhält. In diesem Gespräch hat die Ministerin den Fall von Franco A. in einem größeren Kontext verortet und dabei auch ein Führungsversagen von Vorgesetzten konstatiert. Die entsprechende Passage des Interviews lautet wie folgt: „[I]ch glaube, wir müssen Pfullendorf, sexualisierte Herabwürdigung, Sondershausen, übelste Schikane und jetzt der Soldat A. mit rechtsextremistischem Gedankengut, von dem wir in den Aufklärungen noch nicht genau wissen, was er plante und ob er ein Netzwerk hatte – das sind alles unterschiedliche Fälle, aber sie gehören für mich inzwischen zusammen zu einem Muster, dass ich heute sage: Die Bundeswehr hat ein Haltungsproblem. Und sie hat offensichtlich eine Führungsschwäche auf verschiedenen Ebenen. Und da müssen wir konsequent drangehen."

Vor diesem Hintergrund ist es wenig überraschend, dass in den Reaktionen auf den „*Panorama*"-Beitrag auch die Person der Verteidigungsministerin thematisiert wird, nachdem sie sich am 22. August 2017 zu Wort gemeldet und die in der „*Panorama*"-Sendung geschilderten Vorfälle bei der KSK als „absolut geschmacklos" bezeichnet hat. Die Ministerin erfährt in dem *Facebook*-Thread sowohl Zustimmung als auch harsche Kritik. So kritisiert Hans-Jürgen Lemke am 17. August um 13:16 Uhr einen für ihn wenig begründeten Aktionismus der Ministerin: „So langsam habe ich die Schnauze voll. Warum kann man nicht endlich mal Ruhe geben? Seit die Flinten (M) Uschi da dauernd rumrührt, gibt es nur noch Nazis in der Truppe. ‚Panorama' bauscht dann auch noch irgendwelchen Dreck auf. Das, was da gebracht wurde, ist doch alles Spinnerei. Ich war ‚sehr' lange bei der Bundeswehr, und so etwas habe ‚nie' erlebt." Jens Simon äußert sich ähnlich und schreibt am gleichen Tag um 22:51 Uhr: „Endlich kann die Verteidigungsministerin wieder einen Kommandeur entlassen sowie alle anwesenden Soldaten auch. Wieder kann der Nazi-Hexenhammer rausgeholt werden, und die Berliner Inquisition wird jagen und öffentlich verbrennen. Es lebe der Verrat, Tod dem Verräter!" In diesem Rahmen kreidet man der Ministerin auch eine unzureichende Loyalität gegenüber den ihr unterstellten Soldaten und Soldatinnen an. Roland Fleischmann etwa schreibt am 22. August um 09:10 Uhr: „Man kann diese Fete mit der Escort-Lady (noch die beste Idee) geschmacklos finden. Man kann das auch INTERN kritisieren.

Aber man muss loyal sein zu seinen Leuten, und das vermisse ich sehr stark bei der ersten Bundesverteidigungsministerin, die Deutschland je hatte." Frank Rosemeyer sieht dies in seinem Post vom gleichen Tag um 10:59 Uhr ganz ähnlich: „Sie ist die Zuständige und beschimpft ihre Unterstellten? Da bleibt einem ja die Spucke weg." Mit ironischem Unterton formuliert Jueg Ball am 19. August um 00:57 Uhr schließlich ganz lapidar: „Hauptsache, die Frisur sitzt."

Andere wiederum nehmen die Äußerungen der Ministerin zum Anlass, mit ihrer Amtsführung insgesamt hart ins Gericht zu gehen. So ergeht von Heinz Scharrer am 22. August um 10:00 Uhr an die Ministerin die Aufforderung: „Lernen Sie doch erst Mal ihren Job." Für Nils Lessmann wiederum, der seinen Post am 19. August um 02:17 Uhr sendet, ist die Bundeswehr „[d]urch die katastrophale Politik, vor allem durch von der Leyen, (...) nichts weiter als ein unterfinanzierter, kastrierter Genderhaufen." Die Integration von Frauen in die Streitkräfte und das Aufgreifen von Anforderungen, die aus der Zivilgesellschaft an die Streitkräfte herangetragen werden, werden hier praktisch im Sinne einer Verweichlichung der Truppe mit negativen Folgen auf deren militärische Einsatzbereitschaft und militärische Effektivität gedeutet.[5] Thomas Müller wünscht sich deswegen am 22. August um 11:01 Uhr: „Hoffentlich sind wir diese Verteidigungsminister-Darstellerin bald los." Ein Joe WT sekundiert am gleichen Tag um 14:34 Uhr, dass „[d]ie Flinten-Uschi (...) ihren Laden mal so gar nicht im Griff zu haben [scheint], sie sollte ihren Platz frei machen für einen, der es kann." Und Klaus Kiesheyer formuliert am gleichen Tag um 11:55 Uhr in einem militärischen Jargon: „Rechts um, von der Leyen, und wegtreten!"

Andere stimmen hingegen den Äußerungen der Ministerin vollauf zu. So postet Marcel Heldt am 22. August um 09:10 Uhr, dass „man diese Frau nur loben [kann]. Nicht immer alles schön reden, sondern Tacheles reden." Vier Minuten später schreibt Florian Friedrich, er finde es „gut, dass mal jemand das Verteidigungsministerium führt, der nicht in dieser Kadermentalität der Truppe drin steckt." Ingrid Rausch fragt sich am 23. August um 02:11 Uhr: „Frau von der Leyen soll loyal zu Rechten in der Bundeswehr sein? Geht's noch?" Auch Maria Stein meint in ihrem Post vom 22. August um 10:26 Uhr: „Nazis muss man

---

[5] Auch Alexander Sawatzky (19. August, 01:32 Uhr) kritisiert „die Gendergeneration" in der Bundeswehr und meint: „Die überlegen morgens schon 3 Stunden ob die Männchen oder Weibchen sind oder was sie eigentlich sein möchten und vergessen dabei zu kämpfen. Wenn die Gegner dann auch diese Art Soldaten haben, hören die Kriege evtl. auf."

als Nazis bezeichnen" und plädiert für „die Idee, die Bundeswehr auszumisten." Der Post von Matthias Schlott vom gleichen Tag um 14:51 Uhr fragt ebenfalls nach den notwendigen „disziplinarischen Konsequenzen." Dies müsse im Übrigen, so Christa Elli Schonscheck am gleichen Tag um 10:16 Uhr, auch für die Vorgesetzten gelten, denn es „ist eine Riesensauerei, und sowas passiert ja nicht von heute auf morgen. Solche Vorgänge haben doch eine Anlaufzeit, in der offenbar nie Kontrollen stattfanden." Manfred Willi Reichert sieht am gleichen Tag um 09:32 Uhr ebenfalls keine Notwendigkeit für die Ministerin, sich in Loyalität zu üben: „Warum muss man loyal sein, und wie weit soll Loyalität gehen, wenn es zum Rechtsbruch kommt?" Am ausführlichsten unterfüttert Leonardo Cucchiara am 22. August um 11:11 Uhr diese Position: „Was bitte soll die Verteidigungsministerin anderes machen, als solche Aktionen zu kritisieren?? (…) Das sind (auf dem Papier) erwachsene Männer und Frauen, die alleine verantwortlich sind, für den Mist, den sie bauen. Das ist ja gerade das größte Hindernis bei der Aufklärung von Vergehen innerhalb der Bundeswehr, dass von oben Stillschweigen diktiert wird, weil man es ‚unter sich regeln' will. In der Bundeswehr gibt es definitiv ein weitläufiges Problem mit latentem Nationalismus. Ich war selber in dem Verein und kenne auch noch einige aktive Soldaten. Jeder weiß von diesem Gespenst in der Truppe. (…) Und es ist eindeutig ein Problem der Führung. Leider trauen sich immer die Wenigsten den Mund aufzumachen, wenn sie sowas miterleben. Aber selbst wenn es irgendwie rauskommt, wird es völlig verharmlost und heruntergespielt. Auch von ‚oben'. Leider selber erlebt. Das wird sich nur ändern, wenn man die Vorgänge öffentlich anprangert. Es muss endlich alles ohne Rücksicht auf Dienstgrad und Kameradschaft aufgedeckt werden, damit die ‚Führung', die den Einfluss hat, was zu ändern, endlich mal erkennt, was für Zustände in der Truppe herrschen. Die Ministerin macht das in meinen Augen völlig richtig. Von mir aus könnte sie noch härter durchgreifen." In einem zweiten Post am gleichen Tag um 11:42 Uhr ergänzt er: „Warum, zum Teufel, muss eine Ministerin sich loyal verhalten, wenn ein Haufen gestörter Halbaffen sich wie Neandertaler aufführt?? Nein sie MUSS das kritisieren und auch öffentlich anprangern. Dieses ‚Intern-Regeln' ist der größte Nährboden für die parasitäre Ausbreitung von Missständen in der Truppe. Denn ‚Intern-Regeln' heißt da: Runterspielen, Verharmlosen, Totschweigen. Sind ja schließlich ‚Kameraden'." Das Problem ließe sich nur lösen, „INDEM ALLES auf den Tisch kommt und disziplinarisch so wie strafrechtlich geahndet wird. Nur so wird den Soldaten klar, dass eben nicht jeder Scheiß, den sie anstellen, von ‚oben‘ mit dem obligatorischen ‚Intern-Regeln‘ gedeckt wird!"

Tradition und Identität

Vor dem Hintergrund der nun bereits seit einigen Monaten neu entbrannten Debatte über Traditionen für die Bundeswehr und der aktuell laufenden Überarbeitung des Traditionserlasses kann es schließlich auch nicht überraschen, dass die Kommentare zu den Schilderungen der Abschiedsfeier für den fraglichen Kompaniechef auch dieser Frage nachgehen. So stellt Andreas Reymann am 17. August um 13:42 Uhr fest: „Ekelerregend, aber leider nicht überraschend, dass die undemokratischste Institution im Staate Traditionen der Nazi-Diktatur pflegt." Nils Lessmann nimmt hierzu gleich in mehreren Posts Stellung. Zunächst konstatiert er am 19. August um 01:08 Uhr mit offener Ironie: „Oha, wie schlimm. Soldaten, die stolz auf ihr Land sind und Traditionspflege betreiben. Sollen lieber linke Chaoten und Anarchisten in der Bundeswehr dienen?" Kurz darauf, um 02:17 Uhr, fügt er hinzu, dass „[d]ie Bundeswehr (…) eben die Nachfolge der Streitkräfte der vorherigen deutschen Staaten (Deutsches Kaiserreich, Weimarer Republik, Wehrmacht) [ist] und (…) deshalb diese Traditionen bewahren [sollte]." Und um 02:06 Uhr ergänzt er, dass „ein starkes Militär eben patriotische Soldaten [braucht]. Zu einer schlagkräftigen Streitkraft gehört ein starker Korpsgeist, der eben durch militärische Traditionen gefestigt wird."

Christoph Habereder gibt indes am 19. August um 01:22 Uhr zu bedenken, dass „‚Traditionspflege‘ (…) zum Problem werden [kann] und (…) sicherlich aufgrund unserer Vergangenheit besonderer Sensibilität [bedarf]. Hier scheint es immer wieder Defizite zu geben." Claus Bier warnt in diesem Kontext in seinem Post vom gleichen Tag um 02:13 Uhr davor, „Patriotismus mit Nationalismus" zu verwechseln und kann nicht nachvollziehen, „warum die Tradition einer Armee, die zwei (Angriffs-)Weltkriege verloren hat, hochgehalten werden soll. Wieso hat es die Bundeswehr nicht geschafft, eigene Traditionen zu entwickeln?" Auch Sajeel Ahmad erachtet in seinem Post sieben Minuten später „einen gewissen gesunden Patriotismus im Militär" als notwendig an, sieht im vorliegenden Fall jedoch die Grenze zum Rassismus als überschritten an. Er formuliert: „Aber Nazi-Symboliken, Hitlergruß, das Hören von menschenverachtender Musik sind kein Patriotismus, sondern reiner Rassismus. Es gibt schon einen Unterschied zwischen Patriotismus und Rassismus."

Doch selbst eines Patriotismus bedürfe es nicht, wie Christopher Müllner am gleichen Tag um 02:20 Uhr schreibt. Er meint stattdessen: „Der einzige richtige und wichtige Patriotismus, der bei der Bundeswehr vorherrschen sollte, ist Verfassungspatriotismus, mit dem Willen, diesen zu achten, zu ehren und verteidigen. Rechtes Gedankengut ist verfassungsfeindlich!" Auch Lothar Höfner (19. August, 07:11 Uhr) anerkennt, dass Traditionen notwendig und „ein Thema in jeder Armee [sind]", gibt aber gleichzeitig zu bedenken: „Da fallen Politschulungen auf keinen fruchtbaren Boden." Für Norbert Grünewald (17. August, 12:18 Uhr) geht die ganze Angelegenheit sodann noch über das Thema der Traditionen hinaus. Er glaubt, dass „[d]ie Bundeswehr (...) ein Identitätsproblem [hat]." Oda DeVito zieht in seinem Post vom 17. August um 17:27 Uhr den Kreis schließlich noch größer, erkennt er hier doch ein gesamtgesellschaftliches Problem. Er schreibt: „Wenn man die ‚Beiträge' in diesem Thread liest, weiß man nicht mehr, wovor einem mehr gruseln soll? Vor den unflätigen Beschimpfungen und Diffamierungen der Redaktion, der Journalisten als Volldeppen und linke Schmierfinken, die angeblich weder von seriöser Recherche noch von professioneller Stichhaltigkeit einen Schimmer hätten? Oder vor dem verherrlichenden Untertanengeist, der die mutmaßlichen Vorfälle in dieser ‚Eliteeinheit' als harmlose Feierexzesse verharmlost? Oder die unverhohlenen Sympathiebekundungen für diese ‚Jungs', die angeblich täglich für uns Bürger ihren ‚Arsch riskieren', während die gebührenfinanzierten Medien aus Sensationsgeilheit jeden uninteressanten Mist aufblasen würden? Oder gar vor den sexistischen und widerlichen Beschimpfungen und Herabwürdigungen dieser selbstgerechten Verteidiger der Truppe, die die Zeugin als Schlampe, Nutte oder notgeile Denunziantin verleumden? Eines steht jetzt schon fest: Wir haben nicht nur ein Problem in der Truppe, wir haben ein weit größeres in unserer Gesellschaft mit den kollektiven Wertmaßstäben."

Schluss

Die Analyse der Posts des „*Panorama*"-Threads auf *Facebook* fällt in den noch vergleichsweise jungen Forschungszweig der „Social Media Analytics" (vgl. Stieglitz/Dang-Xuan/Bruns/Neuberger 2014). In den sozialen Medien präsentiert sich eine Teilgruppe der Öffentlichkeit und der öffentlichen Meinung, zu deren mitunter nicht unerheblichen Zutrittshürden der Zugang zu Informationstechnik und das Wissen um die Bedienung derselben gehören. Folglich verbietet es sich, diese Teilöffentlichkeit unbesehen als repräsentativ für die Öffentlichkeit insgesamt anzusehen. Dennoch vermag eine Analyse dieser

Teilöffentlichkeit wichtige Hinweise auf den gesellschaftlichen Diskurs zu einem Thema zu geben.

Im vorliegenden Fall konnte eine Inhaltsanalyse des genannten Threads zu dem „*Panorama*"-Feature „Hitlergruß? Ermittlungen gegen Kompaniechef" fünf thematische Felder identifizieren, um welche die Posts kreisen. So werfen die Posts in einem ersten Themenfeld Zweifel an dem Wahrheitsgehalt des Berichts über die Vorkommnisse während der Verabschiedungsfeier in einer Kompanie des Kommandos Spezialkräfte auf und rufen, so das zweite thematische Feld, zu einer auf den Respekt vor den professionellen Leistungen der Angehörigen des Kommandos Spezialkräfte gegründeten Nachsicht gegenüber einem vermeintlichen oder tatsächlichen Fehlverhalten von KSK-Soldaten auf. In einem dritten Themenfeld artikulieren sich Betroffenheit über die berichteten Vorkommnisse und Sorge um deren Implikationen für das Funktionieren der Demokratie in Deutschland. Ein viertes thematisches Feld nimmt den Bericht zum Anlass, über das Berichtete hinauszugehen und die Person der Verteidigungsministerin und ihre Amtsführung insgesamt zu kommentieren. Im fünften und letzten Themenfeld wird das berichtete Geschehen in den größeren Kontext von militärischer Tradition und militärischer Identität eingebettet.

In der Debatte dieser Teilöffentlichkeit in Gestalt des „*Panorama*"-Threads auf *Facebook* gibt es weder Sieger noch Verlierer, d.h. keine Position kann sich als Gewinner der diskursiven Auseinandersetzung mit dem „*Panorama*"-Feature begreifen. Positiv gewendet kann man folglich konstatieren, dass die ‚checks and balances' in der Diskussion dieser Teilöffentlichkeit über die Streitkräfte funktionieren und die Sachwalter und Befürworter der Inneren Führung sich zu Wort melden und ihre Position entsprechend vertreten. Negativ gewendet wird man allerdings festhalten müssen, dass die Inhalte und Prinzipien der Inneren Führung keineswegs allerorten geteilt werden. Ganz im Gegenteil sind diejenigen Posts, die im weitesten Sinne als Kritik an der Inneren Führung zu lesen sind, mindestens ebenso zahlreich. Dies deutet darauf hin, dass die Kritik an der Inneren Führung auch in Teilen der Gesellschaft Unterstützung findet. Der Kampf um die Innere Führung ist also noch nicht ausgefochten, weder in den Streitkräften noch in der Öffentlichkeit, sondern er geht weiter.

Literatur

Berlin direkt (2017): Personalprobleme in der Truppe. Interview mit Verteidigungsministerin von der Leyen. In: *Berlin direkt*, 30. April 2017. Online unter: https://www.zdf.de/politik/berlin-direkt/berlin-direkt-vom-30-april-2017-100.html; zuletzt abgerufen am 29. August 2017.

bundeswehr-journal (2017): Bei Abschiedsfeier der KSK „die Sau rausgelassen". Recherchen zu KSK-Feier. Bundeswehr ermittelt bei Elitetruppe. Online unter: http://www.bundeswehr-journal.de/2017/bei-abschiedsfeier-der-ksk-die-sau-rausgelassen/; zuletzt abgerufen am 29. August 2017.

Fröhling, Hans-Günther (2008): Mehr Transparenz. In: *IF – Zeitschrift für Innere Führung*, Nr. 1. Online unter:

http://www.if-zeitschrift.de/portal/a/ifz/start/themen/buerger_staat/!ut/p/z1/hY_NCsIwEITfqJukaOvRYivFWhV_k4uEJtRITUqI4sGHN0HxVtzDwM7sfssCgxMwzR-q5U4ZzTvfUzY-Z2m1q8iEkBneEFTuyzSLlzuS5zEc4PhvhPkYDdQUwVZIoJ6RDDL2Y9gCAyZk1BgtXVAntVNeW8udsVFvrOtCcrfWJ5ESQBGeZTjG5HsKv5KCLubzBOGyLlYBeOUP_vzt8iY8DfTCtejk2jTTj9HfirSuR-0bjVwyPA!!/dz/d5/L2dBISEvZ0FBIS9nQSEh/#Z7_B8LTL2922D1Q20IUI8B3MT2EU6; zuletzt abgerufen am 29. August 2017.

Gaschke, Susanne (2010): Unter Kriegern. Sind Elitesoldaten auf geheimer Mission die Zukunft der Bundeswehr? Ein Besuch beim Kommando Spezialkräfte. In: *ZEIT-Online*, 29. Juli 2010. Online unter: http://www.zeit.de/2010/31/KSK-Kommando-Spezialkraefte/komplettansicht; zuletzt abgerufen am 29. August 2017.

Gebauer, Matthias (2017): Ärger in Elite-Einheit. Frauenfeindliche Sprüche – Bundeswehr setzt KSK-Kommandeur ab. In: Spiegel online, 18. August 2017. Online unter:

http://www.spiegel.de/politik/deutschland/bundeswehr-ksk-kommandeur-wegen-frauenfeindlicher-sprueche-abgesetzt-a-1163440.html; zuletzt abgerufen am 29. August 2017.

Gebauer, Matthias/Lehberger, Roman (2017): Bundeswehreinheit KSK. Ermittlungen nach abstoßender Feier von Elitesoldaten. In: *Spiegel online*, 17. August 2017. Online unter:

http://www.spiegel.de/politik/deutschland/bundeswehr-ermittelt-nach-geschmackloser-party-von-ksk-soldaten-a-1163290.html; zuletzt abgerufen am 29. August 2017.

Gessenharter, Wolfgang/Fröchling, Helmut/Krupp, Burkhard/Nacken, Winfried (1978): Rechtsextremismus als normativpraktisches Forschungsproblem – Eine empirische Analyse der Einstellungen von studierenden Offizieren der Hochschule der Bundeswehr Hamburg sowie von militärischen und zivilen Vergleichsgruppen. Weinheim-Basel: Beltz Verlag.

Grabler, Jochen/Leiffels, Dennis/Jolmes, Johannes (2017): Hitlergruß? Ermittlungen gegen Kompaniechef. Rechtsrock und Hitlergruß auf einer Verabschiedungsfeier für den Kompaniechef? Bundeswehr und Staatsanwaltschaft haben Ermittlungen aufgenommen. In: *Panorama*, 17. August 2017. Online unter:

http://www.ardmediathek.de/tv/Panorama/Hitlergru%C3%9F-Ermittlungen-gegen-Kompaniec/Das-Erste/Video?bcastId=310918&documentId=45275570; zuletzt abgerufen am 29. August 2017.

Günzel, Reinhard/Walther, Wilhelm/Wegener, Ulrich K. (2006): Geheime Krieger: Drei deutsche Kommandoverbände im Bild: KSK, Brandenburger, GSG 9. Selent: Pour le Mérite.

Leiffels, Dennis/Grabler, Jochen/Jolmes, Johannes (2017): Ermittlungen bei Bundeswehr-Eliteeinheit: Hitlergrüße und Rechtsrock. Y-Kollektiv Dokumentation. Online unter:

https://www.youtube.com/watch?v=G_oSUzT5iw8; zuletzt abgerufen am 29. August 2017.

Rose, Jürgen (2009): Ernstfall Angriffskrieg. Frieden schaffen mit aller Gewalt? Hannover: Verlag Ossietzky.

Stieglitz, Stefan/Dang-Xuan, Linh/Bruns, Axel/Neuberger, Christoph (2014): Social Media Analytics. Ein interdisziplinärer Ansatz und seine Implikationen für die Wirtschaftsinformatik. In: *Wirtschaftsinformatik*, 56. Jg., Nr. 2, S. 101-109.

Teidelbaum, Lucius (2008): Braunzone Bundeswehr? Der bundesdeutsche Rechtsextremismus und die Bundeswehr (IMI-Studie 04/2008). Tübingen: Informationsstelle Militarisierung.

Wiesendahl, Elmar (1998): Rechtsextremismus in der Bundeswehr: Ein Beitrag zur Aufhellung eines tabuisierten Themas. In: *Sicherheit und Frieden (S+F)*, 16. Jg., Nr. 4, S. 239-246.

ZEIT-Online (2017): Bundeswehr. Vizekommandeur der KSK soll abgesetzt werden. In: *ZEIT-Online*, 18. August 2017. Online unter: http://www.zeit.de/gesellschaft/zeitgeschehen/2017-08/bundeswehr-ksk-kommandeur-stellvertreter-absetzung?print; zuletzt abgerufen am 29. August 2017.

IV Zur Diskussion gestellt

Nicht verteidigungsfähig! Die Kardinalprobleme der Bundeswehr und ihre militärischen Folgen
Martin Sebaldt

Fatale Diagnose: Wehrkraft im Zerfall

Es ist ein Trauerspiel: Die „Reformen", welche die Bundeswehr in den letzten Jahrzehnten über sich ergehen lassen musste, haben eine funktionsfähige, aufwuchsstarke und nachhaltig einsatzbereite Armee zum schwächlichen Torso verkrüppelt. Die deutschen Streitkräfte können deshalb den Auftrag des Grundgesetzes zur Landesverteidigung nicht mehr erfüllen, und sie werden auch den Ansprüchen unserer westlichen Bündnispartner nicht mehr gerecht. Die militärpolitische Situation unseres Landes muss deshalb schonungslos auf den Prüfstand.[1]

Die jüngere Entwicklung ist doch eigentlich paradox: Seit dem Ende des Kalten Krieges müssen Streitkräfte neben ihren klassischen Aufgaben der Landesverteidigung, der Katastrophenhilfe und des Heimatschutzes ein immer größeres Portfolio internationaler Einsätze bewältigen: Friedensmissionen, militärische Interventionen in externen Krisenszenarien und nicht zuletzt vielfältige Leistungen beim Wiederaufbau dortiger staatlicher Ordnungen. Und trotzdem werden die immer zahlreicheren Aufgaben auf immer weniger Schultern abgeladen. Die Folgen sind absehbar: Diese wenigen Schultern werden immer schneller verschlissen, und der gesamte militärische Organismus verliert seine Potenz.

Aus dieser fatalen „Reformgeschichte" resultieren sechs Kardinalprobleme unserer Streitkräfte: Die Bundeswehr verbleibt ohne effektive Reserven (1), verliert ihr personelles Potential (2), verschwindet aus der Gesellschaft (3), verliert

---

[1] Die vorliegende Abhandlung bilanziert wesentliche Aussagen meiner Studie „Nicht abwehrbereit. Die Kardinalprobleme der deutschen Streitkräfte, der Offenbarungseid des Weißbuchs und die Wege aus der Gefahr", die 2017 im Miles-Verlag erschienen ist. Dort diskutiere ich auch die gravierenden Schwächen des aktuellen Verteidigungsweißbuchs im Detail und formuliere eigene Lösungsvorschläge, die hier mangels Raum nicht zur Sprache kommen können. Jüngste Reformansätze, die noch in der Planungsphase sind bzw. nur in internen Kreisen zirkulieren (z.B. neue Bundeswehrkonzeption, Bühler-Papier), werden in der vorliegenden Darstellung aufgrund ihrer Vorläufigkeit bzw. fehlenden Verbindlichkeit nicht berücksichtigt bzw. nur kurz erwähnt.

ihre materielle Effektivität (4), verharrt in starren Strukturen (5) und vernachlässigt ihre Strategie (6). Diese Probleme werden im Folgenden genauer analysiert.

Die Bundeswehr verbleibt ohne effektive Reserven

Durch die „Neuausrichtung der Bundeswehr" des Jahres 2011, die durch die derzeit noch gültige „Konzeption der Bundeswehr" von 2013 bestätigt wurde, ist der fatale Schwund der Bundeswehrpotentiale weiter vorangetrieben und sogar noch beschleunigt worden. Durch ungeschickte und oft sogar widersinnige Strukturentscheidungen sind die stehenden Verbände zu einem militärischen Fragment verkommen, das den vielfältigen Einsatzerfordernissen der Bundeswehr auch nicht annähernd gerecht werden kann. Das soll im Folgenden vor allem am Beispiel des Heeres demonstriert werden.

Das deutsche Heer wird nach dem endgültigen Vollzug der „Neuausrichtung" gemäß der „Struktur HEER2011" nur mehr aus drei Divisionen bestehen, von denen die „Division Schnelle Kräfte" (DSK) im Sinne der gängigen Definition aber von vornherein nicht als vollwertiger Großverband zu werten ist. Denn sie umfasst mit der Luftlandebrigade 1 lediglich eine Kampftruppenformation, der aber zum vollwertigen Großverband selbst wichtige, insb. artilleristische Komponenten fehlen. Und außerdem führt die DSK auf der „Divisionsliste" selbst keine eigenen Kampf- und Kampfunterstützungstruppen.[2]

Aber auch die beiden anderen Divisionen können wie ihre Brigaden letztlich nicht als vollwertige Großverbände gewertet werden. Denn letztere besitzen ebenfalls kein eigenes Artilleriebataillon, und auch der 1. und der 10. Panzerdivision fehlen auf der „Divisionsliste" eigene Kampftruppen.[3]

Die wohl größte Fehlleistung der letzten Bundeswehrreformen liegt jedoch darin, die bis Anfang der neunziger Jahre existierende Aufwuchsorganisation unserer Streitkräfte weitgehend beseitigt zu haben. Es ist daher derzeit nicht mög-

---

[2] Vgl. dazu und auch zur Gliederung der 1. und der 10. Panzerdivision die Übersichten bei Flume, Wolfgang, Matthias Leckel, Friedrich Steinseifer (Hrsg.), Taschenbuch Deutsche Bundeswehr, Folge 5, Sankt Augustin 2015, S. 216–226.
[3] Immerhin scheint man im BMVg diesem Missstand durch das sog. „Bühler-Papier" abhelfen zu wollen, das der FAZ und anderen Journalen vorliegt. Ich selbst kenne es nicht und kann es daher auch nicht bewerten. Den Zeitungsberichten zufolge scheint dieses Dokument zu bezwecken, die drei Heeresdivisionen bis 2032 (!) wieder zu vollwertigen Großverbänden auszubauen. Vgl. dazu Seliger, Marco, Bundeswehr 2032. In: loyal, 2017, Heft 6, S. 30–33.

lich, das deutsche Heer über die gerade beschriebenen kümmerlichen Präsenzverbände hinaus zügig auf Kriegsstärke zu bringen. Früher konnten die deutschen Streitkräfte kurzfristig auf eine fast dreimal so große Einsatzstärke vergrößert werden, wozu vor allem die zahlreichen gekaderten Verbände des Territorialheeres dienten.

Was davon geblieben ist? „Ergänzungstruppenteile" in der imponierenden Gesamtstärke von rund 6.500 Dienstposten, zu denen gemäß Struktur HEER2011 neben zwei Panzer-, zwei Panzergrenadier- und einem Jägerbataillon noch zwei Pionier- und zwei Unterstützungsbataillone zählen sowie zusätzlich knapp 20 Kompanien unterschiedlicher Truppengattungen, die aktive Bataillone in Einsatzzeiten verstärken sollen. Eines der beiden Panzerbataillone (PzBtl 414) ist 2016 allerdings voll aktiviert worden, zählt also inzwischen nicht mehr zu diesen Ergänzungstruppenteilen. Als überaus beeindruckende Kompensation wurde deshalb die Aufstellung drei weiterer Reserve-Panzerkompanien verfügt.[4] Der Vollständigkeit halber sei noch angemerkt, dass die Luftwaffe mit einem gekaderten Objektschutz-Bataillon nur einen einzigen Ergänzungstruppenteil besitzt, die Marine sogar überhaupt keinen.

Diese Ergänzungstruppenteile führen im Einsatzfall also nur zu einer verschwindend geringen Verstärkung des Heeres; ein organisatorischer Aufwuchs auf kriegstaugliche Einsatzstärke ist heute also schon wegen völlig unzureichender Reservestrukturen unmöglich. Daran ändern natürlich auch die in der Streitkräftebasis angesiedelten 30 „Regionalen Sicherungs- und Unterstützungskompanien" (RSUKp) nichts, die nur als verschämte Reminiszenz an die verlorene territoriale Heimatschutzorganisation früherer Jahrzehnte zu werten sind.[5] Infolge dessen ist es unabdingbar, diese verloren gegangene Komponente unserer Wehrorganisation in Form eines neuen Territorialheeres möglichst bald wieder erstehen zu lassen.[6]

---

[4] Kommando Heer (Hrsg.), Information zur Neuausrichtung des Heeres, Ausgabe 20, September 2016, www.deutschesheer.de. Zuletzt eingesehen am 09.11.2016.
[5] Flume, Wolfgang, Matthias Leckel, Friedrich Steinseifer (Hrsg.), Taschenbuch Deutsche Bundeswehr, a.a.O., S. 400. Die jüngst ins Gespräch gebrachte Aufstellung neuer „Landesregimenter" wäre ein Schritt in die richtige Richtung, würde aber dem Erfordernis einer ausreichend dimensionierten Aufwuchsorganisation ebenfalls nicht gerecht.
[6] Was ich dafür selbst für nötig erachte, erläutere ich in meiner Studie „Nicht abwehrbereit" (Fußnote 1), S. 35–41 und provokativ zugespitzt auch in einem Kurzartikel für die Zeitschrift loyal, 2017, Heft 6, S. 14–15.

Die Bundeswehr verliert ihr personelles Potential

Militärische Strukturen bestehen nur auf dem Papier, wenn nicht das nötige Personal bereitsteht, um sie mit Leben zu erfüllen. Das ist natürlich eine banale Erkenntnis, aber seit der Aussetzung der Wehrpflicht leider bedrohliche Realität. Schon ein erster Blick auf das bisherige Personalstrukturmodell 185 für die Bundeswehr offenbart, wie die Planer der Bundeswehr auf den dadurch entstandenen Engpass bei den Mannschaftsdienstgraden reagiert haben: Von 185.000 Dienstposten insgesamt entfallen schon 35.900 auf die Offiziere, und die Unteroffiziere machen mit 91.800 sogar die größte Gruppe aus. Für die Mannschaftsdienstgrade verbleiben dann noch 54.800 Dienstposten. Den imponierenden Rest bilden gemäß diesem Modell noch 2.500 Übungsplätze, auf denen aus dem Pool der rund 64.000 beorderten Reservisten über das ganze Jahr hinweg Angehörige der Verstärkungs- und der Personalreserve im Wechsel jeweils kurzfristig dienen können.[7]

Zwar ist gemäß „Weisung für die Reservistenarbeit in den Jahren 2015/2016" die Zahl der Übungsplätze ab 2015 auf 3.500 erhöht worden, aber auch das ändert nichts am problematischen Gesamtbefund: Die derzeitigen Streitkräftestrukturen sind in personeller Hinsicht absolut ungesund: Die Bundeswehr ist viel zu dienstgradlastig ausgeplant. Auch die im Mai 2016 durch einen Tagesbefehl der Bundesministerin der Verteidigung verkündete „Trendwende Personal" für die Zeit ab 2017 wird an diesem Missverhältnis kaum etwas ändern: Denn obwohl damit die bisherige Obergrenze von 185.000 Soldaten aufgegeben wird, um dem prognostizierten Bedarf von rund 14.300 zusätzlichen Soldaten gerecht zu werden, wird diese Erhöhung nicht zur Vergrößerung der Anteile von Mannschaftsdienstgraden führen.

Diese personalstrukturelle Misere ist also maßgeblich auf die Aussetzung der Wehrpflicht zurückzuführen. Denn gerade deswegen wurden die Planungsziele für die Gewinnung von Mannschaftsdienstgraden stark gesenkt, um sie unter dem nun geltenden Prinzip der Freiwilligkeit von Wehrdienstleistungen wenigstens annähernd erfüllen zu können. Zwar muss dabei gelegentlich darauf hingewiesen werden, dass die Wehrpflicht ja nicht abgeschafft, sondern nur ausgesetzt wurde, aber ihre Wiedereinführung in Friedenszeiten ist politisch doch eher unrealistisch.

---

[7] Flume, Wolfgang, Matthias Leckel, Friedrich Steinseifer (Hrsg.), Taschenbuch Deutsche Bundeswehr, a.a.O., S. 428.

Und weil das so ist, werden auf absehbare Zeit wohl kaum neue Kampftruppenverbände aufgestellt werden, obwohl schon jetzt zur Entlastung der bestehenden dringend erforderlich. Denn sie müssten ja zum großen Teil aus Mannschaftsdienstgraden bestehen! Mehr noch: Das daraus erwachsende langfristige Kernproblem wird weitgehend ignoriert: Sollen künftige Großeinsätze oder sogar Kriege von einer Armee bestritten werden, die zu Friedenszeiten mehrheitlich aus Offizieren und Unteroffizieren besteht und ihr Mannschaftsdefizit erst nach Konfliktbeginn mühsam zu beheben sucht? Und auch wenn die Wehrpflicht im Spannungsfall kurzfristig wieder in Kraft träte: Welches Potential sollte sie dann noch abschöpfen? Dann würden zwar auf einen Schlag wieder sehr viele Bürger für den Dienst an der Waffe zur Verfügung stehen, doch die Masse von ihnen hätte mangels eigener Wehrerfahrung keinerlei militärische Vorkenntnisse.[8]

In organisatorischer Hinsicht tritt im Übrigen noch erschwerend hinzu, dass mit der Abschaffung der Kreiswehrersatzämter auch das bewährte und in der Fläche verankerte Wehrersatzwesen irreparabel geschädigt wurde. Eine bürgernahe und zudem reaktionsschnelle Wehrersatzorganisation verschwand damit. Spätestens im Kriegsfall, wenn die Streitkräfte massiv verstärkt werden müssen, wird sich erweisen, wie fatal dieser Kahlschlag ist. Denn mit einem flächendeckenden Personalersatz wären die wenigen „Karrierecenter" der Bundeswehr heillos überfordert.

Die Bundeswehr verschwindet aus der Gesellschaft

Damit ist das dritte Kardinalproblem benannt: Die Bundeswehr verschwindet aus der Gesellschaft, und sie tut es sowohl in praktisch-alltäglicher als auch in mentaler Hinsicht. Dabei ist ihre grundsätzliche Akzeptanz gar nicht das Problem: In großen Teilen unserer Gesellschaft stehen die Streitkräfte in hohem

---

[8] Trotz oder vielleicht sogar wegen dieser ungünstigen strukturellen Rahmenbedingungen kommen wir aber nicht umhin, unsere Bürger trotz fehlender Wehrpflicht wieder enger an die Bundeswehr zu binden und dafür auch auszubilden. Das Technische Hilfswerks (THW) kann hier als Vorbild dienen: Dort wird Dienst bedarfsorientiert und zeitlich verteilt geleistet, und auch die Ausbildung erfolgt portioniert. Überdies gründet das THW nur auf einem kleinen Stab Hauptamtlicher, während der größte Teil der Mitglieder ehrenamtlich tätig ist. Diese werden nur zu Übungszwecken und für Einsätze aktiviert. Entsprechend könnte man auch neu zu schaffende Territorialverbände der Bundeswehr (Heimatschutzbataillone etc.) aufbauen. Meine diesbezüglichen Vorschläge dazu erläutere ich genauer in „Nicht abwehrbereit" (Fußnote 1), S. 55–62.

Ansehen, und auch der immer wieder hochriskante Waffendienst findet weithin Anerkennung. Doch erfolgt dies mittlerweile zumeist aus der Distanz von Beobachtern, die die Bundeswehr und ihre Tätigkeit zwar generell schätzen mögen, ansonsten aber zur den Streitkräften keine engere praktische oder auch emotionale Beziehung pflegen. Insoweit läuft die Bundeswehr heute mehr und mehr Gefahr, zwar noch organisatorischer Teil unseres Gemeinwesens, aber nicht mehr organisch integriertes Element unserer Gesellschaft zu sein.

Dass die Aussetzung der Wehrpflicht auch dazu schon jetzt maßgeblich beiträgt, liegt auf der Hand: Konnten früher jeweils große Teile der nachwachsenden Bevölkerungsjahrgänge die Streitkräfte aus eigener Erfahrung kennenlernen, ist das heute nur mehr einem kleinen Teil möglich. Dieser Trend ist gleich in mehrerlei Hinsicht fatal: Denn nicht nur der individuelle militärische Erfahrungsschatz, aus dem erst eine tiefgehende Identifikation mit der Bundeswehr erwachsen kann, wird damit unmöglich gemacht, sondern auch der damit verbundene gesamtgesellschaftliche Kitt: Kaum ein Instrument war zur Zusammenführung aller Schichten für eine Gemeinschaftsaufgabe besser geeignet als die Wehrpflicht, denn die Bundeswehr war für sehr viele junge Männer der erste Ort, wo sie dauerhaft lernen mussten, mit Kameraden unterschiedlichster sozialer Herkunft umzugehen.[9]

Aber auch die starke Reduzierung der Streitkräfte hat zu diesem fatalen Trend maßgeblich beigetragen, denn die massive Ausdünnung der Flächenpräsenz sowie die Verkleinerung oder sogar Schließung zahlreicher Standorte sind direkte Folgen. Dadurch werden heimatnahe Verwendungen ebenso unwahrscheinlich wie das unmittelbare Erleben des Streitkräftealltags durch die Familien der Standortangehörigen, durch Kontakte zu den kommunalen Amtsträgern und Vereinen und nicht zuletzt durch die wirtschaftlichen Beziehungen zwischen Truppe und örtlichen Betrieben.

Zwar muss an dieser Stelle nachdrücklich das verdienstvolle Engagement unserer Soldatenverbände und Truppenkameradschaften hervorgehoben werden, die sich mit ihrer Arbeit diesem Trend entgegenstemmen. Doch andererseits dürfen wir die schon jetzt spürbaren Entfremdungstendenzen auch nicht auf die leichte Schulter nehmen: Denn soziales Kapital im Sinne einer organischen und lebendigen Verbindung zwischen Gesellschaft und Streitkräften muss langfristig wachsen und gepflegt werden!

---

[9] Vgl. zu diesem Status quo ante Lippert, Ekkehard, Heute Zivilist – morgen Soldat, in: Peter Barth (Hrsg.), Die Bundeswehr in Staat und Gesellschaft, München 1982, S. 175–187.

Die Bundeswehr verliert ihre materielle Effektivität

Die Gegenstände der Ausrüstungsmisere sind demgegenüber durch die öffentliche Diskussion sattsam bekannt und müssen daher nicht erneut in voller Breite beschrieben werden: Das Material der Bundeswehr ist vielfach völlig veraltet, die anvisierten Ersatzsysteme benötigen auf Grund ihrer Komplexität immer längere Entwicklungszeiten, laborieren auch nach ihrer Einführung immer wieder an gravierenden Mängeln und sind bei ihrer Auslieferung oft auch wesentlich teurer als ursprünglich vereinbart.

Darüber hinaus muss jedoch auf fatale Trends bei der Ausstattungsplanung hingewiesen werden, die weder in der Öffentlichkeit noch in der Bundeswehr selbst in ihrer Dimension richtig erfasst werden: Die Ausstattung wird übertrieben vielfältig und damit zu einem logistischen Albtraum, sie wird zunehmend übertechnisiert und damit sowohl immer teurer als auch anfälliger für Ausfälle, und sie wird auch für den Soldaten immer schwieriger in ihrer Anwendung.

Besonders eindrucksvoll lässt sich diese technikgläubige Fehlentwicklung beim derzeit im Zulauf befindlichen Ausstattungssystem „Infanterist der Zukunft" exemplarisch illustrieren: Es besteht aus rund 100 Einzelkomponenten (!) und besitzt je nach Konfiguration ein Gesamtgewicht zwischen 57 und 66 Kilogramm![10] Schon das sollte eigentlich an den gesunden Menschenverstand appellieren: Welcher auch gesundheitlich voll belastbare Soldat soll unter Einsatzbedingungen und klimatischen Widrigkeiten länger damit klarkommen? Die Ausfallstatistiken der US-Streitkräfte im Rahmen der afghanischen ISAF-Mission sprechen hier jedenfalls eine eindeutige Sprache: Häufigste Ursache für Dienstunfähigkeit waren gewichtsbedingte Rückenprobleme![11]

Aber mehr noch: Die Ausbildungszeiten für dieses komplexe System, das allein in seinem Kernmodul schon über einen eigenen Sprechsatz, einen „Kernrechner", Navigationsausstattung, Helmdisplay, Bildverstärkerbrille, Wärmebildmodul, Bedien- und Anzeigegerät, Gruppenfunkgerät und einen digitalen

---

[10] Flume, Wolfgang (Hrsg.), Die Ausrüstung der Bundeswehr. Folge 2, Sankt Augustin 2013, S. 543–548. Weitere Beispiele diskutiere ich in meiner Studie „Nicht abwehrbereit" (Fußnote 1), S. 77–87.

[11] Vgl. Roy, Tanja C., Heather P. Lopez, Sara R. Piva, Loads Worn by Soldiers Predict Episodes of Low Back Pain During Deployment to Afghanistan. In: Spine 38/2015, S. 1310-1317. Ihr Fazit ist ernüchternd: „LBP [Low Back Pain, M.S.] is the most common injury in deployed soldiers. It results in lost duty days, medical evacuations, and permanent disability" (S. 1310).

Magnetkompass verfügt, wachsen natürlich exponentiell an. Kurzum: Ein derartiges System ist sowohl am Soldaten vorbei geplant als auch an den Logistikerfordernissen, da wesentlich mehr Komponenten für Reparatur oder Ersatz vorzuhalten sind.

Das verweist im Übrigen auf eine weitere Fehlentwicklung: Wie viele andere auf digitaler Vernetzung basierende Ausstattungssysteme der Bundeswehr ist auch das System „Infanterist der Zukunft" von einer geradezu naiven Technikgläubigkeit geprägt, die unter Einsatzbedingungen schnell entzaubert würde. Denn allein schon wegen seiner Komplexität ist die Wahrscheinlichkeit sehr groß, dass einzelne Komponenten ausfallen und das gesamte System lahmlegen. Zudem wird blauäugig vorausgesetzt, externen Störmaßnahmen effektiv begegnen zu können. Diese Illusion wird leider nur bis zum ersten erfolgreichen Hacker-Angriff des Feindes tragen.

Das soll am Ende nicht als vormoderne Technikkritik missverstanden werden. Natürlich muss sich eine Armee im IT-Zeitalter den modernen digitalen Herausforderungen stellen und sie in gebotenem Maße in ihr Tätigkeitsprofil einbinden. Militärischer Kampf wird in der Zukunft ja nicht zuletzt im virtuellen Raum geführt. Jedoch: Die Vorteile klassisch ‚analoger', nur auf mechanischen Grundlagen basierender und ohne komplexe Vernetzung auskommender Kriegsführung sollten auch im digitalen Zeitalter nicht vernachlässigt werden.

Technik muss zum Menschen passen, und gerade ein im Einsatzfall eingezogener (ungedienter) Durchschnittsbürger darf nicht mit überkomplexen Waffensystemen überfordert werden, die noch dazu störanfällig sind und logistische Alpträume verursachen. Man darf zudem nicht vergessen, dass Streitkräfte *per definitionem* für Ausnahmesituationen geschaffen wurden und deshalb auch in diesen funktionsfähig bleiben müssen. Und dazu zählt auch ein Szenario, in dem die elektronische Kommunikation zusammengebrochen ist.

Die Bundeswehr verharrt in starren Strukturen

Personal und Ausrüstung können aber am Ende nur dann wirkungsvoll eingesetzt werden, wenn sie in einer effektiven Organisation verortet sind. Jedoch auch hier verharrt die Bundeswehr bis heute in Strukturen, die aus dem letzten Jahrhundert datieren und in dieser Form nicht mehr zeitgemäß sind. Die starre Gliederung in eigenständige Teilstreitkräfte (TSK) stellt deshalb übergreifende Einsatzplanungen bis heute vor große Hürden. Je mehr also moderne Streitkräfteplanung von dem Leitprinzip der *„Joint Operations"* geleitet ist, wie es in

Partnerstaaten und nicht zuletzt in der NATO-Militärorganisation schon breite Anwendung findet, desto mehr wird eine bürokratisch trennende Militärorganisation zum strukturellen und auch operativen Problem.

Eine umfassende Restrukturierung der Streitkräfte ist also dringend nötig. Das ist auch in Deutschland keineswegs eine neue Erkenntnis, aber zurückliegende Versuche, die klassische teilstreitkraftbasierte Gliederung der Bundeswehr durch integrierte Modelle zu ersetzen, scheiterten nicht zuletzt am Beharrungsvermögen von Heer, Luftwaffe und Marine. Stattdessen schreibt man die klassischen Strukturen über weite Strecken fort und verschlankt sie nur dort, wo durch die Streitkräfteverkleinerung Änderungen unabdingbar sind.

Freilich gibt es auch in der Bundeswehr schon erste Ansätze zur Schaffung einer „*joint*"-orientierten Verschränkung der Organisationsbereiche. Das Einsatzführungskommando deutet eigentlich schon länger darauf hin, welche Richtung eine umfassende Reform der Streitkräfte wird nehmen müssen, denn dort werden Kontingente aus Heer, Luftwaffe, Marine, Streitkräftebasis und Sanitätswesen jeweils bedarfsorientiert herangezogen und für jeden Einsatz neu kombiniert. Und auch die erst jüngst beschlossene Schaffung eines eigenen Cyber-Kommandos nach US-amerikanischem Vorbild ist ein implizites Eingeständnis der Tatsache, dass die klassische Teilstreitkraftgliederung der Bundeswehr den aktuellen Anforderungen nicht mehr genügt.[12]

Doch den Erfordernissen zur Schaffung einer konsequent „*joint*"-orientierten Bundeswehrorganisation ist damit aber nur sehr fragmentarisch Rechnung getragen. Denn mit den verbliebenen teilstreitkraftbasierte Strukturen kann die Bundeswehr dem immer variabler gestalteten Aufgabenportfolio nicht mehr gerecht werden. Für die Sicherung maritimer Handelsrouten bedarf es nun eben völlig anderer Kontingente als für die klassische Landesverteidigung: Im letzteren Fall gehen Verbände und Großverbände geschlossen in den Einsatz und sind wiederum Teil einer umfassenden stehenden Armee; im ersteren müssen Organisationsbereiche und Truppengattungen unterschiedlichster Provenienz Einheiten und Verbände abstellen, die dann aufgabenorientiert zusammengebaut werden.

Ein umfassender organisatorischer Umbau der Bundeswehr ist also nötig, der von der klassischen Teilstreitkraftgliederung Abstand gewinnen muss und die

---

[12] Allerdings darf dabei nicht übersehen werden, dass diese Herausforderung nicht auf den Geschäftsbereich des Bundesministeriums der Verteidigung beschränkt ist, sondern nur interministeriell unter Zusammenbindung der betroffenen Ressorts bewältigt werden kann.

Strukturen stärker an den zu erfüllenden Aufgaben auszurichten hat. Das sollte aber nicht mit einer kompletten Auflösung der traditionellen Strukturen einhergehen, denn den TSK werden auch künftig zentrale Aufgaben verbleiben (Gewährleistung einer Grundgliederung, Ausbildung). Es wird aber eine Struktur zu finden sein, die die Gliederungen der TSK mit einer gleichsam quer dazu liegenden aufgabenbezogenen Organisationsschiene sinnvoll kombiniert. Hier liegt es also nahe, sich geeigneter, d.h. auf den Gegenstand sinnvoll zugeschnittener Matrixmodelle zu bedienen.[13]

Die Bundeswehr vernachlässigt ihre Strategie

Streitkräfte können ihre vielfältigen Aufgaben aber auch unter besten Personal- und Materialbedingungen nur dann erfüllen, wenn ihnen eine Strategie an die Hand gegeben ist, die diesen Namen verdient. Gerade seit dem Ende des Kalten Krieges sind die Erwartungen an die Bundeswehr stark gewachsen. Das hängt zum einen mit dem gewandelten Sicherheitsverständnis zusammen, das schon längst nicht mehr nur die bloße Beseitigung von Gewalt und Bedrohung umfasst, sondern auch die umfassende Gewährleistung wirtschaftlicher, sozialer und kultureller Gestaltungsfreiheit.

Aber auch die zu bewältigenden Problemszenarien selbst sind zumindest in der Wahrnehmung der politischen Eliten deutlich vielfältiger geworden. Zu den klassischen, von Staaten getragenen „symmetrischen" Konflikten treten dieser Lesart zufolge nun auch immer mehr „asymmetrische" Auseinandersetzungen, in denen Staaten also mit nichtstaatlichen Akteuren konfrontiert sind. Und da sich die Sphären des Symmetrischen und des Asymmetrischen oft nicht klar trennen lassen, sondern immer mehr „hybride" Kriegs- und Konfliktszenarien erzeugen, wird moderne Streitkräftestrategie zur imponierenden Herausforderung: Längst muss sie nicht mehr nur den klassischen zwischenstaatlichen Krieg „denken", sondern mit zivil-militärisch gemischten und damit buchstäblich „hybriden" Ansätzen sowie nicht zuletzt Konzepten von Aufstandsbekämpfung (*Counterinsurgency*, COIN) dieser strategischen Anforderungsvielfalt gerecht werden.[14]

---

[13] Was ich dafür selbst für sinnvoll erachte, erläutere ich genauer in meiner Studie „Nicht abwehrbereit" (Fußnote 1), S. 107–114.
[14] Vgl. Hartmann, Uwe, Hybrider Krieg als neue Bedrohung von Freiheit und Frieden, Berlin 2015. Zum Spannungsverhältnis zwischen Counterinsurgency und Demokratie Sebaldt, Martin, Alexander Straßner, Aufstand und Demokratie, Wiesbaden 2011.

Dieses Pflichtenheft für eine moderne, allen Bedrohungsprofilen gleichermaßen begegnende Militärstrategie ist also bekannt. Und inzwischen existieren sowohl auf internationaler Ebene wie in Deutschland etliche programmatische Einzeldokumente, die dafür gute Handlungsansätze bieten.[15] Denn natürlich wird auch eine nationale Streitkräftedoktrin nicht nur mehr für sich stehen können, sondern auf die Konzepte befreundeter Staaten ebenso Bezug nehmen müssen wie auf die strategischen Rahmendokumente der westlichen Bündnissysteme.

Das nicht nur in Deutschland verbleibende strategisch-konzeptionelle Grundproblem ist jedoch, dass diese vielen Versatzstücke bis heute nicht zu einer einheitlichen Doktrin zusammengeführt worden sind. Das hat mehrere Gründe: Zum einen existieren schon bei den Strategieschwerpunkten selbst kaum konzeptionelle Konsense, sondern es ist sogar die Regel, dass verschiedene Varianten miteinander konkurrieren.

Konkret: Es gibt eben letztlich nicht die eine COIN-Doktrin, sondern grob vereinfacht stehen sich hier bevölkerungszentrierte (*„population centered"*) Ansätze in der Tradition von Robert Thompson und David Galula und feindorientierte (*„enemy centered"*) gemäß der Lesart Roger Trinquiers gegenüber.[16] Militärstrategisch macht das am Ende einen großen Unterschied: Denn während bevölkerungsorientierte COIN-Ansätze primär dem Prinzip des *„winning hearts and minds"* verpflichtet sind, also die Gesellschaft primär mit zivilen Mitteln und Anreizen zu gewinnen und damit die Aufständischen zu isolieren suchen, setzen die feindzentrierten vor allem auf die Vernichtung des Gegners. Feindorientierte COIN ist demzufolge wesentlich ‚militanter', wie auch die ganze Operationsplanung.

Aber auch für die klassischen symmetrischen Konflikte müssen heute noch Antworten auf Fragen gefunden werden, die in der Strategiediskussion eine lange Tradition haben und ebenfalls bis heute kontrovers diskutiert werden. Zum einen geht es um die Klärung der Frage, wie umfassend ein derartiger militärischer Konfliktaustrag sein soll. Natürlich darf man sich dabei nicht mehr von menschenverachtenden Konzepten des ‚totalen' Krieges leiten lassen.

---

[15] Vgl. dazu im Einzelnen meine Studie „Nicht abwehrbereit" (Fußnote 1), S. 117–121.

[16] Vgl. dazu die entsprechenden Klassiker: Galula, David, Counterinsurgency Warfare, Westport, CT, London 2006 (erstmals 1964). Thompson, Sir Robert, Defeating Communist Insurgency, London 1966. Trinquier, Roger, Modern Warfare, Westport, CT, London 2006 (erstmals 1964).

Aber die Frage, in welchem Ausmaß auch ein moderner Krieg jenseits der Fronten ins gegnerische Land getragen werden soll, muss schon thematisiert werden, wie das etwa in der weithin rezipierten Luftkriegsstudie John Wardens geschah.[17]

Auch eine weitere, schon sehr alte Grundsatzfrage ist strategisch-konzeptionell bis heute immer wieder neu zu entscheiden: Sollen derlei Kriege primär einem direkten Ansatz folgen, also in der Tradition Alfred Thayer Mahans und vielen anderen auf das Zentrum des Feindes gerichtet sein und vor allem die Vernichtung seiner Kräfte in einer Entscheidungsschlacht bezwecken, oder präferiert man ein indirektes Vorgehen im Sinne Basil Liddell-Harts, das ebenfalls schon sehr lange in der Diskussion ist?[18] Ich brauche an dieser Stelle nicht weiter zu erläutern, dass beides jeweils entscheidenden Einfluss auf Gliederung und Aufmarschplanung militärischer Großverbände hat und auch deren Ausstattung maßgeblich beeinflusst. Das muss infolgedessen schon im Frieden konsequent durchdacht und vorausgeplant werden.

Dass eine derartige programmatische Grundsatzplanung in Deutschland schwer im Argen liegt, hat auch organisatorische Gründe: Es gibt den Ort nicht, wo das geschehen könnte. Denn weder die dafür geeigneten Grundsatzabteilungen der höheren Stäbe können dies derzeit leisten, noch die Akademien und Universitäten der Bundeswehr. Die der militärstrategischen Grundlagenarbeit gewidmeten Referate sind im Regelfall so mit Routinearbeit überfrachtet, dass diese langfristigen Planungen durchweg zu kurz kommen. Und die Lehranstalten der Bundeswehr sind mit der Konzeption und Durchführung von Studien- bzw. Lehrgängen ebenfalls voll ausgelastet.

Fatale Perspektiven: ein Weißbuch ohne Antworten

Keineswegs sind damit alle Probleme der Bundeswehr benannt. Aber für eine Grundsatzreform der deutschen Streitkräfte ist es zentral, den Blick für das Wesentliche zu behalten und die Änderungsansätze darauf zu konzentrieren, um sich nicht zu verzetteln. Das ist auch deshalb geboten, weil diese Probleme eben nicht isoliert voneinander auftreten bzw. gelöst werden können, sondern nur im Verbund:

---

[17] Warden III, John A., The Air Campaign, 3. Aufl., Washington, D.C. 1991.
[18] Vgl. dazu Stahel, Albert A., Klassiker der Strategie – eine Bewertung, Zürich 1996, S. 207–223 und S. 265–277.

Wenn Wehrpersonal fehlt, können bestehende Verbände nicht auf Einsatzstärke gebracht werden, wenn umgekehrt die Gliederungen fehlen, kann personelles Potential nicht verplant und aufgenommen werden. Wenn die Bundeswehr aus der Gesellschaft verschwindet, reduzieren sich auch ihre personelle Attraktivität und ihre Reaktionsfähigkeit durch fehlende wohnortnahe Standorte. Wo Ausstattung fehlt oder benutzerunfreundlich ist, kann Personal nicht arbeiten, wo Personal fehlt, hilft die beste Ausstattung nicht. Wo die Organisation modernen Anforderungen nicht genügt, können das beste Personal und die beste Ausstattung keine optimalen Ergebnisse erzielen. Und wo keine Strategie existiert, fehlen für Personal und Material die nötigen Einsatzrichtlinien, und bestehende Strategien sind nur dann effektiv, wenn Mann, Gerät und Organisation zu ihrer Umsetzung taugen.

Vom „Weißbuch zur Sicherheitspolitik und zur Zukunft der Bundeswehr" des Jahres 2016 waren daher mit gutem Grund Konzepte zur Bewältigung dieser Kardinalprobleme zu erwarten. Doch was diese überaus locker formatierte Hochglanzbroschüre liefert, ist ein militärpolitischer Offenbarungseid, hübsch zwar in der Aufmachung, doch in der Substanz absolut unzureichend.[19] Das Weißbuch unserer Bundesregierung bietet weder eine ehrliche militärpolitische Bestandsaufnahme, in der die Fehlleistungen der letzten Jahrzehnte zum Ausdruck kommen könnten, noch schlüssige Konzepte zu ihrer Bewältigung. Es ist das schlechteste Verteidigungsweißbuch seit langem, und sollte es ähnlich lang in Geltung bleiben wie sein Vorgänger aus dem Jahr 2006, kann man eigentlich nur erschauern: Denn gerade für die von mir benannten sechs Kardinalprobleme der Bundeswehr bleibt es präzise, systematisch geplante Gegenmaßnahmen schuldig!

Konkret: Die kardinale Notwendigkeit einer Aufwuchsorganisation wird erst gar nicht erkannt, die erheblichen Personalrekrutierungsprobleme und insbesondere die Planung des Personalersatzes im Verteidigungsfall werden bagatellisiert, und die wachsende Distanz der Streitkräfte zur deutschen Gesellschaft wird ebenfalls schöngezeichnet. Die Ausrüstungsmisere der Bundeswehr wird zwar noch am ehesten erfasst, aber schlüssige Konzepte fehlen auch hier, so wie das Dokument auch dem Erfordernis der Organisationsreform nicht gerecht wird.

---

[19] Eine detaillierte Dokumentation und Aufarbeitung dieser Defizite findet sich in meiner Studie „Nicht abwehrbereit" (vgl. Fußnote 1).

Dass ein Grundsatzpapier zur sicherheits- und militärpolitischen Planung dann schließlich auch noch bei der Strategiefrage versagt, also der Notwendigkeit zur umfassenden programmatischen Neuausrichtung in der Bundeswehr auch nicht ansatzweise gerecht wird, kann abschließend als besonderer Treppenwitz der Reformgeschichte unserer Streitkräfte gelten.

Damit wird es seiner militärpolitischen Kernaufgabe, die Grundlinien einer nachhaltigen Bundeswehrreform klar und präzise auszuflaggen, auch nicht annähernd gerecht. Denn wenn die Bundesregierung ein Programmdokument veröffentlicht, das die „Zukunft der Bundeswehr" zu klären verspricht, darf die Öffentlichkeit genau das mit Fug und Recht erwarten. Ein „Weißbuch" muss also vor allen Dingen „Weisbuch" und damit im besten Sinne des Wortes *wegweisend* sein.

Stattdessen kommen bei seiner Lektüre besonders die Fans neumodischverblasenen Managerjargons auf ihre Kosten. Die große Masse unserer Bürger wird das Dokument aber schon wegen seiner sprachlichen Sperrigkeit zügig beiseitelegen – tragisch eigentlich, denn die „Wege zum Weißbuch" waren ja eigentlich recht offen und dialogorientiert angelegt.[20] Es ist deshalb zu hoffen, dass es wenigstens der neuen Bundesregierung gelingen möge, diesem fatalen Problemszenario gerecht zu werden. Denn nicht nur unsere eigenen Bürger, sondern auch unsere westlichen Partner haben einen Anspruch darauf, dass Deutschland als große Nation seiner sicherheitspolitischen Rolle im weltweiten Mächtekonzert gerecht wird. Eine starke, von ihren Kardinalproblemen befreite Bundeswehr ist dafür unabdingbar.

---

[20] Bundesministerium der Verteidigung (Hrsg.), Wege zum Weißbuch, Berlin 2016. Ausweislich dieses kurzen Leitfadens haben zwischen April und Oktober 2015 nicht weniger als 10 „Workshops" mit einer Vielzahl hochrangiger Experten aus Politik, Wirtschaft, Gesellschaft, Kultur, Wissenschaft und nicht zuletzt dem Militär stattgefunden. Angesichts dieses Aufwands kann man eigentlich nur lapidar urteilen: Das Kreißen eines Berges und die Geburt eines Mäuschens!

Innere Führung ist Teil der Führung
Gerhard Brugmann

Anfang 1975 beauftragte mich der Generalinspekteur, Admiral Zimmermann, mit der Vorbereitung der 20sten Kommandeurtagung der Bundeswehr. Bei der Gelegenheit sollte auch über die Innere Führung vorgetragen werden. Nachdem die Innere Führung in den Anfangsjahren der Bundeswehr so hohe Wellen geschlagen hatte, war sie 1975 kein großes Thema mehr. Der Kommandierende General des III. Korps, Generalleutnant Pöschl, stellte auf jener Kommandeurtagung in seinem Referat fest: „Nach den letzten Zustandsberichten lassen sich die Meinungen grob auf den gemeinsamen Nenner bringen: Die Innere Führung wird jetzt praktiziert und nicht diskutiert." Und weiter: „Das hört sich gut an. Unwillkürlich denkt man an Stresemanns Satz: ‚Die Demokratie ist erst dann verwirklicht, wenn man nicht mehr fortwährend von ihr reden muss.'"[1] Das war zutreffend, aber was Innere Führung nun wirklich sein sollte, wusste man immer noch nicht. Ich hatte dem Generalinspekteur vorgeschlagen, der Inneren Führung eine eindeutige Richtung zu geben, indem er eine verbindliche Definition des Begriffes festlegen und damit den Meinungsstreit beenden würde. Ich glaubte, einen klugen Beitrag geliefert zu haben, dem war aber nicht so. Zimmermann sagte mir klipp und klar, Innere Führung dürfe man nicht definieren. Wie recht er hatte, wie weise sein Ratschlag war, habe ich im Laufe der Zeit eingesehen, denn wenn über die Innere Führung nicht mehr gestritten wird, ist sie tot. Aus dieser Erkenntnis könnte man einen Grundsatz der Inneren Führung ableiten. Im Heft „Standortbestimmung – 20 Jahre Bundeswehr" der Schriftenreihe Innere Führung findet sich im Vortrag des Kommandeurs der Schule Innere Führung konsequenterweise der Satz „Bereits der Begriff Innere Führung entzieht sich einer umfassenden und allgemeingültigen Definition. Bisherige Versuche – sie waren zahlreich – umschreiben mehr ihre Ziele als die Grundelemente."[2]

Die Innere Führung funktionierte in der Truppe, sie funktionierte aber nicht an ihrer Schule. Deren Konzeption sah vor, dass die Schule den Fragen der Inneren Führung mit wissenschaftlichen Methoden nachgehen, deren Grundsätze lern- und lehrbar machen und in Lehrgängen Kommandeure, Kompanie-

---

[1] Schriftenreihe Innere Führung, Standortbestimmung – 20 Jahre Bundeswehr, S. 69.
[2] Ebenda S. 59.

chefs und Kompaniefeldwebel auf die Praxis moderner Menschenführung vorbereiten würde.[3] Dazu gliederte sich die Schule in einen wissenschaftlichen, mehrheitlich zivilen Stab und einen militärischen Lehrstab. Diese allein schon von ihrer organisatorischen Konstruktion her verunglückte Schule errang kein Ansehen in der Truppe und erhielt schon 1964 durch den 6. Generalstabslehrgang (Heer), den 5. Admiralstabslehrgang und den 8. Generalstabslehrgang (Luftwaffe) einen ersten, viel Aufsehen erregenden Weckruf. Die Lehrgangsteilnehmer brachten als junge, nicht mehr kriegsgediente Kompaniechefs und Disziplinarvorgesetze ihre Erfahrungen ein und sahen sich veranlasst, auf die Praxisferne des Lehrbetriebs aufmerksam zu machen. Sie wurden dabei kompetent und nachdrücklich von ihren alliierten Klassenkameraden unterstützt.

In den folgenden Jahren trat erkennbar keine Verbesserung des Lehrbetriebs ein, bis im Sommerloch des Jahres 1978 die Öffentlichkeit aufmerksam wurde und eine Diskussion um die Innere Führung entbrannte. Der Bundesminister der Verteidigung Dr. Apel sah sich bedrängt, bestimmte zum neuen Schulkommandeur ausgerechnet einen ehemaligen Angehörigen jenes 6. Generalstabslehrgangs, Brigadegeneral Lange, sagte ihm seine volle Unterstützung zu und erwartete, dass der General ihn aus den Schlagzeilen brächte. Die Schule sollte umstrukturiert werden zu einer „Einrichtung der geistigen Orientierung und Koordinierung aller Fragen der inneren Führung". Der Generalinspekteur Wust betonte bei der Kommandoübergabe an Lange: „Die Praxis wird Vorrang vor der Theorie haben. Theoretisieren um des Theoretisierens willen können wir uns in der Ausbildung unserer Soldaten nicht leisten."[4] Es gelang General Lange in den nächsten zwei Jahren gegen massive Widerstände, die Schule umzugliedern, die Umgestaltung zum Zentrum für Innere Führung einzuleiten und vor allem der Truppe Hilfen für die Ausbildung in Sachen Innere Führung an die Hand zu geben.

Bemerkenswert ist der Versuch von Werner Lange, die überall – vom Gesetzgeber bis zum Richter und Disziplinarvorgesetzten – beschworen, nirgends kodifizierten Grundsätze der Inneren Führung festzulegen. Sie wurden zwar 1980 in den „Texten und Studien der Schule Innere Führung"[5] veröffentlicht und in 2000 Exemplaren verteilt, haben sich aber wieder verflüchtigt. Das ist bedauerlich, weil es zeigt, dass die Bundeswehr nicht fähig ist, sich auf eine

---

[3] Weißbuch 1970 zur Sicherheit der Bundesrepublik Deutschland und zur Lage der Bundeswehr, Ziff. 158.
[4] 6. Generalstabslehrgang Heer, Korrespondenz, 45. Jahrg., Dezember 2009, S. 108f.
[5] Heft 7/80.

Prioritätenfolge der ihr wichtigen Werte festzulegen. Auch die Festlegung einer Definition der Inneren Führung konnte Lange nicht glücken. Er beschrieb sie so: „Innere Führung ist ein umfassendes Führungsprinzip. Sie ist Bestandteil der Gesamtkonzeption militärischer Verteidigung und umfasst Grundlagen und Grundsätze, die den Angehörigen der Streitkräfte auf allen Ebenen und in unterschiedlichen Rollen betreffen, als freie Persönlichkeit, als Staatsbürger, als Kämpfer und als Angehöriger des Öffentlichen Dienstes." Dazu stellt er zutreffend fest: „Innere Führung kann auch nicht als einzige Verhaltenslehre umgesetzt und etwa mit zeitgemäßer Menschenführung erläutert werden."[6]

Um das zu überdenken, muss man ad fontes gehen und sich in die Zeit versetzen, in der der Begriff Innere Führung entstanden ist. Über die Innere Führung ist, als die Bundeswehr im Entstehen war und als die Innere Führung noch als „Inneres Gefüge" bezeichnet wurde, „ungeheuer viel geschrieben und geredet worden", wie im Protokoll der Ersten Lesung des Freiwilligengesetzes am 28. Juni 1955 im Bundestag vermerkt ist.[7] Damals ging es um Neuerungen gegenüber der Menschenführung der Wehrmacht. Der Wehrmacht wurde zu viel Kommiss und zu viel Drill vorgeworfen.[8] Begründet wurden die Neuerungen im alias „Inneren Gefüge" mit der Einführung des Staatsbürgers in Uniform als Voraussetzung für ein grundgesetzkonformes Verständnis des neuen Soldaten. Im Überschwang der Interpretationen der Inneren Führung und in Unkenntnis ihrer Entstehungsgeschichte wird heute gern manches in ihren Werdegang hineingeheimnist, was nicht belegbar, von Unkenntnis gezeichnet ist und manchmal ans Abenteuerliche grenzt. So war jüngst zu lesen, am Anfang der Inneren Führung habe weder die Demokratieverträglichkeit der neuen deutschen Streitkräfte noch ihre Sozialverträglichkeit gestanden (sic!). „Strategischer Kern" sei die kontinuierliche Analyse des wandelbaren Kriegsbildes mit den daraus zu ziehenden Folgerungen für die clausewitzsche „wunderliche Dreifaltigkeit" gewesen.[9] Über Clausewitz' wunderliche Dreifaltigkeit hat sich im Zusammenhang mit der Inneren Führung damals wohl niemand Gedanken gemacht. Es ging schlicht darum, das Menschenbild des Grundgesetzes in die Menschenführung der Bundeswehr aufzunehmen und – wenn manchmal auch mit vielleicht ein bisschen zu viel Getöse – sich von den Auswüchsen der

---

[6] 6. Generalstabslehrgang Heer, Korrespondenz, 45. Jahrg., Dezember 2009, S. 115.
[7] Schriftenreihe Innere Führung, Entscheidungen II, S. 74, vgl. auch S. 142.
[8] Ebenda S. 182.
[9] If Zeitschrift für Innere Führung 2/2017, S. 15.

Wehrmacht zu distanzieren. Am Anfang der Inneren Führung stand das Ringen um eine gute Menschenführung.

An diesem Punkt erscheint mir ein Exkurs unerlässlich. Die Menschenführung in der Wehrmacht hatte zweifellos erhebliche Auswüchse. Sie war aber keinesfalls so durchgehend negativ wie sie in der Öffentlichkeit unmittelbar nach Kriegsende in dem verständlichen Bedürfnis, den Krieg hinter sich zu lassen, dargestellt wurde. Wäre es anders, wäre nicht erklärbar, wie die Soldaten der Wehrmacht in kurzer Zeit eine Bundeswehr aufbauen konnten, deren Innere Führung als so erfolgreich angesehen würde, dass ihre Fachzeitschrift sie als „Exportschlager" anpreist.[10]

Meine Generation, die der ersten kriegsungedienten Leutnante, hatte es zweifellos leichter als unsere heutigen Leutnante, die in ihrem Bemühen um gute Menschenführung von der Lehre Innere Führung ausgehen müssen, während wir uns in erster Linie an Vorbilder halten konnten, die die heutige Generation dem Vernehmen nach vermisst. In einem Bericht des Generalstabs-Major a. D. Dr. jur. Joachim Strauß, der nach seiner Dienstzeit in der Bundeswehr von 1956 bis 1966 in der Wirtschaft Karriere machte, ist zu lesen: „Der Begriff Innere Führung spielte keine Rolle. Ich bildete so aus wie ich es bei Ritz gelernt hatte."[11] Ritz war sein Bataillonskommandeur, bei dem er Leutnant gewesen war. Wir hatten wohl fast alle in unseren Bataillonskommandeuren Vorbilder, nach denen wir uns richten konnten.

Die Innere Führung hat sich nach dem zweiten Weckruf 1978 fort-, aber nicht weiterentwickelt. Kluge Köpfe haben sich ihrer angenommen und ihren Bezug zu allen Bereichen der Führung entdeckt, beschrieben und beurteilt. Sie hat aber auch manch leeres Stroh produziert, wie das jeder akademische Betrieb an sich hat. Sie hat mit ihren Instituten und ihren Veröffentlichungen viel Geld und viel Papier verschlungen. Alles in allem war sie über die Jahre sehr produktiv und hat manch Gutes bewirkt. Nur eines ist ihr nicht gelungen: von der Truppe verstanden zu werden. Fragt man heute einen Leutnant nach der Inneren Führung, weiß er wenig mit ihr anzufangen, wohl ist er, akademisch geschult, in der Lage, über sie zu schreiben. Ich ziehe den Leutnant als Maßstab heran und verlange, dass die Innere Führung so vermittelt wird, dass sie von ihm verstanden, akzeptiert und angewendet werden kann. Das geht am besten mit Vorbild.

---

[10] If Zeitschrift für Innere Führung 2/2017, S. 18.
[11] 6. Generalstabslehrgang, Korrespondenz, 52. Jahrg 2016, S. 192.

2014 fand an der Bundeswehruniversität Hamburg unter den Leutnanten eine Revolte statt. Diese Leutnante 2014 fühlten sich nicht richtig geführt und protestierten dagegen mit dem Buch „Armee im Aufbruch". Die Revolte war maßvoll und war intelligent eingefädelt worden; 29 positive Rezensionen und drei Geleitworte sind vorangestellt und bieten Schutz vor Verfolgung. Die Idee der Inneren Führung erscheint diesen Leutnanten kompliziert, mehrdeutig und abstrakt.[12] Jedes ernsthafte Gespräch unterstreicht, dass sie mit der Lehre von der Inneren Führung nicht zurechtkommen. Die Leutnante vermissen Führung und Vorbilder.

Wenn die Innere Führung bei den Leutnanten unserer Armee keinen Anklang findet, kann sie noch so intelligent verfasst, noch so intensiv betont und mit hohen akademischen und Dienst-Graden geschmückt werden, sie verfehlt ihren Zweck. Wichtig ist: man kann Innere Führung nicht befehlen. Es stellt sich die Frage nach einer praktikablen Lösung des 60jährigen Dilemmas.

Diese erscheint einfach, wenn man bereit ist, Fehlentwicklungen einzugestehen und logischem Denken vor festgefahrenen Konstruktionen Vorrang einzuräumen. Unbestritten sollte sein, dass Innere Führung ein Teil des Führens ist. Wenn man ferner davon ausgeht, dass – wie seit den ersten Tagen der Bundeswehr unablässig betont wird, nicht zuletzt im Bundestag – der Mensch und seine persönliche Würde im Mittelpunkt zu stehen habe[13], ergibt sich folgerichtig, dass Innere Führung ihren Platz dort hat, wo Führung gelehrt wird, d.h. in der Führungsakademie. Schon Hans-Christian Beck, der zu Anfang des letzten Jahrzehnts als Generalmajor die Führungsakademie leitete, hielt es für erforderlich, der Führungslehre zuarbeitende Institute der Führungsakademie anzugliedern. Das sollte jetzt mit dem Zentrum Innere Führung geschehen. Diese zweckmäßige Umgliederung wird manches Totholz abstreifen, und beim Entstehen einer umfassenden Führungslehre werden die bisherigen Erkenntnisse zur Inneren Führung auch an der Führungsakademie den ihnen gebührenden Platz finden. Spätestens dann sollte, nachdem die Führungsakademie, ihrer Bedeutung angemessen, kürzlich dem Generalinspekteur direkt unterstellt worden ist, der Kommandeur der Führungsakademie der Bundeswehr ein erfahrener Kommandierender General oder Inspekteur einer Teilstreitkraft sein und sein Stellvertreter ein Generalmajor oder Konteradmiral in der Funktion als Chef des Stabes.

---

[12] Marcel Bohnert, Lukas Reitstetter (Hrsg.), Armee im Aufbruch, Berlin 2014, S. 224.
[13] Vgl. Schriftenreihe Innere Führung, Entscheidungen II, S. 67 u. 84.

Es ist Zeit. „Innere Führung" und „Staatsbürger in Uniform", vom Schlachten heiliger Kühe

Gustav Lünenborg

Der Begriff „Innere Führung" ist verschlissen. Er kann verlustlos durch „Bundeswehr in Staat und Gesellschaft" ersetzt werden. „Staatsbürger in Uniform" ist für eine Berufsarmee unpassend, weil selbstverständlich. Der Begriff kann ersatzlos entfallen.

1. „Innere Führung" ist ein großartiges Konzept, mit Weitsicht und demokratischem Geist entworfen, passgenau für die Einfügung der neuen deutschen Streitkräfte in den demokratischen Rechtsstaat. Wenige Jahre nach dem Zusammenbruch des elenden 3. Reiches. Heute, nach 62 Jahren, sind seine Ideen tief verwurzelt in Staat und Bundeswehr, in Substanz und Selbstverständnis: Bindung an Recht und Gesetz, staatsbürgerliche Rechte für den Soldaten, alle Entscheidungsgewalt beim Parlament.

„Innere Führung" ist in den frühen Nachkriegsjahren geboren, als es galt, neue deutsche Streitkräfte in den gerade gegründeten demokratischen Rechtsstaat BRD einzufügen und der Bevölkerung der Bundesrepublik, die mit Mehrheit eine Wiederbewaffnung ablehnte, eine neue deutsche Armee annehmbar zu machen.

Das Konzept entstand im heftigen Streit zwischen Traditionalisten und Reformern. Die Reformer setzten sich durch, aber die anhaltende Diskussion schafft Unruhe in der Bundeswehr bis heute.

„Innere Führung" leitet sich vom Grundgesetz ab und beschreibt die Einfügung der Streitkräfte und des einzelnen Soldaten in den demokratischen Rechtsstaat. Parlamentsarmee, Staatsbürger in Uniform. So, wie die Bundesrepublik ein Gegenentwurf zum 3. Reich war, so sollte sich die Bundeswehr unterscheiden zur Wehrmacht. Nicht in den allgemeinen soldatischen Tugenden: Disziplin, Tapferkeit, Kameradschaft, auch nicht im militärischen Prinzip von Befehl und Gehorsam, sondern in der Unterstellung und Kontrolle durch das Parlament, in der Stellung des Soldaten mit fast allen bürgerlichen Rechten, einschließlich eines umfassenden Beschwerderechts und in der Bindung des Vorgesetzten, Befehle nur zu dienstlichen Zwecken zu geben.

In den langen Friedensjahren verschulte die Bundeswehr im Konkurrenzkampf zum zivilen Arbeitsmarkt und in der durch die USA garantierten Sicherheit. „Soldat" wurde „ein Beruf wie jeder andere" und „Innere Führung" wurde als Führungslehre der Streitkräfte für jede Aufgabe missverstanden. Sie blieb Dauerthema zwischen Bewunderung und Ablehnung. Bis heute schreiben wir unsere Aufsätze, Vorträge, Dissertationen, Masterarbeiten, Bücher über die Frage: Was ist „Innere Führung"?

Ich bin 1956 Soldat geworden. Divisionsjugendoffizier, Kompaniechef, Taktiklehrer an der Offizierssschule, Generalstabslehrgang A, Bataillonskommandeur, Dozent an der Führungsakademie, Kommandeur eines Territorialen Kommandos mit u.a. 2.000 Reservisten waren die wichtigsten Verwendungen. Ich kenne die Bundeswehr von den Aufbaujahren bis in die Zeit der neuen Einsätze gut. Ich war Soldat unter dieser Verfassung und stolz auf mein geistigmoralisches Fundament, das Konzept „Innere Führung". Es trug auf hundert Podien und hundert Texten.

Nach der Pensionierung 1993 blieben Bundeswehr und „Innere Führung" in meiner Aufmerksamkeit. Ich schrieb meine Berufserinnerungen „Bürger und Soldat – Innere Führung hautnah. 1956–1993/1993–2015". Das Buch erschien 2015 im Miles-Verlag mit guter Resonanz. Im Frühjahr 2013 hatten mich Berichte über die Unzufriedenheit der jungen Zugführer und Kompaniechefs im Einsatz in Afghanistan, der Männer und Frauen, die auch außerhalb der Camps im scharfen Einsatz die Herausforderungen des heutigen Krieges zu meistern haben, zu mehrmonatigen Recherchen veranlasst. Ihr Hauptvorwurf: „Innere Führung" war ein Konzept für die Bundeswehr im Frieden. Für unsere Einsätze im Krieg ist sie unbrauchbar.

Als ich einen ihrer Sprecher, gerade als Kompaniechef aus Afghanistan zurück, fragte: „Was ist für Sie Innere Führung?" antwortete er: „Das ist es ja, ich weiß es nicht! Jeder erzählt mir etwas anderes."

Die ewige Diskussion um den Inhalt, der Unwille, sich ernsthaft mit dem Thema zu beschäftigen, die Genugtuung, einen Sündenbock für alles zu haben, was in der Bundeswehr nicht funktioniert, erzeugt eine tiefe Abneigung gegen die unverstandene „Innere Führung", die für sehr viele Soldaten aller Dienstgrade für eine unsoldatische Armee steht, in der mitunter pazifistische Grundhaltung und Angleichung an Denken und Wünschen der Zivilgesellschaft wichtiger zu sein scheint als Entschlusskraft, Führungswille, Bereitschaft zum Kampf und Wille zum Sieg.

Als vor wenigen Monaten ein afghanischer Journalist gefragt wurde, was er von der Bundeswehr in Afghanistan halte, antwortete er lachend: „Eine Spielzeugarmee. Die dürfen doch nicht einmal ihre Natokameraden in ihren Autos mitnehmen." Eine Einzelmeinung? Maßlos übertrieben? Vor wenigen Jahren sagte ein deutscher Viersternegeneral a.D., vormals in höchster NATO-Position, in einem Vortrag in einer Kaserne in Schleswig-Holstein vor einem großen Kreis von Soldaten und vielen Gästen aus der Zivilgesellschaft: „Wenn in einer Kommandozentrale in Afghanistan ein amerikanischer, ein britischer und ein französischer Offizier auf dem Flur beisammen stehen und ein deutscher Offizier tritt dazu, dann gehen die Drei auseinander und treffen sich irgendwo ohne den Deutschen wieder." Wer erschrickt da nicht! Wenn man bei der Öffentlichen Vereidigung in diesem Jahr in Berlin die Verteidigungsministerin und den Ehrengast reden hörte, dann hätten diese Reden auch vor 30 Jahren gehalten werden können. Von der Bedeutung der weltweiten Einsätze, von der hohen Verantwortung des Parlaments, der Bedeutung von Disziplin, Gehorsam, Tapferkeit, Verwundung und Tod und von der Würde des Soldatenberufs bei der Verteidigung von Recht und Freiheit, dem Schutz vor Völkermord und Vertreibung bei den heutigen Einsätzen habe ich kein Wort gehört. Haben die Redner begriffen, was Einsatz heute bedeutet?

Es ist Zeit, die eingelaufenen Denkpfade zu verlassen. Die neue Zeit hat längst begonnen. Viele junge Offiziere sind ungeduldig. Die ersten alternativen, undemokratischen Modelle einer neuen Armee sind aus ihrem Frust und ihrer Wut im Gespräch und längst publiziert. „Innere Führung" ist für viele ein Reizwort.

Der Wertekanon ist auch heute gültig, längst verinnerlicht. Aber nach 62 Jahren Bundeswehr ist der Begriff „Innere Führung" im ewigen Streit um Inhalt und Nutzen längst verschlissen und kann ersatzlos und befreiend durch „Bundeswehr in Staat und Gesellschaft" ersetzt werden. Das ist einfach, leicht verständlich und kann problemlos gelehrt werden.

„Innere Führung (IF)" und „Äußere Führung (TF)" sollten unter ein Dach, in eine Hand. Das Zentrum Innere Führung hat seine Aufgabe in den Aufbau- und Friedensjahren erfüllt, die Führungsakademie in Hamburg ist heute der geeignete Ort für beide Seiten der Medaille: „Militärische Führung". Statt Konkurrenz ein Guss für die Armee im Einsatz.

Natürlich ist die Prüfung und Vergewisserung der ethischen Grundlagen und der Rolle der Bundeswehr in Staat und Gesellschaft fortlaufend. Aber für die Bundeswehr müssen heute die militärischen Themen des Einsatzes im Vordergrund stehen statt der ewigen akademischen Diskussion um die „Innere Führung".

2. „Staatsbürger in Uniform" war zur Zeit der Wehrpflicht, als die Bundes-

wehr bis zu 500.000 aktive Soldaten, etwa 1,2 Millionen mob-beorderte Reservisten und in jedem Jahr ca. 120.000 Einberufungen und Entlassungen hatte, zutreffend, Anspruch, ein berechtigter Ehrentitel. Heute, bei noch ca. 200.000 Berufs- und Zeitsoldaten und einer überschaubaren Zahl von Reservisten ist die Bezeichnung überflüssig, ja diskriminierend. Soldat zu werden ist nicht mehr staatsbürgerliche Pflicht, sondern eine individuelle, freiwillige Berufsentscheidung einiger.

Natürlich sind auch heute deutsche Soldaten Staatsbürger, so wie Polizisten das sind oder Lehrer oder Richter. Aber das Selbstverständliche sollte man nicht bei einer Berufsgruppe besonders hervorheben. Das klingt dann so, als müsse man sich bei den Soldaten auch nach 62 Jahren immer noch vergewissern, dass sie zuverlässige Demokraten sind. Wir sprechen ja auch nicht vom „Staatsbürger in Polizeiuniform" oder „Staatsbürger in Robe" oder „Staatsbürger im Lehramt".

Die besondere Kennzeichnung „Staatsbürger in Uniform" sollte ersatzlos gestrichen werden. Verluste entstehen beim Verzicht, das Selbstverständliche besonders zu benennen, nicht.

3. Die Begriffe „Innere Führung" und „Staatsbürger in Uniform" sind bis heute bei gebetsmühlenhafter Postulierung und nostalgischer Verklärung durch die Bundeswehrführung und Politik in Tausenden von Texten scheinbar unantastbar. Beide Begriffe streichen? Ich höre den Aufschrei und die reflexhafte Ablehnung. Aber: Sie sind die Asche und nicht das Feuer! Von der Truppe nicht angenommen, der multinationalen Zusammenarbeit im Wege, ehemals sinnvolles Zeichen für den Eintritt in den jungen, demokratischen Rechtsstaat, heute für sehr viele das Signum für die eingehegte, verweichlichte Armee, für die Vermeidung von Verlusten immer wichtiger ist als die erfolgreiche Durchführung des militärischen Auftrags.

Die Bundeswehr muss in der Normalität von europäischen Streitkräften im Einsatz ankommen, ohne unnötigen Ballast aus der Vergangenheit. Sie bleibt die Armee im demokratischen Rechtsstaat. Seine Werte sind auch für den Soldaten bindend. Sie bleibt die Parlamentsarmee. Verteidiger von Recht und Freiheit zu sein, ist die Grundlage unseres Berufsstolzes. Deutsche Soldaten sind keine Söldner.

Gerade die jungen militärischen Führer in den multinationalen Einsätzen weltweit fordern uns. Ihre Integration in multinationale Verbände und Operationen wird durch die Überbetonung von Innerer Führung und Staatsbürger in Uniform erschwert. Sie wollen im Bündnis Gleiche unter Gleichen sein, für Einsatz und Kampf klare Verhältnisse und den Stolz, zu einer geachteten soldatischen Gemeinschaft zu gehören, die für ihren Staat und seine Gesellschaft Außerordentliches leistet. Bundeswehr ist nicht eine andere Polizei, eine andere Feuerwehr. Ihre Männer und Frauen sind bereit, im Auftrag des Parlaments weltweit ihre Waffen gegen Personen und Sachen einzusetzen für Recht und Freiheit anderer, unter Einsatz des eigenen Lebens, ihrer eigenen Gesundheit, bei großer Belastung für Partnerschaft und Familie. Das prägt und fordert starke Identifikation mit Auftrag und Auftraggeber und einen besonderen soldatischen Geist. Das fordert auch klare Begriffe mit überzeugenden Inhalten. Militärische Vorgesetzte, Politiker und Öffentlichkeit müssen das lernen und zulassen.

Graf Baudissin sah einen zukünftigen Krieg nicht nur als den härtesten, für den entsprechend fordernde Ausbildung nötig sei, sondern er nannte den Offiziersberuf einen eminent politischen Beruf. Wer seine Männer und Frauen weltweit, im Auftrag der UNO, oft in fremden Kulturen und meist in wenig durchschaubaren politischen Lagen in den Kampf zu führen hat, sollte vor der Entscheidung am politischen Prozess teilnehmen. So sind die Offiziere herausgefordert, Grundlagen, Struktur und Geist ihrer Armee im Rahmen unserer Verfassung zeit- und auftragsgemäß zu formen. Mögen sie zunächst die alten Zöpfe abschneiden.

V Rezensionen

Viktor Toyka, Dienst in Zeiten des Wandels. Erinnerungen aus 40 Jahren als Marineoffizier 1966–2006, Miles-Verlag 2017
Klaus Olshausen

Vierzig Jahre sind historisch ein kurzer Zeitraum – aber sie umreißen ein ganzes Berufsleben. Nicht viele Offiziere unserer Bundeswehr haben sich entschlossen, Erinnerungen aus ihrem vielgestaltigen Dienst für unser Land aufzuschreiben und der Öffentlichkeit zugänglich zu machen.

In einer Zeit, in der immer wieder von der „eigenen Tradition der Bundeswehr" – in Ab- und Ausgrenzung zur deutschen Militärgeschichte, insbesondere der Wehrmacht – gesprochen wird, ist es bedeutsam und hilfreich, Informationen aus dem inneren Leben und „Erleben" unserer Bundeswehr in unterschiedlichen Einheiten und Stäben, das Ministerium eingeschlossen, aufnehmen zu können.

Als Marineoffizier war Viktor Toyka vierzig Jahre aktiv Mitwirkender von seiner Ausbildung als Offizieranwärter der Crew IV/66 in Glückstadt im April 1966 bis zur Mitgestaltung der neu eingerichteten Streitkäftebasis Anfang der 2000er Jahre und der Umgestaltung der Ausbildung für den General-/Admiralstabsdienst an der FüAkBw bis 2006.

Es ist ein persönliches Buch, aber keine Autobiographie. Es ist ein sachliches Buch, aber kein Sachbuch. Man beginnt zu lesen und denkt, mal sehen, ob ich dran bleibe oder es wieder zur Seite lege. Fangen Sie einfach an und Sie werden weiterlesen. Es ist spannend. Die Umgebung, in der er handelt, wird plastisch erfahrbar und seine eigene Persönlichkeitsentwicklung vom Offizieranwärter der Crew zum Flottillenadmiral darf man miterleben. Dabei legte schon die harte, intensive Grundausbildung wichtige, nachwirkende Grundlagen: „eine menschlich anständige Ansprache, das Appellieren an den Sportsgeist und den Wunsch, besser zu sein als Andere…". Die folgenden Etappen auf der Gorch Fock, dem Schulschiff Deutschland, an der Marineschule Mürwik und der MUS in Plön sind Erlebnisberichte, in dem auch Licht und Schatten der gelebten Menschenführung in der Heranbildung des Offiziernachwuchses erkennbar werden.

Wer seine Schilderung der Mängel in der Ausstattung des „U 8" liest, auf dem er sein Praktikum machte, kann dies zur Wirklichkeit heutiger Mängel in der Ausstattung unserer Bundeswehr – nicht zuletzt aufgrund lang anhaltender „Unterfinanzierung" – in Beziehung setzen. Dies in Verbindung mit dem Führungsverhalten der Kommandeure bewirkte eine persönliche Krise, ob er Berufsoffizier werden wollte oder bald als Leutnant z.S. d.R. ausscheiden würde. Trotz der erlebten und gefühlten Enttäuschungen entschloss er sich, Marineoffizier bleiben zu wollen. Und er stellt bilanzierend fest: „Ich habe es nie bereut".

Es folgten viele „U-Boot-Jahre", weitere Ausbildung für den Einsatz auf einem Zerstörer, ein intensives Jahr auf dem „Z-4" der Fletcher Klasse, bevor er nach Auswahl für die Admiralstabsausbildung im Herbst 1979 an der Führungsakademie der Bundeswehr (FüAkBw) eintraf.

Die Intensität der Schilderungen steigert sich weiter – von taktischen und operativen Herausforderungen, dem unbedingtan Zusammenspiel von Beherrschen der Technik und dem Zusammenhalt der Mannschaft, den besonderen Gegebenheiten im Ministerium beim Einsatz im Führungsstab Marine (Fü M) und dann als Adjutant Marine beim Generalinspekteur, Admiral Dieter Wellershof. Diese Aufgabe war v.a. aufgrund der überzeugenden Persönlichkeit dieses Generalinspekteurs prägend.

Die Verantwortung als Kommandant für zwei Zerstörer (HESSEN und BAYERN) folgte. Zwei Zerstörer und doch zwei unterschiedliche Perspektiven. Zwar galt es in beiden Fällen die taktischen und technischen Herausforderungen mit dem Zusammenwirken von Führung und Mannschaft erfolgreich zu verknüpfen. Aber es war doch für alle dramatisch, mitten im Einsatz der HESSEN über seinen S 6 zu erfahren, dass dieser stolze, wenn auch alte Zerstörer sofort nach Rückkehr ausser Dienst gestellt wird. Und der folgende Einsatz mit der BAYERN brachte nicht nur eine erste Begegnung mit 30 Mann des Ujagdschiffes PERLEBERG der NVA Marine zunächst in Wilhelmshaven und dann in Warnemünde noch vor der Wiederherstellung der deutschen Einheit – zwei bewegende, aber nachdenklich stimmende Begegnungen –, sondern auch einen wichtigen, denkwürdigen Ausbildungsabschnitt für zwei US- Flugzeugträgerkampfgruppen südlich der Azoren in Vorbereitung auf deren Einsatz im zweiten Golfkrieg 1991.

See-taktisches Üben auf unterschiedlichen Ebenen mit unterschiedlichen Booten und Schiffen sowie erforderliche operative Planung für komplexe Übungen, aber auch die Bündnisverteidigung in Nord- und Ostsee waren ihm wohl vertraut, als er sich ab April 1991 als verantwortlicher Referatsleiter nicht nur mit der Konzeption der Marine, sondern auch mit der langjährig angelegten Bundeswehrplanung befassen musste. Knappe, ja zu geringe Plankostenrahmen auch für die Marine führten zur Fähigkeitsgestaltung nach Kassenlage (design by budget), die allerdings häufig noch als strategische Ausrichtung (design by strategy) dargestellt wurde. Dass allerdings in dieser Lage „subversive Stabsarbeit" sowie Planen über die Bande z.B. der Politik (wg. Industriestandorten der Küstenländer) gelegentlich zu wichtigen Teilerfolgen führen konnte wie beim U-212, war auch eine wichtige Erkenntnis.

Zurück in der Flotte als Kommandeur des 4. Fregattengeschaders (ohne eigenen Stab) führte er ‚geübte' Embargooperationen im Rahmen eines deutsch-französischen Übungsverbands in der Nordsee und war anschließend mit der UNO-mandatierten „ernsthaft" stattfindenden Embargooperation gegen das ehemalige Jugoslawien unter NATO-, WEU-Flagge befasst. Er erlebte, dass und wie diese endlich von dem „HQ Combined Task Force 440" gemeinsam geführt wurden, das dem HQ NAVSOUTH unterstand. – Damals wird schon erkennbar, welche Möglichkeiten, aber auch Schwierigkeiten eine später vorgesehene Zusammenarbeit von NATO und EU in Kriseneinsätzen kennzeichnen sollten.

Zwar hatte Toyka schon an der FüAkBw „ganz offen die anderen Teilstreitkräfte, ihre Eigenheiten und Denkweisen kennen" gelernt und auch in den Auseinandersetzungen v.a. im Rahmen der Bw-Planung deren Schwerpunkte und die Art ihres Vorgehnes erlebt, aber mit seiner Versetzung in das neu aufzustellende Führungszentrum der Bundeswehr kam es jetzt darauf an, auf der Grundlage des maritim geprägten Erfahrungsschatzes – auch in der Führung von und Kommunikation mit allen Mitarbeitern – das streitkräftegemeinsame, militärpolitisch und multintional geprägte Entscheiden und Handeln erfolgreich zu bewältigen. – Erneut berichtet Toyka informativ, spannend und persönlich über das Erlebte und Erreichte. Wichtig ist ihm zu erwähnen, dass über zwei Jahre „einen kontinuierlich so hohen Druck aushalten zu können" nicht zuletzt durch „ein so menschlich warmes und kameradschaftlich herzliches Betriebs- und Führungsklima" unterstützt wurde, dessen Wachsen, Halten und Pflegen – so Toyka – v.a. dem ersten Leiter des Führungszentrums zu verdanken ist.

Es war – neben den Meriten, die er in der Marine erworben hatte, wohl auch die überzeugende Leistung als Bereichsleiter Lageführung und dann als stv. Leiter des FüZBw, dass der Inspekteur der Marine Toyka als Leiter der Operationsabteilung (OP) wieder ins Flottenkommando nach Glücksburg holte.

Die „OP-Jahre" (1997-2000) waren mit nationaler, multinationaler – v.a. in und mit der NATO –, auch streitkräftegemeinsamer sowie zivil-militärischer Zusammenarbeit bei Katastrophen auf See überreichlich angefüllt. Aber über die intensive Tagesarbeit mit dem Meistern zahlreicher Probleme und operative Planungen und der Führung aller Einsätze und Übungen hinaus, gelang es nach intensiver Vorbereitung, die OP in aufreibenden STAN-Verhandlungen so zu stärken, dass ein Einsatzstab mit einem Kapitän zur See an der Spitze geschaffen wurde, um das als Kommandeur eines Fregattengeschwaders selbst erlebte „Führen von Einsätzen ohne eigenen Stab" zu überwinden, und zusätzlich die erkannte Schwäche in der Wirksamkeit Elektronischer Kriegführung durch eine als „Motor für die erforderliche Verbesserung" kompetente Verstärkung beheben zu helfen. Leider erlebte er in seiner Zeit den „tragischen Höhepunkt" mit der Frontkollision der deutschen TU-194 der Flugbereitschaft mit einem amerikanischen C141 Starlifter über dem Meer vor Namibia. Nach diesem tragischen Verlust der Crews und einer deutschen Segelmannschaft auf dem Flug zu ihren Wettkämpfen wurde endlich auch in allen Maschinen der Flugbereitschaft das Kollisions-Radar nachgerüstet, das in zivilen Passagiermaschinen schon seit Jahren Pflicht war.

Die beiden letzten Verwendungen führten Toyka wieder direkt in das Feld streitkäftegemeinsamer Arbeit. Seine Vorkenntnisse über das Streitkräfteamt waren rudimentär. Aber statt sich in geordneter Weise mit den Aufgaben der vielfältigen Fachabteilungen sowie der beinahe unübersehbaren Unterstellung zahlreicher Dienststellen im Inland, bei der NATO und im Ausland zu befassen, sah er sich quasi mit Dienstantritt mit der Umsetzung der Entscheidung von BM Scharping konfrontiert, ab 1. Oktober 2000 eine neue Streitkräftebasis (SKB) als fünften Organisationsbereich der Bundeswehr aufzustellen. Seine Schilderungen machen noch einmal deutlich, dass die Inspekteure von Heer, Luftwaffe und Marine erstens nicht bereit waren, zentrale Aufgaben für alle in Pilotfunktionen zu übernehmen bzw. sie dem anderen zuzugestehen und zweitens dann die Teilnahme an der vom Fü S zur Klärung vorgesehenen Klausurtagung verweigerten. Dass auch diese drastische Veränderung als „Reform von Grundauf" zur Leistungssteigerung verkündet wurde, konnte kaum darüber hinwegtäuschen, dass es sich wie seit 1990 auch hier um eine „versteckte Form des ‚Gesundschmelzens'" handelte mit einer Verringerung der Streitkräfte von 340.000 auf 255.000 Soldaten.

Welchen Anteil das Streitkräfteamt (SKA) und alle ihm zugeordneten und neu unterstellten Bereiche an diesem Umbau hatten, machen die Aussagen Toykas sehr plastisch. Zunächst musste das in Fachabteilungen gegliederte SKA mit einer neuen Abteilung Organisation SKB in die Lage versetzt werden, diesen Aufgaben einigermaßen gerecht zu werden. Was Unruhe, Druck und Hektik sowie ständige Veränderung angeht, war es für ihn – kaum vorstellbar – noch einmal eine Steigerung. „Alles war im Fluss, abrufbare, übertragbare Lösungen für neue Probleme gab es fast nie".

Seine letzte Verwendung brachte Toyka als stv. Kommandeur und Direktor Lehrgänge zurück an die „Alma Mater" seiner Admiralstabsausbildung. Hier traf er auf die entscheidende Phase der erforderlichen Reform der Generalstabs-/Admiralstabsausbildung zu einer Teilstreitkraft-übergreifenden Lehre. Er unterstützte dieses Vorhaben seines Kommandeurs aus voller Überzeugung und trotz vieler Hürden und erneut hektischer Arbeit gelang es, schon am 1.10.2004 den „Ersten Generalstabs-/Admiralstabslehrgang Streitkräfte" mit gemischten Hörsälen aller Teilstreikräfte zu beginnen. Er läßt erkennen, welche Freude er empfand und welche Befriedigung es ihm gab, sich mit den jungen Offizieren auseinanderzusetzen, ihnen zuzuhören und ihnen Orientierung und Maßstäbe der Menschenführung an die Hand zu geben.

Ein letzter kameradschaftlicher Dienst für eine Marine in Zeiten des „Abschmelzens" bestand in seiner Bereitschaft, seinen aktiven Dienst in der Marine zwei Jahre vor der Zeit zu beenden. Dabei haben aber auch die Beendigung der inzwischen ausgedehnten Zeiten als Stellvertreter sowie die Aussicht auf ein Ende des nervenden Zwischenfahrens zwischen Hamburg und Meckenheim ihren Anteil.

So geht eine intensive, erfolgreiche 40 jährige Dienstzeit als Offizier in der Marine und der Bundeswehr unprätentiös und ohne Pathos mit einer „würdigen Form" der Verabschiedung an der Führungsakademie zu Ende.

Der Rezensent hatte das Glück, diesen herausragenden Marineoffizier als Geschäftsführer als eine unverzichtbare Stütze seiner Präsidentschaft der Clausewitz Gesellschaft e.V. zu erleben. Auch in dieser Aufgabe voller Engagement, mit klaren Vorschlägen und Entscheidungen und als Persönlichkeit fordernd, belebend und untadelig.

Lesen Sie sein Buch und Sie mögen mir recht geben.

Wolfgang Peischel (Hrsg.): Wiener Strategie-Konferenz 2016. Strategie neu denken, Berlin 2017

Claus von Rosen

Vor genau 50 Jahren öffnete die Stabsakademie der Bundeswehr in Hamburg-Osdorf ihre Tore für die Offiziere, die nach bestandener Stabsoffizierprüfung nicht für die Weiterbildung zum künftigen Generalstabsdienst ausersehen worden waren. Der Lehrplan war in mancher Hinsicht sprichwörtlich revolutionär. Unter anderem enthielt er ein sogenanntes „Strategie-Seminar". Dies erregte Aufsehen an der Führungsakademie der Bundeswehr, der anderen benachbarten militärischen Bildungsstätte im Hamburger Westen. Deren Kommandeur wandte sich an den Generalinspekteur und erwirkte ein Verbot des Strategieseminars mit der Begründung, dass dieses Thema den Teilnehmern an der Führungsakademie vorbehalten sei. Seitdem wurde das Thema Strategie dort vorrangig im Fach Wehrgeschichte behandelt. Es schien, dass „man" zum Strategen geboren wird und „nur" aus der Geschichte das mehr oder weniger erfolgreiche Wirken großer Strategen absehen kann. Dass aber darüber hinaus Strategisches Denken und Handeln erlernbar und damit auch lehrbar sei, wurde erst in Laufe der folgenden Jahre deutlich. Seit zwei Jahren gibt es an der Führungsakademie der Bundeswehr ein spezielles Zwei-Wochen-Modul zum Thema „Strategisches Denken".

Auf diesem Hintergrund liest sich der Bericht über die erste Wiener Strategie-Konferenz von 2016 zum Thema „Strategie neu denken" wie eine Offenbarung. In diesem Bericht wird das neue Strategie-Format des österreichischen Brigadier Dr. Wolfgang Peischel ausgebreitet, das er ganz im Sinne des Titels von Raymond Arons Buch zu Clausewitz „Penser la guerre" entwickelt hat. Peischel ist österreichischer Generalstabsoffizier, Politologe, promovierter Militärwissenschaftler, Dozent für Strategisches Sicherheitsmanagement am Masterstudiengang der Wiener Sicherheitsakademie, Chefredakteur der Österreichischen Militärischen Zeitschrift (ÖMZ), des weltweit ältesten militärwissenschaftlichen Periodikums, und Präsident der European Military Press Association (EMPA). Der Grundgedanke und das Ziel für dieses neue Instrument klingen ganz einfach und verblüffen damit: „Militärische Fachmedien als Instrumente der strategischen Kommunikation und als Träger des militärwissenschaftlichen Diskurses" zu nutzen. Die Konferenz selber ist so ein Fachmedium, indem internationale und hochrangige Vortragende und Teilnehmer an den Panals auf hohem wissenschaftlichem Niveau sich austauschen. Dazu treten, nicht nur als Zuhörer, die Angehörige der Österreichischen Landesverteidigungsakademie. Das Programm der Konferenz unter dem Titel: „Strategie neu denken" und die Veröffentlichung der Beiträge aus diesem neuen Format sind ebenfalls Ziel und Weg des neuen Formates.

Bei all dem steht, so Peischel in seinem Vorwort und seiner Einführung in die Konferenz, das Mehrfach-Verständnis von Kommunikation sowohl für Praxis und Theorie der Strategie wie auch für deren Lehre im Mittelpunkt. Das ist im wissenschaftlichen Bereich nicht ungewöhnlich; im Bereich politisch-militärischer Strategie-Denke und besonders deren Lehre tut sich damit aber eine Tür sehr weit auf. Es wird deutlich, dass es nicht um das Abbilden des Einzel-Fachmanns, um nicht Einzelkämpfer zu sagen, als einsamer Stratege oder „Feldherr" geht. Wenn Strategisches Denken gelernt und gelehrt werden soll, muss es um eine Community gehen, die interdisziplinär, dem dialektischen Ansatz verpflichtet, kontrovers und mit perspektivischen Sichten dem Gegenüber wie dem Leser die Bewertung der dargelegten Argumen-tationslinien selbst überlässt und damit ihm ein tieferes Eindringen in die Problematik ermöglicht. Damit geht es um das geistig wissenschaftlich-theoretische miteinander Suchen und Ringen auf verschiedenen Ebenen der Praxis. Nicht zuletzt geht es um ein bildungsorientiertes akademisches Lernen im tertiären Bereich in und an der Praxis von Strategie. Strategie wird damit zum Forschungsgegenstand, und die Theoriebildung kann am erfahrenen historischen Objekt bzw. der präsenten Strategie-Legende durch Kritik und Fragen zu Ableitungen für die Gegenwart gelernt werden.

Entsprechend formulierte Peischel zwei Anforderungen an die Konferenz:
- Grundlagen für die Strategielehre zu schaffen, die zur Unterfütterung der Entscheidungsvorschläge für höhere Führungs- und politische Ebenen dienen können, sowie
- Grundsätze des strategischen Denkens zu abstrahieren und sie im Sinne eines Beitrags zu einer allgemeinen, nicht zwingend militärischen Führungswissenschaft zur Verfügung zu stellen und damit einen Beitrag zu einem politikübergreifenden Gesamt-Strategieansatz zu leisten.

Der Bedarf an interdisziplinär zusammengeführter Praxis auf Grund der offensichtlichen Übertragbarkeit von Strategie-Denke in andere gesellschaftliche Bereiche ist groß und erst in den letzten drei Jahrzehnten wirklich offensichtlich

geworden. Dies zeigt sich nun z.B. als Problem beim politisch-militärischen Ansatz des comprehensive approach, bei dem es um die Zusammenführung von Denk-Logiken der verschiedenen Partner geht. Es bestehen jedoch viele praktische bis ideologische Missverständnisse in diesem Zusammenhang; sie aufzuarbeiten und Gegensätze dabei fruchtbar zu machen, ist das Gebot der Stunde. Daher wird es nach Peischel in dem neuen Format darum gehen:
- militärfachliche und -wissenschaftliche Inhalte künftig zu generieren und im Diskurs weiter auszubauen; das bedeutet zunächst wissenschaftliche Grundlagenarbeit;
- Militärwissenschaft im eigentlichen Sinne schulisch zu betreiben, d.h. die militärische Führerausbildung i.S. von Lernen per Workshop zu revolutionieren, und
- das Angebot von ÖMZ und EMPA als wissensgenerierende Akteure und Plattformen für militärwissenschaftliche Forschung sowie die Konferenzen als Think-Tank international zu etablieren.

In den Tagen, als General de Maizière sein Verbot der Strategie-Denke auf Stabsoffiziersniveau durchsetzte, betrat Wolf Graf von Baudissin nach seiner militärischen Karriere das wissenschaftliche Katheder an der Hamburger Universität mit der Frage: „Warum ich über Strategie lese?" Er hatte festgestellt, dass nicht nur im militärischen Bereich ein Defizit an Strategie-Denke herrsche und man „aus der Hand in den Mund" lebte, statt mit geeigneten Methoden nach den theoretisch sich bietenden Lösungen zu suchen. Peischel hat nun den damals wie heute immer noch deutlichen Bedarf an langfristig-strategischem Denken, nicht nur im politisch-militärischen Bereich, festgestellt, wenn er sagt, dass Strategie als Forschungs- und Lehrfeld derzeit „untertheoretisiert" sei.

Das neue Format ist daher als substantieller Beitrag zur Deckung dieses wachsenden Strategiedefizits zu verstehen. Dazu solle nun das militärwissenschaftliche Fachperiodikum ÖMZ mit Berichten und Analysen in den Bereichen der Sicherheits- und Verteidigungspolitik, der Polemologie, Strategie und der gesamten Militärwissenschaften sowie zu aktuellen Krisen, Konflikten und Kriegen, aber auch zu grundsätzlichen rüstungspolitischen Fragen treten. Allgemeine Forschungsergebnisse, sicherheitspolitisch und militärstrategisch relevante Entwicklungen wie auch Prognosen können dabei als Basis für die höhere militärische Führungsausbildung ebenso dienen wie zur Unterstützung für laufende Entscheidungen in Politik, Militär und Unternehmen beitragen.

Der Wiener Ansatz ist bestechend. Die Berichte und Vorträge in dem vorliegenden Buch sind vielversprechend. Die 2. Konferenz 2017 hat bereits stattgefunden und lässt hoffen, dass eine Strategie-Community sich um das Projekt „Strategie neu denken" bildet. – Notwendig ist dies allemal. Peischels Ansatz rütteln daher auf: Wieso war in den letzten fünf Jahrzehnten kein derartiger Versuch im deutschsprachigen Raum erfolgreich – wenn es ihn denn gegeben haben sollte?

Marcel Bohnert, Innere Führung auf dem Prüfstand. Lehren aus dem Afghanistan-Einsatz der Bundeswehr. Mit einem Geleitwort von Generalmajor a.D. Gerhard Brugmann, Deutscher Veteranen Verlag, Hamburg 2017

Dirk Ch. Schulze

Der erste Eindruck, der haften geblieben ist und der sich bei der weiteren Lektüre verstärkte und vielfach bestätigt wurde, war in zweifacher Hinsicht für mich ausschlaggebend.

Zum Ersten ist eine persönliche Betroffenheit des Autors bereits im Vorwort und in vielen seinen Aussagen zu den Bedingungen in Afghanistan unverkennbar. Marcel Bohnert berichtet aus eigenem Erleben, aus Erkenntnissen vieler Gespräche mit Betroffenen, und er analysiert die beschriebenen Situationen vor dem Hintergrund persönlicher Erfahrungen, manchmal wohl auch mit belastenden Erinnerungen behaftete. Hier hat ein Autor nicht „über" ein Thema ein Buch verfasst, sondern aus der Praxis „von" einem Thema (das ihm auf den Nägeln brennt).

Zum Zweiten erinnert mich der Aufbau, die geschilderte Vorgehensweise der Befragung, die Darstellung der Studie und vor allen Dingen die umfangreiche Dokumentation der Auswertung auch wissenschaftlicher Quellen an eine in sozialwissenschaftlichen Bereichen übliche Form von akademischen Qualifizierungsarbeiten. Aus dem akademischen Bereich scheint das Buch in die breite Öffentlichkeit gelangt zu sein. Das Thema gehört dort hin und wird in der Bundeswehr und der Gesellschaft auch diskutiert. Dies scheint auch die besondere Zielrichtung des Autors zu sein, denn er stellt unmissverständlich fest, dass die Veröffentlichung als Streitschrift konzipiert ist. Die Tatsache, dass der

Fußnotenapparat und die Quellenangaben erhalten sind und vor der Drucklegung nicht zugunsten des schnellen Leseflusses geopfert wurden, ist dieser Konzeption zu danken. Darüber hinaus sind meinem Erachten nach die Fußnoten und Quellenangaben zusammen mit dem umfassenden Literaturverzeichnis (S.195-217) unverzichtbar zum Verständnis des sehr komplexen Themenbereiches.

Der Inhalt des Buches ist nach Vorwort sowie Geleitwort mit den Kapiteln Einleitung, Referenzrahmen der Analyse, Bewährung und Grenzen der Inneren Führung im ISAF Einsatz, Lehren aus dem ISAF Einsatz, dem Schluss (mit Ausblick) und dem Anhang gegliedert. Neben dem vorhandenen wissenschaftlichen Apparat überzeugt der ausgesprochen hohe Praxisbezug, der sich in den Fragestellungen, den zugrunde liegenden Ereignissen und gewählten Beispielen sowie in den Forderungen manifestiert.

Schon im Vorwort macht der Autor den Kern seines Nachdenkens deutlich: Ist eine (durch die Konzeption Innere Führung geforderte) „friedliche geistige Grundorientierung von Soldatinnen und Soldaten dazu geeignet (…), in einem Kampfeinsatz zu tragen"? (S.13)

Gerhard Brugmann bezieht sich in seinem Geleitwort auf Niccolò Machiavelli und dessen Ansicht von dem Soldaten als Mensch, der „gewalttätig, räuberisch, betrügerisch" (S. 19, Anmerkung 2) zu sein hat, und deshalb auch kein guter Mensch sein kann. Der so klassifizierte Soldat kann in einer auf Beachtung der Menschenrechte geordneten, modernen, demokratischen Gesellschaft nur als ein Fremdkörper betrachtet werden. Das Bild vom „Bürger in Uniform" betrachtet Brugmann eher als Phrase und nicht als funktionierendes Konstrukt, das es ermöglicht, den auch in einer demokratisch orientierten Gesellschaft dringend erforderlichen Soldaten in diese zu integrieren. Zum Erreichen des Ziels – der Soldat und Kämpfer als akzeptierter Teil der demokratischen Gesellschaft – schlägt Brugmann die Änderung der Bundeswehr in eine Milizarmee vor und behauptet: „Das hätte Machiavelli auch gesagt" (S. 21)! Eine Verifizierung dieser machtvollen Aussage ist leider nicht möglich!

Anhand der beiden geistigen Denkschulen *Athen* (demokratisch sozialisierter Soldat) versus *Sparta* (professioneller, militärischer Kämpfer) verdeutlicht Bohnert das Dilemma, in dem sich Soldatinnen und Soldaten der Bundeswehr im Einsatz – verstanden als militärischer Kampf in Gefechten – befinden. Obwohl die Veränderungen in Deutschland seit Ende des Kalten Krieges inzwischen praktisch zu einer völlig umgestalteten Bundeswehr geführt haben, blieben die Kernaussagen der Konzeption Innere Führung mit dem Leitbild des Staatbürgers in Uniform unverändert und bindend für Angehörige der Bundeswehr bestehen. Der Autor verdeutlicht, dass Innere Führung keine in Stein gemeißelte Konzeption ist und dieses auch bei der Einführung Mitte des letzten Jahrhunderts nicht so betrachtet wurde, sondern dass sich die beschriebenen Normen an Veränderungen der Lebenswirklichkeit messen lassen müssen. Der Afghanistan-Einsatz der Bundeswehr stellt für die Soldatinnen und Soldaten durch erlebte Einsatzrealität und seine Folgen eine einschneidende Zäsur für das Verständnis vom Wesen des Soldatischen dar. Bohnert nimmt die ISAF-Mission zum Prüfanlass und geht deshalb der Frage nach, ob die Innere Führung sich auch unter der Einsatzrealität bewähren konnte.

Zur Beantwortung dieser Frage erläutert Bohnert zunächst die Konzeption Innere Führung, beschreibt die Herausforderungen der Neuen Kriege, stellt die Teilnahme der Bundeswehr am ISAF-Einsatz dar, spiegelt sodann die Forderungen der Inneren Führung an der erkannten Realität und leitet daraus Folgerungen für die Politik und Militärführung ab. Unterstützung seiner Argumentation findet er in einer durch ihn erstellten und durchgeführten (Experten-) Befragung von Offizieren der Führungsakademie der Bundeswehr. Sehr eindringlich betont der Autor darüber hinaus, dass seine Analyse weder im Sinne von Befürwortern noch von Gegnern der Konzeption angelegt ist, weder „ideologisch" noch „revisionistisch" noch „reaktionär" (S. 32). Der Ausgangspunkt seiner Überlegungen sind die Fakten und die erlebte soldatische Realität des ISAF-Einsatzes, die nach den Bewertungen (wenn erforderlich) „als Korrektiv der Theorie" (S. 32) zu Veränderungen in der Konzeption Innere Führung führen könnten und sollten.

Zunächst stellt der Autor die drei Grundlagen für seine Analyse dar. Auf dem Fundament einer umfangreichen Literaturanalyse (das Literaturverzeichnis liest sich wie das Who's Who der Inneren Führung) wird die Konzeption Innere Führung in einem kurzen Abriss mit der historischen Entwicklung, den Höhenpunkten der Auseinandersetzungen und mit im Wesentlichen zwei Erkenntnissen dargestellt. 1. In Zeiten des Kalten Krieges war die Innere Führung ein in sich schlüssiges und glaubwürdiges Konzept und hat sich durchaus bewährt. 2. Unter den Bedingungen des weltweiten Einsatzes der Bundeswehr und neuer, nicht dem Völkerrecht zuzuordnenden Konfliktszenarien ist zweifelhaft, ob die Anwendungen der wesentlichen Prinzipien der Inneren Führung in Gefechtssituationen wirksam sein können.

Sodann wird mit der Darstellung der wichtigen Merkmale der Neuen Kriege die zweite Basis der Analyse erläutert. Krieg als Erwerbstätigkeit, Massaker,

Gewalt gegen Zivilbevölkerung, Anwendung von Guerillataktiken oder asymmetrische Kriegsführung sind nur ein Teil der charakteristischen Kennzeichen. Des Weiteren bilden die praktischen Erfahrungen der deutschen Streitkräfte als Teil der ISAF-Mission, bei der im Zeitablauf insgesamt etwa 130.000 Angehörige der Bundeswehr eingesetzt wurden, das dritte Fundament der Analyse. Bohnert nutzt für die Erhebung der Daten sowohl eine schriftliche Befragung mehrheitlich einsatzerfahrener Offiziere an der Führungsakademie der Bundeswehr, als auch eigene Erkenntnisse aus seiner Einsatzzeit im Distrikt Chahar Darreh und schon vorgelegte wissenschaftliche Studien, veröffentliche Erfahrungsberichte sowie die in den Medien diskutierten Sachverhalte. Als entscheidende Ereignisse seien hier das Kunduz-Bombardement (3./4. September 2009) und die schweren Gefechte vom 2. April 2010 (Schwarzer Karfreitag) genannt. Soldaten der Bundeswehr „führten Krieg, töteten und starben" (S. 51).

Bohnert überprüft in zehn kurzen Abschnitten die Realisierung der sich aus den Zielen und Gestaltungsfeldern der Konzeption Innere Führung ergebenden Forderungen. Ganz im Sinne einer Streitschrift sind bereits die Überschriften der Abschnitte bezeichnet: Allgemeine Bewährung, Strategielosigkeit und Sinnvermittlung, Kameradschaft und Motivation, Interkulturelle Sensibilität, Führen mit Auftrag, Verhinderung von Kriegsgräuel, Fürsorge, Praktische Relevanz, Freundliches Desinteresse, Realitätsverweigerung und Schönfärberei.

Der Autor kommt zunächst zu der allgemeinen Erkenntnis, dass sich die deutschen Soldatinnen und Soldaten im ISAF Einsatz bewährt haben, und dass dies auch dem Funktionieren von Teilen der Inneren Führung zu verdanken sein kann. Im Folgenden identifiziert Bohnert aber sehr deutlich Schwachpunkte in der Wirksamkeit der Konzeption im Einsatz.

Zum Ersten *Strategielosigkeit und Sinnvermittlung:* Hier ist die nicht eindeutig vorhandene politische Zielsetzung und daraus folgend, die nicht verfügbare klare militärische Strategie des Einsatzes genannt. Der einprägsame Satz des Verteidigungsministers Struck von der Verteidigung der Sicherheit Deutschlands am Hindukusch reichte keineswegs zur eindeutig geforderten Sinnstiftung (ZDv A-2600/1, Ziff. 614) für die kämpfende Truppe aus. Eine Hinwendung zur persönlichen Sinnstiftung aus dem Binnenverhältnis der Kleinen Kampfgemeinschaft, die Bohnert identifiziert, erscheint damit zwangsläufig.

Zum Zweiten *Realitätsverweigerung und Schönfärberei:* Bohnert bezeichnet als „schwersten Vorwurf" (S. 94) gegen die Innere Führung die Tatsache, dass offenbar viele Vorgesetzte in der Militärhierarchie blind gegenüber den negativen

Veränderungen in der Sicherheitslage der Truppe in Afghanistan waren oder (aus unterschiedlichen, ausgesprochen negativ zu bewertenden Gründen) sein wollten und erklärt damit ihr Versagen in Teilbereichen. Diese „Blindheit" (S. 94) verhinderte nicht nur rechtzeitiges Nachführen und militärisches Einsetzen von Ausrüstung und Großgerät und damit einen effektiveren Kampf gegen die Aufständischen, sondern sie beschädigte auch in erheblichem Maße die Vertrauensbasis der Soldatinnen und Soldaten in die militärische und politische Führung.

Zum Dritten *Praktische Relevanz:* Die Vorschrift Innere Führung (ZDv A-2600/1) hat sich in der Praxis auf der Ebene der Einsatzkräfte nicht bewährt. Die Mehrheit der Unteroffiziere und Mannschaften haben kaum Kenntnis von der Vorschrift und deren Inhalte. Die Konzeption ist hochkomplex und auch auf einer derart abstrakten Ebene formuliert, dass sie in der Realität des Kampfgeschehens ihre Gültigkeit verliert. Die Forderung, die Menschenwürde zu verteidigen ist nicht kompatibel mit der Gefechtsnotwendigkeit, Menschen zu verletzen oder zu töten.

In weiteren wesentlichen Gestaltungsfeldern der Konzeption Innere Führung erkennt Bohnert sowohl Bewährungs- als auch Untauglichkeitsaspekte.

Zum Beispiel *Kameradschaft und Motivation:* Hohe Einsatzmotivation mit einem eindeutigen Selbstverständnis als Soldat und den kameradschaftlichen Bindungen, gespeist aus der engen Verbundenheit in der Kleinen Kampfgemeinschaft, auf der einen Seite und der anderen Seite die (ewige) Diskrepanz zwischen Etappe und Kampftruppe mit extremen Missverhältnissen.

Zum Beispiel *Führen mit Auftrag:* Zwingende Voraussetzung für das Bestehen in hochkomplexen Gefechtssituationen mit überzeugenden Ergebnissen auf der taktischen Ebene während ISAF einerseits, und anderseits die durch moderne Technik bedingten Möglichkeiten der Kontrolle und das Einwirken höherer militärischer Vorgesetzte in das Kampfgeschehen über mehrere Führungsebenen hinweg.

Zum Beispiel *Fürsorge:* Einerseits exzellente sanitätsdienstliche Versorgung und hervorragend gelebte Fürsorge in den Einsatzgebieten. In der Heimat andererseits eine nicht mehr zu verantwortende Belastung der Soldatinnen und Soldaten im normalen Dienst und bei der Einsatzvorbereitung, die sich mehrfach zum „Einsatz vor dem Einsatz" (S. 82) entwickelte. Darüber hinaus hat es Jahre gedauert, bis die aus dem Einsatz zurückgekehrten traumatisierten Soldaten die notwendige Betreuung erhielten. Dass dieser Teilaspekt sich inzwischen zum Besseren gewendet hat, wird von dem Autor besonders hervorgehoben.

Zum Beispiel *Interkulturelle Sensibilität:* Die Steigerung der Interkulturellen Kompetenz der Soldatinnen und Soldaten durch entsprechende Schulungen in der Vorbereitung der Einsätze, die Zusammenarbeit in multinational strukturierten Stäben und die Zusammenarbeit mit anderen Ressorts scheint entsprechend den Bedingungen der Konzeption Innere Führung Wirkung gezeigt zu haben. Bohnert weist aber auch darauf hin, dass das vielbeschworene Konzept der „Vernetzten Sicherheit" in der Realität ISAF in Afghanistan nicht erkennbar war. Darüber hinaus ist zu bedenken, dass die Bundeswehr zunächst im ruhigen Norden eingesetzt wurde und nicht der Norden ruhig war, weil die Bundeswehr dort ihr Einsatzgebiet hatte.

Zum Beispiel im Abschnitt *Freundliches Desinteresse:* Die Verwirklichung des Leitbildes vom Staatsbürger in Uniform mit der Zielrichtung einer Verhinderung des Daseins der Armee als „Staat im Staate" ist nach Bohnert zweifelsfrei gelungen. Das Bild vom Soldaten, der mit den Rechten und Pflichten wie alle Bürger sich in der Mitte der Gesellschaft von ihr akzeptiert sieht, und der besonders während eines Einsatzes in Gefechten für den Staat und die Gesellschaft auch unterstützt werden sollte, ist nach Bohnert jedoch als stark gefährdet anzusehen. Selbst das Adjektiv „freundliches" in dem vom Bundespräsidenten Köhler geprägten Satz vom Verhältnis der Gesellschaft zur Bundeswehr als „freundliches Desinteresse" wurde nach Bohnert oft nicht von den Einsatzkräften in Afghanistan erlebt (S. 92).

Einzig im Abschnitt *Verhinderung von Kriegsgräuel* erkennt Bohnert eine deutliche Bewährung der Inneren Führung in Gefechtssituationen. Die Normen und Werte der Konzeption scheinen auch unter schweren Gefechtseindrücken bei den Soldatinnen und Soldaten gewirkt zu haben. Über Gräueltaten und Kriegsverbrechen deutscher Soldatinnen und Soldaten während des ISAF Einsatzes ist nichts bekannt.

Zusammenfassend zieht Bohnert die Lehren aus dem ISAF Einsatz und ordnet sie in zwei Abschnitten den Bereichen der politischen und militärischen Führung sowie der Konzeption Innere Führung zu. Seine Schlussfolgerungen belegt der Autor wieder sehr detailliert mit den Studien und Ansichten, die auch in der wissenschaftlichen Literatur hierzu diskutiert werden. Dass verschiedene Argumentationslinien ausführlicher angesprochen werden und sie deshalb auch manchmal wie Wiederholungen wirken, sei dem Engagement des Autors geschuldet. Damit wird aber sehr deutlich dokumentiert, dass die Erkenntnisse, die abgeleiteten Folgerungen und die daraus sich ergebenen Forderungen an Politik, Gesellschaft, militärische Führung und an die inhaltliche Weiterentwicklung der Konzeption Innere Führung nicht in einem gedanklichen luftleerem Raum geschehen, sondern tatsächlich die gesamte Bundeswehr und unsere Gesellschaft betroffen sind.

In dem Schlusskapitel geht Bohnert noch einmal kurz auf die Studienergebnisse der Befragung ein und verlässt in der Folge seinen bisher behandelten Schwerpunkt ISAF-Einsatz. Mit der Hinwendung zu den gegenwärtigen Bundewehrskandalen im Jahre 2017, die alle mit Bezügen zu den Grundsätzen der Inneren Führung stehen, führt er praktisch ein viertes Analyse-Fundament in die Diskussion ein. Dies wirkt ob ihres neuen Informationsgehaltes nur vordergründig wie ein nachgeschobener Abschnitt des Buches. Mit dem Wechsel des Blickwinkels auf Deutschland, auf das Geschehen hier und heute, und dem Hinweis zu der Forschungsentwicklung in sozialpsychologische Themenbereichen der letzten Jahrzehnte gelingt es dem Autor jedoch, die Aktualität der Debatte zu verdeutlichen. Nicht nur die Wichtigkeit, sondern auch die Dringlichkeit von diskutierten und geforderten Maßnahmen ist damit dokumentiert.

Bohnert listet seine wesentlichen Folgerungen und die sich daraus ergebenen Forderungen in Stichworten in zehn Bereichen auf. Alle, wenn auch mit unterschiedlicher Priorität, sind wichtig, miteinander verknüpft und mit dem Potenzial für erhebliche Veränderungsprozesse auf das Innere Gefüge, die Struktur und das Aufgabenspektrum der Bundeswehr versehen. Daraus ergeben sich viele langfristige „Mammutaufgaben".

Aus der Organisationsforschung (vgl. Staehle, „Management", München 1985) ist seit Jahrzehnten bekannt, dass Veränderungen in sozialen Organisationen problembehaftet und immer nur gegen Widerstände zu realisieren sind. Es liegen aber genauso lange schon eine Vielzahl an Erkenntnissen darüber vor, wie diese Widerstände in umfangreichem Maße zu vermindern sind, so dass Umgestaltungsmaßnahmen langfristig auch erfolgreich implementiert werden können.

Wenn es nämlich gelingt, die BETROFFENEN der Veränderungen in sozialen Organisationen als BETEILIGTE des Veränderungsprozesses zu aktivieren und die dann Beteiligten zu MITGESTALTERN ihrer eigenen Organisation zu fördern, dann – manchmal auch nur dann – sind Maßnahmen zur Weiterentwicklung von Organisationen langfristig erfolgreich. Die von Bohnert angeführten Beteiligungs- und Mitwirkungsmaßnahmen des Review-Prozesses 2014 im Auswärtigen Amt oder bei der Erstellung des Weißbuchs 2016 zur Sicherheitspolitik sind gute Beispiele für in diesem Sinne zweckmäßige Aktivitäten. Marcel Bohnert ist als Soldat BETROFFENER und als militärischer Vorgesetzter nimmt er als BETEILIGTER aktiv an den Veränderungen der Bundeswehr teil. Mit der Vorlage dieser Analyse, den Ableitungen und den erforderlichen Forderungen hat er Möglichkeiten der Mitgestaltung eindrucksvoll aufgezeigt.

Dieses Buch ist vom Autor als Streitschrift konzipiert. Streiten könnten und müssten nun die verantwortlichen militärischen und politischen Akteure. Ansatzpunkte hat Bohnert in umfangreichen Maßen geliefert. Es bleibt zu hoffen, dass insbesondere der im Abschnitt *Realitätsverlust und Schönfärberei* angesprochene Personenkreis militärischer Vorgesetzter die identifizierten Defizite in der Konzeption Innere Führung auswerten und dann für die eigene Person das besonders auch in militärischen Organisationen notwendige Phänomen kultivieren: Zivilcourage.

Carlo Strenger, Abenteuer Freiheit. Ein Wegweiser für unsichere Zeiten, Frankfurt/M. (edition suhrkamp) 2017
Uwe Hartmann

Für Freunde der Inneren Führung ist der Titel dieses Buches eine wahre Freude. „Freiheit" ist das politische Gut, dem der Staatsbürger in Uniform treu und tapfer dient. Er versteht sie als eine spannende Aufgabe, die ihn im tiefsten Inneren herausfordert. Er will sie erleben, aktiv mit gestalten und daran selbst wachsen.

Nun ist Freiheit alles andere als selbstverständlich. Und ein Abenteuer kann auch schlimm ausgehen. Das wussten die Väter der Inneren Führung, die Anfang der 50er Jahre des letzten Jahrhunderts eine neue Armee in der noch jungen und unsicheren deutschen Demokratie aufbauten. Auf dem Weg dorthin lauerten enorme Gefahren wie beispielsweise die Verlockungen der sowjetischen Propaganda im Kalten Krieg oder die konventionelle und später auch nukleare Bedrohung durch die Streitkräfte des Warschauer Pakts. Die notwendige „geistige Rüstung" der Deutschen für diesen ‚permanenten Weltbürgerkrieg' durfte genauso wenig wie die Aufrüstung und die Stationierung Hunderttausender alliierter Soldaten dazu führen, dass Deutschland sich erneut zu einem militaristischen Staat entwickelte. Bedrohlich waren auch die langen Schatten der nationalsozialistischen Vergangenheit. Mit den Ewiggestrigen konnte kein demokratischer Staat gemacht werden, aber die, die trotz Belastungen den demokratischen Neuanfang mit gestalten und dafür sich selbst radikal ändern wollten, die waren dringend gebraucht. All diese Gedanken – die Bedrohung der Freiheit, die Gefahren durch Ideologien, der schwierige Umgang mit der Tragik des Menschseins – finden sich in Strengers philosophisch-psychologischem Essay über den gegenwärtigen Zustand des Westens wieder. Wie die Innere Führung, so ist auch dieses Buch ein Wegweiser für freiheitliche Erziehung und staatsbürgerliche Verantwortung in einer bedrohten Demokratie. Dieses Buch ist Innere Führung in Reinkultur und, um die Empfehlung schon vorwegzunehmen, es sollte Pflichtlektüre sein für alle Angehörigen der Bundeswehr, damit sie Innere Führung und ihre eigene Verantwortung als ‚Staatsbürger in Uniform' besser verstehen.

In den Mittelpunkt seiner Diagnose über die gegenwärtige politische Kultur in den westlichen Demokratien stellt Strenger eine auf den französischen Philosophen Jean Jacques Rousseau zurückgehende „Illusion der Glücksberechtigung". Viele Menschen glaubten, dass Glück und Freiheit „Geburtsrechte" seien. Sie meinten, einen Anspruch darauf zu haben, den andere erfüllen müssten. Diese Haltung führe dazu, dass die Bereitschaft, an der Gestaltung der freiheitlichen Ordnung mitzuarbeiten, verschwunden sei. „Der Gedanke, dass *wir* die Gesellschaft sind, dass die Demokratie nicht nur eine Angelegenheit der Politiker, sondern auch der Bürger ist, scheint immer mehr auf dem Rückzug zu sein." (S. 44). Verdrängt hätten viele das in Theologie, Philosophie und Psychologie verankerte Wissen über die tragische Existenz des Menschen. Heute, so stellt Strenger fest, klingt die „... Vorstellung, wir bräuchten existentielle Anstrengungen jenseits von Sport und Diät, ... anachronistisch." (S. 21). In der Folge gingen Nihilismus oder die Angst vor einer Islamisierung eine die Freiheit untergrabene unheilige Allianz ein.

Strengers Gesellschaftsdiagnose liefert wichtige Anhaltspunkte für eine Analyse des inneren Gefüges der Bundeswehr. Viele Soldatinnen und Soldaten fordern mehr Anerkennung ihres gefährlichen und stark belastenden Dienstes. Die Kritik dieser Forderungen als „Gier" verdeckt das eigentliche Problem: die fehlende Bereitschaft von Soldatinnen und Soldaten, sich für ihre eigene Sache mit demokratischen Mitteln einzusetzen. Wenn sie Anerkennung und Akzeptanz ihres Dienstes als eine Bringeschuld von Politik und Gesellschaft erwarten, unterliegen sie dann nicht auch der „Illusion der Glücksberechtigung"? Kommt darin nicht ein patriarchalisches Verständnis unserer politischen Kultur und auch der Inneren Führung selbst zum Ausdruck? Was bedeutet es eigentlich für den Zustand unserer Demokratie, wenn sogar die Bundesministerin der Verteidigung vor dem Hintergrund der letzten Skandale in der Bundeswehr feststellt, die Innere Führung habe versagt? Ist die Innere Führung auch eine gescheiterte politische Ideologie, die den Menschen versprochen hatte, alle Probleme des Zusammenlebens ein für alle mal zu lösen?

Als Psychologe ist Strenger bestens mit existentiellen Fragen vertraut. Menschen suchen aufgrund der Endlichkeit ihres Daseins immer neue Antworten nach dem Sinn des Lebens. In unserer modernen Welt spitzt sich diese Problematik unaufhaltsam zu. Das Leben unterliegt enormen Beschleunigungskräften, während die Qual der Sinnfrage auch im Konsumrausch kaum gelindert werden kann.

Der Sinnaufladung als dem existentialistischen Kernproblem stellte sich auch die Innere Führung. Der Theologe Christian Göbel veröffentlichte kürzlich ein Buch, in dem er beschrieb, wie ein an der Inneren Führung orientiertes Verständnis des Soldatenberufes zu beruflicher Erfüllung und Glück führen könnte. Was ist nur schief gelaufen, dass das Abenteuer Freiheit heute einen „Ekel am Westen" hervorruft? Wie konnte es geschehen, dass die Gegner der Demokratie glauben, diese sei schwach, weil sie den „... Glauben an eine große Sache ... längst verloren..." (S. 18) hat? Warum wird die Idee der Freiheit, die den zentralen Baustein der Inneren Führung zur Abwehr der Propaganda des Ostens ausmachte, heute von den Gegnern der Demokratie als Schwäche gesehen? Oder, auf die Bundeswehr übertragen, warum sehen nicht wenige heute den ‚Staatsbürger in Uniform' als Auslaufmodell?

Ursachen für diese Misere sieht Strenger im Scheitern der Aufklärung sowie in der fehlenden „freiheitlichen Erziehung" zur Übernahme politischer Verantwortung. „Freiheitliche Erziehung ist kein Luxus, sondern die Bedingung dafür, dass unsere Freiheit die zahlreichen Stresstests der Gegenwart bestehen kann." (S. 78) Die Universitäten trügen hierfür eine besondere Verantwortung. Ein Studium, so Strenger, sollte immer auch der Erziehung zur staatsbürgerlichen Verantwortung dienen. Dass Strenger als Psychologe in Israel arbeitet, kommt in seiner unbefangenen Verwendung eines Begriffs zum Ausdruck, der in Deutschland gegenwärtig militärisch enggeführt auf Gefechte diskutiert wird: der Kampf. So fordert Strenger „Kampfgeist" (S. 99), um die freiheitliche Ordnung gegen neue Bedrohungen wie Rechtspopulismus oder Islamismus aktiv zu verteidigen. Die Innere Führung nannte dies früher „geistige Rüstung", die nicht vom Kampf im Gefecht getrennt werden dürfe.

Strenger hat uns eine Diagnose der modernen Welt geliefert, die nicht nur den Zeitgeist verständlich macht, sondern auch an den Einzelnen appelliert, über sich und seine Rolle als Bürger, ja sogar über den Sinn des Lebens in der bedrohten westlichen Welt nachzudenken. Ganz besonders nimmt er Führungspersönlichkeiten in den Institutionen sowie die Lehrer in den Bildungseinrichtungen in die Verantwortung. Strenger zeigt uns auf, wo unsere Schwachstellen liegen, die unsere Gegner geschickt ausnutzen – nämlich in uns selbst, in unseren Einstellungen sowie in der Art, wie wir miteinander in Politik und Gesellschaft umgehen. Er ermutigt uns, Freiheit positiv zu sehen, sich dafür zu engagieren und ein starkes Signal nach außen an ihre Feinde zu senden. Er beendet seinen Essay mit einer Warnung: „Es hängt von uns ab, ob es uns gelingt, den nachfolgenden Generationen die Fähigkeit zu vermitteln, den Schmerz der Freiheit auszuhalten und die Schönheit des Abenteuers Freiheit zu erkennen." (S. 116) Dies gilt ohne Einschränkung und vielleicht sogar besonders für die Soldatinnen und Soldaten der Bundeswehr.

Donald Abenheim and Carolyn Halladay, Soldiers, War, Knowledge und Citizenship: German-American Essays on Civil-Military Relations, Berlin 2017

Uwe Hartmann

"Die Welt fällt aus den Fugen". So könnte die zentrale Erkenntnis des Buches der beiden US-amerikanischen Experten für europäische Geschichte und zivilmilitärische Beziehungen lauten. Wer Donald Abenheim aus Vorträgen und Seminaren kennt, weiß, dass er bisweilen drastischere Wörter findet, um die dramatische Lage der westlichen Welt zu beschreiben. Er hat ein feines Gespür für gesellschaftspolitische Fehlentwicklungen, die in einer Katastrophe enden könnten. So nimmt es nicht wunder, dass die einzelnen Kapitel des Buches eine gemeinsame Mitte haben: Sie handelt von der Rückkehr der Gespenster aus alten, längst vergangen geglaubten Zeiten. Konflikte zwischen rivalisierenden Staaten, religiöser und politischer Extremismus, Fremdenfeindlichkeit und zunehmende Gewaltbereitschaft unter den Menschen gehen eine unheilige Allianz ein. Permanente hybride Kriege brächten nicht nur die Streitkräfte an den Rand der Erschöpfung, sondern unterminierten auch die Handlungsfähigkeit von Staaten, deren Souveränität bereits unter der Globalisierung stark gelitten hat. Da selbst bisher bewährte internationale Organisationen wie die NATO und die EU sich in einem dauerhaften Krisenmodus befänden, bestünde die Gefahr, dass das nach dem Zweiten Weltkrieg aufgebaute internationale System zusammenbrechen könnte. Insgesamt sehen Abenheim und Halladay eine Situation wie am Ende des 19. Jahrhunderts, als die politischen und geistigen Voraussetzungen geschaffen wurden für die Weltkriege und die in ihrem zerstörerischen Wirkungskreis vollzogenen Verbrechen gegen die Menschlichkeit. Dies sind sozusagen die Trends der Ausgangslage, welche die Autoren als „Formen der Desintegration" auf einen gemeinsamen Nenner bringen. Dabei geht es ihnen nicht darum, die Kräfte der Desintegration in den Strategien der Gegner von Demokratie und Freiheit auszumachen. Sie untersuchen vielmehr, was der Westen falsch gemacht hat, dass sein eigenes politisches System auseinander zu fallen droht.

Die Autoren haben ihre Beiträge in vier Kapitel unterteilt. Das erste Kapitel über „Innere Führung und Tradition" nutzen sie, um ihr Selbstverständnis als Staatsbürger und für die US-amerikanischen Streitkräfte arbeitende Historiker zum Ausdruck zu bringen. Es folgen Kapitel über die transatlantischen Beziehungen, über Strategie und schließlich über zivil-militärische Beziehungen. Die Überschriften dieser drei Kapitel sind gewissermaßen die Suchscheinwerfer, mit denen die Autoren die Geschichte nach 1945 und teilweise zurück bis ins 18. Jahrhundert beleuchten, um Ursachen für die gegenwärtige Misere zu finden. Dabei entdecken sie verblüffende Kontinuitäten, die verdeutlichen, dass es sehr viel Sinn macht, Selbstkritik und Kampf gegen die Feinde der offenen Gesellschaften miteinander zu verbinden.

Eine wesentliche Kontinuitätslinie sehen die Autoren im stark ausgeprägten „Strategiedefizit" in Staaten der westlichen Welt, einschließlich der Vereinigten Staaten. Abenheim und Halladay zeigen auf, wie sich das geistige Denken der politischen und militärischen Eliten in Regierungen und think tanks auf taktisch-operative Fragen konzentrierte und die wesentlich wichtigeren strategischen Überlegungen an den Rand gedrängt wurden. Der Irakkrieg 2003 sei für diese Entwicklungslinie nur der eindrucksvollste empirische Beleg: „Iraq has become the metaphor for an absense in strategy" (S. 260) Dazu passt auch, dass strategische Diskurse durch „Vereinfacher" dominiert würden. Die verbreitete Ignoranz gegenüber der Geschichte von Alliierten und Partnern verschmelze mit der naiven Sehnsucht nach einem Retter von Staat und Gesellschaft, der möglichst Uniform tragen sollte. Völlig in den Hintergrund der strategischen Theorie und Praxis geraten seien die Emotionen sowie der Hass und die Gewalt in den zwischenmenschlichen Beziehungen. Das, was bei Clausewitz notwendiger Teil der ‚wunderlichen Dreifaltigkeit' des Krieges war, hätten die Apologeten der technologisch geprägten ‚Revolution in Military Affairs' (RMA) und moderner Managementtheorien aus der strategischen Gleichung herausgestrichen. Dies zeugt nicht nur von historischer Unkenntnis, sondern auch von dem Unvermögen, Veränderungen im Kriegsbild, die der britische General Sir Rupert Smith als ‚war among the people' auf den Begriff brachte, anzuerkennen.

Damit kommen wir nun zu den Thesen der Autoren über die zivilmilitärischen Beziehungen in der westlichen Welt, vor allem in den USA. Diese seien, so die Autoren, eine wesentliche Ursache für die Probleme in der Erarbeitung und Umsetzung von Strategien. Fast 50 Jahre nach Abschaffung der Wehrpflicht und 25 Jahre nach dem ersten Irakkrieg 1991 verfügten die Militärs in den USA über ein derart hohes Selbstbewusstsein, dass sie offensiv in Politik und Öffentlichkeit hinein drängten. Dabei zelebrierten sie sich selbst als eine von der Gesellschaft getrennte, gleichwohl elitäre Kaste mit besonders stark ausgeprägten Tugenden, die so in der zivilen Gesellschaft nicht vorkämen. Generale und Admiräle hätten, so Abenheim und Halladay, diese Geisteshaltung ausgenutzt, um sich selbst als Retter von Staat und Gesellschaft zu profilieren und als politischer Machtfaktor zu etablieren. Wer Kritik am Militär übe, gerate schnell in den Verdacht, den Soldatinnen und Soldaten in den Rücken zu fallen. Das Militär bildet also gewissermaßen eine „heroische Gemeinschaft" innerhalb einer postheroischen Gesellschaft (Herfried Münkler). Die Rede, die General Kelly, Stabschef im Weißen Haus, am 19. Oktober 2017 vor Journalisten über den Umgang mit gefallenen Soldaten hielt, ist für diese vom Militär selbst beanspruchte Ausnahmestellung innerhalb der US-Gesellschaft ein eindrucksvolles Beispiel.

Wo liegen nun Auswege aus dieser für die Demokratie nicht ungefährlichen Lage? Sehr deutlich betonen die Autoren die Schattenseiten der Abschaffung der Wehrpflicht in den USA. Der Ersatz des ‚Staatsbürgers in Uniform' durch den ‚professional soldier' habe nicht nur den Graben zwischen Militär und Gesellschaft vertieft, sondern verhinderte, dass die ganze Kraft von Demokratie und Freiheit für die Verteidigung der Nation genutzt würde. „The lack of the draft harms a vital link between the energy of democracy and the imperative of national defense." (S. 247) Was wohl noch schlimmer ist: Die ungleiche Verteilung der Bürden, die auf den Schultern der Militärangehörigen lasteten und diese fast erdrückten, schädigten die demokratischen Institutionen in den USA.

Es ist aber nicht nur die Wehrform, sondern auch die Führungskultur in den Streitkräften und das Selbstverständnis ihrer Angehörigen, welche die Autoren in ihre Analyse und in ihre Schlussfolgerungen einbeziehen. Nachdem diese im ersten Kapitel ausführlich die Innere Führung und das Traditionsverständnis der Bundeswehr gewürdigt und sich selbst als ‚Innere Führer' präsentiert haben, ist es nicht verwunderlich, dass sie darin einen Lösungsansatz für die sicherheitspolitischen Probleme der westlichen Welt sehen. Die Innere Führung habe das Potential, den Kräften der Desintegration, welche die Gesellschaften und Staaten genauso wie die NATO und die EU ins Wanken bringen, Widerstand zu leisten.

Abenheim und Halladay sehen in der Inneren Führung eine mehrdimensionale, in der Vergangenheit mehrfach bewährte Integrationsstrategie. Sie diente der Integration der neuen deutschen Streitkräfte in den bereits bestehenden demokratischen Staat sowie der ehemaligen Wehrmachtssoldaten in eine Armee in der Demokratie mit jungen Wehrpflichtigen, die aus Verantwortung zur Freiheit ihren Wehrdienst ableisteten. Sie ebnete der Armee der Einheit, in der ehemalige Feinde einem gemeinsamen Ziel dienten, den Weg. Heute ist sie zunehmend eine Integrationsinstanz für multinationale Stäbe und Verbände, für ‚Staatsbürger in Uniform' mit Migrationshintergrund und vielleicht auch einmal für eine europäische Armee.

Häufig heißt es, die USA seien Europa 10-20 Jahre voraus. Wenn dies auch für die Sicherheitspolitik, die Streitkräfte und die zivil-militärischen Beziehungen zutreffen sollte, stünden uns noch schwierigere Zeiten bevor. Dann kommt es heute darauf an, rechtzeitig Bremsschwellen und Leitplanken vorzusehen, um derartige für Demokratie und Sicherheit bedrohliche Entwicklungen zu verhindern oder zumindest abzumildern. Da kommt es zur Unzeit, dass die Innere Führung in Deutschland so heruntergewirtschaftet wurde. Für die meisten Angehörigen der Bundeswehr ist es wahrscheinlich sehr erstaunlich, dass US-amerikanische Gelehrte die Innere Führung nicht nur viel besser kennen als sie selbst, sondern dass diese die Innere Führung auch für die US-amerikanischen Streitkräfte empfehlen und die Deutschen eindringlich warnen, den „Staatsbürger in Uniform" als Auslaufmodel zu vernachlässigen. Das Buch von Abenheim und Halladay ist daher nicht nur eine wichtige kritische Analyse der Zeiten, in denen wir leben, sondern gleichzeitig auch ein Weckruf an die Angehörigen der Bundeswehr, das unreflektierte Schlechtreden der Inneren Führung zu beenden und ihren zukunftsweisenden, vor allem strategischen Gehalt herauszuarbeiten. Die unbefangene Stimme von zwei Wissenschaftlern, die von außerhalb auf Deutschland, die Bundeswehr und ihre Innere Führung schauen, ist dafür sehr hilfreich. Das Buch sei daher zur Lektüre sehr empfohlen.

Autoren

Abenheim, Donald, Prof. Dr., ist Professor für Sicherheitspolitik und Geschichte an der Naval Postgraduate School in Monterey/CA.
Biehl, Heiko, ist Leiter des Forschungsbereichs Militärsoziologie am Zentrum für Militärgeschichte und Sozialwissenschaften der Bundeswehr in Potsdam.
Brugmann, Gerhard, Generalmajor a.D.
Buchner, Peter, Fregattenkapitän, Dozent Politische Bildung am Zentrum Innere Führung, Koblenz.
Dörfler-Dierken, Angelika, Prof. Dr. theol., Wissenschaftliche Direktorin und Projektleiterin für Innere Führung – Ethik – Militärseelsorge am ZMSBw Potsdam.
Freudenberg, Dirk, Dr., OTL d.R., Bundesamt für Bevölkerungsschutz und Katastrophenhilfe. Akademie für Krisenmanagement, Notfallplanung und Zivilschutz.
Groitl, Gerlinde, Dr., ist Akademische Rätin a.Z. an der Professur für Internationale Politik und transatlantische Beziehungen der Universität Regensburg.
Hartmann, Uwe, Dr. phil., Oberst i.G., Visiting Lecturer an der Naval Postgraduate School in Monterey/CA.
Janke, Reinhold, Oberst i.G., Abteilungsleiter Weiterentwicklung am Zentrum Innere Führung.
Kümmel, Gerhard, Dr. phil., Projektleiter im Forschungsbereich Militärsoziologie am Zentrum für Militärgeschichte und Sozialwissenschaften der Bundeswehr in Potsdam.
Lünenborg, Gustav, Oberstleutnant a.D.
Olshausen, Klaus, Dr. phil., Generalleutnant a.D., war nach Ende seiner aktiven Dienstzeit als Deutscher Militärischer Vertreter in den Militärausschüssen von NATO und EU von 2006-2013 Präsident der Clausewitz Gesellschaft.
Reeb, Hans-Joachim, Dr. phil., Oberstleutnant a.D.
Rosen, Claus von, Prof. Dr., Oberstleutnant a.D., Leiter des Baudissin Dokumentation Zentrum bei der Führungsakademie der Bundeswehr, Lehrbeauftragter für Wehr-Pädagogik am Estonian National Defence College in Tartu.

Rothbart, Chariklia, M.A., ist Wissenschaftliche Mitarbeiterin im Forschungsbereich Militärsoziologie am Zentrum für Militärgeschichte und Sozialwissenschaften der Bundeswehr in Potsdam.

Schulze, Dirck Ch., M.A., Oberstleutnant a.D.

Sebaldt, Martin, Prof. Dr., Oberst d.R., Inhaber des Lehrstuhls für Vergleichende Politikwissenschaft (Schwerpunkt Westeuropa) der Universität Regensburg.

Steinbrecher, Markus, ist Wissenschaftlicher Mitarbeiter im Forschungsbereich Militärsoziologie am Zentrum für Militärgeschichte und Sozialwissenschaften der Bundeswehr in Potsdam.

Wittmann, Klaus, Dr., Brigadegeneral a. D., ist Senior Fellow des Aspen Institute Deutschland und Lehrbeauftragter für Zeitgeschichte an der Universität Potsdam.

Personenregister

Aristoteles	197
Bahr, E.	62-63
Baudissin, W. Graf v.	11, 14, 71-76, 78-92, 122, 134, 159, 199, 211, 217, 288, 297
Beaufre, A.	73, 79-81
Biehl, H.	13-14
Brunner, E.	73-75
Bush, G. W.	27-28, 44, 63, 167
Clausewitz, C. v.	13, 78, 90, 111, 210, 212, 215, 279, 295, 310
Dilthey, W.	164
Dörfler-Dierken, A.	19, 134
Elbe, M.	230
Gadamer, H.G.	164
Gates, R.	29
Genschel, D.	213
Gneisenau, N. v.	215
Gorbatschow, M.	43, 57, 62, 63
Guttenberg, Karl-Th. zu	19, 232
Hartmann, U.	13, 99-100, 161
Kümmel, G.	19, 230
Leyen, U. v. d.	9, 222, 244-245, 251-252

Luther, M.	9, 129-130, 132, 134, 136
Meier-Welcker, H.	217
Merkel, A.	30, 32, 50
Mogherini, F.	156, 168, 173, 176, 187
Münkler, H.	311
Naumann, K.	159
Obama, B.	28-30, 68
Pieper, J.	195
Putin, W.	10-11, 41, 43-51, 56-58, 60-64, 67-70, 112
Rosen, Cl. v.	11, 122
Rumsfeld, D.	109
Scharnhorst, G. v.	215
Scheven, W. v.	213
Schleiermacher, F.D.E.	164
Schlögel, K.	44, 48, 70
Schmidt, H.	68
Schulte, L.	80
Smith, R.	310
Strauß, F.J.	280
Sun Tzu	115
Trump, D.	26, 31-32, 38-40, 56, 69, 157, 176, 187
Voigt, K.D.	65, 67

Sachregister

Abschreckung	11-13, 25-26, 31, 38, 54, 74, 78-85, 88-92, 106-107	Bündnisverteidigung	9-11, 14-15, 26-27, 35, 41, 53-54, 109, 120, 123, 142, 146, 150-157
Afghanistan	223, 231-232, 244, 285-286, 298, 300, 302-303	Bürgerkrieg - permanenter B.	48, 76 160, 306
Ambiguität	114	**C**hristentum	131, 134-135
Armee im Aufbruch	281	Comprehensive Approach	90, 107, 120, 297
Atlantische Allianz	35, 39, 42, 317	Counterinsurgency	272
Auftragstaktik	213	Crisis Management	82, 84, 91
Aufwuchs-organisation	263, 274	Cyber-Terrorismus	104
Ausrüstung	29, 35, 52, 55, 77, 91, 268-269, 275, 302	**D**esinformation	16, 101, 114, 119, 182, 185
		Desintegration	309, 311
Berufsethos	19, 233	Diskurs	16, 20-21, 119-121, 129, 160, 183, 223, 256, 295, 297, 310
Bevölkerung	12-15, 45, 55-56, 93, 95, 99, 102-103, 114-115, 119, 138, 140, 142, 144, 148, 150-151, 248-249, 272, 284, 301		
		Empathie	70, 89-90, 123, 201
		Enhanced Forward Presence	30, 139
Bevölkerungsschutz	12, 93, 106	Entspannung	57, 63, 73, 78, 86-88, 90, 135, 212
Bildung	120, 122, 146-147		
- ethische B.	14, 130, 134, 199-200, 215,	Erziehung	18, 78, 101, 215, 221, 227-228, 232, 306, 308
- historische B.	133, 168,		
- politische B.	14-16, 121, 129, 133, 156, 159-163, 165, 167-168, 174,	Ethik	133, 159
		EU-Battlegroup	33
		EU-Globalstrategie 2016	25, 36-37
Brexit	26, 36, 38-39, 56, 156, 187	Europäische Sicherheits- und Verteidigungspolitik (ESVP)	317

Gemeinsame Sicherheits- und Verteidigungspolitik (GSVP)	15		223, 230, 243, 247, 255, 256, 262, 266-268, 272, 274-275, 284, 286, 288, 299, 303-304, 306-308, 310-311
Fake News	168, 185		
Frieden	11, 59, 66, 72-76, 78, 80, 89, 91, 93, 104-105, 131, 136, 160, 168, 170, 177, 211, 273		
		- postheroische G.	99, 311
		Gewissensfreiheit	14, 132, 136
Friedenserhalt/ -bewahrung	78-79, 82-84, 86	Harmel-Bericht	74
		Heimatschutz	105, 262, 264
Friedenswille	75, 84	Identifikation	267, 288
Friedens- und Sicherheitspolitik	71-72, 74, 83, 86-87	Identität	16, 18, 70, 121, 157, 185, 210-211, 213-215, 232, 240, 254, 256
Führen mit Auftrag	119, 301-302		
Führungskultur	19, 22, 140, 311		
Fürsorge	191, 301, 303		
Geduld	70, 89	Ideologie	134, 160, 306-307
Gefecht	14, 159, 231, 299, 301-303, 308	Information	16, 61, 62, 102, 114, 120, 167, 181-182, 184-186, 198, 253, 241, 290, 304
Gelassenheit	12, 102		
-strategische G.	12, 102		
Gemeinsame Außen- und Sicherheitspolitik (GSVP)	32	Informationskrieg	114
		Infrastruktur	56, 310
		- kritische I.	97
Gemeinschaft	135-136, 169, 173, 223, 288, 302	Integration	9, 13, 15, 22, 26, 32, 48, 54, 66, 138, 140-141, 156, 159, 177, 179, 230, 288, 311
- heroische G.	22, 311		
Gesamtverteidigung	12-13, 94-96, 98, 105-107, 113		
		Islam	184
Gesellschaft	13, 15, 18, 20-23, 56-57, 68, 78, 89, 91, 97, 99, 103, 107, 109, 111, 116-118, 136, 138, 140, 158, 211-212, 214-216,		

Kampf	14, 22, 69-70, 77, 81-82, 99, 160, 178, 214, 231, 256, 269, 285, 288, 299, 302, 308, 310	- hybrider K.	13, 14, 56, 72, 91, 99, 104, 109-112, 115, 160, 271, 309
Kampfgemeinschaft	228, 236, 307	- neue Kriege	72, 91, 300-301
Kampftruppe	19, 54, 222, 232, 248, 263, 266, 302	Kriegsbild	11, 13, 71-72, 76, 79, 91, 114, 279, 310
Kommunikation	14-15, 20, 22, 102, 116, 121, 150, 162, 180, 184-186, 201, 269, 292, 296	Kriegsverhinderung	82, 86, 88
		Kriegsverhütung	78, 87-88
		Kultur	54, 162, 212, 215, 288, 306
-sstrategie	114, 295	- strategische K.	14, 118, 120, 122, 138-139, 146, 211
Komplexität	37, 98-99, 109, 116, 119, 268, 269	Lastenteilung	31, 40, 187
		Leitbild	17, 22, 66, 205, 300, 303
Konfliktfähigkeit	89, 162	**M**edien	14, 16, 119, 176, 179-181, 183-188, 216, 221, 224, 241-242, 245, 255, 295, 301
Kooperation	37, 38, 42, 59, 61, 65, 67, 69-70, 88, 90, 110, 120		
Kooperative Rüstungssteuerung	85, 89		
		Menschenbild	21, 72, 204-205, 280
Krieg	10, 12, 14, 16-17, 19-20, 25, 27-28, 31, 39, 42, 45, 55-56, 71-72, 76-82, 84, 86, 90, 95-96, 99-100, 103-106, 109, 112, 115, 130-132, 136, 138, 167-168, 171, 176, 181, 183, 195, 210-211, 231-232, 238, 244-245, 266, 273, 280, 285, 288, 293, 297, 301, 310	Menschenrecht	163, 165-166, 170, 247, 299
		Menschenwürde	18, 204-205, 215, 221, 227-229, 231-233, 302
		Militärethik	133
		Militärseelsorge	134-135
		Narzisst	17, 194, 202-204

NATO	10, 13, 15, 26-33, 35-43, 45, 48-54, 56-60, 63, 65-68, 71, 73, 81-86, 90, 92, 107, 109-111, 113, 115-118, 120-123, 138, 140-141, 144, 146, 148-151, 156, 177, 182, 187, 216, 309, 311		231, 233
		Selbstverständnis	9, 12, 17, 19, 22, 101, 153, 180
		Strategie	10-13, 25, 28, 36-37, 42, 53, 61, 66, 71-74, 78-84, 86-88, 90-92, 95, 102, 107, 110-115, 117-122, 177, 181, 271, 272-275, 295-298, 301, 309-311
NATO-Doppelbeschluss	57, 72, 90		
NATO-Russland-Rat	59	Toxic leaders	17, 190-206
		Tradition	210-217, 219, 239-240, 248-249, 254-256, 272-273, 290, 309, 311
OSZE	60, 65, 177		
Primat der Politik	119		
Propaganda	16, 44-45, 48-49, 56, 61, 132, 167-168, 185, 306-307		
		Traditionserlass	18, 210-213, 217, 254
		Traditionspflege	211, 216, 254
		Traditionsverständnis	9, 12, 211, 249, 311
Reformation	9, 14, 129-132, 134, 136		
Religion	14, 129-131, 133, 135-137	Vernetzte Sicherheit	99
Reserve	262-265	Warschauer Pakt	47, 95, 112, 306
Resilienz	12-13, 37-38, 56, 93, 97-98, 102, 107, 109-111, 116-117, 119-121	Wehrpflicht	20, 23, 247-248, 265, 267, 310-311
		Weißbuch	20, 90, 95, 105, 150, 273-275, 305
Russland	10-11, 13, 15, 25, 29-30, 32, 37, 41-70, 72, 111-115, 139-151, 185	Zivilgesellschaft	62, 158-159, 237, 252, 285-286
Selbstbild	19, 130, 202, 204, 213, 228,	Zivile Verteidigung	96, 100

Carola Hartmann Miles-Verlag

Politik, Gesellschaft, Militär

Uwe Hartmann, *Innere Führung. Erfolge und Defizite der Führungsphilosophie für die Bundeswehr*, Berlin 2007.

Hans-Christian Beck, Christian Singer (Hrsg.), *Entscheiden – Führen – Verantworten. Soldatsein im 21. Jahrhundert*, Berlin 2011.

Reiner Pommerin (ed.), *Clausewitz goes global. Carl von Clausewitz in the 21st Century*, Berlin 2011.

Eberhard Birk, Winfried Heinemann, Sven Lange (Hrsg.), *Tradition für die Bundeswehr. Neue Aspekte einer alten Debatte*, Berlin 2012.

Holger Müller, *Clausewitz' Verständnis von Strategie im Spiegel der Spieltheorie*, Berlin 2012.

Angelika Dörfler-Dierken, *Führung in der Bundeswehr*, Berlin 2013.

Cornelia Fedtke, Kai-Uwe Hellmann, Jan Hörmann, *Migration und Militär. Zur Integration deutscher Soldaten mit Migrationshintergrund in der Bundeswehr*, Berlin 2013.

Torsten Konopka, *Afrikanische Wehrsysteme und ihre Entwicklung zwischen 1990/91 und 2011*, Berlin 2014.

Wolf Graf von Baudissin, *Grundwert Frieden in Politik – Strategie – Führung von Streitkräften*, hrsg. von Claus von Rosen, Berlin 2014.

Wolf Graf von Baudissin, *Der Widerstand. „… um nie wieder in die auswegslose Lage zu geraten…"*, hrsg. von Claus von Rosen, Berlin 2014.

Marcel Bohnert, Lukas J. Reitstetter (Hrsg.), *Armee im Aufbruch. Zur Gedankenwelt junger Offiziere in den Kampftruppen der Bundeswehr*, Berlin 2014.

Arjan Kozica, Kai Prüter, Hannes Wendroth (Hrsg.), *Unternehmen Bundeswehr? Theorie und Praxis (militärischer) Führung*, Berlin 2014.

Angelika Dörfler-Dierken, Robert Kramer, *Innere Führung in Zahlen. Streitkräftebefragung 2013*, Berlin 2014.

Phil C. Langer, Gerhard Kümmel (Hrsg.), *„Wir sind Bundeswehr." Wie viel Vielfalt benötigen/vertragen die Streitkräfte?*, Berlin 2015.

Dirk Freudenberg, *Counterinsurgency. Aufstandsbekämpfung als Phase zur Überwindung schwacher Staatlichkeit und zur Etablierung des Aufbaus einer stabilen Nachkriegsordnung?*, Berlin 2016.

Alois Bach, Walter Sauer (Hrsg.), *Schützen.Retten.Kämpfen. Dienen für Deutschland,* Berlin 2016.

Dirk Freudenberg, Stephan Maninger, *Neue Kriege. Sicherheitspolitische Rahmenbedingungen, Mentalitäten, Strategien, Methoden und Instrumente,* Berlin 2016.

Claas Siano, *Die Luftwaffe und der Starfighter,* Berlin 2016.

Eberhard Birk, Peter Andreas Popp, *Luftwaffenoffizier 21. Das Selbstverständnis des Luftwaffenoffiziers zu Beginn des 21. Jahrhunderts,* Berlin 2016.

Eberhard Birk, Heiner Möllers (Hrsg.), *Luftwaffe und Luftver-teidigung,* Berlin 2017.

Alessandro Rappazzo, *Vorsprung durch Leadership. Modernes Leadership in der Armee,* Berlin 2017.

Oliver Schmidt, *Deutsche Außenpolitik und die Zukunft der nuklearen Teilhabe in der NATO,* Berlin 2017.

Wolfgang Peischel (Hrsg.), *Wiener Strategie-Konferenz 2016. Strategie neu denken,* Berlin 2017.

Dirk Freudenberg, *Theorie des Irregulären – Erscheinungen und Abgrenzungen von Partisanen, Guerillas und Terroristen im Modernen Kleinkrieg sowie Entwicklungstendenzen der Reaktion,* Bd. 1-3, Berlin 2017.

Donald Abenheim and Carolyn Halladay, *Soldiers, War, Knowledge and Citizenship: German-American Essays on Civil-Military Relations,* Berlin 2017.

Jahrbuch Innere Führung

Uwe Hartmann, Claus von Rosen, Christian Walther (Hrsg.), *Jahrbuch Innere Führung 2009. Die Rückkehr des Soldatischen,* Eschede 2009.

Helmut R. Hammerich, Uwe Hartmann, Claus von Rosen (Hrsg.), *Jahrbuch Innere Führung 2010. Die Grenzen des Militärischen,* Berlin 2010.

Uwe Hartmann, Claus von Rosen, Christian Walther (Hrsg.), *Jahrbuch Innere Führung 2011. Ethik als geistige Rüstung für Soldaten,* Berlin 2011.

Uwe Hartmann, Claus von Rosen, Christian Walther (Hrsg.), *Jahrbuch Innere Führung 2012. Der Soldatenberuf zwischen gesellschaftlicher Integration und suis generis-Ansprüchen,* Berlin 2012.

Uwe Hartmann, Claus von Rosen (Hrsg.), *Jahrbuch Innere Führung 2013. Wissenschaften und ihre Relevanz für die Bundeswehr als Armee im Einsatz,* Berlin 2013.

Uwe Hartmann, Claus von Rosen (Hrsg.), *Jahrbuch Innere Führung 2014. Drohnen, Roboter und Cyborgs – Der Soldat im Angesicht neuer Militärtechnologien,* Berlin 2014.

Uwe Hartmann, Claus von Rosen (Hrsg.), *Jahrbuch Innere Führung 2015. Neue Denkwege angesichts der Gleichzeitigkeit unterschiedlicher Krisen, Konflikte und Kriege,* Berlin 2015.

Uwe Hartmann, Claus von Rosen (Hrsg.), *Jahrbuch Innere Führung 2016. Innere Führung als kritische Instanz,* Berlin 2016.

Einsatzerfahrungen

Kay Kuhlen, *Um des lieben Friedens willen. Als Peacekeeper im Kosovo,* Eschede 2009.

Sascha Brinkmann, Joachim Hoppe (Hrsg.), *Generation Einsatz, Fallschirmjäger berichten ihre Erfahrungen aus Afghanistan,* Berlin 2010.

Artur Schwitalla, *Afghanistan, jetzt weiß ich erst… Gedanken aus meiner Zeit als Kommandeur des Provincial Reconstruction Team FEYZABAD,* Berlin 2010.

Uwe Hartmann, *War without Fighting? The Reintegration of Former Combatants in Afghanistan seen through the Lens of Strategic Thought,* Berlin 2014.

Rainer Buske, *KUNDUZ. Ein Erlebnisbericht über einen militärischen Einsatz der Bundeswehr in AFGHANISTAN im Jahre 2008,* Berlin ²2016.

Standpunkte und Orientierungen

Daniel Giese, *Militärische Führung im Internetzeitalter – Die Bedeutung von Strategischer Kommunikation und Social Media für Entscheidungsprozesse, Organisationsstrukturen und Führerausbildung in der Bundeswehr,* Berlin 2014.

Dirk Freudenberg, *Auftragstaktik und Innere Führung. Feststellungen und Anmerkungen zur Frage nach Bedeutung und Verhältnis des inneren Gefüges und der Auftragstaktik unter den Bedingungen des Einsatzes der Deutschen Bundeswehr,* Berlin 2014.

Uwe Hartmann (Hrsg.), *Lernen von Afghanistan. Innovative Mittel und Wege für Auslandseinsätze,* Berlin 2015.

Fouzieh Melanie Alamir, *Vernetzte Sicherheit – Quo Vadis?,* Berlin 2015.

Hartwig von Schubert, *Integrative Militärethik. Ethische Urteilsbildung in der militärischen Führung,* Berlin 2015.

Uwe Hartmann, *Hybrider Krieg als neue Bedrohung von Freiheit und Frieden. Zur Relevanz der Inneren Führung in Politik, Gesellschaft und Streitkräften,* Berlin 2015.

Klaus Beckmann, *Treue.Bürgermut.Ungehorsam. Anstöße zur Führungskultur und zum beruflichen Selbstverständnis in der Bundeswehr,* Berlin 2015.

Florian Beerenkämper, Marcel Bohnert, Anja Buresch, Sandra Matuszewski, *Der innerafghanische Friedens- und Aussöhnungsprozess,* Berlin 2016.

Martin Sebaldt, *Nicht abwehrbereit. Die Kardinalprobleme der deutschen Streitkräfte, der Offenbarungseid des Weißbuchs und die Wege aus der Gefahr,* Berlin 2017.

Christian J. Grothaus, *Der "hybride Krieg" vor dem Hintergrund der kollektiven Gedächtnisse Estlands, Lettlands und Litauens,* Berlin 2017.

Militärgeschichte

Peter Heinze, *Bundeswehr „erobert" Deutschlands Osten,* Berlin 2010.

Dieter E. Kilian, *Adenauers vergessener Retter – Major Fritz Schliebusch,* Berlin 2011.

Ingo Pfeiffer, *Gegner wider Willen. Konfrontation von Volksmarine und Bundesmarine auf See,* Berlin 2012.

Ingo Pfeiffer, *Seestreitkräfte der DDR. Abriss 1950 bis 1990,* Berlin 2014

Dieter E. Kilian, *Kai-Uwe von Hassel und seine Familie. Zwischen Ostsee und Ostafrika. Militär-biographisches Mosaik,* Berlin 2013.

Peter Heinze, *Berliner Militärgeschichten,* Berlin 2013.

Ingo Pfeiffer, *Seestreitkräfte der DDR. Abriss 1950–1990,* Berlin 2014.

Ulrich C. Kleyser, *Lazare Carnot. "Le Grand Carnot". Ein Charakterbild,* Berlin 2016.

Eberhard Kliem, Kathrin Orth, *"Wir wurden wie blödsinnig vom Feind beschossen". Menschen und Schiffe in der Skagerrakschlacht 1916,* Berlin 2016.

Eberhard Birk, *"Auf Euch ruht das Heil meines theuern Württemberg!". Das Gefecht bei Tauberbischofsheim am 24. Juli 1866 im Spiegel der württembergischen Heeresgeschichte des 19. Jahrhunderts,* Berlin 2016.

Eckhard Lisec, *Der Unabhängigkeitskrieg und die Gründung der Türkei 1919–1923,* Berlin 2016.

Hans Frank, Norbert Rath, *Kommodore Rudolf Petersen. Führer der Schnellboote 1942–1945. Ein Leben in Licht und Schatten unteilbarer Verantwortung,* Berlin 2016.

Ingo Pfeiffer, *Heinz Neukirchen. Marinekarriere an wechselnden Fronten,* Berlin 2017.

Monterey Studies

Uwe Hartmann, *Carl von Clausewitz and the Making of Modern Strategy*, Potsdam 2002.

Zeljko Cepanec, *Croatia and NATO. The Stony Road to Membership*, Potsdam 2002.

Ekkehard Stemmer, *Demography and European Armed Forces*, Berlin 2006.

Sven Lange, *Revolt against the West. A Comparison of the Current War on Terror with the Boxer Rebellion in 1900-01,* Berlin 2007.

Klaus M. Brust, *Culture and the Transformation of the Bundeswehr*, Berlin 2007.

Donald Abenheim, *Soldier and Politics Transformed*, Berlin 2007.

Michael Stolzke, *The Conflict Aftermath. A Chance for Democracy: Norm Diffusion in Post-Conflict Peace Building*, Berlin 2007.

Frank Reimers, *Security Culture in Times of War. How did the Balkan War affect the Security Cultures in Germany and the United States?*, Berlin 2007.

Michael G. Lux, *Innere Führung – A Superior Concept of Leadership?*, Berlin 2009.

Marc A. Walther, *HAMAS between Violence and Pragmatism*, Berlin 2010.

Frank Hagemann, *Strategy Making in the European Union*, Berlin 2010.

Ralf Hammerstein, *Deliberalization in Jordan: the Roles of Islamists and U.S.-EU Assistance in stalled Democratization*, Berlin 2011.

Jochen Wittmann, *Auftragstaktik*, Berlin 2012.

Michael Hanisch, *On German Foreign und Security Policy. Determinants of German Military Engagement in Africa since 2011,* Berlin 2015.

Grégoire Monnet, *The Evolution of Strategic Thought Since September 11, 2001,* Berlin 2016.

Stefan Klein, *America First? Isolationism in U.S. Foreign Policy From the 19th to the 21st Century,* Berlin 2017.

www.miles-verlag.jimdo.com